Consumer Psychology

高等院校经济管理类新形态系列教材

北京高等学校优质本科教材

消费心理学
（附微课 第3版）

□ 白玉苓 编著

人民邮电出版社

北 京

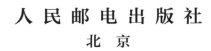

图书在版编目（CIP）数据

消费心理学：附微课 / 白玉苓编著. -- 3 版.
北京：人民邮电出版社，2025. --（高等院校经济管理
类新形态系列教材）. -- ISBN 978-7-115-67550-7

Ⅰ. F713.55

中国国家版本馆 CIP 数据核字第 2025EA1926 号

内 容 提 要

本书基于"理论+方法+实践"的写作思路编写而成，旨在研究个体感觉、知觉、情感、意志、需要、动机、态度、自我概念、生活方式以及个性心理特征与消费者心理的内在关系，分析在社会、文化及营销因素影响下消费心理的形成和行为表现，并研究从消费心理到消费决策及行为的形成机制。

各章首均设置了"学习目标""关键术语"和"导入案例"，正文内则穿插了"思考与讨论""微视频""视野拓展""示例""经典实验"等栏目，章末均设置了"归纳与提高""综合练习题"。

本书配有电子课件、教学大纲、电子教案、习题答案、补充教学案例、视频素材、模拟试卷及答案等资料（部分资料仅限用书教师下载），索取方式参见书末的"更新勘误表和配套资料索取示意图"，也可通过 QQ（602983359）与编辑联系。

本书为高等院校工商管理类专业消费心理学课程的教科书，也可作为企业管理人员的工作参考用书。

◆ 编   著   白玉苓
　　责任编辑   万国清
　　责任印制   陈 犇

◆ 人民邮电出版社出版发行　　北京市丰台区成寿寺路 11 号
　　邮编　100164　　电子邮件　315@ptpress.com.cn
　　网址　https://www.ptpress.com.cn
　　三河市兴达印务有限公司印刷

◆ 开本：787×1092　1/16
　　印张：14.75　　　　　　　　　　2025 年 7 月第 3 版
　　字数：414 千字　　　　　　　　2025 年 7 月河北第 1 次印刷

定价：56.00 元

读者服务热线：(010)81055256　印装质量热线：(010)81055316
反盗版热线：(010)81055315

第 3 版前言

英国经济学家马歇尔曾说过："一切需要的最终调节者都是消费者的需要。"无论是消费市场的增长，还是消费规模的扩大以及消费结构的改善，都是每一个活跃在经济生活中的普通消费者共同发挥作用的结果。

消费心理学是一门建立在经济学、管理学、社会学、心理学等基础上的应用型学科，它以市场活动中消费者心理现象的产生、发展及其规律作为研究对象。当前，我国直播电商、短视频电商、社交电商等新的消费方式、消费模式、消费现象和消费热点不断涌现，给消费领域带来了深刻变化。研究消费心理，对政府而言，可提高政策效益；对消费者而言，可提高消费效益；对经营者而言，可提高经营效益。消费心理学已成为理论研究的热门学科，受到了社会各方面的广泛重视。

本书第 1 版于 2018 年出版后受到广大师生的好评，并在 2021 年被评为"北京市高等学校优质本科教材"。之后，2022 年出版了第 2 版，本次为第二次修订。编者结合消费心理学领域新的研究成果和新实践发展，在第 2 版内容的基础上，新增了经典实验、示例两个栏目并调整了原有栏目，增加了直播间购物、微信小程序购物等新内容，更换或更新了一些案例、实例和数据。

本书知识丰富、结构完整、语言流畅、形式新颖、文笔轻松、图文并茂，具有很强的可读性。同时，本书力图贴近消费者的日常生活，选取现实经济生活中的鲜活素材，联系当下消费热点现象和热点问题，突出实用性和实践性。

本书配有电子课件、教学大纲、电子教案、习题答案、补充教学案例、视频素材、模拟试卷及答案等资料（部分资料仅限用书教师下载），索取方式参见书末的"更新勘误表和配套资料索取示意图"，也可通过 QQ（602983359）与编辑联系。

在写作过程中，编者参考了大量的文献资料，吸收了多方面的研究成果，在此谨对所涉及的专家、学者表示诚挚的感谢。

由于作者水平所限，虽竭力虔心，仍力有不逮，书中疏漏及不足之处，敬请读者批评指正。

白玉苓

目　　录

第一章　消费心理学概述

【学习目标】

学习心理、消费心理、消费者的基本概念；理解消费心理学与其他学科的关系；掌握消费心理学的研究方法；了解消费心理学的产生和发展。

【关键术语】

心理学、消费、消费者、消费行为、消费心理学、数字化时代的消费心理

【导入案例】

你对"萌经济"有抵抗力吗？

虽然对什么是"萌经济"还没有明确的定义，但这并不妨碍各种"萌物"商品如雨后春笋般出现。水果店里卖的"龙猫柚子"、长着"兔耳朵"的手机外壳、咖啡杯上的可爱"小猫咪"，以及呆萌又可爱的"大黄鸭"、机智可爱的"小猪佩奇"……这些"萌物"吸足了大家的眼球，都有"萌经济"的影子。

为什么人们对"萌"毫无抵抗力？加利福尼亚大学的心理医生为了研究这背后的原因，使用传感器观测志愿者看到萌物图片时的脑内活动。结果显示，当志愿者看到萌的东西时，大脑的奖励系统非常活跃，会大量分泌多巴胺，让人感觉非常快乐。当消费者在面对"萌经济"下催生的各类"萌物"时，就会被激发出与看到小婴儿、小宠物类似的情绪，这会使人放下戒备来体验可爱、愉悦和温暖，得到积极正向的感觉，并忍不住想要去摸一摸、抱一抱。另外，对幼儿的怜爱和照顾是人类的本能，由于女性承担了更多照顾幼儿的工作，所以在整个"萌经济"中，参与者也是女性消费者居多，她们在紧张的生活压力下，更容易把这些"萌物"当作情感寄托，通过"萌的感受"，得到减压、治愈、陪伴、安全、有趣的体验。另外，"萌物"往往会通过令人愉悦的非语言符号，将真实世界中人们丰富的表情进行虚拟的、夸张的表达，对内敛含蓄的人来说，"萌物"无疑缩短了社交距离，拉近了他们和产品的心理距离，他们也愿意在社交媒体中用"萌"来展示自己的个性。可见，日益走俏的"萌经济"已经成为一种新的经济业态，体现了商家基于消费者心理需求的营销策略。

香港产品设计公司 SEMK 旗下主力品牌大黄鸭。

启发思考：

（1）"萌经济"反映了人们怎样的消费心理？

（2）为什么说"萌经济"拉近了消费者和产品的心理距离？

第一节　消费心理的内涵

消费心理学是心理学的一个重要分支，它研究的是消费者在消费活动中的心理现象和行为规律。消费心理学是一门新兴学科，目的是研究人们在消费过程中的心理活动规律及个性心理特征。研究消费心理，对于消费者，可提高消费效益；对于经营者，则可提高经营效益。

那么，什么是消费心理？消费心理学研究的理论来源是什么？

一、心理与消费的基本概念

1. 心理与心理学

心理是指人们在实践活动中大脑对客观现实的主观反映，它不只是人们在某种情境下的所思所想，还有更广泛的含义，是人们的感觉、知觉、注意、记忆、理解、思维、情感、意志、个性特征等心理现象的总和。

一般来说，人的内心所发生的一切活动都属于心理活动，如观察外在的世界、关注自己感兴趣的事物、体会生活中的喜怒哀乐，这些都是人的心理活动。科学研究证明，人的心理活动的中枢是人的大脑，即心理活动是通过大脑的神经系统而进行的信息摄取、处理、编码和储存过程。

心理学源于西方哲学和生物学，人们对心理现象的认识从灵魂与肉体的关系之争，到精神活动的物质器官是心脏还是大脑的争论，持续的时间很长，出现过原子论心理学思想、理念论心理学思想及生机论心理学思想等。哲学家苏格拉底、柏拉图、亚里士多德把对"心"的探讨作为哲学上的主要问题之一。心理学的英文 Psychology，就是由希腊文中的 Psyche（灵魂）与 Logos（讲述）两个词演变而成的。1879 年，德国莱比锡大学的威廉·冯特（Wilhelm Wundt）建立了世界上第一个心理学实验室，这被认为是心理学成为一门独立学科的标志。

随着研究的深入，心理学逐渐形成了构造主义、行为主义、精神分析、人本主义等多个学派。

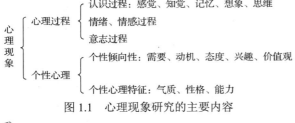

图 1.1　心理现象研究的主要内容

虽然每个学派从不同的角度研究心理现象，但任何一个学派或其分支都不可避免地要对心理学的对象和研究方法、心理的本质、心理现象规律性等问题进行研究。例如，心理现象研究的主要内容如图 1.1 所示。

思考与讨论

（1）有人认为心理学很"玄"、很"神秘"，你对心理学有怎样的认识？

（2）你知道哪些国内或国外的心理学家？请查阅资料，了解他们的故事。

一百多年以来，随着心理学的不断发展和完善，应用心理学已成为心理学中迅速发展的一个重要学科分支。应用心理学研究的是心理学基本原理在实际领域中的应用，例如，教育心理学、军事心理学、运动心理学、康复心理学、管理心理学、消费心理学等。

2. 消费与消费者

消费是人们消耗物质资料和精神产品以满足生产和生活需要的过程。消费可以分为生活消费和生产消费。生活消费是人们为了自身的生存与发展，消耗一定的生活资料和服务，以满足自身生理和心理需要的过程。例如，衣食住行、休闲、娱乐等方面的消费都是生活消费。而生产消费是指生产过程中对工具、原材料、人力等生产资料和活劳动的消耗。它包含在生产之中，是维持生产过程持续进行的基本条件。消费心理学主要研究生活消费。

思考与讨论

生产和消费都是经济活动中不可或缺的环节，你怎样理解两者的关系？

人是消费的主体，也就是说，消费活动是由人来完成的。生活中，每个人都是消费者，每一天都要进行各种各样的消费。狭义的消费者是指购买、使用各种产品和服务的个人或家庭；广义的消费者是指购买、使用各种产品与服务的各类组织，包括企业、学校、医院、政府机关和其他社会组织等。两者的区别主要表现在消费目的的不同上，前者是为了满足个人或家庭的需要，后者则是为了满足生产或经营的需要。本书的研究主要针对的是狭义的消费者。

思考与讨论

（1）如果说"消费者就是产品和服务的使用者"，你是否同意？

（2）算一算，你在一天中要扮演多少次消费者的角色，有哪些消费活动，体会消费活动在你生活中的重要性。

二、消费心理与消费行为

1. 消费心理

"心理"是指人的"所思所想"。消费心理是指消费者在消费过程中产生的心理活动，即消费者根据自身需要与偏好，选择和评价消费对象的心理活动。

消费心理学是心理学的一个重要分支，它是一门新兴的学科，主要研究消费者在消费活动中的心理活动规律及个性心理特征，是研究消费心理现象和行为规律的一门学科。

消费者的各种消费行为无一不受到心理活动的支配。例如，购买什么、何时购买、何处购买、怎样购买及怎样使用等，消费者对其中的每一个环节和步骤都会做出相应的心理反应，以进行分析、比较、判断和决策。在这一过程中，消费者所有的表情、动作及行为，都是其复杂的心理活动的表现。因此可以说，消费者的行为是消费者在一定心理活动的支配下进行的，消费心理是消费行为的基础。

2. 消费行为

"行为"是指人的"所作所为"，是人受心理活动支配而表现出的外在的行为。

人的心理活动是人脑对客观事物的一种反应，是人脑所具有的特殊功能和复杂的活动方式。心理活动虽然处于内在的隐蔽状态，无法直接从外部了解，但人的心理活动可以支配人的行为，因此，通过对人的行为进行观察和解读，可以间接地了解其心理活动状态。

在消费过程中，通过消费行为才能把商品或服务从市场上转移到消费者手中。准确把握消费者的心理活动，是准确理解其消费行为的前提。企业经营者只有针对消费者的心理活动采取有效的营销策略，使消费者产生购买欲望，引导其消费行为，才能取得理想的营销效果。

同样，消费者的心理活动也只有作用于消费行为，才能实现商品或服务的交换及流通，才能使经营者的活动获得经济效益。因此，任何一种消费活动既表现为消费者的某种消费行为，也包含了消费者的某种心理活动。

📖 **视野拓展**

购物能缓解压力吗？

三、消费心理学的理论来源

消费心理学是在多门学科基础上发展起来的交叉学科，它把消费者在消费活动中的心理现象及其行为规律作为研究对象。心理学、社会学、经济学等学科的发展为消费心理学提供了丰富的理论来源。

（1）普通心理学。消费心理学包括普通心理学理论中最一般的理论，例如，心理与客观世界的关系，心理与大脑的关系，心理现象之间的关系。普通心理学还为消费心理学的研究提供了理论基础和具体的方法，例如，采用客观的观察法来研究消费者行为等。

（2）生理心理学。生理心理学是通过探索个体的生理过程来解释个体心理及行为的学科，例如，研究人的大脑如何工作、人的内分泌系统如何调节人的行为等。可以借鉴生理心理学的技术来研究消费者的心理及行为。例如，通过测量脑电波来探测消费者对广告的心理反应，或者通过研究记忆机制来了解消费者是如何对信息进行加工和处理的等。

（3）社会心理学。社会心理学对消费心理学的影响表现在从众心理、提示心理、暗示心理等社会心理因素对消费者心理的影响，消费者形成某种态度的过程及其影响因素，媒体传播对消费心理的影响及影响方式，群体成员之间的互动方式等方面。

（4）社会学。消费心理学的研究与社会学有密切的联系，例如，用社会学的观点分析文化和亚文化是如何影响消费者的，不同社会阶层的消费差异，家庭变迁与消费需求变化的关系，群体规范及社会角色是怎样形成的并通过什么机制影响消费者等。

📚 视野拓展

对消费问题的社会学研究

对消费问题的社会学研究可以追溯到 19 世纪末。1899 年，美国经济学家、社会学家凡勃伦（Veblen）在《有闲阶级论》一书中，对资本主义社会的"有闲阶级"的消费特征进行了社会学分析。该书指出"有闲阶级"无论是"明显消费"还是"代理消费"，最终目的都是满足一种心理上的荣誉和礼仪上的需要；"有闲阶级"和劳动阶级因其阶级地位不同，在消费方式上也存在着差异。

（5）经济学。经济学家认为，消费者的心理趋向是影响社会资源最终配置的重要因素之一，而资源的配置是否合理又直接制约着消费者的消费行为。边际效用理论、理性预期理论、无差异理论、消费者剩余理论等都是经济学关于消费者心理研究的成果。经济学中的价值规律、供求规律也反映了消费心理的变化，并成为商家制定销售策略的依据。

另外，人类学中有关民俗、宗教等方面的研究，对分析习俗、禁忌、信仰是如何影响消费者心理和选择的也具有深远的意义。

🐾 思考与讨论

"物以稀为贵"这一俗语反映了怎样的市场状况和人们的心理？

第二节 消费心理学的研究方法

一、定性研究法

1. 观察法

观察法是定性研究中最一般、最简易和最常用的研究方法，也是研究消费心理学最基本的方法。观察法是指在消费活动中，有目的、有计划地观察消费者的动作、表情、语言等外在表现，并把观察结果按规则系统地记录下来，然后分析原因与结果，从而揭示消费者心理活动规律的方法。

观察法的主要优点是比较直观，被观察对象的外在表现是在不受干扰的情况下自然流露的，因此，观察所获得的结果一般是比较真实和切合实际的。观察法的局限性是只能观察到被观察对象是怎样从事活动的外在表现，并不能了解其为什么这样活动，因而通过观察所得的资料往往不足以区分哪些外在表现是偶然的，哪些是经常的。目前，高科技的仪器、设备已被应用于观察法的研究中，用来辅助肉眼直接观察。

思考与讨论

（1）如果研究人员告诉消费者要对其进行观察法调研，即在非自然状态下进行观察，会产生什么样的结果？

（2）观察法不仅可以用于观察别人，也可用于观察自身，讨论分析自我观察法运用的例子。

企业可以在商场中观察消费者对促销活动的反应。

2. 访谈法

访谈法是通过与受访人面对面地交谈来了解受访人的心理和行为的基本研究方法。由于研究问题的性质、目的或对象不同，访谈法具有不同的形式。例如，结构型访谈和非结构型访谈，个人访谈和团体访谈等。

访谈法在理解个人如何作出购买决定、产品被如何使用，以及了解消费者在生活中的情绪和个人倾向时尤其有用。新的概念、设计、广告和促销信息往往可通过访谈法得到灵感或依据。

3. 投射法

投射法不是直接对被试者明确提出问题以求回答，而是给被试者一些意义不确定的刺激，让被试者想象、解释，使其内心的动机、愿望、情绪等在不知不觉中投射出来。在消费心理学研究中常用的投射法有主题统觉测验法、造句测验法、漫画实验法和角色扮演法等。

视野拓展

角色扮演法的运用实例

20 世纪 40 年代后期，速溶咖啡作为一种方便饮料进入美国市场。让生产者和经营者始料不及的是，这种被他们认为方便、省时、省力、价格也适中的新产品并不受欢迎，问津者寥寥无几。而当直接问及消费者不买这种速溶咖啡的原因时，大部分人的回答是不喜欢速溶咖啡的味道。但在一项"蒙眼实验"中，却没有人能说出速溶咖啡与用普通咖啡豆加工的咖啡在味道方面到底有什么不同。为此，生产者和经营者都感到很茫然。

表 1.1　两个购物单

购物单 A	购物单 B
汉堡牛肉饼	汉堡牛肉饼
面包	面包
胡萝卜	胡萝卜
发酵粉	发酵粉
速溶咖啡	新鲜咖啡豆
桃子罐头	桃子罐头
土豆	土豆

加利福尼亚大学教授梅森·海尔（Mason Haire）认为，消费者并没有回答拒绝购买速溶咖啡的真正原因，味道只是他们的托词，实际上是一种潜在的心理在起抵制作用。于是，他采用了间接的角色扮演法进行深入的调查，在调查中，他首先拟定了两个购物单，如表 1.1 所示。从表中可以看出，在两个购物单中除咖啡外，其余购买项目完全相同。

调查人员把两张购物单分别发给 A、B 两组各 50 名家庭主妇，要求她们描述一下写这两张购物单的"主妇"的个性。调查结果发现，购买速溶咖啡被认为是懒惰、浪费、不称职的主妇，而购买新鲜咖啡豆被认为是勤俭、善于持家、懂得生活的主妇。由此可以看出，人们不愿意购买速溶咖啡的真正原因是担心别人的负面评价，从而拒绝购买速溶咖啡。

接下来，根据上述调查结果，速溶咖啡企业改变了以往的宣传策略，突出了速溶咖啡的积极正面特征，从而改变了人们对速溶咖啡的看法。最终，通过成功的广告定位与宣传，很快就打开了速溶咖啡的销路。

二、定量研究法

1. 问卷法

问卷法是指通过研究者事先设计的调查问卷，向被调查者提出问题，并由其予以回答，从中了解被调查者的心理与行为。根据操作方式的不同，问卷法可分为邮寄式问卷调查法、入户式问卷调查法、拦截式问卷调查法和集体式问卷调查法等。

随着互联网的应用，通过网络发放问卷更加简单方便。问卷调查只有达到一定的数量，相关的统计结果才有意义。当统计数量较少，统计范围较小时，得出的数据就会带有很大的随机性和群体性。由于通过网络发放问卷不受时间、地域的限制，可以获得更多的样本、数据信息，因而被广泛运用。

思考与讨论

在进行问卷调查时，是不是增加被试样本数量就能提高问卷的有效性？如何考虑样本的代表性？

2. 实验法

根据实验场所的不同，实验法可分为市场实验法和实验室实验法两种形式。

市场实验法是指在市场环境中，有目的地创设或变更某些条件，给消费者的心理活动一定的刺激和诱导，或者针对某一心理与行为问题，选择一定的实验对象进行调查，从而观察和记录消费者心理活动的各种表现。这种方法具有主动性，既可以研究一些简单的心理现象，也可以研究人的个性心理特征，应用范围比较广泛。例如，调查商品包装对销售量的影响程度时，可以选定几家商店，分为甲、乙两组。前几周将旧包装商品交甲组商店出售，将新包装商品交乙组商店出售，几周后互换包装。实验结束，就可统计出使用新包装商品的销量相对使用旧包装商品销量的增长率。

实验室实验法是指在专门的实验室内，借助各种仪器和设备进行心理测定分析的方法。在设备完善的实验室里研究消费者的心理活动，从呈现刺激到记录被试者的反应、数据的计算和统计处理，都采用计算机、录音设备、录像设备等现代化的设备，实行自动控制。这种方法对心理现象的产生原因、大脑生理变化以及被试者行为表现的记录和分析都是比较精确的。例如，测试消费者对广告作品的心理反应就可以通过实验室实验法进行，现代化的设备可以准确记录被试者的一系列生理反应。但是这种方法一般难以准确地测定复杂的、深层的心理活动，应用范围有限。

综上，虽然定性研究法与定量研究法的研究目的、特点和依据各不相同，但在实践中，如果能够把两者相结合，可以提高消费者心理研究的质量和水平。

经典实验

罗森塔尔实验——"期待"的力量

1968 年的一天，美国心理学家罗森塔尔和助手们来到一所小学进行一项实验。他们从一至六年级各选了 3 个班，对这 18 个班的学生进行了"未来发展趋势测验"。之后，罗森塔尔以赞许的口吻将一份"最有发展前途者"的名单交给了校长和相关老师，并叮嘱他们务必要保密，以免影响实验的正确性。其实，罗森塔尔撒了一个"权威性谎言"，因为名单上的学生是随机挑选出来的。八个月后，罗森塔尔和助手们对那 18 个班级的学生进行复试，结果奇迹出现了：凡是上了名单的学生，个个成绩都有了较大的进步，且性格活泼开朗，自信心强，求知欲旺盛，更乐于和别人打交道。

实验者认为，教师因受到实验者的暗示，不仅对名单上的学生抱有更高期望，而且有意无意地通过态度、表情、体谅和给予更多提问、辅导、赞许等行为方式，将隐含的期望传递给这些学生，学生则给老师积极的反馈；这种反馈又激起老师更大的教育热情，维持其原有期望，并对这些学生给予更多关照。如此循环往复，使这些学生的智力、学业成绩以及社会行为朝着教师期望的方向靠拢，使期望成为现实。

这个实验不仅证明了期望和鼓励的力量，也揭示了环境对个人发展的重要影响，它不仅影响了人们的教育观念，而且对人们的其他社会性行为也产生了深远的影响。

 示例

小红书：年轻女性的购物指南

随着社交媒体的发展，越来越多的人通过小红书这个独特的社交平台来获取灵感和购物建议。对于喜爱时尚潮流的年轻女性来说，小红书已成为她们的购物指南。小红书上的内容丰富，比如，2025 年早春的"小香风+阔腿裤"、粉嫩色系的妆容教程、流行的蝴蝶结黄金手链等。不论你是追求简约潮流还是个性鲜明，小红书都会有适合你的推荐。除了时尚潮物推荐外，小红书还提供专业的购物指南。例如，每个商品都会有详细的介绍和试用心得，你可以通过其他用户的评价了解到商品的优缺点，这样在购物时就能作出更明智的选择。此外，小红书还有众多优惠券和品牌活动，可帮助你找到更划算的购物渠道。当然，你也可以在小红书上与其他用户讨论自己喜爱的潮物，交流时尚心得，不断塑造自己的时尚态度和风格，甚至结识一些志同道合的朋友。

第三节 消费心理学的产生和发展

一、消费心理学在国外的产生与发展

19 世纪末 20 世纪初，以美国为代表的西方国家经济迅速发展，产品极大丰富，同时，在心理学、社会学、经济学等学科发展的共同作用下，以"消费者为中心"成为企业的经营理念。

思考与讨论

讨论消费心理学产生的条件是什么。怎样理解"以消费者为中心"这句话？

1. 萌芽与初创时期

从 19 世纪末到 20 世纪 30 年代，研究消费心理与行为的理论开始出现并得到了初步发展。

1895 年，美国明尼苏达大学的心理学家 H.盖尔采用问卷调查方法，研究消费者对广告的态度以及对广告中所宣传产品的态度，从消费者的态度中分析广告影响消费者的效用。

1899 年，美国经济学家、社会学家凡勃伦出版了《有闲阶级论》一书，提出了炫耀性消费及其社会意义。他认为，人们对服装、首饰、住宅等物品的过度消费，源于向别人炫耀自己社会地位的心理。

1901 年，美国学者斯科特在美国西北大学作报告时，提出了广告应成为一门学科，心理学可以在其中发挥重要作用的见解。1903 年，斯科特出版《广告理论》一书，一般认为，这本书的出版标志着消费心理学的雏形——广告心理学的诞生。

1908 年，美国社会学家罗斯出版了《社会心理学》，美国心理学家麦独孤出版了《社会心理学导论》，这两本书的出版标志着社会心理学作为一门独立的学科诞生。

1912 年，主持哈佛大学心理学实验室工作的闵斯特伯格出版了《心理学与经济生活》（后被译为《心理学与工业效率》）一书，阐述了商品销售中广告和橱窗陈列对消费者的影响。同时，还有一些学者在市场营销学、管理学等著作中也研究了有关消费心理与行为的问题。

需要指出的是，在第一次世界大战前后，人们普遍对社会和前途感到迷茫，这使心理学得到了长足的发展，心理学领域出现了众多的流派，各种学术观点促进了心理学理论和方法的发展，而这为消费心理学的创立和发展奠定了基础。例如，消费者对广告的认知心理就是主要以心理学中的学习理论和认知理论为基础的。

这一时期，消费心理学的研究尚处于起步阶段，研究范围比较狭窄，研究方法也是从经济学和心理学中简单地"移植"过来的。而且，无论是经济学家还是心理学家，关注的往往并不是现实中的消费者。例如，经济学把消费者看成"理性经济人"，提出追求效用最大化等假设，这与现实中的消费者心理表现有很大的距离，因此未能引起社会的广泛重视。

2. 应用与发展时期

从 20 世纪 30 年代到 60 年代末，消费心理学的研究被广泛地应用于市场活动中并得到迅速发展。

在 20 世纪 30 年代的经济大危机中，由于产品严重过剩，销售十分困难，企业不仅加强了广告促销等方面的力量，而且对消费者心理和行为的研究成果也表现出越来越浓厚的兴趣。在广告界，运用心理学原理与方法探究广告对购买行为的影响日益普遍，由此使广告心理学得以繁荣。

这一时期，经济学家凯恩斯指出，西方国家之所以会出现严重的经济危机，主要是因为社会对生产资料和消费品的有效需求不足。因此，他指出刺激经济最活跃的动力因素来自"个人的多血质和成就动机精神"。

第二次世界大战以后，西方主要发达国家生产技术水平发展较快，商品数量激增，产品更新换代加快，花色品种不断翻新，消费者的需求和愿望也在不断发生变化，其购买行为更加捉摸不定。企业开始重视和加强市场调研，预测消费趋势成为企业赢得竞争优势的重要前提。

20 世纪 40 年代和 50 年代，最引人注目的莫过于关于消费者购买动机的研究。例如，美国心理学家马斯洛提出的"需要层次理论"认为，消费者只有在较低层次的需要得到满足以后才会产生较高层次的需要。同一时期，盖斯特（Guest）和布朗（Brown）对消费者在购买商品的活动中所表现的品牌忠诚度进行了研究，谢里夫（Sherrif）、凯利（Kelley）和谢巴托尼（Shibutoni）等人开展了对参照群体影响的研究，从而大大拓展了消费心理学研究的内容。

1960 年，美国心理学会正式成立消费心理学分科学会。有人认为，这一事件是消费心理学作为一门独立学科诞生的标志。同时，美国的大学中的院系相继开设了消费心理学课程，对消费者心理、消费者行为进行研究的人员开始增多，研究水平也大为提高。

3. 变革与创新时期

从 20 世纪 70 年代到现在，是消费心理学的变革与创新时期。

这一时期，消费心理的研究表现为深入的、多角度的、跨学科的研究。同时，在这一时期，消费心理学在美国、日本和欧洲各国得到了极大发展，在学科林立的时代巩固了自己的地位。

另外，计算机科学、经济数学、行为学等现代学科也被广泛运用于消费心理、消费者行为、组织行为、管理沟通等学术研究之中，比如，恩格尔（Engel）等人提出的消费者决策模式，即恩格尔-科拉特-布莱克威尔购行为模式（简称"EKB 模式"）。这一时期，消费心理的研究方法从最初的一般描述、定性分析发展到定性分析和定量分析相结合，并将多种方法与技术协调并用，运用计算机技术进行数据处理、建立数量模型等。

20 世纪 80 年代以后，消费心理研究的领域不断拓展。例如，运用符号学（Semiotics）理论分析消费者心理。这种理论认为消费已不是单纯的需要满足，消费的前提是"物"已成为一种符号。

视野拓展

皮尔斯的符号学理论

美国实用主义哲学的先驱查尔斯·桑德斯·皮尔斯（Charles Sanders Peirce，1839—1914）是符号学界公认的现代符号学理论的创始人之一。皮尔斯认为，符号分类就是关于人类认知方式的分类，通常可分为图像符号（Icons）、指示符号（Indexes）和象征符号（Symbols）。在现代社会中，消费的特点是从"物的消费"过渡到了"符号消费"。

20世纪90年代以后，消费心理学的研究集中在消费者决策、消费者价值、消费者介入、消费者认知和体验等方面。从创新和发展趋势来说，消费心理学的发展表现为以下三大特点。

（1）研究视角扩大化。以往的研究，主要是从商品生产者和经营者的单一角度研究消费者心理和行为的。后来这种单一局面逐渐被打破，很多学者从更广泛的视角对消费者的心理活动和行为倾向进行研究，从社会经济发展的角度、从技术革新普及过程等来研究消费者心理及行为的变化，比如，研究网上购物消费心理问题、消费体验问题、消费品牌弱化问题等。

（2）研究参数多样化。随着研究的深入，消费心理学的研究不仅引入了与心理因素和社会心理因素有关的变量，如需要、动机、个性、生活方式、参照群体、社会阶层、社会规范等，而且还引入了文化、历史、地域、民族、价值观念、信息化程度等一系列新变量。新变量的加入为消费心理学研究的精细化和准确化提供了可能，同时也使参数变量在数量上和内容上更加丰富。

（3）研究方法定量化。各种新变量的加入使各参数之间的相互关系更加复杂，单纯对某一消费现象进行事实性记述和定性分析显然是不够的。为此，更多的研究人员越来越倾向于采用实验方法和实证分析等定量分析方法，运用统计分析技术、信息处理技术以及运筹学、动态分析等现代技术手段和科学方法，揭示变量之间的内在联系。这使建立更加精确的消费心理模型成为可能，从而把消费心理学的研究提高到了一个新的水平。

二、消费心理学在我国的发展

在我国，商品交换、贸易往来历史悠久。经商、做生意自古以来就是很多人的生存之道，商家对消费者心理的揣摩和思量更是必不可少的。例如，战国末年的韩非子在《外储说右上》中描述的"宋人有酤酒者，升概甚平，遇客甚谨，为酒甚美，县（同"悬"）帜甚高……"这说的就是酒家通过悬挂旗帜来吸引顾客、招揽生意。春秋末年著名的政治家、军事家、商人范蠡积资巨万，提出"谷贱伤农、谷贵伤末（指工商业者）"

北京老字号"瑞蚨祥"百年以来始终坚持"至诚至上、货真价实、言不二价、童叟无欺"的经营宗旨。

的思想，主张逐什一之利，薄利多销，不求暴利……可以说，由于悠久的历史和商业文化的发展，以及不同朝代商人的经商能力和经商水平不断提升，我国积累了丰富的经营理念和经商思想。

改革开放以来，随着我国市场经济体制的逐步确立，消费品市场迅速发展。20世纪80年代中期，我国的学者开始从国外引进有关消费心理学的研究成果。20世纪90年代，我国基本形成了以消费者为主体的"买方市场"，消费者的消费水平、消费结构发生了巨大变化，消费方式由单一化、被动式向多样化、选择式转化。

进入21世纪，随着消费者消费知识、经验和实践的增多，消费者自身的主体意识和成熟程度远远高于以往任何时期，消费者在社会经济生活中扮演着日益重要的角色。正是在这一背景下，我国理论界及企业界开始对消费问题给予前所未有的关注。消费心理学的研究内容也从对消费者的单一研究转变为将其放在社会经济文化大环境之中进行研究。

思考与讨论

为什么有的企业不重视消费者的权益，忽视消费者的需求？

视野拓展
年轻人的消费趋势

三、数字化时代的消费心理

随着数字化时代的到来，消费者通过网络购物已非常普遍，数字化支付方式也日渐普及，线下或线上购物变得非常便捷，消费的范围不再受时空的限制。总体来说，消费的自主性和自由度得到空前提高。具体表现在以下几个方面。

（1）消费者具备较强的信息检索和辨别能力。数字化时代为消费者提供了充足的信息，消费者对信息的检索和辨别能力正在提升。他们不再轻易相信企业向他们灌输的信息，较少听信品牌厂商的自我宣传介绍，而更加注重对信息"真实性"的把控。这使得商家试图通过传统广告来改变和影响消费者的能力正在大幅度降低。

（2）消费者更加突出自我价值。消费者对自我的认识不断深入，对自我价值的肯定不断提升，他们认为"我"的消费体验与感受和别人有很大不同。消费者不再"人云亦云"，他们有自己的思想和主见，不轻易受商家营销策略的影响，对商家的"过度营销"感到厌烦并有逆反情绪，甚至有时会发起"对抗营销"的活动，以此来表现和突出"自我"。

（3）注重个性化、互动性和情感性的消费。数字技术的发展为分析消费者的个性化需求提供了科学有效的方法，"消费者画像"更加准确。同时，由于社交媒体的发展，消费者不仅从他人那里获得消费信息，也愿意分享自己的网购链接和体验，期待获得他人的互动和反馈；或在交易中希望与商家形成特别的"关系"，并从双方互动中获得情感满足。

（4）购物体验的重要性正在提升。消费者对产品价格的敏感度正在降低，而对"能提供令人愉快的购物体验"期待更高。给消费者提供一个场景，以氛围来烘托，使消费者的口、耳、鼻、眼、心同时感受到"情感共振式"的心理体验，这种"场景触发式购物体验"正成为商家新的竞争点。

（5）消费者自我表达欲望更强。在数字化时代，随着社交媒体的应用，消费者既是信息的消费者，也是创作者，他们可以生成大量的评论与信息，并热衷于表达和分享美好的事物。例如，在微博或者小红书上分享消费攻略和消费日记，在快手、抖音等短视频平台上推荐热门商品和"网红"产品等。这也意味着商家要与消费者进行长期、开放的对话与协作，充分利用消费者分享交流的兴趣以及参与的积极性，实现与消费者的有效沟通。

 归纳与提高

本章首先阐述和分析了消费心理学的相关概念。消费心理是指消费者根据自身需要与偏好，选择和评价消费对象的心理活动。

消费心理学研究的是消费者在消费活动中的心理现象和行为规律，它是将心理学、社会学和经济学等多门学科综合应用于消费心理研究的一门新兴学科。消费心理学的研究方法主要有观察法、访谈法、投射法、问卷法和实验法等。

消费心理是社会经济活动中客观存在的现象，对消费心理的研究是商品经济发展的需要。在西方国家市场发展和学科发展的共同作用下，消费心理学完成了其基本知识的积累，建立了自己的学科体系。随着我国经济的发展，消费在国民经济发展中发挥着越来越重要的作用，研究和掌握消费心理具有十分重要的意义。

综合练习题

一、填空题

1. 消费心理学是研究消费心理现象和_____的一门学科。
2. 消费可以分为_____和生产消费，消费心理学主要研究_____。
3. 消费者的各种行为受到_____的支配。
4. 消费心理学的定性研究法主要有观察法、_____和投射法。
5. 消费心理学的发展表现为研究视角扩大化、研究参数多样化和_____。

二、单项选择题

1. 消费者行为的基础是（　　　）。
   A. 消费心理　　　　B. 消费习惯　　　　C. 消费环境　　　　D. 消费能力
2. 在社会再生产活动过程中，（　　　）是最终的目的和动力。
   A. 生产　　　　　　B. 分配　　　　　　C. 交换　　　　　　D. 消费
3. 可以通过消费者寻找、选择、（　　　）、使用等行为来分析消费者心理。
   A. 购买　　　　　　B. 习惯　　　　　　C. 经验　　　　　　D. 偏好
4. （　　　）是有目的地严格控制或创设一定的条件，人为地引起某种心理现象与行为的产生，从而对它进行分析研究的方法。
   A. 观察法　　　　　B. 实验法　　　　　C. 问卷法　　　　　D. 访谈法
5. 在产品极大丰富的市场背景下，生产者从以生产者为中心转向了以（　　　）为中心。
   A. 供应商　　　　　B. 竞争者　　　　　C. 经营者　　　　　D. 消费者

三、论述题

1. 如何理解消费者的概念？
2. 消费心理和消费行为有什么区别和联系？
3. 消费心理学的理论来源有哪些？
4. 消费心理学发展的不同阶段的特征是什么？
5. 消费心理学的研究方法有哪些？如何理解定性研究和定量研究？
6. 论述数字化时代消费心理的新特征。

四、实践题

1. 针对牛奶的消费状况设计一份调查问卷，采用问卷法进行调查（样本不能少于50份），并写出调查报告。
2. 采用访谈法调查你身边5位同学的手机使用情况，请列出访谈提纲。访谈提纲包括手机品牌、价格、购买渠道、购买原因等项目。

五、案例分析题

咖啡中除了可以加奶和糖，还可以加苏打水或柠檬汽水，当然也可以加酒，但你想到了咖啡和大米的结合吗？请扫描二维码阅读案例，并回答以下问题：

（1）库迪咖啡的"米咖系列"相较于其他咖啡有何卖点？
（2）库迪咖啡的"米咖系列"采取了怎样的推广模式？

第一章　消费心理学概述

11

第二章　感觉和知觉

【学习目标】

理解感觉、知觉的概念和分类；学习感觉、知觉的相关理论；掌握感觉、知觉的基本特征；分析感觉和知觉在营销活动中的作用。

【关键术语】

感觉、知觉、感受性、绝对感觉阈限、差别感觉阈限、知觉的恒常性、错觉、首因效应、近因效应

【导入案例】

咖啡杯的颜色会影响味道吗？

除了奶油、糖、奶，你知道还有什么东西能改变咖啡的味道吗？答案是：咖啡杯的颜色。这个答案看上去不科学，但这确实是有科学依据的。

你想用什么颜色的杯子喝咖啡？

澳大利亚联邦大学心理学讲师乔治·范·多尔恩做了两个实验来验证咖啡杯的颜色是否会影响消费者对拿铁咖啡的味道评判。实验中，研究者让被试者分别使用白色、透明以及蓝色咖啡杯喝咖啡，再记录下其对咖啡苦味的感受。实验结果显示，咖啡杯的颜色在很大程度上可以影响被试者对咖啡味道的判断：相较于使用透明和蓝色咖啡杯的被试者，使用白色咖啡杯的被试者感受到了更低的甜度和更强烈的苦味；而蓝色咖啡杯既能"增强"苦味也能"增强"甜味，会让被试者认为咖啡更浓。

多尔恩表示："我们的研究证实，咖啡杯的颜色确实能影响人对咖啡的感官体验，这一成果的意义在于，咖啡馆、咖啡师乃至陶器生产商都该正视这一问题，也许杯子的颜色能决定消费者是成为常客还是不会再光顾。"其实，颜色影响味觉的案例屡见不鲜。研究显示，如果是喝热巧克力，奶油色的杯子会使其甜度和香味都有"提升"。这一理论最好的用途可能是在节食减肥领域：蓝色会让人食欲降低，使用蓝色的餐具、装潢，更有助于节食。可见，如果利用好颜色对味觉的影响，会获得意想不到的效果。《色随心动》一书的作者莉雅翠丝·艾斯曼称，红色能给人热烈、喜庆、祥和的感觉，黄色能让人感受到温暖与舒适，均能增进食欲感，红色和黄色的搭配能让人不知不觉多吃几口。

由此看来，"人是视觉动物"一说，也不是没有道理的。

启发思考：

（1）为什么杯子的颜色会影响咖啡的味道？你是否有过同样的感受？

（2）根据案例，再结合本章内容，思考感官对消费者的心理有哪些影响。

第一节 感 觉

在消费心理学研究中，感觉占有相当重要的地位。感觉是产生意识和心理活动的重要依据，是意识对外部世界的直觉反映，也是人脑与外部世界的直觉联系，割断了这种联系，大脑就无法反映客观存在，意识也就无从产生。因此，消费者理解商品世界的过程始于感觉。

那么，什么是感觉，它是如何分类的？消费者的感觉在市场营销中到底起着什么作用？

一、感觉的产生

感觉（Sensation）是人脑对直接作用于感觉器官的各种客观事物个别属性的反映，如嗅到气味、尝到滋味、看到颜色、听到声音等。感觉不仅能够反映外界事物的个别属性，而且能够反映有机体本身的活动（躯体的位置和运动、内部器官的状况），如我们感觉到的胳膊酸痛、肚子饥饿或饱胀等。感觉是人们认识事物的开端，是知觉、记忆、情绪等较复杂的心理活动产生的基础。

在我们生存的环境中有大量刺激物，每一种刺激物又有多种属性。我们与这些刺激物及其属性的接触，是从分布在人的眼睛、耳朵、鼻子、舌头、皮肤、肌肉、肌腱、关节，甚至内脏特定部位的数以百计的专门感受器开始的。在如此复杂的环境中，我们有特殊的感受器来收集和选择生存需要的信息。

思考与讨论

一般来说，电视广告的片长时间若少于3秒，就不会引起消费者的视觉感受，为什么？

外部的世界是如何进入我们的头脑进而产生感觉的？生理心理学研究认为，感觉的产生是分析器工作的结果。分析器是一种复杂的神经机构，是产生感觉全过程的生理通路。每一种分析器都由三部分组成：①外周部分，它们可以接受来自内外环境的刺激，并将刺激转化为神经冲动；②传递神经，有传入神经和传出神经，它们往返传导外周与中枢间的神经冲动；③中枢部分，大脑皮质的感觉中枢区域，就是大脑皮质相应部位的神经细胞群（如视觉区、听觉区等），它们在接受神经冲动后就会产生感觉。这三部分缺一不可，外周部分与中枢部分由传入神经和传出神经进行反馈联系。分析器结构如图2.1所示。

由此可见，感觉是对客观事物直接刺激的感受，并且是在其分析器系统的整合作用下，人脑对客观刺激物个别属性的反映。消费者通过感觉可以获得对商品属性表面、个别和孤立的认识。因此，若仅仅依靠感觉对商品作出全面评价和判断，显然是不可靠的。但是，感觉又是一切比较高级、比较复杂的心理现象的基础。

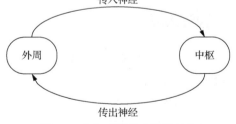

图 2.1 产生感觉的分析器结构

视野拓展

闻"香"识酒店

海伦·凯勒（Helen Keller）说："嗅觉就像一个强大的巫师，它既能在瞬间使你身处千里之外，又能帮你在时光隧道中追忆似水流年。"酒店自然也深谙此道，它们利用不同的香氛来打造独一无二的味道。每一个地方的四季酒店都有自己的专属香味。例如：夏威夷毛伊岛四季度假村提供的是以酸橙为基调，混合热带花香和异域木香的香氛；多伦多四季酒店提供的是 ETRO（艾绰）的 Vicolo Fiori（花径通幽）产品，香调是风信子和柑橘、野蔷薇、麝香和檀香；米兰的四季酒店用的则是意大利品牌 Locherber（洛赫本）的一款有淡淡的棉花香的名为 Dokki Cotton（豆蔻木棉）的香薰。香格里拉酒店可以说是酒店香氛界的典范，拥有独一无二的"香格里拉香氛"。它以香草、檀香和麝香为基调，带有些许佛手柑、白茶和生姜味的别致香气。这种清新淡雅的香氛，萦绕鼻端，令人身心愉悦、放松。无论身处哪里的香格里拉酒店，都会有如邂逅老友般的亲切与熟悉。

通过特定的香氛来创造出独特的感官体验，进而影响消费者的心理和行为，正成为商家一种创新的营销策略。

二、感觉的分类

根据刺激物的性质以及其所作用于感官的性质，可以把感觉分为外部感觉和内部感觉。

外部感觉是指接受外部刺激，反映外界事物个别属性的感觉，包括视觉、听觉、味觉、嗅觉和肤觉。肤觉又可细分为温觉、冷觉、触觉和痛觉。在外部感觉中，视觉是人们获得信息的最主要渠道。据研究统计，人对外界的感觉主要是通过视觉（87%）、听觉（7%）、嗅觉（3.5%）、触觉（1.5%）、味觉（1%）等获得的。

内部感觉是指接受机体本身的刺激，反映机体的位置、运动和内部器官不同状态的感觉，包括位置觉（也称作平衡觉）、运动觉和机体觉等三种。

三、感受性和感觉阈限

感受性是指感觉器官对刺激物的主观感受能力。感受性是消费者对商品、广告、价格等消费刺激有无感觉以及感觉强弱的重要标志。

（一）感觉阈限

感受性是由引起某种感觉的、持续了一定时间的刺激量来度量的，这个刺激量称作感觉阈限。感觉阈限是指能够引起感觉并持续一定时间的刺激量。阈限，是界限、门槛的意思。例如，人耳可听到的声音频率为 20～20 000Hz，这个范围内的空气振动叫声波。而狗的听觉频率范围要远比人的宽得多，它的听觉非常敏锐，能听到高达 60 万赫兹的振动音。

📚 视野拓展

掩蔽效应

"掩蔽效应"是指当强的刺激给人的感觉掩盖了弱的刺激给人的感觉时，人只能感受到强的刺激而感受不到弱的刺激。例如，听觉掩蔽是指人耳只对最明显的声音反应敏感，而对于不明显的声音，反应则较不敏感。例如，教室里老师讲课的声音被汽车的噪声掩盖。除了在听觉中会出现掩蔽现象外，在其他感官中也会出现。例如，在亮度变化剧烈的背景上，如在黑白跳变的边沿上，人眼对色彩变化的敏感程度会明显降低。与此类似，在亮度变化剧烈的背景上，人眼对色彩信号的噪声也不易察觉。这些都体现了亮度信号对彩色信号的掩蔽效应。

1. 绝对感觉阈限

在消费活动中，并不是任何刺激都能引起消费者的感觉。如要产生感觉，刺激物就必须达到一定的量。心理学上把那种刚刚能够引起感觉的最小刺激量，称作绝对感觉阈限。

对绝对感觉阈限或最小刺激量的觉察能力，就是绝对感受性。绝对感受性是消费者感觉能力的下限。凡是没有达到绝对感觉阈限值的刺激物，都不能引起消费者的感觉。绝对感受性与绝对感觉阈限成反比关系，绝对感觉阈限越小，即能引起感觉的刺激强度越弱，绝对感受性就越大，

说明人的感觉器官越灵敏。用字母 S 代表绝对感受性，用 R 代表绝对感觉阈限，则两者之间的关系可用公式表示为

$$S = \frac{1}{R}$$

绝对感觉阈限可因刺激物的性质和有机体的状况而有所不同。比如，活动性质、刺激强度、刺激持续时间、个体自身的状态等都会影响绝对感觉阈限。

2. 差别感觉阈限

在刺激物引起感觉之后，如果刺激量发生变化，但变化极其微小，则不易被消费者察觉。心理学上把刚刚能够觉察到的刺激物的最小差别量称为差别感觉阈限（Just Noticeable Difference，JND），而人们感觉最小差别量的能力被称为差别感受性。

🐾 思考与讨论

为什么音乐家给乐器调音时能觉察到音调的微小差异，品酒师能尝出两瓶红酒细微的味觉差异，父母能在众多孩子的声音中分辨出自己孩子的声音？

差别感受性是用差别感觉阈限来度量的，两者成反比关系。差别感觉阈限越小，差别感受性越大；反之，差别感觉阈限越大，差别感受性越小。在广泛的范围内，差别感觉阈限与原刺激量的比值是一个常数，可用公式表示为

$$K = \frac{\Delta I}{I}$$

其中，I 为原刺激量；ΔI 为刺激量的增加量，为差别感觉阈限。当 I 不同时，ΔI 也不同，但是 ΔI 与 I 的比值却是一个相对固定的常数，用 K 代表这个常数。这个常数又称为韦伯分数。

在心理学研究中，发现不同的感觉，其差别感觉阈限（或 K 值）是不同的。视觉和听觉的差别感觉阈限（或 K 值）小，而味觉和嗅觉的差别感觉阈限大。这一规律清楚地解释了一个带有普遍性的消费心理现象，即商品因为效用、价格等特性不同，而具有不同的差别感觉阈限值，消费者也对它们有不同的差别感受性。例如，如果一辆汽车降价 500 元，一般不会引起消费者的注意，而一瓶洗涤剂降价 2 元，可能就会立刻引起消费者的注意。

差别感觉阈限对消费者的感受性与消费行为的影响效果，在制定产品价格、包装及命名策略等方面均有一定的参考价值。

（二）感受性变化的规律

感受性变化也称为感觉的特性。因为人和环境的相互作用、多种刺激物的影响，以及个体多种感官的相互作用，人的感受性是在不断变化的。常见的变化有以下几种。

1. 感觉适应性

感觉适应性是指随着刺激物持续作用时间的延长，而使感受性发生变化的现象。适应性是感受性变化的普遍现象。它既可以提高感受性，也可以降低感受性。"入芝兰之室，久而不闻其香；入鲍鱼之肆，久而不闻其臭"形容的就是感受性的降低。当我们刚进入电影院的放映厅时通常什么也看不清，几分钟后，就能看清周围的事物；或者，当我们刚跳入游泳池时会感觉水太凉了，但几分钟后，就会觉得水温很舒服。这都是因为感受性的提高。

显然，适应性引起的感受性降低，对企业在市场营销中不断激发消费者的购买欲望是不利的。要改变这一现象，使消费者保持对消费刺激较强的感受性，就要调整消费刺激的作用时间，经常变换刺激物的表现形式。例如，商店可以通过定期改变陈列布局来营造新鲜感，避免消费者感受

性降低而产生审美疲劳。

关于视网膜效应

心理学中所说的"视网膜效应"是指当我们自己拥有一件东西或具备一项特征时，就会比之前更会注意到别人是否跟我们一样拥有这件东西或具备这项特征。例如，一个怀孕的女人会发现自己身边有很多孕妇，一个染了头发的人会发现身边很多人都染了头发，一个大龄未婚的人会发现身边有很多未婚的人……这些都是视网膜效应带来的现象。视网膜效应的产生是由于人的意识焦点锁定在某个对象上的时候，人们对这个对象就会变得全神贯注起来。因此，视网膜效应也可以说是"你关注什么，你就能看见什么"。

2. 感觉对比性

感觉对比性是指同一感官因同时接受两种刺激或相继接受两种刺激，感觉的强度和性质发生变化的现象。感觉对比现象可分为同时对比现象和继时对比现象。

同时对比现象如图2.2所示。同样明度、同样大小的小方格，分别放在浅色和深色的背景上，

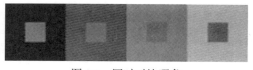

图2.2　同时对比现象

我们会感到放在浅色背景上的方格比放在深色背景上的要暗一些。

继时对比现象在我们的日常生活中也很常见。例如，你吃一个梨时觉得梨很甜，但是如果你吃了糖之后再吃梨，就会觉得梨没有那么甜了。这就是感觉的刺激物先后作用于同一感受器而产生的对比现象。

🐧 **思考与讨论**

颜色对比常被色彩设计师们用来加强图案设计的视觉效果，在纺织、服装、印染工艺中备受欢迎。试举例说明。

3. 感觉联觉性

感觉联觉性是指一种感觉引起另一种感觉的心理过程。比如，当用铁铲刮炒锅时，尖锐的摩擦声令人产生生理性不适，甚至引发刺骨寒意般的皮肤战栗反应，这就是联觉现象。再如，红色让人感到温暖，绿色让人感到冷静，颜色带给人的这种冷暖感觉也是一种联觉现象。

色彩疗法

"色彩疗法"是近年来一种大放异彩的治疗方法。美国心理学家策勒在一家医院对病房、门窗、墙壁、家具、床单、灯光等设置了不同的颜色，分别用于不同的治疗目的。根据多年的医疗实践，他认为颜色对病人具有刺激、镇静、治疗三种作用。例如，红色和黄色可能激发病人的欲望，使病人兴奋，看到希望。但红色不宜过多，否则易使人神志紊乱。科学家经过进一步研究证明：医院墙壁刷上淡绿色、浅黄色，可使病人情绪镇静、安适，有助于病人恢复健康。

消费者在同时接受多种消费刺激时，经常会出现由感觉间相互作用引起的联觉现象。如在优雅、柔和的音乐声中挑选商品，对色泽的感受力会明显提高；进餐时色泽鲜亮的菜肴会使人的味觉感受增强。可以说，联觉对消费者的行为有直接的影响。有的超市会在卖场的营销活动中巧妙运用联觉性原理，如在果蔬区域的墙壁挂有大幅果园的图片，在奶制品区域绘制有大片牧场的背景，让人感觉身临其境，从而能很好地调动消费者感觉的联觉性，引起消费者的心理变化，进而使其产生购买行为。

四、感觉在营销活动中的作用

1. 感觉使消费者获得对商品的第一印象

感觉是消费者认识商品的起点，通过感觉，消费者才能认识和分辨商品的各种基本属性。只有在通过感觉获得信息的基础上，其他高级的、复杂的心理活动才能得以产生和发展。因此，感觉可以使消费者获得对商品的第一印象，而第一印象的好与坏、深刻与否，往往决定着消费者是否购买该商品。

视野拓展

商品包装很重要

古代"买椟还珠"的故事说明：一个好的包装，也会成为商品的一大卖点。日本包装设计师笹田史仁在《0.2 秒设计力》一书中写道："购物的客人经过货架时，商品映入眼帘的时间只有 0.2 秒。要想让顾客在这个瞬间惊叹一声'哇！'并且愿意驻足停留，那就必须靠抢眼的包装。"所以，对一件商品来说，包装不仅是一个附加物，它对消费者形成对商品的第一印象也非常重要。很多品牌都在包装上大动脑筋，其目的就是努力通过包装设计，来吸引消费者的注意。

2. 感觉特性为企业提供了制定营销策略的依据

感觉特性说明了消费者的感觉是有一定局限的。在市场营销活动中，企业做广告、调整商品价格和介绍商品时，向消费者发出的刺激信号强度应当与他们的感觉阈限相适应。例如，为推销商品而降价，如果降价幅度过小，刺激不够，消费者就不会积极购买；而降价幅度过大，消费者又可能会怀疑商品的质量，因而，对此必须准确把握。另外，消费者的感觉阈限大小还与商品本身有关。如几千元的商品降价十几元，并不会引起消费者的注意，而日常生活食品，如蔬菜、肉类、蛋类，降价一两元就会被消费者感觉到。

3. 感觉能引发消费者的记忆和情绪

消费者对客观事物的感觉可以影响其记忆和情绪。例如，超市的开放厨房散发的气味能让人想起家的感觉，化妆品的香味能使人想起愉快的度假之旅，餐厅美好的用餐体验可以使人心情大好。当然，有刺鼻气味的家具会让顾客绕开走，拥挤嘈杂的商场会使人望而却步。

通过感觉给消费者创造一种积极的情绪状态是有价值的。例如，星巴克成功的秘诀之一就是为顾客创造感觉轻松的环境，使顾客沉浸在香浓的咖啡中，可以暂时抛开日常的烦恼，获得轻松愉悦的体验。

视野拓展

嗅觉对人的影响

美国某研究机构的研究结果表明，人们回忆一年前的气味的准确度为 66%，然而回忆三个月前看过的照片，准确度仅为 55%。可见，有时嗅觉记忆比视觉记忆更可靠。因此，用香味来促进销售成为商家的一种新选择。高档酒店采用酒店香氛的方式为顾客创造愉悦的空间体验，从嗅觉上为顾客营造一个心仪的消费环境；美国一家公司尝试以杂志的"香页"做香水广告，"香页"广告通常夹在女性杂志和家庭装饰类杂志中，其方法是在"香页"上洒上细微的香水滴，撕开广告便会有香味溢出，浓淡相宜，十分诱人。香味营销是利用怡人的香氛来牵动顾客的情绪与记忆，让顾客犹如身临其境，给其美的感受，这自然会对其购买行为产生影响，商家则以此达到营销目的。

4. 通过感觉可以实现商品的使用价值

消费者不仅通过回答"是否有感觉"来获得是否购买商品的依据，同时，在品尝食物、穿衣服、驾驶汽车等使用商品的过程中，消费者通过不同的感觉实现了商品的使用价值，形成了对商品或品牌的印象和评价，进入了更高级的心理活动阶段。

经典实验

感觉剥夺实验——体验的意义

1954 年，加拿大麦吉尔大学的心理学家进行了"感觉剥夺"实验：在严格控制的实验室内，给被试戴上半透明的护目镜，使其除了能看到漫射的光线外，不能看见任何形状的图形或物体；用空气调节器发出单调的声音以限制其听觉；给其戴上纸套袖、手套，腿脚用夹板固定，限制其触觉。被试单独待在实验室里，几小时后开始感到恐慌，进而产生幻觉……在实验室连续待三四天后，被试会产生许多病理心理现象：出现错觉和幻觉；注意力涣散，思维迟钝；紧张焦虑、恐惧……如果延长时间，有的被试甚至会出现严重的心理障碍。上述症状，实验后需数日方能消失。

这项实验说明，感觉的丧失会严重地影响人的认知、情绪和意志，导致心理紊乱和病态。可见，人们在日常生活中所"漫不经心"地接受的刺激以及由此而产生的感觉是多么重要，它既能提供人类生存的重要线索或依据，又能帮助人们及时把握客观环境并产生新的认识，从而为维持身心健康提供重要的保证。而且，感觉的重要性也为企业营销带来了新的思路，即体验营销。

第二节 知 觉

思考与讨论

要完整地认识这个世界，仅仅通过视觉、听觉、嗅觉、触觉、味觉等感觉器官是不够的。为什么？还需要具备什么条件？

在现实生活中，消费者通常以知觉的形式直接反映商品等消费对象，而不是孤立地感觉它们的某个属性。知觉的形成与否决定了消费者对商品信息的理解和接受程度，而知觉的正误偏差制约着消费者对商品的选择比较。

知觉（Perception）是人脑对直接作用于感觉器官的客观事物的整体反映，或者说知觉是消费者个体为了对其所处环境赋予意义而组织和解释感觉印象的过程。

由此可见，感觉是知觉的基础，知觉以感觉为前提，但知觉的产生不是把感觉简单地相加，而是借助于人的知识和经验。消费者不仅会借助感觉器官对商品的个别属性进行感受，而且还会通过知觉，将个别属性组织、选择、联系起来进行整体反映。

在我们的日常生活中，感觉和知觉常常是一个混合在一起的过程，很难分离。

一、知觉的分类

根据所反映事物的特征，知觉一般分为以下三类。

（1）空间知觉。空间知觉是指人们对占有一定的空间位置的形状、大小、深度、方位、远近等特征的知觉。

（2）时间知觉。时间知觉是指人们对客观事物的延续性、顺序性的反映。这种反映通常是借助于某种媒介进行的。比如，依靠大自然的春、夏、秋、冬周期性的季节更替，花、鸟、鱼、虫的生长规律，人体内部生理节律的变化等来判断时间。

（3）运动知觉。运动知觉是指人们对物体的空间位移和移动速度的知觉。通过运动知觉，人们可以分辨物体的静止或运动状态及其运动速度的快慢。

根据起主导作用的分析器官不同，知觉一般可分为视知觉、听知觉、触知觉、嗅知觉等。比如，听音乐时，主要是靠听知觉；当我们拿起一件物品时，通过视知觉、触知觉来弄清楚这件物品的形状、结构、颜色等特征，进而认识到它是什么。

二、知觉的特性

知觉是消费者对消费对象的主观反映过程，这一过程受到消费对象特征和个人主观因素的影响，从而表现出某些独有的活动特性。

（一）知觉的选择性

图 2.3　知觉的选择性——
花瓶与人

知觉的选择性是指人对外来信息有选择地进行加工的能力。知觉的能动性主要表现在它的选择性上。图 2.3 中，当转换感知对象与背景后，人们对同一图案就会有两种不同的判断，这正是由于所选择的信息不同而形成的。

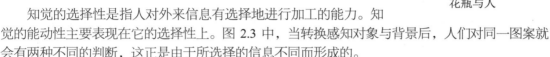
视野拓展

人的时间知觉

人具有判断时间间隔精确性的知觉能力。一般来说，视觉辨认时间间隔的精度为 1/10～1/20秒，触觉辨认时间间隔的精度为 1/40 秒，而听觉辨认时间间隔的精度可达 1/100 秒。在时间知觉中，人的个体差异和误差较大。用计时器测量的时间和人对时间的主观估计存在着差异。一般情况下，对于 1 秒左右的时间间隔，人的主观估计比较准确，短于 1 秒的时间间隔常被高估，而长于 1 秒的时间间隔常被低估。人的时间知觉和自身活动的内容、情绪、动机、态度有密切关系。内容丰富而有趣的活动会使人觉得时间过得很快，而内容贫乏枯燥的活动则会使人觉得时间过得很慢；积极的情绪会使人觉得时间短暂，消极的情绪会使人觉得时间漫长；期待也会使人觉得时间过得较慢。

1. 引起消费者知觉选择性的原因

引起消费者知觉选择性的原因主要有以下三个。

（1）感觉阈限的存在。凡是低于绝对感觉阈限和差别感觉阈限较小的消费刺激，均不能被消费者的感觉器官感受，因而也不能成为其知觉的选择对象。只有达到足够强度的刺激才能被消费者感知。

（2）消费者的个体需要、欲望、态度、偏好、价值观、情绪、个性特征等会对知觉选择性产生影响。

（3）人脑信息加工能力的限制和防御心理的作用。消费者处于大量信息的包围之中，在同一时间内，消费刺激极为丰富和复杂，消费者只能选择性地把其中一部分刺激作为信息进行接收、储存、加工和理解。另外，选择性地获取信息也是消费者的一种自我保护。当某种带有伤害性或于己不利的刺激出现时，消费者会本能地采取防御姿态，关闭感官通道，拒绝信息的输入。

思考与讨论

在课堂上，教师的声音成为学生知觉的对象，而周围环境中的其他声音便成为知觉的背景。如果知觉对象和知觉背景转换，会产生怎样的情况？

2. 消费者知觉选择性的表现形式

消费者的心理活动是一种整体活动的方式，其知觉选择性的表现形式包括选择性注意、选择性曲解和选择性保留。

（1）选择性注意。选择性注意是指在外界的诸多刺激中，人们仅注意到某些刺激或刺激的某些方面而忽略其他刺激或刺激的其他方面，以便更有效地感知和适应外界环境。选择性注意的影响因素有客观与主观两个方面。众多的因素都会影响知觉对象的选择、知觉过程和结果。

（2）选择性曲解。选择性曲解是指人们有选择地将某些信息加以扭曲，使之符合自己的意向。在消费品的购买和使用过程中，受选择性曲解的影响，消费者会忽视所喜爱品牌的缺点或其他品牌的优点。

（3）选择性保留。选择性保留是指人们倾向于保留那些与其态度和信念相符的信息。

（二）知觉的整体性

知觉的整体性也称为知觉的组织性，是指人们根据自己的知识和经验把直接作用于感官的不完备的刺激整合成完备而统一的整体，以便全面地、整体地把握该事物。这个特性是知觉与感觉的重要区别。图2.4所示的图像，若把图中间的"字"放在数字12、13、14的序列中，它就是数字"13"；

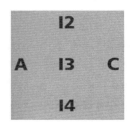

图2.4 视知觉的整体性

若把它组织到英文字母A、B、C的序列中，它就是英文字母"B"。由此可见，当人们通过知觉感受客观事物时，并不需要非常细致地去重新观察它的每一个部分及其属性，只要抓住了它的主要特征，就可以根据已有的经验对其进行识别，从而把它作为一个整体进行反映。

知觉的整体性不仅与客观事物的属性密切相关，也与消费者个体过去的知识、经验有关。当客观事物仅有部分属性分别或先后作用于人的感官时，感官所获得的信息实际上是不完备的，但是在主观经验帮助下能够完整地把握它，简单地说就是客观上的缺失可以由人的主观来弥补。

🐵 思考与讨论

知觉的整体性不仅和知觉的对象本身有关，还与知觉者的主观状态有关。知觉者过去的经验、知识可为知觉者当前的知觉活动提供补充信息。请思考"管中窥豹"体现了知觉的什么特性。

知觉的整体性经常表现在与消费对象特征的联系和整合上。比如，商品的性能、款式、品牌、包装、价格等不同属性分别作用于消费者的感觉器官时，消费者就会形成对商品的整体评价和印象。又如，很多企业运用知觉的整体性，成功地进行品牌延伸，推动着消费者对新产品的认知和接受。知觉的整体性在广告促销中的运用也可以起到增强广告记忆的效果。例如，在广告信息中出现不完整的图形或词句时，由受众凭借知觉的整体性来补全完整信息，广告效果反而会更好。

📚 视野拓展

消费者知觉的整体性

知觉的整体性经常表现在与消费对象特征的联系和整合上。消费者通常把某种商品的品牌、价格、质量、款式、包装等因素联系在一起，形成对该商品的整体印象。在评价一家商店时，消费者依据的不是某一单项因素，而是对商品档次、服务质量、购物环境、商店信誉等多种因素加以综合考察。例如，屈臣氏的面膜比较便宜，就会给消费者一种屈臣氏其他商品也物美价廉的感觉，即使有的商品比其他商店价格高也可能会被消费者忽略。

（三）知觉的理解性

知觉的理解性，是指人们在识别事物的过程中，不仅能通过知觉感受到对象的某些外部特征，而且还可以利用自身的知识和经验对知觉的对象按自己的意图作出解释，并赋予其一定意义。

知识和经验在知觉理解性中的作用主要通过概念和语言来实现。语言的指导能唤起过去的经验，从而理解其意义。由于每个人自身的知识、经验不同，因此对图 2.5 可以有多种解释。如果说图中是一条公路，你立刻会理解其意义；如果说这是一个从窗口看到的长颈鹿的脖子，你也会领会其意。这就是语言在理解中的作用。理解性有助于解释消费者对同一商品的知觉为什么不同。另外，当消费者面对操作复杂的商品表现出手足无措时，销售人员帮助消费者加深对商品的理解和体验，无疑会大大提高商品的成交率。

图 2.5　视知觉的理解性

（四）知觉的恒常性

知觉的恒常性能够使人们对事物的知觉不受刺激变化的影响，即当知觉的客观条件在一定范围内发生变化时，被感知对象的映像却在相当程度上保持着它的稳定性，这种现象就称作知觉的恒常性。

图 2.6 中，无论知觉对象距离我们 10 米还是 20 米，我们都不会因为视角改变，而改变对其身高的知觉，依然会觉得他还是原来的身高。再如，图 2.7 中，这扇门从关到开，无论怎样，我们知道它依然是一扇长方形的门。

图 2.6　视知觉的恒常性

图 2.7　形状的恒常性

知觉的恒常性反映在消费者的心理和购买行为上，就是消费者能够避免外部因素的干扰，在复杂多变的市场环境中，仍然可以根据购买商品后的使用经验来辨别眼前的商品。比如，即使百事可乐在包装上做了一些改变，消费者仍然能进行正确的知觉感受和选择。

思考与讨论

如果失去恒常性，会给我们的生活带来哪些影响？

（五）知觉特性与营销策略的制定

1. 知觉的选择性对营销人员的启示

（1）即使企业提供同样的营销刺激，不同的消费者也会产生不同的知觉反应。因此，企业应当分析消费者的特点，使本企业的营销信息成为一种刺激物，被更多的消费者选择作为知觉对象，形成有利于本企业的知觉过程和知觉结果。

（2）知觉的选择性有助于消费者确定购买目标。知觉的选择性可使消费者在众多的信息和商品中快速找到符合自己既定购买目标的信息和商品。另外，具有某些特殊性质和特征的消费对象，如具有形体高大、刺激强度高、对比鲜明、新奇独特、与背景反差明显等特征的商品，往往更容易引起消费者的知觉选择。营销人员了解了消费者知觉的这个特点，就可以采取适当的营销策略。

2. 利用知觉的整体性和理解性提高广告宣传效果

根据知觉的整体性这一特性，在广告设计中，应把着眼点放在与商品有关的整体上，使消费者获得充足的信息，形成一个整体的、协调的商品形象。企业在广告设计中要针对购买对象的特性，使提供商品信息的方式、方法和提供的商品信息内容、数量与信息接收者的文化水平与理解能力相吻合，以保证信息被迅速、准确地理解。

3. 利用知觉的恒常性促进商品销售

由于人们通常不愿放弃自己习惯使用的商品，所以知觉的恒常性可以成为消费者连续购买某种商品的一个重要因素。例如，北京的内联升、同仁堂、稻香村等老字号受到顾客的喜爱就是基于人们对老字号的一种长期的信任和购买习惯。

微视频

有趣的视错觉

三、错觉

在认知过程中，人们知觉的结果与实际情况不符合的现象被称为错觉。错觉是知觉的一种特殊状态，也是十分普遍的心理现象。在一定条件下，受主客观因素的影响，人在感知事物的时候会产生各种错觉现象，如大小错觉、图形错觉、空间错觉、时间错觉、方位错觉等。

（一）错觉现象

《列子·汤问》一书中有"两小儿辩日"的故事，故事中两个孩子感觉太阳时大时小，并用不同的理由来解释结果。在日常生活中，类似的情况也不少。例如，月亮在天边刚升起的时候，我们觉得它很大，当它升到头顶上时，我们就觉得它小多了，但月亮本身没有变化。对于同一个事物，由于观察角度的不同，参照物有所不同，得出的结论就会有差异。

错觉现象表明，在人的知觉中，人的主观感知与客观现实并不一致。这种不一致不能归咎于个体观察的疏忽，而是社会中的每一个个体，在一定的环境条件下都有可能发生的正常反应。错觉包括以下两种。

（1）线条横竖错觉。例如，图2.8（a）中 a 和 b 两条等长线段，由于 a 线段垂直于 b 线段的中点，使我们觉得垂直的 a 线段似乎更长一些。

MARC JACOBS 品牌时装秀，结合人体曲线和服装的结构线，通过不同宽度的黑白条纹产生视错觉，使服装的结构更加清晰而突出，达到塑造凹凸有致身材的目的。

（2）缪勒-莱尔错觉。这是由德国生理学家缪勒-莱尔在1889年提出的。例如，图2.8（b）中两条等长的线段，仅仅因为线段两端有不同方向的箭头，就使得左侧箭头朝外的线段看起来比右侧箭头向内的线段要短一些。

（a）线条横竖错觉　　　　　　　　　　（b）缪勒-莱尔错觉

图2.8　不同的错觉现象

错觉的产生并不一定只会带来不好的结果，相反，巧妙地运用错觉原理能收到意想不到的效果。例如，用镜子可以使狭小的空间显得没有那么拥挤，电梯、理发店、小餐馆等经常使用这种成本低廉却效果显著的方法。再如，分量轻的商品采用深色包装，会使人觉得庄重、结实；笨重的商品采用浅色包装，会使人觉得轻巧。对于服装来说，人们更是希望通过"理想的错觉"来达到穿衣的理想效果。例如，上下身穿同色的衣服会让身材更显苗条，V形领衬衫可以让脸看上去更小，横条纹衫不适合身材较肥胖的人，大花纹不适合身材瘦小的人等。错觉原理为营销实践、艺术设计和科学研究提供了很多灵感。

在制定价格策略时，也可以灵活地运用错觉现象。例如，采用"9"作为商品销售价格的尾数，来达到扩大商品销量的目的。这种定价法对顾客来讲，可以产生以下两种心理感觉：一是该商店核定价格认真、准确，即使差那么一点儿也不将其凑成整数；二是让人感到商品"比较便宜"。毕竟，跟1元相比，9角9分让人感觉只是几角。

（二）社会知觉偏差

消费者在感知事物的时候，还有一种特殊的社会意识，即社会知觉。人们在社会知觉中由于受到客观条件的限制而不能全面地看待问题，往往会造成认知的偏差，以致作出错误的推测、判断和评价。看起来，消费者的社会知觉偏差似乎会给企业的营销带来挑战，并可能出现尴尬的营销局面，但在很多时候，企业恰恰可以利用消费者对营销环境的认知偏差来刺激其消费欲望，有效地促进销售。在社会知觉方面的偏差主要包括以下五个方面。

1. 首因效应

首因是指在社会认知过程中留给人们的最先的印象，也就是第一印象。首因效应是指最先的印象会对人的认知产生重要的影响。例如，在展示珠宝首饰的柜台中采用了定向光束直射，并且在装饰精美的柜里摆放了新鲜的玫瑰花瓣来衬托商品的华贵、精致，在视觉上给顾客留下了良好的第一印象，也就给顾客留下了美好的心理感受。

2. 近因效应

近因即最后的印象。近因效应是指最后的印象会对人的认知产生重要的影响。消费者完成购买过程最后阶段的感受，离开商店时所得到的信息和印象，最近一次购买行为的效果，都可以产生近因效应。近因效应有正向、负向之分，会对下次购买行为产生积极或消极的影响。所以，商店的收银员在顾客付完款，离开商店的时候，面带微笑地对顾客说一句"谢谢惠顾，欢迎下次光临"，会给顾客以温馨、亲切的感觉，使其产生愿意再次光顾的心理效应。

在社会知觉中既存在首因效应，又存在近因效应，那么，如何解释这看起来似乎矛盾的现象呢？美国心理学家洛钦斯认为，当两种信息连续被人感知时，首因效应明显；而当两种信息断续被人感知时，起主要作用的则是近因效应。有的心理学家指出，认知者在与陌生人交往时，首因效应会起较大的作用；而认知者与熟人交往时，近因效应则会起较大的作用。

🗋 视野拓展

"首因""近因"，谁说了算?

当我们第一次和陌生人见面，无论感觉是好还是坏，都会在头脑里形成定式，并占据一定的位置，所以我们总爱提醒别人要给人留下好的第一印象。比如求职面试，很多人事先要做很多功课，因为给面试官的印象好坏将决定求职者是否能被录取。再如心理学家的实证分析表明，顾客进入商店后只需8秒就会形成对商店的印象，并且只需2秒就会形成对商品的印象。由于顾客第一印象的形成会对其此后的购买行为产生决定性的影响，所以商家十分重视给顾客留下一个好的第一印象。

当然，这个好的第一印象并不等于是永远不变的印象，这只是首因效应。至于以后，还需要作很多努力，否则就会被近因效应打败。近因效应与首因效应不一样，它是指最近获得的一些新信息给人留下的一些深刻的印象，它对改变原来的印象起着重要作用。生活中，我们也常常会遇到这样的事情：一开始你觉得这个人不错，谈吐高雅，但经过一段时间的交往，却会越来越觉得其俗不可耐。新信息在头脑中经过整合后，又会有一个感觉出来，使旧

首因效应

感觉被推翻。我们每个人可能都有过推翻自己原来感觉的经历。

3. 光环效应

光环效应又称为晕轮效应。它是指通过事物的某一方面作出对事物的整体判断。这种判断容易产生"一好百好、一坏百坏"、以偏概全的知觉偏差。例如，如果商店的商品陈列很符合消费者的审美，仅从这一点出发，消费者可能就会认为这个商店不错。而如果商店的地段环境较差，消费者可能就会认为该商店一切都不好。

微视频
刻板效应

4. 刻板效应

刻板效应又称为刻板印象，是指人们对某一类人或事物有着一种比较固定的看法。刻板效应简化了人们对世界万物的认识，使人们能迅速洞悉概况、作出判断，节省时间和精力。例如，化妆品专柜一般设在百货商场的一楼，这已在消费者的头脑中形成了固定不变的印象，如果需要购买化妆品，消费者就会很自然地到商场的一楼选购。因此，商场在设计和布局时，要充分考虑消费者已经形成的消费习惯。

当然，刻板效应也往往可能会使人形成偏见。苏联社会心理学家包达列夫做过这样的实验：将一个人的照片分别给甲、乙两组被试者看，这个人的面部特征是眼睛深凹，下巴外翘。首先，包达列夫向两组被试者分别介绍情况，给甲组介绍情况时说"此人是个罪犯"；给乙组介绍情况时说"此人是位学者"。然后，包达列夫请两组被试者分别对此人进行评价。评价的结果是：甲组被试者认为，此人眼睛深凹，表明他凶狠、狡猾，下巴外翘反映着其顽固不化的性格；乙组被试者认为，此人眼睛深凹，表明他具有深邃的思想，下巴外翘则表明他具有探索真理的顽强精神。

为什么两组被试者对同一个人的面部特征所作出的评价竟有如此大的差异呢？原因就是人们对各种类型的人有着一定的刻板认知。把照片上的人当作罪犯来看时，自然就把其眼睛、下巴的特征归结为凶狠、狡猾和顽固不化；而把他当作学者来看时，便把相同的特征归结为思想的深邃性和意志的坚韧性。因此，刻板效应有时会对人产生误导。

5. 投射效应

投射效应是一种以己度人的错觉，即以自己所具有的观念和想法去判断别人，认为自己的观念和想法别人也一定会有，当确定别人也有同样观念和想法的时候，就会产生一种满足和被认同的感觉。例如，某超市在促销时，消费者争相抢购，货架上的商品销售大半，这时，超市可能并不需要马上补货，因为空着货架可以使消费者感觉到商品的价格真的低廉，而且被大多数人认同，这样就会降低消费者的防备心理，促成更多的交易行为。

 归纳与提高

本章论述了消费者认识心理过程中的感觉和知觉。

感觉是人脑对当前直接作用于感觉器官的客观事物的个别属性的反映。感觉阈限是指能够引起感觉并持续一定时间的刺激量，是人感觉到某个刺激存在或发生变化所允许的强度或感受强度变化的临界值，分为绝对感觉阈限和差别感觉阈限。人的感受性是可以变化的，常见的变化有感觉适应性、感觉对比性和感觉联觉性。知觉是在感觉基础上形成的、人脑对直接作用于感觉器官的客观事物属性的整体反映。知觉具有选择性、整体性、理解性和恒常性。

感觉和知觉是消费者心理活动的基础，对消费行为产生着重要的影响。企业营销人员的重要任务是了解消费者的感觉和知觉特性，制定适宜的营销策略，以提高营销效果。当知觉的结果与实际情况不符合时就产生了错觉，最常见的错觉是视错觉。错觉现象被广泛地运用到市场营销活动的各个方面。社会知觉偏差包括首因效应、近因效应、光环效应、刻板效应和投射效应等。这些效应会对消费者的心理和选择产生影响，因此营销中有必要加强企业或品牌的印象管理。

 综合练习题

一、填空题

1. 感觉是人脑对直接作用于感觉器官的客观事物_____的反映。
2. 我们把能够引起感觉并持续一定时间的刺激量称为_____。
3. 消费者在同时接受多种消费刺激时会出现由感觉间相互作用引起的_____。
4. _____是人脑对直接作用于感觉器官的客观事物的整体反映。
5. "第一印象"对人的认知具有极其重要的影响，心理学中把这种现象称为_____。

二、单项选择题

1. 消费者知觉的选择性主要是因为消费者的（　　　）。
   A. 防御性心理　　B. 整体性心理　　　C. 变化性心理　　　D. 对比性心理
2. 心理学上把能够引起感觉的最小刺激量，称作（　　　）。
   A. 知觉阈限　　　B. 差别感觉阈限　　C. 注意阈限　　　　D. 绝对感觉阈限
3. 商店可以通过定期改变陈列布局来营造一种新鲜感，避免消费者产生审美疲劳，这是因为感觉具有（　　　）特征。
   A. 联觉性　　　　B. 差异性　　　　　C. 适应性　　　　　D. 对比性
4. （　　　）是对物体的空间位移和移动速度的知觉。
   A. 空间知觉　　　B. 运动知觉　　　　C. 时间知觉　　　　D. 感受知觉
5. 错觉是十分普遍的心理现象，最常发生的错觉是（　　　）。
   A. 触错觉　　　　B. 闻错觉　　　　　C. 听错觉　　　　　D. 视错觉

三、论述题

1. 什么是感觉？什么是知觉？感觉和知觉在购买活动中有哪些作用？
2. 举例说明感觉阈限和感受性。
3. 消费者知觉有哪些特征？
4. 举例论述错觉现象在营销中的作用。
5. 举例说明社会知觉偏差的类型及表现。

四、实践题

1. 分小组讨论。如何看待超市中的"免费试吃"现象，请给出支持或否定观点的理由。
2. 调查班级 10 位同学对百事可乐和可口可乐的认知和评价，运用知觉的理解性分析产生评价差异的原因。

五、案例分析题

上海烘焙工坊被称为星巴克的"咖啡奇幻乐园"，它的每一个功能设计，每一处细节都在告诉消费者，享受在这里的每一分每一秒带来的快乐。请扫描二维码阅读案例，然后回答以下问题：

（1）案例中，星巴克的上海烘焙工坊为消费者提供了怎样的感官体验？
（2）为什么说星巴克的上海烘焙工坊是"咖啡奇幻乐园"？它满足了消费者的哪些需求？

第三章　记忆、想象与思维

【学习目标】

掌握记忆、想象和思维的概念；了解记忆、想象、思维的基本理论；学习记忆、想象、思维对消费者心理的影响和在营销活动中的作用。

【关键术语】

记忆、形象记忆、逻辑记忆、遗忘、艾宾浩斯遗忘曲线、想象、无意想象、有意想象、思维、思维定式、创造性思维

【导入案例】

街上刮起"美拉德"风

时尚的转向标变得可真快，天气一凉，街上就开始刮起了"美拉德"风。所谓"美拉德"风，其实是指一种棕橘大地色调的时尚穿搭。"美拉德"这一流行词语，源自"美拉德反应"，即非酶棕色化反应，通常用于解释有机化合物中的游离氨基和羰基在常温或加热条件下形成的一系列聚合、缩合等反应，最后生成棕色或棕黑色的大分子"拟黑素"。这种反应又称作羰胺反应，最常见于食品之中，例如牛排煎熟后，会变成棕色系但是又带有红色焦糖色调。因此，这类棕橘大地色系的穿搭风格就被叫作"美拉德"风。

实际上，人们对"美拉德"风的穿搭配色并不陌生，很多人会发现，这就是前些年流行的"焦糖色"穿搭。"美拉德"作为生活中的非常见词汇，为何更能吸引人，让人好奇和联想？其实使用陌生词汇不是时尚营销的劣势，反而是时尚出圈的关键，因为时尚追求的便是新鲜感，将其他领域的专业术语与时尚概念相结合，会对人的记忆产生冲击，从而能够戳中时尚追求者们追求个性、走在前沿的内心，从而引领新时尚。"美拉德"风也正是利用这一点，快速冲击潮流市场。各大时尚品牌纷纷推出"美拉德"配色产品，社交媒体上也多了"美拉德"相关话题，使这股"美拉德"风潮日益声势壮大。

"美拉德"风的流行，除了"美拉德"棕橘大地色系与秋日自然环境的色彩变化适配度较高外，还与"美拉德"色系颜色本身视觉上给人带来的成熟稳重的感受有关，能够让人们想象从青涩到成熟，突破自我的过程。而且，"美拉德反应"本身所描述的食品加工中颜色变化过程，也为原本陌生的名词带来了生活的烟火气息，让消费者在原本由热转凉、逐渐寒冷的秋日感受到温暖与舒适。可见，时尚营销借助"美拉德"风，不仅带来了商机，还为人们提供了美的享受和心灵的慰藉。

启发思考：

（1）你是否喜欢"美拉德"配色这个新名词？你对时尚圈喜欢用新名词的做法怎样看？

（2）根据案例，"美拉德"这个名词对消费者的记忆、想象和情感可能会产生怎样的影响？

第一节 记 忆

记忆作为一种基本的心理过程,是和其他心理活动密切联系的。记忆联结着人的心理活动,是人们工作、生活和学习的基本机能。

🐚 思考与讨论

记忆的重要性是不言而喻的,我们能和他人交流,能写下一篇文章,能找到回家的路……都和记忆有关。请回忆几件发生在你身上的重要事件。

一、对记忆的认识

思想家柏拉图认为,人对事物获得印象,就像有棱角的硬物放在蜡版上所留下的印记一样。随着时间的推移,该印象将缓慢地淡薄下去乃至完全消失。这就像蜡版表面逐渐恢复了光滑一样。所谓"光滑的蜡版"相当于完全遗忘。柏拉图的这一有关记忆的理论被称为"蜡版假说"。

20 世纪 60 年代以来,记忆研究越来越得到人们的重视,美国、英国、日本等国家关于记忆方法和技巧的研究颇为盛行。人们试图理解人类学习的机制和大脑记忆的原理,这方面的研究有着重要的现实意义,例如,如何帮助学生更高效地学习,如何帮助患有失忆、癫痫和精神分裂症等与记忆相关疾病的人。

二、记忆的类型

记忆是人脑对经历过的事物的识记、保持、再现或再认,是进行想象、思维等高级心理活动的基础。心理学家认为,一个人感知过的事物、思考过的问题、体验过的情感等,都能以经验的形式在大脑中保存下来,并在一定条件下得以重现。

人脑具有对过去经验反映的机能,是因为主体接受了客体的刺激之后,会在大脑皮质上留下兴奋过程的痕迹。这些痕迹一旦被重新"激活",人脑中就会重现已消失的刺激物的印象。所以说,记忆是人脑的一种机能。现代研究表明,人脑如同一个指挥中枢那样能向身体的各个器官和部位发布指令,它所记忆的特定信息会对人体行为产生极大的影响和作用。科学家将记忆之谜称为"生物界最大的自然之谜"。记忆是一个复杂的心理过程,记忆从心理活动上将过去与现在联系起来,并且再现过去经历过的事物,使人的心理活动成为一个连续发展的整体。

📚 视野拓展

什么是闪光灯记忆?

"闪光灯记忆"(Flashbulb Memory)是指人们对鲜明、重要的公众事件的记忆,具体是指重要事件发生时,人们不仅能记住该事件,还能记住与此事件不直接相关的信息,如当时的自己身处何地、与谁在一起以及在做什么等细节。也就是,由于周围环境中发生引人注目的重大事件而产生非常生动的记忆,这些记忆的细节丰富并且保持时间非常长。正如使用闪光灯时一样,不仅对闪光灯印象深刻,还能记住闪光灯照亮的区域。

1. 根据记忆的内容划分

(1)形象记忆。形象记忆是指以感知过的具体事物形象为内容的记忆。这些具体事物形象可以是视觉形象,也可以是听觉、嗅觉、味觉等形象。例如,消费者对商品的形状、大小、颜色等方面的记忆就是形象记忆。

（2）逻辑记忆。逻辑记忆是指以概念、思想、定理、规律等为内容的记忆，是借助语句的形式表现出来的对事物的意义、性质、关系等方面的内容的记忆。

（3）情绪记忆。情绪记忆是指以过去体验的某种情绪或情感为内容的记忆。情绪记忆具有鲜明、生动、深刻、情境性等特点，即使一个人经历的事件细节已有所遗忘，但激动或沮丧的情绪依然留在记忆中。

思考与讨论

在一家餐厅吃饭，如果遇到了特别差的服务，说不定你会和服务员大吵一架。这时，情绪创造了感官的回应，并留在记忆中。这样的记忆会改变你下一次的选择。你还会来这家餐厅吃饭吗？

（4）运动记忆。运动记忆是指以过去操作性行为为内容的记忆。例如，上体育课时的体操动作、游泳时的姿势动作、上实验课时的操作过程等都会在头脑中留下一定的痕迹。在超市里，你会发现销售员用榨汁机不停地榨汁，目的是通过榨汁机的工作来增强消费者对商品的运动记忆。研究显示，运动记忆能在人的脑海中留下很深的痕迹，使人不易遗忘。

2. 根据记忆保持的时间划分

（1）瞬时记忆（也称为感觉记忆）。瞬时记忆是指当客观刺激物停止作用后，感觉信息在人脑中还能继续保持很短时间的记忆。进入瞬时记忆的信息在头脑中保持的时间大约为0.25～2秒。

在瞬时记忆中被记录的信息，如果受到注意，它就会转入第二个阶段，即短时记忆阶段；如果没有受到注意，则会很快消失。例如，消费者进入一家咖啡店会遇到许多情景，听到很多声音，闻到很多气味，即使消费者没有刻意去记住它们，但瞬时记忆仍然产生了。心理学家认为，瞬时记忆的作用在于它暂时保存了一个人接受到的所有感官刺激，并可供其选择。

（2）短时记忆（也称为操作记忆）。短时记忆是指信息保持大约1分钟的记忆。短时记忆在消费活动中是必不可少的。例如，消费者从超市货架上看到一瓶饮料，看到这瓶饮料的价格是1.8元，感觉价格不高放入购物车，然后再继续购物，选择其他商品。

（3）长时记忆。长时记忆是指信息经过充分的、一定深度的加工后，在头脑中长时间保留的记忆。它保存的时间较长，从1分钟到许多年乃至终生不忘。长时记忆的容量很大，所存储的信息也都经过意义编码。我们平时常说的一个人的记忆好坏，主要是指长时记忆的好坏。

思考与讨论

如果看过类似《超强大脑》的节目，你会发现有些人拥有惊人的记忆力。电影《雨人》中的哥哥雷蒙患有自闭症（孤独症），但记忆力惊人，甚至有过目不忘的本事。你对"超强记忆"怎么看？

消费者的长时记忆在消费心理中扮演着非常重要的角色。长时记忆存储一个人所遇到的所有信息，这部分记忆有着无限的容量，并留下一定的记忆痕迹。例如，分别多年的老朋友，即使没见面，仍然能回忆起他的音容笑貌、言谈举止。

瞬时记忆、短时记忆和长时记忆各有自己的信息加工特点，但从时间衔接来看是连续的，关系也是很密切的。它们的相互关系可用图3.1来表示。

三、记忆在营销中的作用

消费者的消费活动不仅需要新的信息和知识，同时还需要参照以往对商品或服务的情感体验、知识和经验。换句话说，记忆帮助消费者积累起大量的商品知识、购买和使用经验，这些就成为其以后消费活动的参考依据。在以后的消费活动中，消费者会自觉地利用记忆材料，对商品进行评价，这有助于消费者全面、准确地认识商品，并作出正确的购买决策。尤其是对一些价格昂贵的商品，人们大都会在经过反复提取信息、慎重地比较权衡之后，才决定购买与否。

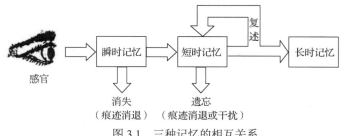

图 3.1　三种记忆的相互关系

对企业来说，在了解消费者记忆特点的基础上，在营销中可以采取以下方法。

1．品牌命名设计

品牌命名首先要坚持简短、醒目、易记的原则。简短的名字具有短小精悍的效果，能发挥很好的识别功能。悦耳、朗朗上口的名字，在容易被记住的同时，还可以发挥传播功能，做到言简意赅、一目了然，例如"可口可乐""美的""联想""苹果"等都是典型的范例。

视野拓展

SONY名字的由来

创业之初，SONY（索尼）有一个不太吸引人的名称"东京通信工业"。后来，创始人盛田昭夫与井深大有感于 RCA（美国无线电公司）与 AT&T（美国电话电报公司）名字的简短有力，决定将公司名称改成由四五个英文字母拼成的名字，并要求把这个名字既作为公司名称又作为产品品牌名称，且一定要令人印象深刻。经过长期研究，盛田昭夫与井深大觉得拉丁文"SONUS"（表示声音之意）还不错，与公司产品性质相吻合，于是将其英语化，改为"SONNY"，其中也有可爱之意。但是日文发音的"SONNY"的意思是"赔钱"，为了适应日本文化，便把第二个字母"N"去掉，"SONY"这个名字由此诞生。简短、有力、好记成为这个名字的特点。盛田昭夫在其自传《日本制造：盛田昭夫的日式经营学》一书中评价道："这就是我们的名称所具备的优势。"

2．广告宣传策略

思考与讨论

一分钟之内你能回忆起多少句广告语？能记住多少个品牌的名字？

（1）精练的广告内容有助于增强消费者的记忆。在广告宣传中，采用简洁有力、易写易读、富于形象概括的词句，设计有节奏的、重复的律化或韵化语言，使用易于领悟的词语或成语，鲜明生动地把广告信息，包括商品形象、商品品质、经营特色和服务特点等内容，概括性地传达给消费者，可唤起其记忆中所保留的有关事物的形象或使用的情景与经验。

（2）直观和形象的信息传递有助于消费者的识别、理解和参与。在广告宣传中，有意识地采用直观和形象的表达手法，不仅可以强烈地吸引消费者的注意，还可以使人一目了然，增强知觉度，提高记忆效果。例如，展示商品的实物照片、商品使用时的动态速写、服务环境的模拟图像，或用接近现实的形象化语言，对商品品质、使用效果进行描述，可以使消费者对有关商品信息留下深刻的记忆表象。

麦当劳将斑马线画成薯条，暖色的大"M"非常醒目，令人印象深刻。

微视频

重复性广告示例

（3）适度重复播放有助于消费者保持记忆。适度重复不仅可以增加信息在短时记忆中停留的机会，而且有助于将短时记忆转化为长时记忆，所以在传递广告信息时，特别是新商品的广告，应尽可能多次重复有关内容。这样可以加强记忆，增强人们的熟悉感，提高购买的可能性。但过度的重复也可能引起感觉的疲劳，降低广告的新奇性，甚至让人产生厌恶感。为避免出现这种情况，同一商品的广告应注意表现形式的多样性和重复时间的间隔性与节奏性，以保持新鲜感。

视野拓展

记忆的自我参照效应

"记忆的自我参照效应"指的是记忆材料与自我相联系时的记忆效果。影响记忆的自我参照效应的因素主要有参照他人的亲密程度、回忆方式、个体差异和刺激材料的性质。例如，医学院的学生常碰到这种情况：当老师介绍一种病症的时候，学生总免不了会先想想自己是否出现过类似的征兆，如果刚巧有两三点看似符合，就开始惊慌，怀疑自己已经病入膏肓，但其实自己一点儿事都没有。也有人把这种情况称作"医学院学生综合征"。另外，心理学家发现，在所有的声音中，人们对自己的名字的反应最为迅速。如果能在广告语言表述中多用第二人称而不是第三人称，则更能引起受众的注意，同时激发其对广告信息的深入思考。

（4）用广告创造品牌效应使消费者不断再认和回忆。消费者在购物时，会本能或主动地购买某一熟悉的品牌的商品，这是因为其记住了该品牌并对这一品牌印象深刻。因此，通过广告创造品牌效应，品牌能够进入消费者的记忆中，以此促进消费者的长期购买和使用。

思考与讨论

小米公司在成立之初，创始团队讨论过公司该叫什么名称的问题。据说，小米的名字来自一句话——佛观一粒米，大如须弥山。而当有人提议把公司叫作"大米"时，其投资人认为："互联网天生回避大而全，我们不取大，取小，我们就叫小米吧。"这个名字得到了公司所有人的认同，并且开始使用。你是否喜欢"小米"这个名字？讨论这个名字有什么特点。

四、遗忘的产生和规律

遗忘是指对识记过的事物不能再认或回忆，或者表现为错误的再认或回忆。遗忘是和记忆相反的心理过程。按照信息加工的观点，遗忘过程在记忆的不同阶段都会存在。遗忘基本上是一种正常、合理的心理现象。这是因为，感知过的事物没有全部记忆的必要；识记材料的重要性具有时效性；遗忘是人心理健康和正常生活所必需的，遗忘可以减轻大脑的负荷，以便大脑储存和巩固更重要的内容。

思考与讨论

你是否有过这样的体验：遇到一个熟人，你想和他打招呼，却突然叫不出他的名字了。请思考这是什么原因。

1. 遗忘的产生原因

遗忘的原因，既有心理方面的，也有生理方面的，如因疾病、疲劳等因素造成的遗忘。归纳起来主要有三种假说，即痕迹衰退说、干扰说和压抑说。

思考与讨论

车祸会导致人的大脑某些部位受损，影响记忆力；有些药物对记忆也有影响；另外，生理的衰老也会影响记忆，例如，老年人记忆力下降等。讨论失忆给一个人的行为会带来哪些影响。

（1）痕迹衰退说。这种理论认为遗忘是由于记忆痕迹得不到强化而逐渐减弱，以致最后消退的结果。正像某些物理、化学痕迹也会随着时间的推移而消失一样。但是痕迹衰退说还没有得到完全有力的实验证明。

（2）干扰说。这种理论认为遗忘是由所识记的先后材料之间的相互干扰造成的，在信息提取时发生困难或错误。因此，记忆痕迹本身并未发生变化，储存的信息之所以不能被提取是因为新、旧材料彼此干扰。干扰一旦被排除，记忆就能恢复。这个学说最有力的证据就是前摄抑制和后摄抑制。前摄抑制是指先前学习的材料对后学习的材料的干扰作用。后摄抑制是指后学习的材料对先前学习的材料的干扰作用。在消费实践中，当消费者在连续接收大量的信息后，往往对开始和最后的信息记忆深刻，对中间内容则记忆不清，表现为前摄抑制和后摄抑制的影响。

（3）压抑说。这种理论认为，遗忘是情绪或动机的压抑作用引起的，如果这种压抑被解除，记忆就能恢复。心理学家弗洛伊德认为，有些经历之所以不能被回忆，是因为在回忆它们时，会使人产生痛苦或不愉快的感觉，因而被无意识的动机压抑。

思考与讨论

生活中，你克服遗忘的办法是什么？你认为有什么途径可以使品牌不容易被消费者遗忘？请举例说明。

2. 遗忘的规律

记忆是有规律的，同样，遗忘也是有规律的。1885 年，德国心理学家艾宾浩斯（Ebbinghaus）发现了遗忘曲线（如图 3.2 所示）。艾宾浩斯研究发现，遗忘在学习之后立即开始，而且遗忘的进程是不均匀的。最初遗忘速度很快，然后逐渐变慢。他认为保持和遗忘是时间的函数。他用无意义音节作为记忆材料，用节省法（即记忆保持量测量实验方法）计算保持和遗忘的数量。从遗忘曲线中可以看出，消费者在识记后保持在头脑中的材料随时间的推移而递减，这种递减在识记后的短时间内特别迅速，即遗忘较多。

了解遗忘的规律，对于企业有针对性地采取营销措施具有重要启示：①由于独特的、不寻常的信息较少受到遗忘的干扰，具有更大的记忆潜力，因此，企业在设计广告时，或者进行促销时，必须具有鲜明的主题和个性特征。

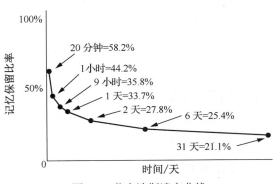

图 3.2　艾宾浩斯遗忘曲线

②由于呈现信息的顺序会影响对它的保持，例如，信息的中间部分通常最容易被遗忘，因此，在提供消费信息时，应尽可能将最重要的部分放置在开头与结尾，以免出现前摄抑制和后摄抑制的干扰。③遗忘的恢复依赖于某些线索，这些线索会促进对识记材料的回忆。因此，商品的包装、陈列以及广告设计等都应考虑利用相同的线索来帮助消费者回忆已经遗忘的信息材料。

第二节　想　象

想象是人对大脑中凭借记忆所提供的材料进行加工，从而产生新的形象的心理过程。也就是人们将过去经验中已形成的一些记忆暂时联系进行新的结合。它是人类特有的对客观世界的一种反映形式。

人脑在反映客观世界时，不仅能产生知觉形象和表象，而且还能创造出新的形象。其中表象是事物不在面前时，人们在头脑中出现的关于事物的形象。从信息加工的角度来看，表象是指当前不存在的物体或事件的一种知识表征，这种表征具有鲜明的形象性。这种新的形象不是表象的简单再现，而是突破时间和空间的束缚，对客观现实进行的超前反映。然而无论想象如何新颖，想象都不是凭空产生的。因此，想象是人脑对客观现实的一种反映形式，只不过是以独特的方式表现出来的。

消费者想象是消费者心理的重要范畴，是消费者在对原有商品或服务感知的基础上创造新形象的心理过程。它包括消费者对商品的期望值，如性价比、使用该商品获得的身份象征等。消费者想象对商品销售有着至关重要的影响，激发对商品销售有利的消费者想象可以促成购买行为的发生，若激发对商品销售有碍的消费者想象则会阻止商品交易的发生。

思考与讨论

你怎样理解"消费者购买的不是商品，而是想象中更好的自己"这句话？

一、想象的分类

根据想象是否有目的性，可以将想象分为无意想象和有意想象。

（一）无意想象

无意想象是没有特殊目的、不自觉的想象。它是想象中最简单、最初级的形式，是一种事先没有预定目的的想象，一般是在外界刺激的作用下，不由自主产生的。例如，听见别人讲故事，我们会不由自主地想象出故事中的情景；抬头望见蓝天白云，感觉云朵的形状像什么等。这些都是无意想象。心理学家认为，人的梦是在睡眠状态下出现的一种想象活动，是无意想象的一种特殊形式。

思考与讨论

近年来，主题餐厅受到年轻人的热捧，在"让美味与想象齐飞"的口号下，各种各样的主题餐厅层出不穷，想想这对消费者有什么吸引力。

（二）有意想象

有意想象是带有一定的目的性与自觉性的想象。当消费者按照自己的某种消费需要和意向有目的地想象时，所表现出来的想象形式就是有意想象。根据观察内容的新颖性、独立性和创造程度，有意想象又可分为再造想象和创造想象。

1. 再造想象

再造想象是依据语言的描述或根据图样、示意，在人脑中形成新形象的心理过程。例如，工程师根据建筑图纸想象出建筑物的形象；学生在听到李白的诗句"朝辞白帝彩云间，千里江陵一日还。两岸猿声啼不住，轻舟已过万重山。"时，想象出壮丽的山河情景等。这些都是再造想象。

根据消费者想象内容的新颖性程度，消费者的再造想象是指消费者依据某种商品的特性和实物描述，产生新表象的心理过程。它是创造想象的基础。

2. 创造想象

创造想象是不依赖现成的描述而在人脑中独立创造新形象的心理过程。一般来说，创造想象比再造想象更加复杂和困难。它需要对已有材料进行深入分析、整合，在头脑中进行独创性的构思、加工、改造，最终创造出新形象。例如，文学作品中典型人物的创造，雕塑的创作等，都是创造想象的例子。

消费者的创造想象是指消费者在某种商品的刺激作用下，独立地构思这种商品全新表象的心理过程。另外，幻想是创造想象的特殊形式，是一种与生活愿望相结合，并指向未来的想象。卡通玩具、动漫中的人物形象就属于幻想出来的商品形式。

🗿 思考与讨论

有人说，诗比小说更能让人想象，古典音乐比流行音乐更能让人想象，想想这是为什么。

二、想象对消费的影响

想象是在实践活动中发展出来的，想象力对人们完成某些任务来说是必不可少的。在消费实践中，想象不仅对消费者的心理和行为产生影响，而且对经营者也会产生影响。

🗿 思考与讨论

商店橱窗设计不是简单地摆一个模特或摆一件衣服，而是设计师利用模特、服装、道具、背景和灯光的组合，以展现品牌个性和品牌形象，使观看者通过展示的场景发挥想象力。想一想你见过的最有代表性的橱窗设计。

1. **想象会引发消费者的联想**

消费者的想象与个人的其他心理过程都有深刻的内在联系。例如，想象以记忆为基础，记忆表象是想象的素材；想象过程总会伴随着一定的情感体验；想象可以成为意志过程的内部推动力。所以，消费者在评价、购买商品时常常伴随着想象活动。他们买或不买某种商品与商品是否和想象中的追求相吻合有关，相吻合就购买，不相吻合则拒绝购买。例如，一个消费者买服装时，想象自己穿着新衣服参加宴会时的情景，从而产生美好的联想，这种想象及联想加速或者决定了其购买。

企业的名称、品牌的名称和广告语都能引起消费者一定的想象。比如，可口可乐的"挡不住的感觉"、百事可乐的"渴望无限"等广告语都会引起消费者美好的想象和对商品的良好情感。

2. **想象会促使消费行为的产生**

企业利用消费者的想象心理，使某些商品具有特定的象征意义，成为吸引消费者购买的关键因素。例如，人们会把佩戴蒂芙尼钻戒和劳力士手表的人想象为非富即贵之人，把驾驶奔驰车的人想象为成功人士。因而商品的设计与生产，都必须切实注意到消费者的这种心理活动，使商品无论在功能设计、外观式样上，还是在命名上，都能引发消费者的美好想象，促使其产生购买行为。

3. **想象成为一种销售技巧**

销售人员在商品促销过程中，不可忽视想象的作用。成交率在很大程度上取决于销售人员的再造想象。优秀的销售人员会想象出哪种商品更适合被接待消费者的需要。此外，销售人员可以通过陈列商品、介绍商品、展示商品等方式激发消费者的想象，让消费者产生使用商品后会有何种效果的联想，促使其作出购买决定。

🗿 思考与讨论

网购确实是件很方便的事情，但是你是否有买到的衣服和卖家展示的（卖家秀）大相径庭的经历，思考一下原因是什么。

4. 利用想象进行广告创意

好的广告创意离不开想象。利用想象，找到广告创意的切入点，可以让广告作品在人的头脑中创造一个念头或画面，从而使消费者心领神会。在广告创意的过程中，要充分发挥想象的作用，需要注意把握以下几点。

（1）想象的准确性。运用想象进行创意时，应尽可能对广告要表达的商品属性、市场需求、消费心理、社会惯性的准确性加以协调。例如，有的药品标榜"奇效"，却没有把药品的基本信息传达给消费者，让消费者凭空想象，就有虚假宣传之嫌。

（2）想象的自然性。广告创意中的想象应当遵循大众的思维方式、思维轨迹、思维规律，发掘

亨氏番茄辣椒酱广告

想象中的自然性，避免刻意。例如，农夫山泉矿泉水的广告词"农夫山泉有点甜"充分发挥了受众想象的积极心理暗示作用，使消费者在饮用农夫山泉矿泉水时，即使没有尝出甜味也可以通过积极的心理暗示认可广告中所表述的"甜味"。

（3）想象的巧妙性。广告创意中的想象应当既在情理之中，又在意料之外，以达到出奇制胜的效果。例如，亨氏辣椒酱的广告，画面中蘸了番茄辣椒酱的薯条如同被烧焦了，这是不是能带给人一种火辣的想象？

第三节　思　维

前面的章节我们学习了人是如何接收、感知、储存和检索信息的，那么，人是如何使用这些信息的呢？心理学家认为，人的认知系统是通过思维来使用这些信息的。思维指的是所有与信息加工、理解、记忆、交流等相关的心理活动，是人进行推理、判断、决策和问题解决的过程。间接性和概括性是人的思维过程的首要特征。消费者思维是指消费者对商品本质特征的间接、概括的反映。

🐻 思考与讨论

不同人的思维方式是不同的，一个人的思维方式与他成长的环境有关。请以自身体会来举例说明。

心理学家认为，多观察、多体验，甚至"白日做梦"都是加深记忆从而提升形象思维能力的有效方法。你有什么其他提升思维能力的方法吗？

一、思维的分类

可以从不同的角度对思维进行分类，这里主要介绍两种分类方法。

1. 根据思维的性质和方式划分

根据思维的性质和方式，可以把思维分为动作思维、形象思维和逻辑思维三类。其中，主要是形象思维和逻辑思维参与了消费者的购买活动。

（1）动作思维。动作思维一般是在人类或个体发展的早期所具有的一种思维形式。儿童在掌握抽象的数学概念之前，用手摆弄物体进行计算，就属于动作思维。这是在抽象的逻辑思维产生之前的一种思维形式。成人在进行抽象的逻辑思维时，有时也借助于具体动作的帮助，如老师在上课时，借助手和身体动作来辅助自己的教学。

（2）形象思维。形象性是形象思维最基本的特点。形象思维所反映的对象是事物的形象，思维形式是意象、直觉、想象等形象性的观念，其表达的工具和手段是能为感官所感知的图形、图像、图式和形象性的符号。形象思维的形象性使它具有生动性、直观性和整体性的优点。

例如，消费者在购买家居产品时，会把产品的颜色、款式与自己房屋的装修风格作比较，对其摆放位置是否协调等进行形象思维，从而决定是否购买。

📚 视野拓展

什么是惰性思维？

"惰性思维"是因为主观依赖性严重，或者持有消极悲观的人生态度等，从而缺失了积极主动的主观思维能力。惰性思维可分为两种：①缺少积极主动的思维意识；②缺少积极主动的思维心态。惰性思维普遍存在于我们的现实生活中。譬如当碰到某件事的时侯，我们会想当然地以为它就应该是某个样子，或者就应该是朝着某个方向发展的，还总会以此为借口，不进一步思考或努力。

（3）逻辑思维。逻辑思维的特点是以抽象的概念、判断和推理为思维的基本形式，以分析、综合、比较、抽象、概括和具体化为思维的基本过程，从而揭露事物的本质特征和规律性联系。

消费者的购买活动同样离不开逻辑思维的参与。例如，消费者运用已有的购买经验对商品进行选择和比较，最后作出购买决定。这种以实际经验为依据形成概念，并进行判断和推理的思想活动就属于逻辑思维。

2. 根据思维的主动性和独创性划分

根据思维的主动性和独创性可以把思维分为常规思维和创造性思维两种。

（1）常规思维。常规思维又称为习惯性思维。它是用常规方法来解决问题的一种思维方式。这种思维缺乏主动性和独创性。聚合思维（从已知信息中产生逻辑结论，从现成的资料中寻求正确答案的一种有方向、有条理的思维方式。它的反面是发散思维）等均属于常规思维。例如，特仑苏品牌打破了"牛奶是一种大众消费品"的保守的思维定式，指向高端的品牌定位——不是所有牛奶都叫特仑苏。

不同的人对半杯水有不同的思维方式，这称为"半杯水思维"。

（2）创造性思维。创造性思维是创造活动中的一种思维。它是用新的方案或程序，创造新的思维产品的思维活动。创造性思维是人类思维活动的高级过程，是一种复杂的心理活动，需要人们对已有的知识、经验进行改组或重建，并在头脑中产生新的想象和思维。无论是企业的经营管理，还是企业的市场营销等都要用创造性思维作指导，否则难免会在市场竞争中败下阵来。

📚 视野拓展

什么是思维定式？

思维定式，也称为"惯性思维"，是由先前的活动而造成的一种对活动的特殊的心理准备状态，或活动的倾向性。在环境不变的条件下，思维定式使人能够应用已掌握的方法迅速解决问题。而在情境发生变化时，它则会妨碍人采用新的方法。消极的思维定式是束缚创造性思维的枷锁。大量事例表明，思维定式对问题的解决具有较大的负面影响。当一个问题的条件发生质的变化时，思维定式会使人墨守成规，难以涌现新思维，作出新决策。当然，思维定式对问题的解决也有其积极的作用。它可以省去许多摸索、试探的步骤，缩短思考时间，提高效率。

二、消费者思维的过程

一般来说，消费者的思维过程可以分为分析、比较、评价等几个过程。在实际的思维中，有些过程是交织在一起的。

（1）分析过程，是指消费者在掌握了消费对象一定量的信息基础上，对消费对象进行分析的过程。例如，消费者在买车时，需要考虑的因素有质量、性价比、配置、使用经济性等，还要通过比较、分析确定是买新能源车还是燃油车，是买家庭用车还是商务用车等。

（2）比较过程，是指消费者在经过初步分析，确定购买的目标范围后，还会在几种商品之间进行选择。例如，如果买商务用车就需要注重品牌形象，车体要大气，配置要相对豪华，加速、变速、转弯要平稳等；买家庭用车就要多考虑性价比、质量及品牌个性等，可以通过对比异同点来选择。可见，比较的过程也是对事物鉴别和综合的过程。

（3）评价过程，是指在确定了购买目标后，消费者会对其进行购前预测评价，运用判断、推理的思维方式，对商品的内在属性及其本质进行概括，对购买决策做好心理准备。当购买了商品后，消费者仍会对其进行购后分析、比较及评价，以加深这种思维过程，在反复的感知中加深对商品的理性认识。例如，如果消费者最终买了别克君越汽车，就会在以后的开车过程中不断地感知、体会这款车，并得出对该车的评价。

 **经典实验**

毛毛虫效应——摆脱思维定式

法国昆虫学家法布尔曾经做过一个著名实验：把许多毛毛虫放在一个花盆的边缘上，使其首尾相接，围成一圈，在花盆周围不远的地方，撒一些毛毛虫喜欢吃的松叶。毛毛虫开始一条跟着一条绕着花盆的边缘一圈一圈地走，一小时过去了，一天过去了，又一天过去了，这些毛毛虫还是夜以继日地绕着花盆的边缘在转圈，一连走了七天七夜，它们最终因为饥饿和疲劳而相继死去。

法布尔在做这个实验前曾经设想：毛毛虫会很快厌倦这种毫无意义的绕圈活动而转向自己爱吃的食物，遗憾的是毛毛虫习惯于固守原有的本能、习惯、先例和经验，而无法破除尾随习惯而转向去觅食。后来，科学家把这种喜欢跟着前面的路线走的习惯称为"跟随者"习惯，把因跟随而导致失败的现象称为"毛毛虫效应"。

这一现象不仅存在于昆虫世界，还更深刻地反映在人类社会的各个层面。例如，有的企业思维僵化，不能随着消费者需求和偏好的变化调整产品或服务；有的消费者只愿意相信自己的经验，不愿意尝试新产品，固守消费习惯。这些就是"毛毛虫效应"的体现。这种思维模式将使人陷入一种固化的状态，难以适应不断变化的环境和需求。

三、消费者思维的特点与行为

消费者在购物时往往要经过一系列的思维活动。一方面，由于所要购买的商品在满足需要上的特性不同，或者为了实现购买还必须克服某些困难；另一方面，由于消费者个体的差异，所以消费者在思维方式上又表现出不同的特点。

（1）思维的独立性。有的消费者在购物时有自己的主见，不轻易受外界的影响，能自行鉴别商品的性能和权衡利弊等，独立作出购买决定。缺乏思维独立性与批判性的消费者，则容易受到外界的影响，易被偶然因素左右。

（2）思维的灵活性。有的消费者能够依据市场的变化，运用已有的经验，灵活地进行思考并及时地改变原来的计划，作出某种变通的决定。有的消费者遇到变化时，往往墨守成规，不能做出灵活的反应或不懂变通。

（3）思维的敏捷性。有的消费者能在较短的时间内发现问题和解决问题，遇事当机立断，能迅速作出购买决定。相反，有的消费者遇事则犹豫不决，不能迅速地作出购买决定而错失良机。

（4）思维的创造性。有的消费者在消费活动中，不仅善于求同，更善于求异，能通过多种渠道收集商品信息，在购买活动中不因循守旧、不安于现状，有创新意识和丰富的想象力。

可见，消费者经过对商品的思维过程而做出的购买行为是一种理智的消费行为，是建立在对商品的综合分析基础上的。由于消费者的思维能力有强弱的差异，从而使得他们具有不同的决策速度与行为方式。

"麻绳"做腰带打造不同的时尚造型，这也是一种创新的思维方式。

🐚 思考与讨论

有个商家不成对卖袜子，而是一只一只卖，号召年轻人打破条条框框，每天要穿不一样的袜子，还说这样解决了年轻人经常搞丢袜子的痛点。你认为这个思路好吗？

需要特别强调以下两点。

第一，思维和语言有着密切的联系。人的思维主要是借助于语言来实现的，语言是思维的工具，两者相互影响。心理学家认为，扩展和丰富语言，就意味着发展和提升思维能力，并且用不同的语言可以传授不同的思维方法。例如，麦当劳的广告词"I'm lovin' it"，中文翻译为"我就喜欢"，以年轻人的口吻道出了消费者对麦当劳的新观念、新态度。

第二，思维是在实践中产生的。实践是思维活动的源泉，思维是加入实践活动的一种特殊的心理活动，也是一种独立的智力活动，并且是在同实践活动的密切联系中实现的。因此，消费者只有通过消费实践才能判断每一次问题的解决和购买的决策是否正确。

归纳与提高

本章学习心理过程中的记忆、想象和思维等心理要素。

记忆是获得信息并把信息储存在大脑中以备将来使用的过程。这一过程包括识记、保持、再现或再认等几个基本环节。记忆有不同的分类，例如形象记忆、逻辑记忆、情绪记忆和运动记忆等。遗忘是指对识记过的事物不能再认或回忆，或者表现为错误的再认或回忆。企业在品牌命名和广告宣传策略方面可以运用记忆或遗忘理论。

想象是人脑对已有表象进行加工改造而创造新形象的过程。想象可分为无意想象和有意想象。想象与消费活动的关系表现为想象可以引发消费者的联想、促使消费行为的产生等。另外，在进行广告创意时可以发挥想象力的作用。

思维是人脑对客观现实概括、间接的反映。思维可以分为动作思维、形象思维和逻辑思维等。思维会参与到消费者购买时的分析、比较及评价过程中。不同思维方式的消费者其购买心理和决策不同，营销人员应该注意思维特点与购买行为之间的关系。

综合练习题

一、填空题

1. 人脑对经历过的事物在大脑中保存下来，并在一定条件下重现出来，这称为_____。
2. 关于消费者遗忘的假说，主要有痕迹衰退说、_____、压抑说。

3. _____描述了人类大脑对新事物遗忘的规律，对人类记忆认知研究产生了重大影响。
4. _____是消费者在对原有商品或服务感知的基础上创造新形象的心理过程。
5. 思维是认识过程的高级阶段，_____和概括性是思维过程的首要特征。

二、单项选择题

1. 消费者对商品的形状、大小、颜色等方面的记忆属于（　　　　）。
   A. 逻辑记忆　　　　B. 情绪记忆　　　　C. 运动记忆　　　　D. 形象记忆
2. 以概念、思想、定理、规律等为内容的记忆，称为（　　　　）。
   A. 逻辑记忆　　　　B. 形象记忆　　　　C. 运动记忆　　　　D. 情绪记忆
3. 心理学家艾宾浩斯的研究表明，遗忘的规律是（　　　　）。
   A. 匀速迅速地遗忘
   B. 匀速缓慢地遗忘
   C. 短时间内遗忘比较迅速，以后则逐渐减慢
   D. 短时间内遗忘比较缓慢，以后则逐渐加快
4. 消费者在外部刺激的作用下不由自主地想象某种消费对象的形象时，就是（　　　　）。
   A. 有意想象　　　　B. 再造想象　　　　C. 创造想象　　　　D. 无意想象
5. 消费者经过对商品的（　　　　）而做出的购买行为是一种理智的消费行为，是建立在对商品的综合分析基础上的活动。
   A. 感性过程　　　　B. 思维过程　　　　C. 认识过程　　　　D. 想象过程

三、论述题

1. 什么是记忆？记忆过程包括哪几个基本环节？
2. 什么是遗忘？遗忘有哪三种假说？
3. 结合营销实例，分析记忆在营销中的作用。
4. 什么是想象？试述企业应该如何利用想象影响消费者行为。
5. 简述思维的含义与分类。
6. 简述消费者思维的一般过程。
7. 简述思维的特性及其与消费者购买行为的关系。

四、实践题

1. 调查你周围的 20 个人，看看有多少人知道并记住了脑白金的广告语"今年过节不收礼，收礼只收脑白金"，然后讨论分析这句广告语是否受到大家的喜欢，是否达到了广告的目的。
2. 分小组，在限定时间内，讨论并统计每组记住的品牌名称。小组之间进行对比，分析异同，并讨论这些品牌都有哪些特征。

五、案例分析题

在品牌标志更迭的过程中，联想将"Legend"更名为"Lenovo"，成为进军国际市场的第一

步，象征着联想从"传奇"走向"创新"的里程。请扫描二维码阅读案例并回答下面的问题：
（1）你认为联想新的英文名称是否容易被消费者记住和理解？
（2）查找资料了解联想的经营现状，分析更名对公司业务和市场的影响。

第四章　情绪、情感与意志

【学习目标】

了解情绪和情感的含义及关系，情绪和情感的表现机制；掌握影响消费者购买情绪的因素；理解消费者的意志心理过程。

【关键术语】

情绪、情感、表情、积极情绪、消极情绪、审美感、意志、自制力、延迟满足

【导入案例】

传情圣物——哈根达斯

哈根达斯广告

在营造爱情神话的品牌中，哈根达斯（Häagen-Dazs）冰激凌成为不可复制的标杆。20 世纪 80 年代，哈根达斯在欧美市场大获成功，除了对"尊贵""罕有"品牌气质的强调外，与浪漫爱情的关联成为其成功的关键因素。哈根达斯为冰激凌甜蜜香滑的口感赋予了各种带有浓情意味的象征——情人的亲吻、指尖的缠绕、绵长温柔的拥抱……。自 1996 年开始，哈根达斯选择在中国大城市的繁华地段开店。围绕着情人品牌形象与尊贵冰品的定位，

哈根达斯的广告总是贴上永恒的情感标签，把产品与热恋的甜蜜连接在一起。

哈根达斯成为优雅、情趣、甜蜜的代表，契合了情人间"我在你眼中独一无二"的情感需求，"爱她，就带她吃哈根达斯"的广告语更是吸引了热恋中的男女。

同时，哈根达斯从最初的"爱她，就带她吃哈根达斯"到后来在广告语中强调爱情中的"归属感"，意味着哈根达斯所传递的"情人之爱"的品牌内涵正在不断地升华。

启发思考：

（1）分析哈根达斯是如何成为"传情圣物"的。

（2）哈根达斯满足了消费者哪些情感需求？能带给消费者怎样的体验？

第一节　情绪和情感

在消费过程中，消费者不仅会对商品或服务有不同的认识，而且还会产生满意或不满意、高兴或不高兴、愉快或愤怒等不同的心理体验，从而会引起不同的情绪反应。此外，当消费者长期

反复地购买使用某商品，并对该商品产生一定的信任、承诺甚至依恋时，情感就发挥着重要作用。在确定消费目标之后，消费者克服困难努力去实现消费目标的过程，就是意志心理转变为消费行为的过程。

🐿 思考与讨论

人的情绪变化是伴随着人的心理活动而产生的。同时，情绪也反映了一个人的心理状况。你怎样理解这样的说法？为什么说情绪是心理状况的晴雨表？

一、情绪和情感的关系

情绪或情感是人们在判断客观事物是否符合自己的需要时所产生的一种主观体验。凡是能满足消费主体需要的消费对象，就会使消费者持肯定态度，并使之产生喜悦、满意、愉快等心理体验。凡是不能满足消费主体需要的，或违背消费主体意愿的消费对象，就会使消费者持否定态度，并使之产生悲哀、愤怒、憎恨、回避等心理体验。

消费者的情绪与情感是由客观事物引起的，但其所反映的不是客观事物本身，而是客观事物对主体的意义，是客观事物与人的需要之间的关系。

在日常生活中，人们对情绪与情感并不作严格的区分。但是，在心理学中，情绪与情感是既有区别又有联系的两个概念。

某洗发水的广告以"幽默"博取消费者一笑，将品牌内涵和产品特性传递给消费者。

（1）情绪与情感的联系：①情绪与情感都是个体的主观体验，是个体对客观事物与主体需要间关系的反映。情绪和情感既与个体的需要是否能得到满足有关，也与人对特定事物的认知有关。②情绪与情感交织在一起。情绪是情感的表现形式，而情感则是情绪的内容。③情感在情绪的基础上形成和发展。往往是先产生情绪，在丰富的情绪体验基础上再产生复杂的、综合的情感。如美感是与愉快、满意等情绪体验分不开的。

（2）情绪与情感的区别：①一般情况下，因生理需要是否得到满足而产生的心理体验是一种情绪，如满意、忧虑等。因社会需要是否得到满足而产生的心理体验就属于情感，包括理智感、荣誉感、道德感、审美感等。②情绪有情境性，一般由当时特定的条件所引起，并随着条件的变化而变化。所以情绪具有较大的情境性和冲动性。情感则很少受具体情境的影响，它是个体在长期的社会实践中，受到客观事物的反复刺激而形成的心理体验，具有较强的稳定性和深刻性。③从个体发展来看，情绪比情感产生更早。一个人出生以后最先表现出来的是高兴、满意等情绪，在此基础上，才发展或形成诸如自豪感、理智感等情感。

🐿 思考与讨论

你是否觉得自己容易被激怒或感到恐惧？讨论是否可以通过改变思维来改变情绪反应。

（3）情绪和情感的两极性。人的情绪和情感是极其复杂的，但它们都有一个明显的特征——两极性，即在情绪和情感的体验中往往有两种相对立的状态，表现为肯定和否定的两极。一般来说主要有四个方面的两极性。

在快感度方面，两极为"愉快—不愉快"；在紧张度方面，两极为"紧张—轻松"；在激动水平方面，两极为"激动—平静"；在强度方面，两极为"强—弱"。

情绪或情感会引起心理和生理的反应，而且这种反应是极快的。进入一家嘈杂、吵闹的超市，会让你有什么反应？

除了情绪和情感的两种极端状态，情绪和情感还有中间强度的变化。例如，喜，可从适意、愉快到欢乐、大喜、狂喜；怒，可从不满、愠、怒到大怒、暴怒。一般来说，积极的情绪可以增强人的活动能力，消极的情绪则会减弱人的活动能力。处于肯定的积极情绪中，一般人的反应倾向是接近对象、拥有对象的行为；处于否定的消极情绪中，一般人的反应倾向是离开对象、回避对象的行为。从这个角度讲，情绪和情感与人的动机和行为密切相关。因此，情绪和情感会对人的行为产生很大的影响。

视野拓展

大脑其实不善于控制情绪

从脑科学的角度看，其实，人的大脑是不善于控制自己情绪的。我们知道，所有感知的信息，首先要到达人的丘脑。丘脑有两个功能：一是中转站，负责接收、整合和传递感觉信号（除嗅觉外），参与运动协调和情绪认知功能。二是对信息利害进行评价。当信息为中性的时候，它们就被传送到远处的大脑皮质区，以便进行精细分析。但当信息是带有情绪色彩的，即与人的利害有关，涉及安全、自尊、名利等需要时，信息就在丘脑及邻近的脑区，如杏仁核、海马等部位，直接被评价和加工，并自动产生情绪反应。这些区域被称作情绪中枢，因为它们与联络通道、丘脑很近，因而又被称作非法的或不理性的通路。当这个通路被占满后，信息就不会再往上传送。也就是说，当带有情绪的信息已经将神经通路占据时，信息根本传不到大脑皮质和前额叶等高级加工区域。

二、情绪和情感的表现

情绪或情感是人对客观事物的一种特殊反映形式，它可以通过消费者的身体机能机体变化、动作、语气、表情等方式表现出来。其具体表现可分为以下两类。

（一）内部机体的变化

情绪和情感的内部机体表现包括呼吸系统、血液循环系统、腺体以及皮肤电阻与脑电波反应。它们都可以作为测查情绪、情感表现的指标。

（1）呼吸系统的变化。据研究，人在愤怒时，呼吸可达每分钟30次以上（平静时的呼吸在每分钟15次左右）；突然惊恐时，呼吸会暂时中断，心跳加快；狂喜或悲痛时，容易呼吸加速，还可能导致痉挛。

（2）血液循环系统的变化。人在恐惧或暴怒时，会出现心跳加速、血压升高、血糖增高等变化。

（3）腺体的变化。例如，人在焦虑、悲伤时，肠胃蠕动功能下降，使食欲衰退；人在惊恐、愤怒时，唾液常常分泌减少而令人感到口干舌燥。

武汉武商梦时代购物中心的楚风汉味美食街通过使用"怀旧情怀"的场景增强对顾客的情感吸引力。

（4）皮肤电阻与脑电波的变化。人在惊恐、困惑、紧张时，皮肤电阻的反应极显著。当情绪变化时，血管的收缩和汗腺的变化会引起皮肤电阻的变化。因为汗液中有钾、钠、氯等成分，汗液的增加会使皮肤的导电性增强，电阻下降，电流也会随之升高。此外，在不同情绪状态下，脑电波也会发生变化。

微视频

不同肢体语言的含义

（二）外部表情的变化

根据一个人的外部行为表现，可以判断出他的情绪状态。情绪状态主要表现在面部表情、身体表情、手势表情和言语表情等方面。

1. 面部表情

面部表情主要是通过眼、眉、嘴、脸部肌肉的变化来表现人的各种情绪状态的。例如，眼睛最能表达人们的情绪状态，高兴时会眼含笑意，气愤时会怒目圆睁，恐惧时会瞠目而视，抑郁时会目光呆滞等。因此，通过观察他人的眼神就可以了解其情绪状态。面部表情的变化为人们提供了了解个体情绪的晴雨表。悲伤时，嘴角下垂，眉头紧锁；欢笑时，嘴角向上，双眉展开；羞愧时，面红耳赤等。这些都是面部表情的变化。

美国心理学家艾克曼（Ekman）的实验证明，面部的不同部位对表达情绪的作用是不同的。例如，眼睛对表达忧伤最重要，嘴对表现快乐与厌恶最重要，眼睛、嘴和前额对表现愤怒情绪都是重要的。心理学家汤姆金斯曾假定存在着八种原始的情绪，如感兴趣（兴奋）、愉快、惊奇、悲痛、恐惧、羞愧、轻蔑（厌恶）和愤怒，并假定每种情绪状态都有相应的面部表情特征，见表4.1。

美国心理学家的研究表明，人的面部有40～44块肌肉，可以组合出1万多种不同的表情；不同的情绪通过不同的面部表情可以表现出微妙的差异。不同情绪的辨认在难易程度上有所不同。最容易辨认的是快乐、痛苦；较难辨认的是恐惧、悲哀；最难辨认的是怀疑、怜悯。同样，人在识别不同情绪的速度上也存在着差别。

表4.1　不同情绪状态的面部表情特征

情绪状态	面部表情特征
感兴趣（兴奋）	注视、倾听
愉快	笑、嘴唇朝外朝上扩展
惊奇	眼眉朝上、眨眼
悲痛	哭、眼眉拱起、嘴朝下、眼中有泪、有韵律地抽泣
恐惧	眼呆滞、脸色苍白、脸出汗、发抖、毛发竖立
羞愧	眼睛朝下、低着头
轻蔑（厌恶）	冷笑、嘴唇朝上
愤怒	皱眉、咬紧牙关、眼睛变窄、面部发红

思考与讨论

（1）查阅资料，讨论不同种族、不同国家的人对面部表情的识别是否一致。

（2）虽然世界上众多国家的语言各不相同，但微笑却是人类所能共同理解的一种情感表达方式。由此，可以说微笑是人类共同的语言，你怎样认为？

2. 身体表情

身体表情是表达情绪的方式之一。人在不同的情绪状态下，身体姿态会发生不同的变化。如，狂喜时捧腹大笑，恐惧时紧缩双肩，悔恨时捶胸顿足等。

3. 手势表情

手势是表达人的情绪的重要方式之一。手势常和言语一起用来表示赞成或反对，喜欢或厌恶，接纳或拒绝等。在无法用言语进行沟通的情况下，单凭手势，有时也可以在一定程度上达到情绪交流的目的。例如，振臂高呼、双手一摊、手舞足蹈等手势，分别表达人的激奋、无奈、高兴等情绪。心理学研究表明，手势表情是通过学习得来的，它不仅有个体差异，而且也存在民族或团体差异。同一手势在不同的民族或国家中可能有不同的情绪表达内容。

手势表情同面部表情不同，它受文化、环境的影响较大。同一个手势在不同的文化中可能表示完全相反的意思，请举例说明。

4. 言语表情

一个人语言的声调、速度、节奏等可以表现出其所处的情绪状态。比如，高亢、急促的声调往往表示激动、兴奋的情绪；低沉、缓慢的声调往往表示悲伤、惋惜的情绪；等等。

经典实验

心境一致性效应——心情好，一切皆美好

"心境一致性效应"是指人们倾向于根据自己当前的情绪状态来感知和解释周围的事物和事件，强调情绪在信息处理和决策中的重要性。

研究者吉利根（Giligan）开展了这方面的实验。首先他在实验中通过催眠诱发被试产生愉快、悲伤和愤怒等三种情绪，然后请他们阅读 36 篇短文，并想象自己置身于这些短文描述的情境中。在这些短文中，1/3 讲述的是令人愉快的事情，如在路边捡到 20 美元；1/3 讲述的是令人伤心的事情，如宠物死了；1/3 讲述的是令人气愤的事情，如由于别人插队，自己误了公交车。结果，被试自由回忆的成绩显示出明显的一致性效应：学习期间愉快的被试记住了更多愉快的事情，悲伤的被试记住了更多伤心的事情，愤怒的被试记住了更多令人气愤的事情。由此，得出的实验结论为：学习中与情绪相一致的材料得到了更好的记忆与加工，表现出明显的心境一致性效应。

在日常生活中，当你高兴时，可能更容易记起过去快乐的事情，并对周围的世界持有更积极的看法；而你在愤怒时，可能更容易作出冲动或对抗性的选择。这就是心境一致性效应在发挥作用。可见，情绪在我们生活中扮演着非常重要的角色，它不仅会影响到我们内心的感受，还会对我们的思维和行为产生深远的影响。当然，我们也可以通过改变环境来打破心境一致性效应，例如，去一个新的地方旅行、与不同的人交往，或者尝试新的事物，来帮助我们摆脱当前的情绪状态，就可以给我们带来新的体验和视角。

三、情绪和情感的分类

（一）情绪的分类

我国古代把人的情绪分为喜、怒、哀、乐、爱、恶、惧等七种基本形式，现代心理学一般把情绪分为快乐、愤怒、悲哀、恐惧等四种基本形式，除此外还有一些其他分类方式。

1. 根据情绪发生的强度、速度、持续时间和稳定性划分

根据情绪发生的强度、速度、持续时间和稳定性方面的差异，可以将消费者情绪的表现形式划分为以下五种。

（1）心境，是一种比较微弱、平静而持久的情绪体验，可以简单地形容为"好心情"或"坏心情"，它具有弥散性、持续性和感染性的特点。虽然心境通常没有其他情绪那么强烈，但心境能影响消费者的行为。拥有好心境的消费者倾向于更快地作决定并且消费的金额更多。此外，良好的心境会提高消费者对商品、服务的满意程度，推动积极的购买行为；相反，不良的心境会使人对诸事感到厌烦，拒绝购买，但有可能购买有排忧解难功效的商品。

（2）激情，是一种猛烈的、迅速爆发而持续时间短暂的情绪体验，如狂喜、暴怒、恐惧、绝望等。激情具有瞬息性、冲动性和不稳定性的特点。消费者处于激情状态时，其心理活动和行为表现通常会出现失常现象。例如，理解力下降，自控能力减弱，以致可能做出非理性的冲动式购买行为。

（3）应激，是一种出乎意料的紧张状况所引起的情绪状态。如突然遇到火灾、水灾、地震等意外事故时，个体可能就会出现应激反应。在应激状态下，人一般会有两种反应：要么急中生智，及时采取行动，摆脱面临的困境；要么急中"丧智"，表现为目瞪口呆、手忙脚乱、不知所措。当人面临危险或突发事件时，人的身心会处于高度紧张状态，从而引发一系列生理反应，如肌肉紧张、心率加快、呼吸急促、血压升高等。

（4）热情，是一种强有力的、稳定而深沉的情绪体验，如向往、热爱、嫉妒等。热情具有持续性、稳定性和行动性的特点，它能够影响人的思想和行为，推动人们为实现目标而长期不懈地努力。

（5）挫折，是一种在遇到障碍而又无法排除时的情绪体验，如怨恨、沮丧、意志消沉等。挫折具有破坏性、感染性的特点。消费者处于挫折的情绪状态下时，通常会对厂商的营销策略采取抵制态度，甚至迁怒于销售人员或采取破坏行动。

思考与讨论

（1）中国古语所说"气大伤身"。试讨论不良情绪如何影响人的生理和心理状况。

（2）结合自身的实际生活，谈谈你是如何调节自己的情绪状态的。

2. 根据情绪表现的方向和强度划分

就情绪表现的方向和强度而言，消费者在购买过程中所形成的情绪，可以分成以下三种。

（1）积极情绪，有喜欢、满足、快乐等。积极情绪能增强消费者的购买欲望，促成购买行动。

（2）消极情绪，有厌烦、不满、焦虑、郁闷等。消极情绪会抑制消费者的购买欲望，阻碍购买行动的实现。

（3）双重情绪。在许多情况下，消费者的情绪并不是简单地表现为积极或消极，而是经常表现出既喜欢又怀疑，既基本满意又不完全称心等双重性。例如，消费者对所买商品非常喜爱，但因价格偏高又感到有些遗憾，这种双重情绪的产生，是由于消费者的情绪体验来自商品和价格两个方面，当二者引起的情绪反应不一致时，就会出现两种不同情绪并存的现象。

视野拓展

怎样的情绪状态才是健康的呢？

在生活、学习和工作中，每个人都遇到过挫折、困境，并由此被情绪所困扰。那么，怎样的情绪状态才是健康的呢？世界卫生组织（WHO）在其宪章中把健康看作一种生理、心理和社会适应的健全状态，而不仅仅是没有疾病的状态。其宪章还具体提出了健康的标准。在那些关于健康的标准中，有三条与情绪有关，分别是：①有充沛的精力，能从容不迫地担负日常生活和繁重的工作，而且不感到过分紧张疲劳；②处事乐观，态度积极，乐于承担责任；③善于休息，睡眠好。

做守法、有道德的消费者——"不食野生动物从我做起"的公益广告。

（二）情感的分类

根据社会内容，情感可分为以下三种。

（1）道德感，是人们根据一定的道德标准，在评价自己和别人的言行、思想、意图时产生的情感体验。消费者总是按照自己所掌握的道德标准，来决定其消费标准，挑选商品的品牌、造型、颜色。同时，如果受到销售人员的热情接待，一般就会产生赞赏感、信任感和满足感等属于道德感的肯定的情感，并以愉快、欣喜、兴奋等情绪形态反映出来。例如，一汽奔腾汽车的"让爱回家"的广告感动了无数中国人，那句"别让父母的爱，成为永远的等待"更是触动了无数背井离乡的人的思乡情结。

（2）理智感。消费者的理智感是在认识商品的过程中所产生的。例如，某些消费者对新型的高科技商品，往往不能作出正确的评价，下不了购买决心，就会犹豫，表现出疑虑的情绪色彩。

（3）审美感。审美感是由一定的对象引起的，包括自然界的事物和现象、社会生活、社会现象及各种艺术活动、艺术品等。审美感具有直觉性。物体的颜色、形状、线条和声音在审美感的产生中起着重要作用。例如，很多人买苹果手机，就是因为其极简主义的审美设计。

微视频
广告与消费者情感

思考与讨论

日本的服装设计师山本耀司在人们追求色彩艳丽、紧身束腰的时尚时，大胆融入东方禅意的精神，采用黑色而松散的"反时尚"的设计。这种与西方主流背道而驰的新审美理念，不但赢得了消费者的喜爱，还反过来影响了西方的设计师。讨论影响人们审美的因素有哪些。

上海环贸 iapm 商场以其动感、现代时尚的购物环境吸引年轻消费者，开业后成为潮流购物新地标。

四、影响消费者情绪的因素

对于消费者而言，影响其情绪的最主要因素有购物环境、商品特性和消费者自身因素等三项。

1. 购物环境

直接刺激消费者感官引起其情绪变化的主要有购物现场的设施、温度、音乐、色彩以及销售人员的精神风貌和服务等因素。如果购买现场宽敞、明亮、整洁、色彩搭配协调、整体环境优雅，销售人员服务周到热情，就会引起消费者愉快、舒畅等积极的情绪体验；反之，会引起厌烦、压抑等消极的情绪体验。

2. 商品特性

消费者的情绪首先是由消费需要能否被满足而引起的，而消费需要的满足是要借助于商品实现的。所以，影响消费者情绪的重要因素之一，是商品的各方面属性能否满足消费者的需求。具体表现在以下两个方面。

（1）商品命名中的情感效用。企业如果能给商品取一个具有独特情绪色彩的名称，就容易激起消费者的购买欲望。例如，可口可乐、娃哈哈等，这些名字具有美好的寓意，能满足消费者追求喜庆、吉利的心理，很容易被其接受。

（2）商品包装中的情绪效果。包装对消费者是否购买商品会起到很大的作用，影响消费者的购买意愿。例如，食品包装设计应注重考虑美感和口感这两个要素。美感是指运用色彩、形状、图像等满足消费者视觉上的享受，并通过包装让消费者了解商品的基本信息；口感则是指让消费者对商品的美味可口有进一步想象的余地。

瑞士莲（Lindt）中国红心形巧克力礼盒，怀旧风的玻璃纸包裹着软心牛奶巧克力，让人喜悦感油然而生。

3. 消费者自身因素

消费者自身的某些因素对情绪的影响不可小视。

（1）消费者的兴趣爱好。消费者的兴趣爱好不同，自然会有不同的情绪体验。这种情绪体验又受到个人经历、文化、年龄等因素的影响。

（2）消费者的现实状况。消费者生活的遭遇、事业的成败、家庭的境况等现实状况，都会影响其心理状态，从而左右整个购买决策过程。

（3）消费者的个性特征。消费者的个性特征会影响消费者购买活动的情绪体验。比如，一个急躁、没耐心的消费者，在众多的商品中就容易感到手足无措，这时候，可能就会产生不耐烦的情绪，甚至放弃购买。

第二节　消费者的意志心理

消费者的心理活动并不局限于对商品和服务的认识过程和产生一定的情感体验，更重要的是有计划地实施购买决策。

一、意志过程的特征

消费者在购买活动中努力克服各种困难，实现既定购买目的的心理过程，就是消费者的意志心理过程。如果说消费者对商品的认知活动是由外部刺激向内在意识的转化，那么，消费者对商品的意志活动就是内在意识向外部行动的转化。消费者的意志过程同认识过程、情感过程一样，是消费者心理活动不可缺少的组成部分。

思考与讨论

据媒体报道，大城市的年轻人为了喝一杯奶茶而愿意排队几个小时。你怎样看待这一现象？这一现象包含了消费者怎样的意志心理？

消费者的意志过程有以下特征。

（1）有明确的购买目的。消费者在购买过程中的意志活动是以明确的购买目的为基础的。因此，在有目的的购买行为中，消费者的意志活动体现得最为明显。通常，为满足自身的特定需要，消费者经过思考预先确定购买目的，然后自觉地、有计划地按照购买目的去支配和调节购买行动。

（2）与排除干扰和克服困难相联系。消费者要达到既定目的需要排除的干扰和克服的困难是多方面的。例如，支付能力有限与商品价格昂贵的矛盾、服务质量差所造成的障碍、申请消费信贷的意愿与贷款利率高的矛盾等。所以，在购买目的确定后，为达到既定目的，消费者还需要一定的意志努力。

（3）调节购买行动的全过程。意志对行动的调节，包括发起行动和制止行动两个方面。前者表现为推动消费者为达到既定目的而采取一系列行动；后者则表现为制止与达到既定目的相矛盾的行动。这两方面的统一作用，使消费者得以控制购买行为的发生、发展和结束的全过程。

二、消费者的意志品质

不同的人在意志行动中会表现出不同的特点。有的人目的明确，有的人盲目行动；有的人处事果断，有的人优柔寡断。通常把在意志行动中表现出来的稳定的行为特点称为意志品质。意志品质主要包括以下四种。

（1）自觉性，指一个人能自觉地确立意志行动的目的，清楚地、深刻地认识到该目的的正确性和重要性，从而能自觉地支配自己的行动以达到相应的目的的意志品质。

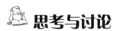 **思考与讨论**

如果你正在节食，正好经过一家弥漫着香气的蛋糕店，你是否有意志力抵制住眼前的诱惑呢？

（2）果断性，是指善于明辨是非、抓住时机，迅速而合理地作出决定并予以实现的意志品质。具有果断性的人能全面而深刻地考虑行动的目的以及达到目的的方法和计划，在需要行动时能当机立断，在不需要行动时又能立即停止或改变已经执行的决定。

（3）坚韧性，是指对行动目的具有坚持性，并能在行动中保持充沛的精力和体力的意志品质。具有坚韧性的人一方面善于克服和抵制不符合行动目的的主客观诱因的干扰，目标专一；另一方面又能在行动中做到锲而不舍，勇于克服各种困难。

（4）自制力，反映意志的抑制功能，主要包括抑制冲动、抵制诱惑、延迟满足、制订和完成行动计划，以及采取与社会情境相适应的行为方式。自制力强的人，有较强的执行力，又善于控制自己的情绪和冲动，表现出较强的忍耐性。

 **经典实验**

糖果实验——延迟满足的重要性

延迟满足是指一种甘愿为更有价值的长远结果而放弃即时满足的抉择取向，以及在等待期中展示的自我控制能力。

1960 年，美国斯坦福大学心理学教授沃尔特·米歇尔（Walter Michelle）设计了一个糖果实验，这个实验是在一个幼儿园进行的。米歇尔教授找了数十名四岁左右的孩子，他在每人面前放一块果汁软糖，告诉他们："糖可以吃，但如果等到我出去一会儿后回来时再吃，就可以多得到一块。"观察发现，有三分之一的孩子在他刚离开后马上就开始吃糖果；还有三分之一的孩子等待了一会儿，但后来忍耐不住也把糖果吃掉了；另外三分之一的孩子则一直坚持了对于他们而言很漫长的 20 分钟，等到米歇尔教授回来兑现额外奖励后才开始吃。14 年后这些孩子高中毕业，参加了大学入学考试，结果是那些最后得到两颗糖果的孩子的综合成绩比那些马上吃糖果的孩子平均高出 210 分，而且得到两颗糖果的孩子交际能力强并有主见，尽管他们的智商水平没有明显差别。

糖果实验

心理学家认为，延迟满足是个体完成各种任务、协调人际关系、成功适应社会的必要条件，是意志力的表现，是一个人走向成功应具备的重要心理素质。

三、消费者的意志心理过程

消费者的意志心理过程具有明确的购买目的和调节购买行动全过程的特征，这些特征总是在意志行动的具体过程中表现出来。通常，消费者的意志心理过程可以分为以下三个行动阶段。

（1）作出购买决定阶段。这是消费者购买活动的初始阶段。这一阶段包括购买动机的取舍、购买目的的确定、购买方式的选择和购买计划的制订，实际上是购买前的准备阶段。消费者从自身需求出发，根据自己的支付能力和商品供应情况，分清主次、轻重、缓急，作出各项决定，即是否购买和购买的顺序等。

（2）执行购买决定阶段。在这一阶段，购买决定转化为实际的购买行动，消费者通过一定的方式和渠道购买到自己所需的商品。当然，这一转化过程在现实生活中不会是很顺利的，往往有一些障碍需要排除。所以，执行购买决定阶段是消费者意志活动的中心环节。

（3）体验执行效果阶段。完成购买行为后，消费者的意志心理过程并未结束。通过对商品的使用，消费者还要体验执行购买决定的效果。如商品的性能是否良好，使用是否方便，外观与使用环境是否协调，实际效果与预期是否接近等。在上述体验的基础上，消费者将评价购买这一商

第四章　情绪、情感与意志

品的行动是否明智。这种对购买决策的检验和反省，对今后的购买行为有重要意义，它将决定消费者今后是重复购买还是拒绝购买，是增加购买还是减少购买。

 归纳与提高

本章讨论了消费者的情绪和情感及意志心理过程。在心理学中，情绪或情感是人们在判断客观事物是否符合自己的需要时所产生的一种主观体验。情绪和情感都有两极性的特征，情绪和情感的表现可分为内部机体和外部表情两大类。其中，外部表情的变化主要表现在面部表情、身体表情、手势表情、言语表情等方面。影响消费者购物情绪的因素包括购物环境、商品特性和消费者自身因素。

在消费过程中，消费者不仅要通过心理活动了解商品和服务，还有情绪、情感体验；而且更重要的是要有计划地进行决策和实施购买行为。意志心理过程是消费者为保证不受干扰，努力去实现既定的购买目的的心理过程，其基本特征表现为有明确的购买目的、与排除干扰和克服困难相联系以及调节购买行动的全过程。消费者的意志品质主要包括自觉性、果断性、坚韧性和自制力。消费者的意志心理过程包括作出购买决定阶段、执行购买决定阶段和体验执行效果阶段。

 综合练习题

一、填空题

1. 人们在判断客观事物是否符合自己的需要时所产生的一种主观内心体验是_____。

2. 根据情绪发生的强度、速度、持续时间和稳定性方面的差异，可以将消费者情绪的表现形式划分为心境、激情、_____、热情和挫折等五种。

3. 根据情感的社会内容划分，可以将情感分为道德感、_____、审美感。

4. 消费者在购买活动中努力克服各种困难，实现_____的心理过程，就是消费者的_____心理过程。

5. 意志对消费者行动的调节，表现为发起行动和_____两个方面。

二、单项选择题

1. 消费者对感情性心理活动过程的体验和感受是（　　　）。
   A. 认知　　　　　B. 情操　　　　　C. 情绪　　　　　D. 情感

2. 心境是一种比较平静而持久的情绪体验，它具有弥散性、持续性和（　　　）的特点。
   A. 感染性　　　　B. 舒缓性　　　　C. 瞬息性　　　　D. 不稳定性

3. （　　　）是一种强有力的、稳定而深沉的情绪体验，它能够影响人的思想和行为，推动人们为实现目标而长期不懈地努力。
   A. 激情　　　　　B. 热情　　　　　C. 情感　　　　　D. 应激

4. 消费者意志的最终表现是（　　　）。
   A. 确定购买目的　B. 选择购买方案　C. 采取购买行动　D. 选择购买方式

5. 在意志行动中，把消费者能够控制自己的情绪、约束自己的言行等方面的意志品质称为（　　　）。

A. 坚韧性 　　　B. 果断性 　　　C. 自制力 　　　D. 自觉性

三、论述题

1. 什么是情绪与情感？它们之间有哪些区别与联系？
2. 情绪和情感有哪些特性？这些特性对营销人员分析消费心理有什么作用？
3. 简述情绪和情感的机体表现。
4. 影响消费者情绪变化的因素有哪些？
5. 简述消费者的意志心理活动的特征及过程。

四、实践题

1. 调查班级同学购买或使用老字号商品的情况，包括购买类别（食品、服饰、医药……）、购买频率、购买原因和使用评价等，根据调查结果分析同学们购买老字号商品的心理特点。

2. 调查10位同学，问问他们是喜欢商场"打折降价"还是"积分兑换"。这背后反映了怎样的消费心理？

五、案例分析题

民光被单厂的一条几十年前流行的床单，几乎每个中国家庭都再熟悉不过，网友把这条床单评价为"国民床单"。"国民床单"在网上爆红后，勾起了人们的温馨回忆。请扫描二维码阅读完整案例并回答以下问题：

（1）分析如何通过"怀旧"在民光品牌和消费者之间建立起情感联结。
（2）分析在新的时代背景下，如何赋予"民光"等老字号品牌新的情感价值。

第五章　个性心理特征

【学习目标】

理解消费者个性的含义；掌握消费者气质、性格和能力的概念、类型；了解能力不同的消费者在消费过程中的表现和特征。

【关键术语】

个性、气质、气质类型、性格、性格特征、性格理论、能力、自我保护能力

【导入案例】

百变T恤衫

T恤衫的历史可以追溯至20世纪初的美国，那时美国的海军把这种无扣、圆领、短袖、白色纯棉质内衣穿在制服之下，这种套头短袖衬衫的形状像英文字母"T"，因此得名T-shirt。20世纪50年代，好莱坞电影的盛行无形中促成了T恤衫风潮的国际性蔓延。影星马龙·白兰度（Marlon Brando）在影片中身穿白色T恤衫的造型给当时那个崇尚正装文化的美国社会带来了强烈的冲击，而影星詹姆斯·迪安（James Dean）以白色T恤衫搭配机车夹克的造型成为崇尚叛逆的青少年心目中的英雄。20世纪60年代之后，在女权主义、嬉皮士、无性别着装等亚文化思潮的影响下，人们在白色T恤衫上设计和装饰了各种图案或文字，比如，涉及幽默的广告、讽刺的恶作剧、自嘲的理想、惊世骇俗的欲望……。由此，T恤衫成为人们进行自我个性表达的重要工具和方式。

如今，T恤衫依然活跃在时尚潮流的舞台上。设计师卡尔·拉格斐（Karl Lagerfeld）将白色T恤衫搬上了T台，把这种最简单的服装单品和香奈儿（CHANEL）粗花呢外套搭配在一起，让人意识到T恤衫的另一种高贵而优雅的可能性；迪奥（Dior）在白色T恤衫上印上品牌商标和口号表达品牌主张和个性；日本设计师川久保玲所创品牌的白色T恤衫以标志性的红心而闻名。正如时尚设计师乔治·阿玛尼（Giorgio Armani）所说："我始终认为T恤衫在时尚界的地位无比重要，堪比希腊字母表中的首尾字母。"

作为衣橱里不可缺少的单品之一，T恤衫既可以是帅气酷炫的，也可以是甜美可爱的，"可盐可甜"的T恤衫成为人人可穿的基础款，适应多种风格和场合。随着个性化消费的兴起，计算机图形设计软件的不断开发以及T恤衫印花设备的普及，T恤衫图案的选择更加不受限制，甚至你可以自己设计T恤衫图案，或者把自己喜欢的图案、文字、照片等印在T恤衫上，展现自己的兴趣、习惯、喜怒哀乐等，制作出独一无二的个性T恤衫。

启发思考：

（1）根据案例内容，分析为什么T恤衫会成为穿着者表达个性的重要工具。

（2）查阅更多资料，了解不同品牌T恤衫的个性差异和受众消费者，分析这种差异是如何体现的。

第一节 个 性

由于每一个消费者的先天素质和所处的后天环境不同，心理活动在每个人身上产生和发展时总是带有个人的特征，从而形成了消费者不同的个性。

那么，什么是个性？它的特点表现在哪些方面呢？

每个人都有个性，每个人的个性又都各不相同。正是这些具有千差万别个性的人，才组成了丰富多彩的世界。因此，有人说，对个性的研究实际上就是对人的研究。

一般来说，个性（Personality）就是个性心理的简称。在西方心理学的理论研究中，很多学者认为个性也可称为人格。也有少数学者提出将"个性"和"人格"加以区分，认为个性即个体性，指人格的独特性；人格是一个复杂的内在组织，它包括人的思想、态度、兴趣、气质、潜能、人生哲学以及体格和生理等特点。

由于个性的复杂性，心理学界对个性的概念和定义尚未有一致的看法。许多心理学者都从自己研究的角度对个性进行定义。如美国心理学家吴伟士（Woodworth，伍德沃思）认为："个性是个体行为的全部品质。"美国人格心理学家卡特尔（Cattell）认为："个性是一种倾向，可借以预测一个人在给定的环境中的所作所为，它是与个体的外显与内隐行为联系在一起的。"美国的心理学家阿尔伯特（Albert）认为："个性是决定人的独特的行为和思想的个人内部的身心系统的动力组织。"

🐟 思考与讨论

个性已经被学者们研究多年，虽然研究的视角不同，却都解释了一个人的个性是一种众多稳定特征的结合。

（1）你对个性有怎样的理解？你认为怎样的行为，或者什么样的人才算有个性？

（2）你认为一个人经历了某些特殊事情（比如失恋，或者大灾难）后会改变自己的个性吗？

一、个性的结构

尽管心理学家们对个性定义的表达不尽相同，但其基本精神还是比较一致的，即个性是指一个人的整个心理面貌。一般认为个性心理包括个性倾向性和个性心理特征两个方面。

1. 个性倾向性

个性倾向性是指人在与客观现实交互作用的过程中，对事物所持有的看法、态度和意识倾向。其具体包括需要、动机、兴趣、爱好、态度、理想、信念和世界观等。

个性倾向性是个性系统的动力结构，它主要是在后天的培养和社会化过程中形成的。个性倾向性中的各个成分并非孤立存在的，而是互相联系、互相影响和互相制约的。其中，需要是个性倾向性的源泉；动机、兴趣等是需要的表现形式；世界观居于最高指导地位，它指引和制约着人的思想倾向和整个心理面貌。

个性倾向性是推动消费者进行活动的动力系统，对消费者心理的影响主要表现在心理活动的选择性、对消费的态度体验和消费行为模式上。

2. 个性心理特征

个性心理特征是指区别于他人，在不同环境中表现出一贯的、稳定的行为模式的心理特征。其主要包括气质、性格和能力等，是多种心理特征的独特组合。其中，气质是心理活动的动力特征，性格是对现实环境和完成活动的态度上的特征，能力是完成某种活动的潜在可能性的特征等。

个性心理特征反映了人的心理面貌的差异。比如，在行为方面，有的人活泼好动，有的人沉默寡言，有的人热情友善，有的人冷漠无情，这些都是气质和性格方面的差异；在能力方面，有的人有绘画才能，有的人有数学才能，有的人有音乐才能，这些是能力方面的差异。本章主要论述消费者的个性心理特征。

二、个性的特征

一般而言，个性具有下列特征。

（1）倾向性。个体在形成个性的过程中，时时处处都表现出每个个体对外界事物特有的动机、愿望、指向，从而发展为各自的态度体系和内心环境，形成个体独特的行为方式和个性倾向。

（2）稳定性。从表现上看，人的个性一旦形成，就具有相对的稳定性。消费者在消费过程中经常表现出来的个人精神面貌、心理倾向和心理特征具有一定的稳定性。偶然的行为和心理并不能体现个性。

（3）整体性。个性是个完整的统一体。一个人的个性倾向、心理过程和个性心理特征是相互协调、有机联系在一起的。

（4）独特性。每个人的个性都具有独特性。同样，不同的消费者具有不同的心理活动和独特的个性倾向，以及个性心理特征组成的各自独有的精神面貌。正是这些独有的精神面貌，使不同的消费者的个性带有明显的差异性。

🐢 思考与讨论

在日常生活中，人们往往认为一个"倔强""要强""坦率""固执"的人很有个性；而"文雅""平和""斯文""柔弱"的人没有个性。你认为这样的看法是否正确？

（5）可塑性。一个人个性的稳定性是相对的。随着环境的变化、年龄的增长和消费实践活动的丰富，个性也可以改变。

（6）社会性。个性是社会关系的客体，同时又是一定社会关系的主体。个性的形成一方面有赖于个人的心理发展水平，另一方面有赖于个人所处的一定的社会关系。因此，只有在实践中、在人与人之间的交往中，考察社会因素对人的个性形成的决定作用，才能科学地理解个性。

📚 视野拓展

什么是个性障碍？

关于"个性障碍"的概念，目前并没有统一的看法。一般认为，个性障碍是由于个性在结构和发展方面明显偏离正常，以致不能适应正常的社会生活。个性障碍具体可以分为回避型个性障碍和攻击型个性障碍。个性障碍的形成既受先天生物学因素的影响，也受后天环境的影响。

第二节　气　　质

在心理学上，气质是指一个人在心理活动和行为方式上表现的强度、速度、稳定性和灵活性等动态方面的心理特点。一般来说，气质受神经系统活动过程的特性制约。人的气质差异是先天形成的，本身无好坏之分。例如，一个婴儿在出生后，就逐渐表现出某种气质差异：有的孩子爱哭好动，有的孩子则完全相反。

思考与讨论

气质表现在一个人的举手投足之间，例如，走路的步态、待人接物的方式等。对比你熟悉的三个人，看看他们在气质表现上的差异。

一、气质的类型

对气质类型的划分，有不同的见解，由此形成了不同的气质理论。

1. 气质的体液说

公元前 5 世纪，古希腊著名医生希波克拉底观察到不同的人有不同的气质。他认为体液是人体性质的物质基础。希波克拉底认为人体中有四种性质不同的液体，它们来自不同的器官。人的体质不同，是由于四种体液的不同比例所致。

罗马帝国时期著名的生物学家、心理学家盖伦从希波克拉底的体液说出发，认为气质是物质（或汁液）的不同性质的组合。在此基础上，气质的体液说继续发展，形成经典的四种气质类型。

（1）多血质。多血质者情绪兴奋性高，思维、言语、动作敏捷，心境变化快但强度不高，稳定性差；活泼好动，富于生气，灵活性强；乐观亲切，善交往；浮躁轻率，注意力难以集中；兴趣广泛但不持久，缺乏耐力和毅力。

（2）胆汁质。胆汁质者情绪兴奋性高，反应迅速，心境变化剧烈，抑制能力较弱，易于冲动，热情直爽，不够灵活，精力旺盛，动作迅猛，性情暴躁，脾气倔强，容易粗心大意。

（3）黏液质。黏液质者情绪兴奋性低，外部表现少，沉着冷静，反应速度慢；情绪稳定，善深思熟虑，思维、言语、动作迟缓；交际适度，情绪很少外露；坚毅执拗，淡漠，自制力强，不够灵活，易固执己见。

（4）抑郁质。抑郁质者善于察觉细节，细心谨慎，敏感多疑；内心体验深刻但外部表现不强烈，行动迟缓，不活泼；脆弱孤僻，对事物反应敏感，办事不果断，缺乏信心。

视野拓展

气质类型测试

思考与讨论

（1）不同的气质类型是否有好坏之分，为什么？

（2）你认为一个人的气质类型是否能决定其工作成就？

2. 气质的高级神经类型说

苏联生理学家、心理学家巴甫洛夫在实验的基础上，根据高级神经活动类型与规律的研究，提出了气质的高级神经类型说。他发现人的高级神经活动过程有三个基本特征，即强度、平衡性和灵活性。根据这三个特征，巴甫洛夫把高级神经活动的类型分为以下四种。

（1）强而不平衡型。这种类型的人的特点是兴奋过程强于抑制过程。这是一种易兴奋、奔放不羁的类型，所以，也称为"兴奋型"。

（2）强而平衡的灵活型。这种类型的人的特点是反应灵敏，活泼，能很快适应迅速变化的外部环境，也称为"活泼型"。

（3）强而平衡的迟缓型。这种类型的人较易形成条件反射，但不容易改造，是一种坚毅而行动迟缓的类型，也称为"安静型"。

微视频

解读气质

（4）弱而不平衡型。这种类型表现为兴奋和抑制过程都很弱，条件反射形成很慢；这种类型的人表现为胆小怕事，遇到困难的工作任务时，正常的高级神经活动易受破坏而产生神经症，也称为"抑制型"。

这四种类型与传统的体液说具有一定的对应关系：强而不平衡型对应胆汁

质；强而平衡的灵活型对应多血质；强而平衡的迟缓型对应黏液质；弱而不平衡型对应抑郁质。

3. 气质的体型说

体型说是由德国精神病学家克雷奇默（Kretschmer）提出的，他认为可以按体型划分人的气质类型，包括肥满型、瘦长型、筋骨型。其中，肥满型的人产生躁狂气质，其特点为善交际、活泼热情、平易近人；瘦长型的人产生分裂气质，其特点为不善交际、孤僻、神经质、多思虑；筋骨型的人产生黏着气质，其特点为迷恋、认真、理解缓慢、行为较冲动。他还认为三种体型与不同精神疾病的发病率有关。

美国心理学家谢尔顿（Sheldon）认为，形成体型的基本成分——胚叶，与人的气质关系密切。他根据外层、中层和内层胚叶的发育程度将气质分成三种类型，如图 5.1 所示。

内胚叶型：属于肥胖型，体型特征为丰满、肥胖；特点是图舒服，好美食，爱睡觉，善交际，行为随和，会找轻松的事干。中胚叶型：属于运动型，肌肉发达、结实，体型呈长方形；特点是武断，过分自信，体格健壮，主动积极，咄咄逼人。外胚叶型：属于瘦弱型，体型高大，体质虚弱；特点是善于自制，对艺术有特殊爱好，倾向于智力活动，敏感，反应迅速，工作热心负责，睡眠差，易疲劳。

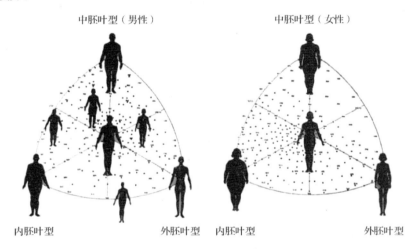

图 5.1 谢尔顿的气质体型说分类

视野拓展

体型和犯罪

早期研究犯罪心理学的人物之一切萨雷·龙勃罗梭（Cesare Lombroso）被称为"实证犯罪学之父"。龙勃罗梭认为人的长相、身材决定了他是否容易犯罪。他认为一个人长得越像原始人，犯罪率越高，他把这种现象称为"返祖现象"。龙勃罗梭是一名监狱医生，他对囚犯的生理特征十分着迷，他是第一个主张用"经验法"来论证犯罪发生的原因的人。后来，美国学者谢尔顿在龙勃罗梭理论的基础上作出了自己的研究，他拍摄了 4 000 名大学生的裸照，并将体态分成"肥胖型""运动型""瘦弱型"；再把这些照片拿到少管所里同那些少年违法者的体态作对比，结果发现大部分犯罪少年的体态都属于运动型。因此，他坚称体型和犯罪有着紧密的联系。

4. 气质的血型说

1927 年，日本学者古川竹二等人提出了"人因血型不同，而具有各自不同的气质；同一血型，具有共同的气质"的假说。他认为气质是由不同血型决定的，血型有 A 型、B 型、AB 型、O 型，与之相对应的气质也可分为 A 型、B 型、AB 型与 O 型四种。A 型气质的特点是温和、老实稳妥、多疑、顺从、依赖他人、感情易冲动。B 型气质的特点是感觉灵敏、镇静、不怕羞、喜社交、好管闲事。AB 型气质是上述两者的混合。O 型气质的特点是意志坚强、好胜、霸道、喜欢指挥别人、有胆识、不愿吃亏。

思考与讨论

在日本，无论是征婚、征友还是找工作，人们常会听到一句问话："你是什么型？"这里的"型"指的是血型。了解并讨论日本的"血型文化"对社会的影响体现在哪些方面。

日本学者能见正比古在《血型与性格》一书中，剖析了各种血型的人的气质和性格，并由此提出了关于恋爱、婚姻、人际关系、职场生存的指导建议。很多人把这些建议当作自己的人生指南，引发了国际范围内的"血型热"。能见正比古的血型理论至今依然影响着日本人生活的方方面面，甚至左右着日本政坛。历届日本首相在竞选时通常都会标明自己的血型，以此来争取选举中的优势。

虽然以上观点有待考证，而且大部分学者认为其缺乏科学性，但血型理论在民间却被视为有趣的新发现而被普遍接受。

视野拓展

日本人的血型文化

在日本，血型被认为是决定一个人性格、气质、爱好、兴趣、能力等方面的重要因素。日本人常常根据血型来判断一个人是否适合某个职业、是否能够和某个人相处融洽、是否有可能成为某个人的伴侣等。日本的电视节目、杂志、漫画、游戏等媒体中，都会出现关于血型的话题，甚至还有专门针对不同血型的商品和服务。例如，针对某种血型的血型毛巾、血型餐饮等。

多数日本人认为 B 型血的人偏向于我行我素，缺乏与他人相处的协调性，因此给人以负面印象。一些公司在人员职位任命以及提拔方面也参考血型，B 型血的人在竞争领导职位的时候常处于劣势，因为日本血型手册中说，B 型血的人缺少外交手腕和领导能力。日本的婚介机构也会提供血型相容性的测试。很多相亲的女性都表示："我不喜欢 B 型血的人，他们非常杂乱无章，而且办事不经思考。"最受日本人欢迎的是 A 型血，因为他们认为拥有 A 型血的人往往是聪明型人格，待人诚恳，重视他人意见。

虽然血型与性格之间是否有密切联系并没有让人信服的科学依据，日本政府机构以及媒体也试图纠正国民对血型的认识，但日本人就是喜欢聊一些诸如此类的和血型有关的话题，这就是他们独特的血型文化。

二、气质对消费心理的影响

在气质类型的划分中，被普遍采用的是气质的体液说。由此，消费者的气质类型被相应地划分为多血质的消费者、胆汁质的消费者、黏液质的消费者和抑郁质的消费者。消费者不同的气质类型会直接影响他们的消费行为或反映到他们的消费行为中，使之显现出不同甚至截然相反的行为方式、风格和特点。概括起来，有以下几种对应的表现类型。

（1）主动型和被动型。在购买现场，不同气质的消费者其行为主动与否会有明显差异。多血质和胆汁质的消费者通常主动与销售员进行接触，积极提出问题并进行咨询，有时还会主动征询其他在场消费者的意见，表现十分活跃；而黏液质和抑郁质的消费者则比较消极被动，通常要由销售员主动询问，而不会主动提出问题。

（2）理智型和冲动型。在购买过程中，消费者的气质差异对购买行为方式有显著影响。黏液质的消费者比较冷静、慎重，会对各种商品的内在质量加以细致地选择和比较，通过理智分析作出购买决定；同时善于控制自己的感情，不易受广告宣传、外观包装及他人意见的影响。而胆汁质的消费者容易冲动，经常凭个人的兴趣、偏好，以及对商品外观的好感选择商品，而不过多考虑商品的性能与实用性，容易受广告宣传及购买环境的影响。

（3）果断型和犹豫型。在制定购买决策和实施购买行动时，气质的不同会直接影响消费者的决策速度与购买速度。多血质和胆汁质的消费者心直口快，言谈举止比较爽快，一旦见到自己满意的商品，往往会果断地作出购买决定，并迅速购买，而不愿花费太多的时间去比较和选择。抑郁质和黏液质的消费者在挑选商品时则优柔寡断，十分谨慎，动作比较缓慢，挑选的时间也较长，在决定购买后易发生反复的情况。

（4）敏感型和粗放型。在购后体验方面，消费者的气质不同，对消费体验的敏感程度会有明显差异。黏液质和抑郁质的消费者在消费体验方面比较敏感。他们对购买和使用商品的心理感受十分敏感，在遇到不满意的商品或服务时，经常做出强烈的反应；相对而言，胆汁质和多血质的消费者在消费体验方面不太敏感，不过分注重和强调自己的心理感受，对于购买和使用商品的满意程度不太苛求，表现出一定程度的容忍性。

在现实当中，大多数消费者的气质处于两种类型的中间状态，或以一种气质为主，兼有另一种气质的特点，即属于混合型气质。各种气质类型既有积极的一面，也有消极的一面。销售人员应根据消费者在购买活动中的行为表现，发现和识别消费者在气质方面的特点，有针对性地进行销售服务。这样可以更好地满足消费者的需求，保证销售工作的有效性。不同气质类型的购买行为表现及销售对策如表 5.1 所示。

表 5.1　不同气质类型的购买行为表现及销售对策

气质类型	购买行为表现	销售对策
多血质	活泼热情，自来熟，话多，改变主意快，易受环境和他人影响	应主动接近、介绍（提示）、交谈
胆汁质	易冲动，忍耐性差，对销售人员的要求高，容易与销售人员发生矛盾	要态度和善，语言友好，千万不要刺激对方
黏液质	内向，购买态度认真，不易受暗示及他人影响，喜欢独立挑选，动作缓慢	主动热情，要有耐心
抑郁质	多疑，动作迟缓，反复挑选	要有耐心，多作介绍，要允许反复

第三节　性　格

在心理学中，性格是指人对现实的态度和行为方式中较稳定的个性心理特征，是个性心理特征中最重要的方面。性格通过人对事物的倾向性态度、意志、活动、言语、外貌等方面表现出来。

思考与讨论

"性格决定命运"这一说法，你是否认同？

微视频

性格的先天与后天

影响性格形成的因素很复杂，包括遗传因素、成长期发育因素以及社会环境的影响因素。气质和性格既有区别又有联系。气质是个人心理活动稳定的动力特征，它主要体现为神经类型的自然表现。性格是气质的后天发展和改造，它主要是在社会生活实践的过程中形成的。气质和性格又是互相制约的。气质可以按照自己的动力方式，给性格赋予独特的色彩。

例如，在购买活动中，同样是认真的性格，多血质的消费者挑选商品时动作干脆利索，情感溢于言表；黏液质的消费者挑选商品时却默默无言，动作缓慢。所以，有不同气质类型的人，可以形成同样的性格特征；而有相同气质类型的人，又可以带有同样的心理动力性特征而性格各异。气质还会影响性格特征形成和发展的速度。反过来，性格一经形成便可以在一定程度上掩盖或改造气质，使它服从于生活实践的要求。

🐣 思考与讨论

一个人所拥有的性格并不是在短时间内形成的，而是在生活的体验中逐渐形成的，同时还受其世界观、人生观、价值观的影响。讨论分析自己的性格是如何形成的。

一、性格的基本特征

性格是十分复杂的心理现象，包含多方面的特征。性格正是通过不同方面的性格特征表现出来的，并将各种特征有机结合，形成独具特色的性格统一体。

性格的基本特征包括以下四个方面。

（1）性格的态度特征。性格的态度特征是指个人对现实的态度的倾向性特征，即如何处理社会各方面关系的性格特征。例如，对社会、集体、他人的态度，对劳动、工作、学习的态度，对自己的态度等。

（2）性格的意志特征。性格的意志特征是指个人自觉控制自己的行为及行为努力程度方面的特征。例如，是否具有明确的行为目标，能否自觉调适和控制自身行为；在意志行动中表现出的是独立性还是依赖性，是主动性还是被动性；是否坚定、顽强、忍耐、持久等。

（3）性格的情绪特征。性格的情绪特征是指个人受情绪影响或控制情绪程度、状态的特点。例如，个人受情绪感染和支配的程度；情绪受意志控制的程度；情绪反应的强弱、快慢；情绪起伏、波动的程度；主导心境的性质等。

（4）性格的认知特征。性格的认知特征是指认识心理过程中的个体差异的性格特征，一般表现在感知、记忆、思维和想象四个方面。例如，在感知方面，是主动观察型还是被动感知型；在思维方面，是具体罗列型还是抽象概括型；在想象方面，是丰富型还是贫乏型等。

🐣 思考与讨论

描述你自己喜、怒、哀、乐时的不同表现。它反映了你怎样的性格特征？

📚 视野拓展

口红与性格

很多女性总会无意识地将自己的心理特征投射在自己的日常用品上，比如，口红。

有调查显示：80%以上的女性用口红来调动自己的情绪；55%的女性称情绪低落时，涂上口红会让自己精神焕发。口红的颜色五花八门，通过观察一个女人对口红颜色的喜好，往往就能判断出她的性格。如果她喜欢红色的口红，往往说明她的性格比较外向，活泼好动崇尚自由，具有独立的个性。如果她比较喜欢用粉色的口红，往往说明她的性格比较温柔，思想比较单纯，富有同情心和爱心。橙色能够给人一种亲切温柔的感觉，喜欢这种颜色口红的女性往往性格比较稳重，具有较强的自我控制能力和判断力。珍珠粉色代表纯洁高洁，喜欢这种颜色口红的女性往往性格比较文静庄重，处事比较谨慎，喜欢追求完美。紫色代表高贵和典雅，喜欢这种颜色口红的女性往往性格比较外向，有很强的表现欲望和优越感等。

二、性格类型的理论

有关性格的理论有多种，影响力相对较大的有以下四种。

微视频

荣格的人格类型
理论

1. 荣格的人格类型说

瑞士心理学家卡尔·荣格（Carl Jung）根据力比多（Libido）的倾向提出内倾型和外倾型性格的划分。个体力比多的活动倾向于外部环境，就是外倾型的人；力比多的活动倾向于自己，就是内倾型的人。外倾型（外向型）的人，重视外在世界，爱社交、活跃、开朗、自信、勇于进取，对周围一切事物感兴趣，容易适应环境的变化。内倾型（内向型）的人，重视主观世界，好沉思、善内省，常常沉浸在自我欣赏和陶醉之中，孤僻、缺乏自信、易害羞、冷漠、寡言、较难适应环境的变化。

思考与讨论

有人认为"一个外向的人是乐观、自信、阳光、能干、勇敢、能言善辩的。反之，一个内向的人是悲观、自卑、阴暗、笨拙、懦弱、沉默寡言的"，这样的描述是否正确？你对内向和外向的人有什么样的看法？

荣格的人格类型说作为一个理论体系用来说明性格的差异。在实际生活中，绝大多数人都是兼有外倾型和内倾型特点的中间型。

2. MBTI 人格理论

MBTI（Myers-Briggs Type Indicator，MBTI）即迈尔斯-布里格斯类型指标。该理论的基础是心理学家卡尔·荣格关于心理类型的划分，后由美国心理学家凯瑟琳·库克·布里格斯（Katharine Cook Briggs）与伊莎贝尔·布里格斯·迈尔斯（Isabel Briggs Myers）研究并加以发展。

MBTI 是一种自我报告式的性格评估测试，用以衡量和描述人们在获取信息、作出决策、对待生活等方面的心理活动规律和性格类型。MBTI 倾向于显示人与人之间的差异，而这些差异产生于以下几个方面：①把注意力集中在何处，从哪里获得动力（外向型、内向型）；②获取信息的方式（感觉型、直觉型）；③作决定的方法（思维型、情感型）；④对外在世界如何取向（知觉、判断）。

MBTI 人格理论可以用来解释为什么不同的人对不同的事物感兴趣、擅长不同的工作，以及人和人之间为什么不能互相理解等。如今，MBTI 已经成为最为著名和权威的性格测试方法之一，广泛应用于家庭、学校、企业中。据统计，在世界 500 强企业中，有 80%的企业有 MBTI 的应用经验，MBTI 在改善人际关系、团队沟通、组织建设、组织诊断等多个方面发挥着作用。

3. 斯普兰格性格类型说

斯普兰格（Spranger）是德国教育学家和哲学家，曾任莱比锡大学和柏林大学教授。他认为，人以固有的气质为基础，同时受文化的影响。他在《生活方式》一书中提出，社会生活有六个基本领域（理论、经济、审美、社会、权力和宗教），人会对这六个基本领域中的某一领域产生特殊的兴趣和价值观。据此，他将人的性格分为六种类型。

（1）理论型。该类型的人以追求真理为目的，能冷静客观地观察事物，关心理论性问题，力图根据事物的体系来评价事物的价值，碰到实际问题时往往束手无策。他们对实用主义和功利主义缺乏兴趣。多数理论家和哲学家都属于这种类型。

（2）经济型。该类型的人总是以经济的观点看待一切事物，以经济价值为上，根据功利主义来评价人和事物的价值与本质，以获取财产为生活目标。实业家大多属于这种类型。

（3）审美型。该类型的人以美为最高人生意义，不大关心实际生活，总是从美的角度来评价事物的价值，以自我完善和自我欣赏为生活目标。艺术家即属于这种类型。

（4）社会型。该类型的人重视爱，有献身精神，有志于增进社会和他人的福利。慈善家和教育工作者即属于这种类型。

（5）权力型。该类型的人重视权力，并努力去获得权力，有较强的支配和命令别人的欲望，不愿被人支配。一些企业的领导人即属于这种类型。

（6）宗教型。该类型的人笃信宗教，有信仰，富有同情心，心地善良。神学家即属于这种类型。

4. 大五人格理论

大五人格理论也称为五因素人格模型（Five Factor Model，FFM）或大五人格模型（BIG5）。研究者通过借用词汇学的方法，发现大约有五种特质可以涵盖人格描述的所有方面，包括开放性、尽责性、外向性、宜人性与神经质人格特质。一般可记忆为 OCEAN（海洋）。O 代表开放性，C 代表尽责性，E 代表外向性，A 代表宜人性，N 代表神经质。

（1）开放性。开放性（Openness）表示对经验本身的积极寻求和欣赏，以及对不熟悉情境的容忍和探索。这个维度将那些好奇的、对新鲜事物感兴趣的、新颖的、非传统的以及富有创造性的个体与那些循规蹈矩的、无分析能力的、不善于创造性思考的个体作比较。

（2）尽责性。尽责性（Conscientiousness）主要评估个体在目标导向行为上的组织性、坚持性和动机，包括胜任、公正、条理、尽职、成就、自律、谨慎、克制等特点。

（3）外向性。外向性（Extroversion）表示人际互动的数量和密度、对刺激的需要以及获得愉悦的能力。这个维度将健谈的、主动的、活泼的和乐观的人与沉默的、严肃的、腼腆的、安静的人作对比。

（4）宜人性。宜人性（Agreeableness）主要是为了考察个体对其他人所持的态度，既包括善于为别人着想、富有同情心、信任他人、宽容、直率等特点，也包括充满敌对情绪、愤世嫉俗、爱摆布人、缺乏同情心等特点。

（5）神经质。神经质（Neuroticism）表示情绪的稳定性。例如，情绪性强的个体倾向于有心理压力、不现实的想法、过多的要求和难以控制的冲动，以及与其不适应的应对反应。神经质包括焦虑、敌对、压抑、自我意识强、冲动、脆弱等特质。

总之，由于性格在个体个性结构中的重要地位，长期以来，心理学家高度重视对性格理论的研究，并尝试从不同角度对人的性格类型进行划分，用以解释千千万万不同的人的性格。这些理论成果能够让人们更好地认识和了解自己，对于发现个人的处事风格、特点、适应性、潜质等方面有实践意义。

思考与讨论

同一个消费者在不同的购买活动中，其性格表现是否一致？原因是什么？

三、消费者性格及其表现

消费者性格是指消费者在对待客观事物的态度和社会行为方式中所表现出的较为稳定的心理特征。消费者的性格是在购买行为中起核心作用的个性心理特征。

1. 根据消费态度划分

（1）节俭型。此类消费者消费态度勤俭节约，朴实无华，生活方式简单。他们在选择商品时讲求实用，不追求外观，不图名声，容易受广告的影响。他们在购买过程中不喜欢销售人员人为地赋予商品过多的象征意义。

（2）自由型。此类消费者消费态度浪漫，生活方式比较随意，选择商品的标准较多；比较注重商品的外观，有时也受销售宣传的影响；联想丰富，与销售员接触时态度比较随便，能接受销

微视频

大五人格理论

百事可乐品牌突出年轻、酷、活力

售员的推荐和介绍，但不会太依赖其意见和建议。

（3）保守型。此类消费者消费态度严谨且固执，生活方式刻板，喜欢遵循传统消费习惯；对有关新商品的市场信息抱怀疑态度，有意无意地进行抵制；信奉传统商品，有时消费态度不积极。

（4）傲慢型。此类消费者消费态度傲慢，往往具有某种特殊的生活方式或思维方式。此类消费者在选购商品时往往不能忍受别人的意见、建议，有时会向销售员提出一些令人不解的问题和难以满足的要求。此类消费者自尊心强而且过于敏感，消费情绪不是十分稳定。

（5）顺应型。此类消费者消费态度随和，生活方式大众化。他们一般不购买标新立异的商品，但是也不固守传统。其行为受相关群体影响较大，他们倾向于和与自己相仿的消费群体保持比较一致的消费水平，而且能够随着社会发展不断改变自己的消费方式和消费习惯。

2. 根据购买方式划分

（1）习惯型。此类消费者常常根据以往的购买和使用经验或习惯决定购买行为。当他们对某一品牌的商品有深刻体验后，便很难改变自己的信念。他们在购买中遵循惯例，不受时尚和社会潮流的影响。

（2）慎重型。此类消费者一般比较稳定，情绪不外露，注意力稳定，喜欢根据自己的经验购物，不易受外界影响，具有自我控制能力。

（3）挑剔型。此类消费者有一定的购买经验和商品知识，挑选商品时很有主见，往往能观察到别人不易观察到的细微之处。该类型的人有的则表现为性情孤僻，对销售员及其他消费者的意见会怀有戒心；检查商品极为仔细，有时甚至近乎苛刻。

（4）被动型。此类消费者不经常购买商品，缺乏商品知识，对商品没有固定的偏爱；购买行为呈消极被动状态，往往是奉命购买或代人购买；在选购商品时大多没有主见，渴望得到销售人员的帮助。

思考与讨论

品牌个性

品牌也是有个性的，如华为具有创新、卓越和责任感等个性特征，百事可乐具有青春、活力、时尚等个性特征。品牌个性是消费者认知中品牌所具有的人类人格特质，一般可以从真诚、能力、刺激、经典和粗犷等五个维度构建。塑造品牌个性之所以有效，其原因在于消费者与品牌建立关系时往往会把品牌视作一个形象、一个伙伴或一个人，甚至会把自我形象投射到品牌上。一个品牌的个性与消费者个性或期望个性越吻合，消费者就越会对该品牌产生偏好。广告代言人、卡通形象等都可以用来塑造品牌个性。

请思考品牌个性与消费者个性之间的联系。

第四节 消费能力

能力是指人们顺利地完成某种活动所必须具备的，并且直接影响活动效率的个性心理特征。一个人所具有的各种能力，并不是从一出生就具备的，而是在后天的成长中逐渐产生并发展起来的。例如，消费者的购买能力会在不断的消费实践中得到提升。

对能力的理解应注意三点：①能力是顺利完成某种活动的主观条件。从事任何一项活动都需要一定的条件，这些条件既有客观方面的，也有主观方面的。能力就是人们成功地完成一项活动的主观条件。比如，消费者在消费活动中需要运用注意能力、观察能力、记忆能力、思维能力、想象能力、决策能力等。②能力总是与人的活动相联系的。一个人的能力会影响他所从事的各种活动的成绩和活动效果。③影响消费者能力形成与发展的因素主要包括遗传因素、环境因素、社会实践因素和个性特征因素等。

 示例

打开社交媒体，寻找化妆灵感

随着智能手机和各类社交、即时聊天工具的普及，自拍等消费者形象展示的频次增加。对于那些想要尝试化妆又不太了解如何化更符合自己个性的妆容的人来说，化妆好像是一件极其麻烦的事情。但如今，缺乏化妆知识的人可以寻求美妆博主的帮助，这些活跃在小红书、抖音等社交媒体上的美妆博主通过展示各种化妆技巧和时尚搭配，分享自己的美妆心得和试用报告，或讲解化妆产品特色、品牌创意和美妆灵感，不仅能帮助消费者提高化妆能力和水平，而且还会影响消费者的购买决策和美妆风格。

一、消费能力的表现

消费活动是一项范围广泛、内容复杂的社会实践活动，消费者的能力主要表现在以下几个方面。

1. 对商品的感知辨别能力

感知辨别能力是指消费者在感觉方面的感受能力或感觉的敏锐程度。每个消费者的感知辨别能力都不同。比如，有的消费者，摸一摸衣服的面料，就能判断出这件衣服面料的类型、质量、价格等；而对于有的消费者来说，凭手感来判断衣服面料的质量和价格等，无疑是给自己出了一道难题。

思考与讨论

（1）有人说，要想买得"聪明"，就要有"火眼金睛"，这样才有能力对市场上五花八门的商品进行比较、鉴别、选择、判断。这对普通消费者来说会面临哪些挑战？

（2）技术更新越快，消费者越觉得知识储备不够，不敢轻易购买新产品。讨论商家如何做才能降低消费者的购买风险。

2. 对商品的分析评价能力

对商品的分析评价能力主要反映在对商品信息的收集，对商品信息来源的分析评价，对购物场所的评价，对商品本身特点的认识和评价能力上，甚至对他人消费行为的评价也包括在其中。一般来说，消费能力强的人收集商品的信息相对要主动一些，可以通过多种渠道获取商品信息，对广告宣传有比较全面而理性的认识，对购物场所中的各类促销手段有相当的判断能力。

另外，分析评价能力是消费能力中比较复杂、涉及因素较多的一种能力。因为消费者的收入不同、行为方式不同、审美情趣不同，所以对商品的分析评价能力，特别是评价标准，也会有所不同，从而出现对于同样的商品而评价结果未必相同的情况。当然，多数情况下，对商品的评价会有一个符合社会发展的基本标准或约定俗成的标准。

在现实中，总会有不良商家会用一些手段欺诈坑害消费者。搜集、列举并评论一些典型事件。

3. 选购商品时的决策能力

选购商品时的决策能力主要反映在选择商品时能否正确地作出决策，能否购买到让自己满意的商品上。消费者的气质类型、个性特点是影响决策能力的重要因素。比如，一个性格内向、反应迟缓、意志力较弱的消费者，在购买商品时容易犹豫不决，难以作出决定。

消费者对商品的认识程度、使用商品的经验以及使用商品的习惯，也是影响决策能力的重要因素。

在特殊的购物环境中，消费者的决策能力会有更明显的体现。比如在商品涨价时，在消费者出现大量抢购的情况下（如楼盘开售时），决策速度快的消费者会及时地作出判断，以最快的速度作出决策；而决策速度慢的消费者，面对商品涨价和抢购的现象，就会产生更多的心理矛盾和冲突，甚至会手足无措，难以作出决策。

4. 对消费权益的自我保护能力

解决侵犯消费者权益的问题，一方面要依靠完善的法律制度和消费者保护组织；另一方面，还需要消费者不断增强自我保护能力，在各种侵犯消费者权益的行为即将发生或已经发生的时候，能够有意识、有知识、有能力维护自己的消费权益。

视野拓展

消费者权益保护法

1994 年 1 月 1 日，《中华人民共和国消费者权益保护法》（简称《消费者权益保护法》）正式实施，标志着我国保护消费者权益走上了法制化轨道。该法明确消费者有安全权、知情权、自主选择权、公平交易权、求偿权、结社权、获知权、受尊重权、监督权等权利。2014 年 3 月 15 日，新版《消费者权益保护法》（简称"新消法"）开始实施，进一步强化了经营者对消费者的责任义务。"新消法"对网络购物、个人信息保护等作出了具体规范，对保护我国消费者的合法权益，维护社会经济秩序，促进社会主义市场经济健康发展，发挥了重要作用。

二、消费能力的形成

1. 对消费者的教育与培养

对消费者的教育与培养对其消费能力的形成和提升有重要作用。消费者教育是指企业通过各种途径和方式向消费者传递商品信息，讲解商品知识，传授保养维修方法，示范使用操作技术等。通过教育与培养，消费者掌握挑选、比较、评判、购买及使用等方面的知识和技能，在学习和训练中提升消费技能。

星巴克让中国消费者接受了不同口味的咖啡

企业开展消费者教育，既能积极正确地引导消费，帮助消费者提高消费质量，又可以提高企业的声誉。例如，星巴克在进入中国市场时面临的一个问题是：在一个习惯喝茶的国家，人们对咖啡的知识了解甚少，甚至对喝咖啡有情绪上的抵触。为此，星巴克着力推广"消费者教育"，为消费者开设咖啡讲座，开设咖啡教室，普及咖啡知识，使咖啡受到消费者的喜爱。如今，喝咖啡已成为许多消费者生活的一部分。

2. 消费者个人的消费实践

消费能力的提升离不开个人的努力和消费实践活动的开展。在一次次的购买活动中，消费者不断积累知识和经验，形成和发展了自己的消费能力。例如，有的消费者年龄越大，经验越丰富，购买能力会越强。一般来说，具备产品和法规知识越多或与商家进行交涉的经验越丰富的消费者，购买行为越理性。

微视频

初来乍到的"新品牌"

三、消费能力的差异

消费能力的差异必然使消费者在消费活动中表现出不同的行为特点，这就需要企业在经营中针对不同能力的消费者提供不同的服务。从购买行为来看，消费者按消费能力由强到弱可分为以下四种类型。

（1）成熟型。成熟型消费者不仅对所购买的商品非常了解，而且有丰富的消费经验，甚至形成了长年的消费习惯。该类型消费者对所购商品的性能、价格、质量、生产等方面的信息非常熟悉，甚至可以说是这一类商品的专家。此类消费者在购买商品时，有明确的购买目标，注重从各个方面去综合地评价商品；同时能够熟练地在同种或同类商品中进行比较、选择。这类消费者在选择商品时很自信，有时会向销售人员提出关键性问题。他们在购买过程中不会轻易接受广告的宣传和销售人员的各种推荐，不易受购物现场情景的影响，其决策过程会根据自己的需求而定，考虑问题既理智又全面。

（2）熟练型。熟练型消费者有比较明确的购买目标，了解较多的商品知识，有比较丰富的消费经验，对商品的价格、质量、性能等方面比较熟悉，但是如果要让他们真正鉴别商品某一方面的特点，他们又会"拿不准"，需要请他人参谋。此类消费者一般不反对商品广告宣传和购物现场销售人员所提供的商品信息，但是他们会进行认真的分析、判断、比较。在购买过程中，他们购买目标明确且能够通过语言清晰、准确地表达自己的购买需求。购买决策过程一般较为顺利。

（3）普通型。普通型消费者在购买之前已有大致的购买目标，掌握部分与商品有关的知识，消费经验不多，愿意接受销售人员的推荐，也希望有其他消费者现场提供建议，便于自己作出分析和评价，降低购买风险。对于这类消费者，如果销售人员的服务态度热情、诚恳，给其以信赖的感觉，那么就会顺利地促成购买。

思考与讨论

网购在年轻人中已经很普及了，但对老年人来说，网购还是一个新事物。了解老年消费者在网购中遇到的主要问题。

如果你是一家网络购物平台的经理，你会采取什么措施吸引老年消费者？

（4）缺乏型。缺乏型消费者缺乏有关的商品知识，缺乏购买和使用经验，挑选商品时犹豫不决，容易受广告、其他消费者或销售人员、购物环境的影响，容易产生购买后的"后悔"心理。对于这类消费者，销售人员要主动认真、实事求是地介绍商品；新商品的广告宣传也要注意实事求是，以便消费者能够真正掌握新商品的各项性能，提高购买率。

经典实验

诱饵效应——买的不如卖的"精"

诱饵效应是指人们对两个不相上下的选项进行选择时，因为第三个新选项（诱饵）的加入，会使某个旧选项显得更有吸引力。

美国行为经济学家丹·艾瑞里在其代表作《怪诞行为学》中记录了这样一个实验。《经济学人》杂志曾刊登过一则广告：电子版，59 美元/年；印刷版，125 美元/年；印刷版加电子版套餐，125 美元/年。在艾瑞里进行的实验中，100 位学生中有 16 人选择了电子版，84 人选择了套餐组合，0 人选择印刷版。

《经济学人》杂志这样定价的出发点为：人们很少作不加对比的选择，事实上，人们的心里并没有一个"内部价值计量器"告诉人们某种物品真正价值几何。相反，人们关注的是这种物品与其他物品的相对优劣，以此来估算其价值。既然人们在单订电子版和单订印刷版之间作选择有些费脑筋，而人们又不喜欢动脑筋，于是《经济学人》杂志的营销人员给了我们一个不费脑筋的选择：印刷版加电子版套餐。这时，单印刷版就是一个诱饵选项，用于刺激人们选择印刷版加电子版的一个诱饵。

丹·艾瑞里由此得出实验结论：一个没有人选择的选项，却影响了大部分人最终的选择。这个选项，就是"诱饵选项"——诱饵本身只是手段而不是目的。

诱饵效应广泛地应用于各种商业活动中。例如，超市中，同样一种饮料，2.5L 的打完折和 2L 的价格是一样的，你肯定会开开心心地把 2.5L 的拿回家了，你可能完全没有意识到其实你已经掉入商家的"陷阱"。其实，这个 2L 的就是个诱饵，商家就压根没打算卖，这样使得 2.5L 的就拥有更高的性价比优势，成为无可争议的选项。

 ## 归纳与提高

本章着重论述了消费者的个性特征及其对消费者心理和行为的影响。个性是指人的整个心理面貌。个性心理特征指区别于他人，在不同环境中表现出一贯的、稳定的行为模式的心理特征，主要包括气质、性格和能力等。

气质是指一个人在心理活动和行为方式上表现的强度、速度、稳定性和灵活性等动态方面的心理特点。气质有不同的类型划分，通常按多血质、胆汁质、黏液质和抑郁质进行划分。不同气质类型的消费者在购买心理、购买决策、购买行为等方面存在着差异。

性格是指人对现实的态度和行为方式中较稳定的个性心理特征，是个性心理特征中最重要的方面。有关性格的理论主要有荣格的人格类型说、MBTI 人格理论、斯普兰格性格类型说、大五人格理论等。从消费态度来看，消费者性格有节俭型、自由型、保守型、傲慢型、顺应型；从购买方式来看，消费者性格有习惯型、慎重型、挑剔型、被动型。

能力是指人们顺利地完成某种活动所必须具备的，并且直接影响活动效率的个性心理特征。消费者的购买能力包括对商品的感知辨别能力、对商品的分析评价能力、选购商品时的决策能力和对消费权益的自我保护能力等。消费者按消费能力由强到弱可分为成熟型、熟练型、普通型和缺乏型。

 ## 综合练习题

一、填空题

1. 个性心理特征是指区别于他人，在不同环境中表现出一贯的、稳定的行为模式的心理特征，主要包括气质、_____和能力等。

2. 根据气质的体液说，可以把人的气质类型划分为多血质、_____、黏液质和抑郁质等四种类型。

3. _____是指人对现实的态度和行为方式中较稳定的个性心理特征，是个性心理特征中最重要的方面。

4. 性格的认知特征一般表现在_____、记忆、思维和想象等四个方面。

5. _____是指人们顺利地完成某种活动所必须具备的，并且直接影响活动效率的个性心理特征。

二、单项选择题

1. 决定人的气质的主要因素是（　　　）。
   A. 性别因素　　　　B. 职业因素　　　　C. 先天因素　　　　D. 社会因素

2. 喜欢标新立异，追求新颖奇特商品的消费者属于（　　　）。
   A. 多血质　　　　B. 胆汁质　　　　C. 抑郁质　　　　D. 黏液质

3. 影响消费活动效率和效果的个性心理特征是（　　　）。
   A. 气质　　　　B. 性格　　　　C. 兴趣　　　　D. 能力

4. 消费者个性特征具有倾向性、稳定性、可塑性、独特性以及（　　　）。
   A. 整体性　　　　B. 个别性　　　　C. 利他性　　　　D. 自私性

5. 消费者需要不断增强（　　　），能够有意识、有知识、有能力维护自己的消费权益。
   A. 决策能力　　　　B. 自我保护能力　　　　C. 分析能力　　　　D. 评价能力

三、论述题

1. 什么是个性？消费者的个性具有哪些特征？

2. 试述气质及消费者的气质类型。气质类型对消费活动有何影响？

3. 什么是性格？性格具有哪些特征？分析性格对消费心理和行为的影响。

4. 了解关于性格类型的相关理论。

5. 简述在购买活动中消费能力的表现。

四、实践题

1. 调查你周围的 5 名同学，观察他们的着装风格和着装方式，分析一个人的服装选择与其个性的关系。

2. 使用气质类型测试表，测试你熟悉的 5 位朋友的气质类型，观察、记录他们在消费时的气质特征表现，将测试结果和观察结果作对比。

3. 找出 10 年前你买过的衣服，如果让现在的你重新购买，你会有怎样的选择？体会自己的购买能力在哪些方面有所提升。

五、案例分析题

说起旅游，我们会想到城市、景区、出行方式；说起雪糕，映入我们脑海的可能是巧乐兹、苦咖啡、东北大板。有一种东西将雪糕与旅游相结合，它就是文创雪糕。请扫描二维码阅读案例，并回答以下问题：

（1）根据案例，分析为什么消费者会购买文创雪糕。

（2）为什么说文创雪糕是雪糕也是文创？给消费者带来哪些价值？对消费者心理有哪些影响？

第六章 需要与动机

【学习目标】

理解需要及动机的概念、类型；学习需要与动机的相关理论；掌握消费者需要的基本特征；学习消费者具体的消费动机。

【关键术语】

需要、需求、购买动机、动机冲突、诱因理论、唤醒理论

【导入案例】

洞洞鞋又"回归"

曾经被当作"时尚灾难"的洞洞鞋，近几年大有回归的势头，成了很多人追捧的潮流，无论是在办公室、地铁，还是在商场，总能看到它们的身影。洞洞鞋到底有多火？《淘宝 2023 洞洞鞋趋势报告》显示，平均每 4.35 个"95 后"就拥有一双洞洞鞋。

消费者比较认可的品牌是洞洞鞋"鼻祖"卡骆驰（Crocs）。2024 年，卡骆驰公司交出了一份令人瞩目的成绩单：全年营收达 41.02 亿美元，同比增长 3.5%，其中核心品牌 Crocs 贡献了 32.78 亿美元，同比增长 8.8%。这一数据背后，是卡骆驰从"丑鞋鼻祖"到"潮流符号"的华丽转身。实际

上，2002 年，专为追求水上安全与舒适体验的划船爱好者打造的洞洞鞋卡骆驰就进入大众视野，并俘获了一批忠实拥趸。但却也因审美差异和外界误解，屡遭非议，从 2008 年至 2016 年，卡骆驰品牌经历了一段发展低谷期。

如今，如果你问一个"洞门人"为何会穿洞洞鞋这样的"丑鞋"，大概率会得到一些非常实用主义的回答，如：穿起来舒适，这是洞洞鞋的最大的卖点；鞋面上的洞让鞋子更透气；露脚后跟的"拖鞋"式设计，减少了对脚的束缚；鞋的重量只有二百来克。洞洞鞋风靡的另一秘诀是其独特的配件系统，DIY 鞋子赋予了年轻人无限的个性化表达方式，鞋面上花花绿绿的"鞋花"成为年轻人展示审美和个性的秀场；更不要说，洞洞鞋还具备爆火的"体质"——话题度高，带有社交属性，洞洞鞋成为年轻人在社交媒体上分享和展示个性的一个重要元素。

正如卡骆驰把之前的品牌宣传口号 UGLY IS BEAUTIFUL（丑就是美）改为 COME AS YOU ARE（天生自在），把原本属于品牌的"美的定义权"移交给了消费者，赋予了洞洞鞋全新的个性自由精神内涵。因此，洞洞鞋又"回归"的背后，是新一代消费新势力的崛起，他们拥抱实用主义，倡导审美自由，将舒适与个性并重视为新的时尚宣言，他们不仅追求物质上的满足，更渴望在穿着中表达自我态度，享受那份由内而外的松弛与自在。2025 年，玛丽珍洞洞鞋和勃肯洞洞鞋等"结合体"的出现，使得洞洞鞋市场更加多样化。

启发思考：

（1）洞洞鞋为什么会卷土重来？满足了消费者的哪些需求？

（2）根据案例，消费者对洞洞鞋的需求反映了怎样的消费心理？

第一节 需　要

在现实生活中，各式各样的消费行为是由消费者不同的购买动机引起的，而消费者的购买动机源于其需要。消费者购买行为的一般规律是需要决定动机，动机支配行为，这是一个不间断的循环过程。

一、需要的产生及其与需求的关系

需要是指人们取得并享受某种物品的愿望，是人们在个体生活和社会生活中感到某种缺乏而力求获得满足的一种心理状态，通常以欲望、渴求、意愿的形式表现出来。消费者需要包含在人类的一般需要之中，是指消费者对以商品或服务形式存在的消费品的要求和欲望。

1. 需要的产生及形成条件

人的需要心理是如何产生的呢？一种称作"均衡论"的理论认为，在正常条件下，人的生理和心理处于平衡或均衡状态。一旦生理或心理的某个方面出现"缺乏"时，便会导致原有平衡或均衡状态被破坏，变为不平衡或不均衡。这时人的生理或心理便出现了一种不舒服的"紧张"感，只有减少或消除这种"紧张"感，人的生理或心理才能恢复正常的平衡或均衡。依据这种理论，需要可以被看作减少或消除"紧张"状态的心理反应。需要的激发过程如图 6.1 所示。

图 6.1　需要的激发过程

个体需要的产生，受许多因素的影响，包括个体产生需要时的生理状态、情境和认知水平。认知因素是产生需要的重要条件。认知活动对个体的主客观条件进行分析、判断、推理，是个体确立活动目标的基础，是产生需要的前提条件。

具体来说，需要的形成有两个条件。一是不足之感，即人感到在生理上或心理上有某种缺乏。如果个体在主观上还没有产生欠缺感，即未产生心理失衡，需要就没有产生。由于消费者自身条件的限制而产生自我抑制时，需要也不能形成。只有当条件发生变化，个体意识到自身处于一种不完满状态时，需要才会萌生。二是求足之愿，即个体产生追求满足的欲望。当个体的身心未达到一种生理和心理需求的饱和状态时，就会产生追求满足的需要。当然，消费者的这种饱和状态并不恒定，它会随着条件的变化而变化。

2. 需要与需求

需要与需求虽然只有一字之差，但两者的内涵却不同。

从上文可知，需要是个体感到某种"缺乏"而力求获得满足的心理倾向，是内外环境的客观要求在头脑中的反映，常以一种"缺乏感"体现，以意向、愿望的形式表现出来，最终发展为推动个体进行活动的动机。

需求是指人们在欲望驱动下的一种有条件的、可行的、最优的选择。这种选择使欲望达到有限的最大满足，即人们总是选择能负担的最佳物品，表现在消费者理论中就是在预算约束下达到最高无差异曲线。

🐾 思考与讨论

你是否认同"营销的本质就是满足需求"这一说法？为什么？

孔子说"富与贵，是人之所欲也""贫与贱，是人之所恶也"，这反映了人们怎样的需求心理？

消费者需要主要是指个体的一种心理活动，这种心理活动会强烈地推动消费者去实现自己的愿望；而消费者需求主要是从市场的角度来考虑的，当经营者考虑使用什么样的手段才能把自己的商品推销出去时，就要考虑"需求"状况。因此，当需要转化成需求时，必须对个体的购买意愿及支付能力加以考虑。需求的构成要素有两个：一是消费者愿意购买，即有购买的欲望；二是消费者能够购买，即有支付能力。两者缺一不可。

思考与讨论

"对衣食住行的需要是每个人都有的，因此所有人的需要都是一样的"这个说法是否正确？请讨论并举例说明。

二、需要的类型

消费者需要的类别丰富多样。对其研究的角度不同，分类的结果也就不同。

思考与讨论

你认为物质需要和精神需要哪个更重要？为什么？

1. 按照需要的起源划分

按照需要的起源不同，需要可分为生理需要和心理需要。

生理需要是消费者为维持和延续生命，对于衣食住行等基本生存条件的需要。这种需要是人作为生物有机体与生俱来的，是由消费者的生理特性决定的，因而称为生理需要。

心理需要是消费者在社会环境的影响下，所形成的带有人类社会特点的某些需要，如社会交往的需要、对荣誉的需要、自我尊重的需要、表现自我的需要。这种需要是人作为社会成员在后天的社会生活中形成的，是由消费者的心理特性决定的，因而称为心理需要。

2. 按照需要的对象划分

按照需要的对象不同，需要可分为物质需要和精神需要。

物质需要是指消费者对以物质形态存在的、具体有形的物品的需要。这种需要反映了消费者在生物属性上的欲求。物质需要是人们生存的基础。消费者的物质需要指向社会的物质产品，并且以占有这些产品来获得满足。

精神需要是指消费者为改善和提高自身素质而对文化教育、科学知识、艺术欣赏、宗教信仰、社会交往等方面的需要。在经济落后、生活水平低下的时期，人们需要的是温饱，体现为以物质需要为主；在经济发展、生活水平提高的时期，人们需要的不仅是丰裕的物质生活，更表现为更高层次的精神需要。

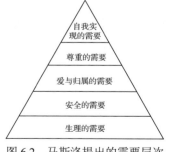

图 6.2　马斯洛提出的需要层次

3. 按照需要的层次划分

美国人本主义心理学家马斯洛于 1943 年提出了需要层次理论，把人类多种多样的需要划分为五个层次（见图 6.2）。

（1）生理的需要，是维持个人最基本的生存的需要，如食物、水、衣服等。

（2）安全的需要，包括人身安全、生活稳定的需要等。

（3）爱与归属的需要，即个人要求与他人建立情感联系以及隶属于某一群体，并在群体中享有地位的需要。

（4）尊重的需要，包括自尊和获得他人尊重的需要，属于一种精神、情感层次的需要，是自我价值的个人感觉和他人对自己的认可与尊重的需要，包括对于地位、声望、荣誉等的需要或欲望。尊重的需要主要表现在追求财富、不断提高消费水平、从事一些象征性消费活动上，其中最有意义的是象征性消费活动。在这种需要的作用下，许多消费活动已经不仅是追求有关商品本身所能提供的核心利益，而是会追求一些符号化的东西，或者说，有关商品或消费活动本身就成了一种符号。例如，购买奢侈品等消费行为。

微视频

为什么马斯洛需要层次理论如此重要？

（5）自我实现的需要。自我实现是马斯洛需要层次理论的最高层次，也是人性的最高境界，是人对真、善、美等至高人生境界的需要。

根据马斯洛需要层次理论，消费者首先寻求满足最基本的需要。因此，一个饥肠辘辘的人可能会为获得食物而不顾个人安危，一个生存都成问题的人一般不会看重尊重和自我实现的需要。中国的古语"仓廪实而知礼节，衣食足而知荣辱"也表达了类似的思想。

思考与讨论

马斯洛需要层次理论在不同的国家有不同的表现形式。例如，在美国可以通过拥有一所大房子来获得尊重，但在日本，可能是通过拥有一辆好车或高档服饰来获得尊重。请讨论不同需要层次表现出的国别差异是什么原因造成的。

人物谱

亚伯拉罕·马斯洛

亚伯拉罕·马斯洛（Abraham Maslow，1908—1970），美国社会心理学家，提出了融合精神分析心理学和行为主义心理学的人本主义心理学。他的代表作品有《动机与人格》《存在心理学探索》《人性能达到的境界》等。作为人本主义运动最杰出的代表人物之一，马斯洛认为人的本性是中性的、向善的，主张完美人性的可实现性。他提出的理论包括人本心理学科学观的理论、需要层次理论、自我实现理论、心理治疗理论、高峰体验理论等。需要层次理论是马斯洛影响最大的理论之一，至今仍在多个学科领域和实际工作中发挥着巨大的作用。

4. **按照需要的商品性能划分**

按照需要的商品性能不同，需要可有以下划分。

（1）对商品使用价值的需要是消费者需要的基本内容。消费者对商品的需要，首先表现为要求商品具有特定的使用价值，包括对商品的基本功能、质量、外观、规格、品种、安全性能、便利程度、供应数量，以及同类商品可供选择的余地等方面的要求。

（2）对商品审美功能的需要主要体现了人们追求、向往美好事物的天性。特别是在生活水平不断提高的今天，消费者在重视商品使用价值的同时，希望商品在设计、工艺、造型、色彩、风格等方面都具有符合审美的特点。

（3）对商品体现时代特征的需要，反映了消费者需要的发展属性。这种需要体现出消费者不断感受社会环境的发展变化，调整自身的消费观念和消费方式，以顺应时代发展的潮流。这一需要在消费中表现为要求商品新颖、时尚、富于变化，能反映当代新鲜事物和思想，具有浓厚的时代气息。

思考与讨论

是否可以说消费者的需要是可以被激发、被创造的？请举例说明。

（4）对商品社会象征性的需要，是消费者希望通过购买和

某坚果商品能满足功效性需要和享乐性需要，不仅好吃还能带来快乐。

拥有某种商品来显示富有或身份，提高社会地位或知名度，或借以传递和表达某种情感。它是消费者的社交、尊重、自我实现等高层次需要在商品性能上的体现。

（5）对商品提供良好服务的需要，反映了消费者不仅需要购买商品，同时还希望获得良好服务的现代需求观念。这是消费者主体意识和权益保护意识的体现。这一需要具体表现为消费者对良好的售前、售中、售后服务，舒适的购物环境，良好的企业形象和商品信誉等方面的要求。良好的服务可以使消费者获得尊重、情感交流、个人价值认定等多方面的心理满足感。

另外，对商品的需要还可以划分为功效性需要和享乐性需要等。例如，消费者购买漂白粉用于洗衣服时，即使洗衣时漂白粉的味道通常令人不愉快，但只要能够达到使衣物洁净的目的，就可以让消费者感到满意，这体现了消费者功效性需要的特点。而当消费者购买路易威登（LV）品牌的手袋时，虽然这个手袋并不会比普通手袋装的东西更多，但对于消费者来说，却满足了享乐性需要。

需要注意的是，不同类型的需要并不是完全孤立的，它们之间有着密切的关系。例如，消费者在追求物质需要的同时表现出某种精神需要，而精神需要的满足也离不开一定的物质产品等。就像消费者去一家高档餐厅吃饭，既可以达到进餐饱腹的目的，同时，也可以享受餐厅的优质服务和良好氛围，得到用餐的乐趣。例如某坚果产品的广告词"吃不停，乐不停"就表达了产品能满足消费者功效性和享乐性需要。

三、需要的形态

研究需要的形态，对了解市场需求的构成状况和变动趋势具有重要意义。从消费需要与购买行为的关系来看，消费者需要具有以下几种形态。

（1）现实需要。现实需要是指消费者已经具备对某种商品的实际需要，且具有足够的货币支付能力，同时市场上也具备充足的商品，因而消费者的需要随时可以转化为现实的购买行动。

（2）潜在需要。潜在需要是指目前尚未显现或明确提出，但在未来可能形成的需要。潜在需要通常是由某种消费条件不具备所致。比如，市场上缺乏能满足消费者需要的商品，消费者的货币支付能力不足，缺乏充分的商品信息，消费意识不明确，需求强度低等。然而，上述条件一旦具备，潜在需要就可以立即转化为现实需要。

🐢 **思考与讨论**

对企业来说，你认为发现消费者的现实需要和潜在需要哪个更重要？为什么？

（3）退却需要。退却需要是指消费者对某种商品的需要逐步减少，并趋向进一步衰退。导致需要衰退的原因，通常有流行时尚的变化，消费者兴趣的转移；新产品上市，对老产品形成替代；消费者对经济形势、价格变动、投资收益的心理预期变化等。

（4）不规则需要。不规则需要又称为不均衡或波动性需要，是指消费者对某类商品的需要在数量和时间上呈不均衡波动。比如，对季节性商品、节日礼品，或者对旅游、交通运输的需要，就有明显的不规则性。

⚖ **示例**

酒店应对淡旺季的方法

众所周知，酒店是分淡旺季的：旺季顾客爆满，订房都得提前多天；相对地，淡季期间入住率就很低了。但酒店是有固定成本的，固定支出不会因为入住率的高低而有变化。那么，酒店在淡季如何吸引顾客，降低经营成本呢？有的酒店采取灵活定价、促销等方式，提高入住率。还有的酒店在分配房间的时候，采取集中楼层安排的方式，降低客房的人力成本，清扫量也大大减少；

或将没有入住的楼层里的中央空调、热水、照明等耗费资源的设施关闭，尽可能减少酒店的水电耗能和费用支出。

（5）充分需要。充分需要又称为饱和需要，是指消费者对某种商品的需求总量及时间与市场商品供应量及时间基本一致，供求之间大体趋向平衡。这是一种理想状态。但是，由于消费需要受多个因素影响，任何一个因素变化都会引起需要的相应变动。因此，供求平衡的状态只能是暂时的、相对的，任何充分需要都不可能永远存在下去。

（6）过度需要。过度需要又称为超饱和需要，一般是指消费者的需要超过了市场商品供应量，呈现出供不应求的状况。这类需要通常由外部刺激和社会心理因素引起。例如，因为通货膨胀对某种商品的抢购行为，对未来经济形势不乐观的心理预期等。

（7）否定需要。否定需要是指消费者对某类商品持否定、拒绝的态度，因而抑制其需要。之所以如此，可能是因为商品本身不适合消费者需要，也可能是因为消费者缺乏对商品性能的正确认识，或者是因为受旧的消费观念束缚和错误信息误导。

（8）无益需要。无益需要是指消费者对某些危害社会利益或有损自身利益的商品或服务的需要，例如对香烟、烈酒等的需要。

（9）无需要。无需要又称为零需要，是指消费者对某类商品缺乏兴趣或漠不关心，无所需求。无需要通常是由于商品不具备消费者所需要的效用，或消费者对商品效用缺乏认识，未将其与自身利益联系起来。

思考与讨论

有一种说法是"把梳子卖给和尚"或"把冰箱卖给因纽特人"，你觉得这样的说法是否正确？上述说法是否真正满足了消费者的需要？是否能给消费者带来价值？

从上述关于消费者需要的基本形态分析中可以看出，并不是任何需要都能够直接激发消费行为。例如，潜在需要、无需要、否定需要、退却需要等必须给予明确的诱因和强烈的刺激，加以引导、启发，才能达到驱动行为的足够强度。此外，并不是任何需要都能够导致正确、有益的消费行为。有些需要，如过度需要、无益需要等，就不宜进一步诱发和满足，而必须加以抑制或削弱。因此，不加区分地倡导满足消费者的一切需要，显然是不适当的。正确的做法应当是区分消费者需要的不同形态，根据具体形态的特点，从可能性和必要性两方面确定满足需要的方式和程度。

视野拓展

什么是饥饿营销？

"饥饿营销"是指产品提供者有意降低产量，调控供求关系，制造供不应求的假象，以维护产品形象并维持产品较高售价和利润率的营销策略。手机品牌苹果、小米都是特别擅长饥饿营销的企业。饥饿营销的实施是建立在消费者求购心切、求新求快的心理上的。企业在产品推广初期，利用短期内的信息不对称，人为地制造产品供应紧张的气氛，造成供不应求的假象，进而通过加价来实现丰厚利润。随着消费者对信息的了解以及消费心理的成熟，消费者会对此种做法产生麻木感。另外，由于物质的极大丰富，替代品或者直接竞争产品的进入会分散消费者的注意力，如果竞争产品一窝蜂地模仿"饥饿营销"，则不一定能收到好的市场效果。

四、消费者需要的特征

在现实生活中，人们的需要丰富多彩、纷繁复杂，并随着社会经济的发展而不断丰富和变化。尽管如此，人们的消费需要还是有规律可循的。这些规律体现在消费需要的基本特征之中，具体包括以下几个方面。

（1）多样性。消费需要的多样性，体现在人们需要的差异性上。消费者由于民族传统、宗教信仰、文化程度、收入水平、个性特征、生活方式等方面的不同，具有不同的价值观念和审美标准。每个消费者都按照自身的需要选择、购买和评价商品，因此形成了多种多样的消费需要。

就同一消费者而言，消费需要也是多方面的。每个消费者不仅有生理的、物质的需要，还有心理的、精神的需要；不仅要满足衣食住行方面的基本要求，还希望满足社会交往、文化教育、娱乐消遣、体育休闲、艺术欣赏等高层次的需要。这些都体现出消费需要的多样性。此外，同一消费者对某一特定的消费对象也常常同时兼有多方面的要求。例如，既要求商品质量好，又要求其外观新颖且经济实惠等。

🐧 思考与讨论

对同一个消费者来说，在收入既定的条件下，应如何解决自己需要多样性的矛盾？可依据什么作出消费选择？

（2）层次性。消费者的需要尽管是多种多样的，但是也有一定的层次性。按照不同的划分方法，可以把消费需要划分为若干个高低不同的层次。一般来说，人的消费需要总是由低层次向高层次逐渐发展和延伸的。

（3）发展性。在讨论消费需要的层次性时，实际上也涉及了消费需要的发展性。因为，消费需要层次变化是一个由低级向高级、由简单向复杂不断发展的过程。消费需要的发展性主要体现在两个方面。一是需要层次的发展变化，一般是较低层次的需要得到满足之后，逐步向较高层次推进；从简单需要向复杂需要发展；从物质需要向精神需要发展；从单纯追求数量上的满足向追求数量和质量的全面充实发展。这样就形成了阶梯式发展趋势。二是消费需要随时代而发展变化。时代的进步，会导致产生许多新的商品、新的观念和新的社会风尚，这必然引起消费需要的发展。没有消费需要的发展，就不会有时代的进步；同样，没有时代的进步，消费需要的发展也会受到局限。

🐧 思考与讨论

一般来说，消费者的最基本需要被认为是追求产品的使用价值。随着需要多样性的增加，消费者开始追求产品带来的精神上的满足。请举例说明。

（4）周期性。消费需要的周期性主要由消费者的生理运行机制及某些心理特性引起，并受到自然环境变化周期、商品生命周期和社会时尚变化周期的影响。但周期性并不是一直在原有水平上的循环，重新出现的需要不是对原有需要的简单重复，而是在内容、形式上都有所发展和提高。

导致需要周期性的原因主要有：第一，从内部原因看，消费者的求新心理、逆反心理和怀旧心理是心理基础；第二，从外部原因看，科技进步与经济水平的提高是客观条件。

📚 视野拓展

服装流行的周期性

服装是典型的具有流行周期性特征的商品。服装的流行一般都会经过兴起、普及、盛行、衰退和消亡这五个阶段，并呈现出螺旋式的周期变化。服装流行周期交替的频率和延续时间并不固定。这种周期性变化常常与产品的生命周期相联系，即将一个周期划分为投入期、成长期、成熟期和衰退期。投入期一般是新款服装刚刚进入市场的阶段，商品的价位高、原创性强，但往往无法确定是否能够被消费者接受。进入成长期，新款服装开始逐渐引起人们的关注，仿制品也开始以不同的价格大量出现。发展到成熟期，新款服装受欢迎的程度达到顶峰，消费者跟风购买的现象非常明显。接下来，当新款服装不再被人们喜欢或者逐渐被人们厌倦时，进入衰退期，厂商就会开始关注新的服装色彩或样式，原有的服装元素逐渐淡出流行直到消亡。

一般来说，服装的生命周期较长，流行周期也较长；生命周期较短，流行周期也较短。

（5）伸缩性。伸缩性又称为需求弹性。消费者需要的伸缩性既可能是由消费者本人需要欲望的特征、强度及货币支付能力等内因引起的；也可能是由商品的供应状况、价格、广告宣传、销售方式，他人的实践经验，储蓄利率等外因引起的。这些原因对消费需要有促进或抑制作用，使消费需要表现出伸缩性的特点。

思考与讨论

消费者为什么会"喜新厌旧"？这会给企业带来哪些商机？

（6）可诱导性。客观现实的各种刺激对消费需要的产生起着一定的作用，一般把能够引起消费需要的外部刺激（或情境）称作消费诱因。消费诱因按性质可以分为两类：凡是消费者趋向或接受某种刺激而获得满足的，称为正诱因；凡是消费者逃避某种刺激而获得满足的，称为负诱因。心理学研究表明，诱因对需要产生的刺激作用是有限的。诱因的刺激强度过高或过低都会导致个体的不满或不适，从而抑制需要的产生。需要的这一特性说明，消费需要可以通过引导和培养形成，也可以因外界的干扰而削弱或改变。因此，诱导需要，甚至开发和创造需要是营销管理的重要任务。

视野拓展

脑白金的营销

想当年，脑白金可是无人不知、无人不晓的存在。而脑白金在宣传时主打的是，可以帮你提高记忆力、让你的大脑更聪明。甚至，哪怕是现在提及，不少人脑海中依然能浮现出那句广告语："今年过节不收礼，收礼只收脑白金"。不得不说，这句广告语可谓是为广大消费群体量身定做的，让人们在年节送礼时首选脑白金。

脑白金不仅精准地把握了市场需求，还通过一系列巧妙的营销手段，将商品推向市场。尤其是精准地抓住了不同年龄段用户的心理需求。比如，对于那些年龄大的老人，脑白金的广告已经有了很明显的表达：广告中的老爷爷和老奶奶，拿着脑白金精神地跳两下。这正是无数老年人所期望的——对于老年人来说，每个人都想拥有一个健康的身体，能多出去走一走。但同时，脑白金又不仅局限于老年群体，对那些对生活充满渴望的年轻人来说也是诱惑，这些年轻人作为子女愿意为了老人的健康买单花钱，尽儿女孝道，同时，他们希望自己有更好的活力，对保健品也颇感兴趣。所以这种心理，会不可避免地让他们将希望寄托在脑白金上，以此来寻求更大的突破。

当然，脑白金最关键的转型点就在那句广告语上了。如果以上这些情况，还只是针对有需求的老年群体或者年轻人的话。那么，这句"今年过节不收礼，收礼只收脑白金"的广告语则打破了保健品的瓶颈，一时间让脑白金成功转型为可以送礼的礼品，这也大大增加了脑白金的销售额。

第二节　动　机

一个人行为的背后总有相应的原因。有的原因很简单，例如，"为什么会吃掉一整盘菜？"原因可能就是"我饿了"这么简单。但有时一个行为背后的原因却复杂得多，例如"为什么花半年的工资来买个路易威登的包？"或者"昨晚我为什么喝多了？"这些原因就不像"我饿了"那么简单。心理学认为，人的活动总是受一定动机的推动。消费者之所以会做出各种行为去满足需求是因为动机的存在。动机是各种行为的驱动力。

动机是引发和维持个体行为并导向一定目标的心理动力，是一种内在的驱动力量。当个体采取某种行动时，总是受到某些迫切需要实现的意愿、希望和要求的驱使，而这些内在的意愿、希望和要求具有能动的、积极的性质，能够激发和驱动特定行为的发生，由此就构成了该行为的动机。

🐾 思考与讨论

为什么说研究动机所围绕的主要问题就是回答各种行为背后的"为什么"的问题？

通常，人们在清醒状态下采取的任何行为都是由动机引起和支配的，并通过动机导向预定的目标。消费者的消费行为也是一种动机性行为，不同的购买行为直接源于各种各样的购买动机。

动机一般分为两类。第一类与身体的生理需要有关。这些动机是与生俱来的，可称为原始性动机，或生物性动机，或生理性动机。其包括饥饿、渴、性、睡眠、温冷、痛苦等。第二类与心理和社会需要有关。这些动机是经过学习获得的，可称为继发性动机、社会性动机或心理性动机等，包括友情、爱情、亲情、归属、认可、独立、成就、赞许等。

一、购买动机的形成

购买动机是消费者基于某种需要和各种刺激产生的心理冲动。它的形成要具备一定的条件。

（1）购买动机的产生必须以需要为基础。只有当个体感受到某种生存或发展条件的需要，并且其达到足够强度时，才有可能产生采取行动以获取这些条件的动机。购买动机实际上是需要的具体化。购买动机不仅建立在消费需要的基础上，也受消费需要的制约和支配。

（2）购买动机的形成还要有相应的刺激条件。当个体受到某种刺激时，其内在需要会被激活，内心会产生某种不安情绪，形成紧张状态。这种不安情绪和紧张状态会演化为一种动力，由此形成动机。

（3）需要产生以后，还必须有满足需要的对象和条件才能形成动机。例如，消费者具有御寒的需要，但是，通常只有当冬季来临，消费者因寒冷而感到生理紧张，并在市场上发现待售的羽绒服时，才会产生购买羽绒服的强烈动机。

在消费者购买动机的形成过程中，上述三个方面的条件缺一不可，其中外部刺激更为重要。因为在通常情况下，消费者的需要处于潜伏或抑制状态，需要外部刺激加以激活。外部刺激越强，需要转化为动机的可能性就越大，否则，需要将维持原来的状态。

购买动机的形成过程说明企业在营销活动中要多方位地满足消费者的需要，强化商品或服务的刺激。这对于促成消费者产生购买动机是非常重要的。图6.3所示为动机形成的心理过程。

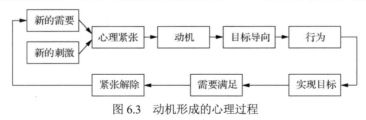

图6.3 动机形成的心理过程

二、购买动机的分类

对于购买动机，可针对一般的购买动机进行分类，也可针对具体的购买动机进行分类。

（一）一般的购买动机

由于消费者自身的需要和外在影响因素的多样性，其购买动机表现得十分复杂。但是，在现实生活中，不论个体在购买动机上表现出多大的差异，其共性和规律性始终存在。我们把消费者在消费活动中普遍存在的购买动机概括为以下两种类型。

微视频

消费者购买
动机示例

1. 生理性购买动机

生理性购买动机是指消费者为保持和延续生命而产生的各种需要所引起的购买动机。这类购买动机都是建立在生理需要的基础之上的，具体可以分为以下四种类型。

（1）维持生命的购买动机。消费者因口渴而求饮、因饥饿而觅食所产生的购买饮料、食品等商品的动机，均属于这一类。

（2）保护生命的购买动机。消费者为保障生命安全的需要而购买商品的动机，例如，购买建筑材料建造房子、为治病而购买药品的动机等，就属于这一类。

（3）延续生命的购买动机。消费者为了组建家庭、繁衍后代、哺育儿女的需要而购买有关商品的动机，就属于这一类。

农夫山泉的广告突出"产品天然"的特点，满足了消费者对天然健康品质的追求。

（4）发展生命的购买动机。消费者为使生活过得舒适、愉快，为了提高文化水平，或为了强身健体而购买有关商品的动机，就属于这一类。

2. 心理性购买动机

心理性购买动机是指由消费者的认识、情感、意志等心理过程引起的购买动机。具体包括以下几个方面。

（1）情绪动机。情绪动机是由人的喜、怒、哀、乐、欲、爱、恶、惧等情绪引起的购买动机。在情绪动机推动下产生的购买行为，一般具有冲动性、情境性和不稳定性的特点。

（2）情感动机。情感动机是由人的道德感、理智感和审美感等人类高级情感引起的购买动机。在这类动机推动下产生的购买行为，一般具有稳定性和深刻性的特点。

（3）理智动机。理智动机是建立在消费者对商品客观、全面认识的基础上，对所获得的商品信息经过分析、比较和深思熟虑以后产生的购买动机。在理智动机推动下产生的购买行为具有客观性、周密性和控制性的特点。

（4）惠顾动机。惠顾动机是建立在以往购买经验基础之上，消费者对特定的商品、品牌、商店等产生特殊的信任和偏爱，重复性和习惯性购买的一种动机。消费者个人的购买活动体验对惠顾动机的形成有重要影响，在惠顾动机推动下产生的购买行为，具有经验性、稳定性和重复性的特点。

思考与讨论

人们购买食物不仅是为了充饥，同时也是在满足味觉的享受，由此，生理性购买动机和心理性购买动机常常是统一的。这对企业来说有什么启发？

视野拓展

什么是人体的生理平衡机制？

"生理平衡机制"（Physiological Balance Mechanism）指的是人体用来维持恒定、正常的血液循环的自然反应。例如，当一个人的血糖低于正常水平，与其相伴的生理反应就包括饥饿，饥饿会诱发其吃饭，使血糖回到正常水平。那么，以生理作用为基础的生理平衡机制与心理学上的动机有何关系？这个问题可以从两方面来解释：其一，动机本来就具有生理的基础，像饥饿、渴、性等最原始性的需求，都是由生理上的暂时失衡所导致的。其二，生理平衡机制也可以用来解释心理性动机。例如，"静极思动"指的就是个体活动是为了寻求心理上的平衡。当生理平衡机制波动到某种程度时，促使个体活动以恢复均衡的内在力量就会产生，这就是动机。

（二）具体的购买动机

（1）求实购买动机，是以追求商品或服务的使用价值为主要目的的购买动机。具有这种购买动机的消费者在选购商品时，一方面比较注重商品的功用和质量，要求商品具有较高的使用价值，讲求经济实惠、经久耐用；另一方面比较注重所购买的商品能为其带来更多的实际利益，如方便、适用、省时、省力，能减轻家庭负担、增加休闲娱乐时间等。他们不过多强调商品的品牌、包装和新颖性。从实践来看，这种购买动机并不一定与消费者收入水平有必然联系，而主要取决于其个人的价值观和消费态度。

（2）求新购买动机，是以追求商品时尚、新颖和奇特为主要目的的购买动机。具有这种购买动机的消费者注重商品的外观造型、款式、色彩以及时尚性，喜欢别出心裁、标新立异、与众不同的商品，而不太在意商品的实用程度和价格高低。

视野拓展

婴儿水：宝宝的福音吗？

婴儿水是指专门为 0～3 岁的婴幼儿设计的饮用水，其特点是水质纯净、无菌、无矿物质、无添加剂。婴儿水可以直接饮用，也可以用来冲泡奶粉或者辅食。

随着消费升级，消费者对于婴幼儿产品的品质和安全性要求也越来越高，饮用水市场也出现了细分化的趋势，婴儿水就是新出现的一个细分市场，农夫山泉、百岁山等品牌都推出了自己的产品。在"宝宝至上"的消费理念下，年轻的爸爸妈妈都希望给自己的孩子提供最好、最安全、最健康的产品，甚至愿意花比普通水贵数倍的价格购买婴儿水。但婴儿水是个好选择吗？

有的机构进行了相关测试，结果显示，标注婴幼儿适用与未标注婴幼儿适用的水，成分含量并没有显著的区别。也有的儿童保健医生表示，宝宝喝水的第一选择就是白开水。对于是否给宝宝喝婴儿水，一类人认为婴儿水是一个商家炒作的概念，是在交"智商税"，所以不会购买；一类人持观望态度，觉得婴儿水价格高，也担心这样养孩子太精细，孩子将来抵抗力不行；还有一类"佛系"爸妈，直言选择婴儿水是因为方便，图个放心。看来，对于婴儿水是不是宝宝的"福音"，还真没有统一的答案。

（3）求美购买动机，是以追求商品的欣赏价值和艺术价值为主要目的的购买动机。具有这种购买动机的消费者，一方面注重商品本身存在的客观的美的价值，如色彩美、造型美、艺术美等；另一方面注重商品的美化功能，如美化自我形象、美化个人生活环境等。因此，这类消费者在选购商品时，特别重视商品的外观造型、色彩和艺术品位，而不太考虑商品的价格。

（4）求廉购买动机，是以追求商品价格低廉，希望以较少支出获得较多利益为主要目的的购买动机。具有这种购买动机的消费者在选购商品时，特别注重"价廉"，时刻关注商品的价格变动。他们宁肯多花体力和精力，多方面了解有关商品的价格信息，并对商品之间的价格差异进行仔细的比较，并反复衡量。他们喜欢选购优惠价、特价、折扣商品，不太计较商品的外观质量和包装。这类购买动机与消费者的经济条件有关，但一些收入较高却生性节俭的人，也会具有求廉购买动机。

（5）求名购买动机，是以追求名牌、高档商品的名望，并借以显示或提高自己的身份、地位和威望为主要目的的购买动机。具有这种购买动机的消费者特别注重商品的品牌、产地、声誉以及象征意义，不太注重商品的使用价值。

（6）求便购买动机，是以追求商品使用方便、购买方便或维修方便为主要目的的购买动机。具有这种购买动机的消费者对时间和效率特别看重，厌烦反复地挑选比较，希望能快速方便地买到合适的商品。同时，他们也希望购买的商品携带、使用、维修方便，以减少麻烦。

（7）从众购买动机，是在购买商品时以要求与别人保持同一步调为主要特征的购买动机，所以也称为模仿购买动机。从众购买动机是在参照群体和社会风气的影响下产生的，它驱使这类消费者购买和使用别人已经拥有的商品，而不充分考虑自身的特点和需要。因此，这类消费行为往往具有盲目性和不成熟性。

（8）储备购买动机，是以储备商品的价值或使用价值为主要目的的购买动机。例如，购买金银首饰、名贵工艺品、名贵收藏品等进行保值储备。收藏这类商品不仅能保值，而且在收藏期间还会增值。再比如购买有价证券进行保值储蓄或在市场出现异常情况，如商品供不应求、社会发生动乱的时候，尽可能多地购买商品以备将来之需。

以上列出的仅是现实购买活动中常见的一些购买动机。需要指出的是，消费者的购买动机是一个复杂的体系。人们的消费行为往往不是由一种动机引发的，而常常是多种动机共同作用的结果。同时，当消费者不情愿或说不清其真实的购买动机时，会给营销者了解消费者的真实购买动机增加难度。

思考与讨论

你认为消费者要求商品物美价廉是否矛盾？

三、购买动机对购买行为的影响

（一）发挥的功能

购买动机是引发和维持消费者行为的内在原因和直接动力。因此，购买动机在激励消费者行为活动方面主要具有以下功能。

（1）引发和终止行为的功能。动机是人们行为的内在驱动力，它具有引发个体活动的作用。消费者的购买行为就是由购买动机引发的，而当购买动机指向的目标达成，即消费者在某方面的需要得到满足之后，该动机会自动消失，相应的行为活动也会终止。

（2）指引和选择行为方向的功能。动机不仅能引发行为，而且还能使行为指向一定的方向。动机的这种功能在消费活动中，首先表现为在多种消费需求中确认基本的需求，如生理、安全、社交或成就等需求。其次，表现为促使基本需求具体化，形成对某种商品或服务的具体购买意愿。在指向特定商品或服务的同时，动机还影响消费者对选择标准或评价要素的确定。通过上述过程，动机使消费行为指向特定的目标或对象。与此同时，购买动机还可以促使消费者在多种需求的冲突中进行选择，使购买行为向需求最强烈、最迫切的方向进行，从而求得消费行为效用和消费者需求满足的最大化。

（3）维持与强化行为的功能。动机的实现和需要的满足要有一定的时间和过程。在这个过程中，动机会贯穿某一具体行动的始终，为人的行动提供动力，直到动机实现。另外，动机对行为还具有重要的强化功能，即由某种动机引发的行为结果对该行为的再生具有加强或减弱的作用，也就是行为的结果对动机的"反馈"。如果满足动机的结果能够保持和巩固该行为，称作"正强化"；反之，减弱或消退该行为，称作"负强化"。

（二）作用表现

与需要相比，消费者的购买动机更为具体直接，有着明确的目的性和指向性，但同时也具有更加复杂的特性。购买动机特性主要表现在以下几个方面。

1. 购买动机的主导性

在现实生活中，每个消费者都同时具有多种动机。这些复杂多样的动机之间以一定的方式相互联系，构成完整的购买动机体系。在这一体系中，各种动机所处的地位及所起的作用互不相同。有些动机表现得强烈、持久，在动机体系中处于支配性地位，属于主导性动机；有些动机表现得微弱而不稳定，在动机体系中处于依从性地位，属于非主导性动机。一般情况下，人们的行为是由主导性动机决定的。

2. 购买动机的实践性

购买动机不是模糊的意向，它已经与一定的作用对象建立了心理上的联系，所以购买动机一旦形成，必将导致行为。因此，购买动机是消费活动的推动力，有购买动机产生，就有消费行为活动。消费者可能用不同的方法达到不同的目的，但却都是在购买动机的驱使下进行的。

3. 购买动机的内隐性

购买动机是消费者内在的心理活动。主体意识的作用，往往使购买动机形成内隐层、过渡层、表露层等多层次结构。在现实中，消费者较复杂的消费活动常常将真正的动机隐藏起来。例如，某人购买一辆奔驰车，表面的动机是买一个代步的工具，但真正的购买动机可能是要向别人显示他事业的成功、生活的优越和家庭的富有。这就是动机的内隐性。

思考与讨论

（1）"消费者的动机是内在的，是不受外部的刺激和影响的"这一说法是否正确？

（2）如何区分消费者购买行为的显性动机和隐性动机？产生隐性动机的原因是什么？

图 6.4 动机与行为的关系

4. 购买动机的复杂性

购买动机虽然是引起消费行为的动力，但动机在引发行为时可能有多种情况。有些动机本身会直接促成一种消费行为，而有些动机会促成多种消费行为的实现，也有可能多种动机才促成一种消费行为。动机与行为的关系如图 6.4 所示。

思考与讨论

（1）举例说明在消费条件的限制下，怎样让消费者能够"鱼和熊掌兼得"。

（2）你是如何平衡美食和减肥之间的冲突的？

5. 购买动机的冲突性

当消费者同时具有两种意向的购买动机并且其共同发生作用时，动机之间就会产生矛盾和冲突。这种矛盾和冲突可能是由于动机之间的指向相悖或相互抵触，也可能是由于消费条件的限制。因为人们的欲望是无止境的，而拥有的时间、金钱和精力却是有限的，所以当多种动机不可能同时实现时，动机之间的冲突就是不可避免的。解决动机冲突可以采取影响消费者的消费方式的方法，即营销者分析产生动机冲突的可能性或情况，并向消费者提供解决方案，使面临动机冲突的消费者选择最合理的购买行为。

一般来说，购买动机冲突的形式有以下三种。

（1）接近—接近冲突，又称为双趋冲突，指一个人以同样强度追求同时并存的两个目的又不能兼得时产生的内心冲突。在这种情况下，相互冲突的各种动机都会给消费者带来相应的利益，因而对消费者有着同样的吸引力。但由于消费条件的限制，消费者只能在有吸引力的各种可行性方案中进行选择。吸引力越均等则冲突越厉害。

（2）接近—回避冲突，又称为趋—避冲突，指一个人的同一目的同时产生两种对立的动机，一方面好而趋之，另一方面恶而避之的内心矛盾冲突。在这种情况下，消费者面临着同一消费行为既有积极结果，又有消极结果的冲突。其中，具有积极结果的动机是消费者极力追求的，具有消极结果的动机是消费者极力避免的。例如，某消费者既喜欢吃糖果，又害怕身体发胖，品尝美味的动机与避免体重增加的动机之间就经常发生冲突。解决这类冲突的有效措施是尽可能地降低不利结果的严重程度，或采取替代品抵消不利结果的影响。

（3）回避—回避冲突，又称为双避冲突，指一个人同时遇到两个威胁性事件，但又必须接受其一才能避免其二时的内心冲突。由于两种结果都是消费者企图回避或极力避免的，但条件所迫又必须对其作出选择，因此两种不利动机之间也会产生冲突。例如，对于部分低收入消费者来说，物价上涨将使他们的购买力降低，而购置空调等家用电器，又面临着占用资金、挤占其他消费开支等问题，这时，避免涨价损失的动机与减少购买风险的动机之间便会产生冲突。面对这类冲突，消费者总是倾向把不利和不愉快程度较低的动机作为实现目标，以便使利益损失减少到最低限度。此时，企业如果采取分期付款和以旧换新的营销策略，就可以使消费者的购买风险降低，从而使消费者的动机冲突得以缓和。

思考与讨论

小陈是一个胖胖的男孩子，他非常羡慕别人拥有健美的身材，很想减肥改变自己的外形，但是他又不想忍受减肥的痛苦。请你给小陈出招。

经典实验

果酱实验——信息越多越好吗？

美国斯坦福大学的心理学教授马克·莱珀（Mark Lepper）和美国哥伦比亚大学商学院的希娜·艾扬格（Sheena Iyengar）教授曾经在一家超级市场做过一项实验研究。为了满足消费者不同口味的需求，这家超市准备了 300 多种果酱。心理学家设计了一套巧妙的实验计划，并在超市的同意下，连续两个星期摆放试吃柜台。

心理学家准备了两批试吃品，每小时轮换一次，前一个小时摆出 24 种不同的果酱，后一个小时只摆出 6 种，依次轮换。这两批果酱都经过专家评定，并经过细心挑选，都很美味可口，只是有一些细微的差别。在实验期间，到这个试吃柜台的人，都可以拿到一张价值 1 美元的代金券，可用来购买店里出售的任何果酱。而每一张代金券上都附有暗记，以分辨消费者拿到代金券时，试吃的是柜台摆出的 6 种还是 24 种之中的果酱。心理学家想知道面对 24 种果酱的消费者，是否会被这么多选择搞得晕头转向，根本无法决定买哪一种。与只有 6 种选择的人相比，他们是否更不可能买东西？

通常认为，选择越多销量越高，但实验结果恰恰相反。在暗记的帮助下，心理学家追踪到了消费者的行为：在摆出 24 种果酱时，虽然试吃柜台吸引到的消费者比较多（145 人对 104 人），但只有 3%的人用代金券买了果酱；在只有 6 种果酱时，却有 30%的人买了果酱。心理学家解释：当选择过多时，人们常常不知道选择哪一种会更好，最后，他们哪一种都不买。

可见，过多的选择使人们变得保守，不愿意为可能获得的收益冒风险。这种情况下人们可能会采取一种简化策略，要么随便选一种，要么什么都不选。通过果酱实验，我们就知道了为什么说餐厅的菜品并不是越多越好的道理。

第三节　需要与动机理论

一、本能理论和动因理论

1. 本能理论

本能（Instinct）理论是解释人类行为的最古老的理论之一。最初的本能理论只不过是人们对所观察到的现象予以简单命名或贴上标签。例如，蜘蛛织网、蜜蜂跳舞和鸟类迁徙等。

20 世纪初，奥地利心理学家、精神分析学派创始人西格蒙德·弗洛伊德首先采用了一个以本能为基础的动机理论。他将本能定义为人的生理需要在心理上的表现。他认为人有多少种需要，就有多少种本能，本能推动并决定着人的行为方式，其最终目的在于消除人体的需要状态。按照弗洛伊德的理论，人类的主要动机就是去获得在所有生理需要得到满足时所体会到的那种稳定状态。后来，美国心理学家麦独孤提出人类具有觅食、性欲、恐惧、憎恶、好奇、好斗等一系列本能。按照本能说的解释，人生来具有特定的、预先程序化的行为倾向，这种行为倾向纯粹是遗传因素所决定的；无论是个人还是团体的行为，均源于本能倾向。换句话说，本能是一切思想和行为的基本源泉和动力。

本能行为必须符合两个基本条件：其一，它不是通过学习而获得的；其二，凡是同一种属的个体，其行为表现模式完全相同。例如，蜜蜂将蜂巢筑成六角形，蝙蝠倒挂着睡觉，候鸟定期迁徙，都属于本能行为。人类也有很多本能行为。例如，人处于婴儿时期有吸吮的行为，婴儿这种吸吮行为不受意识形态支配，属于本能反应。同样，阳光强烈时，人就会眯起眼睛，眼睛会自然收紧，瞳孔也会因此而产生变化，这种变化并不受制于人的意识，这是人的本能反应。

《泰坦尼克号》等许多电影都是通过唤起人本能的力量，击中人心、打动观众。

从营销角度来看，本能行为的价值在于，它能使营销刺激更具有效性。例如，在广告宣传中以母爱为诉求，可能很容易唤起人们对某些儿童用品的情感，从而有助于产品的销售。

2. 动因理论

1918 年，美国心理学家吴伟士将驱力的概念引入心理学，提出了动力心理学。他认为人也与动物一样因受外部刺激而做出行为，并根据过去所获得的经验方法来反应；激励行为的能源在于有机体内部。美国社会心理学家伯科威茨（Berkowitz）认为，动因是由个体生理或心理的匮乏状态所引起并促使个体有所行动的促动力量。

美国行为主义代表人物之一赫尔（Hull）提出的公式 $E=D \cdot H$，实际上反映了动因理论的基本观点。式中，E 表示从事某种活动或某种行为的努力或执着程度，D 表示动因，H 表示习惯。赫尔的公式表明，消费者追求某种产品的努力程度将取决于消费者由于匮乏状态而产生的内动因，以及由观察、学习或亲身经历所获得的关于这一产品的消费体验。赫尔特别强调建立在经验基础上的习惯对行为的支配作用。他认为，习惯是一种习得体验，如果过去的行为产生好的结果，人们就有反复进行这种行为的趋向；如果过去的行为导致了不好的结果，人们就有回避这种行为的倾向。

二、诱因理论和唤醒理论

1. 诱因理论

20 世纪 50 年代，一些心理学家认为，不能用内驱力来解释人的所有行为，外部刺激（诱因）在唤起行为时也起着重要的作用。例如，人吃饱后看到另一个人在吃东西时，有时还会想再吃一点。诱因理论强调了外部刺激引起动机的重要作用，认为诱因（Incentive）能够唤起行为并指导行为。

🐾 **思考与讨论**

一个长途跋涉的人闻到烤面包的香味会感到一种强烈的饥饿感，在这种诱因面前，烤面包成了一个有强烈吸引力的刺激。你生活中是否有类似的例子？

诱因理论认为，个体在面对多种选择时，会根据自己能从各个行为方案中获得多少利益或损失多少利益来作决策。个体关于行为奖赏的预期将直接影响其活动状态。如果行为奖赏的预期效果好，个体将处于较高的活动水平；反之，将处于较低的活动水平。这实际上隐含着个体受目标引导而且知悉行为结果这一基本假设。

将动机研究的侧重点放在外部刺激上，对企业营销有重要的现实意义。营销人员可以通过对刺激物的操控，达到影响消费行为的目的。比如，生产企业可以通过对消费者进行测试决定产品应进行哪些改进，以便更好地适应目标市场的需要；零售企业可以通过店内布局创造良好的气氛和环境，使消费者产生购买冲动。

2. 唤醒理论

唤醒理论是英国行为主义心理学家贝里尼（Bellini）提出的。贝里尼在对人的感觉经验进行考察时发现，人对新奇的刺激的感觉，是随着刺激的重复出现和历时的延长而展开的，刺激重复得越多，时间越长，感知表象的新奇性就会越低。唤醒理论认为，个体寻求保持一种适度的兴奋水平，既不会过高也不会过低；而且，个体倾向于使兴奋水平处于小范围的起伏状态。刺激物的新奇性、变动性、模糊性、不连贯性、不确定性均可以引起人们的兴奋感。

个体的兴奋水平与刺激物的模糊性之间有一定的关系。图 6.5 中，在 $0 \sim x_1$ 区间段，刺激物的模糊性很低，消费者的兴奋水平呈下降的趋势。此时消费者对刺激物有某种乏味感，因而需求使购买趋于寻求复杂的新的方式与途径。例如，选择某个不知名的品牌或购买某种新产品。在 $x_1 \sim x_2$ 区间段，刺激物的模糊性处于中等水平，此时消费者被激起从事诸如搜寻信息、对不同品牌进行比较等活动。当兴奋水平达到很高的水平，刺激物的模糊性进一步提升时，消费者兴奋水平就会下降，购买搜寻过程也会中止。

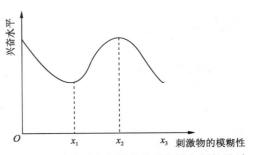

图 6.5　兴奋水平与刺激物的模糊性之间的关系

唤醒理论可以解释很多市场营销与购买行为的关系。例如，当消费者在连续选择某品牌一段时间后，往往会由于对该品牌的"饱和感"而尝试选择新的品牌。但如果后者没有特别的吸引力，该消费者又会恢复选择原来的品牌。此外，唤醒理论可以很好地解释为什么消费者有时会大量搜寻信息，以降低购买风险，从而使决策简单化；而在另外的情况下，则存在使购买决策复杂化的倾向。企业隔一段时间对广告画面或文案作些变动，广告效果会更好，这实际上也是运用了唤醒理论。

思考与讨论

过少的刺激让人感到厌烦，过多的刺激会使压力随之而来，两者都能激发人们去寻找最佳的唤醒水平。你怎样理解这句话？

三、双因素理论和显示性需要理论

1. 双因素理论

1959 年，美国心理学家赫茨伯格（Herzberg）提出双因素理论，即"保健-激励因素理论"。该理论不仅可以运用于企业管理，也可以运用于消费者的需求和动机分析。商品的功能为消费者提供的基本利益与价值，实际上可视为保健因素。这类基本利益和价值如果不具备，就会使消费者不满。例如，空调不制冷和电视图像模糊，都会使消费者产生强烈的不满情绪，甚至要求退货和赔偿损失，或提起法律诉讼等。然而，商品具备了基本利益和价值，也不一定就能保证让消费者产生满意感。要使消费者对产品、服务形成忠诚度，还需要在基本利益或基本价值之外再提供附加价值。例如，良好的品牌声誉、新颖独特的设计、与众不同的包装或周到的售后服务等。这些因素属于激励因素，对影响消费者购买行为具有更直接的意义。

2. 显示性需要理论

美国心理学家麦克利兰（McClelland）提出了著名的三种需要理论（Three Theories of Need），即显示性需要理论。

麦克利兰提出个体的三种需要即成就需要、亲和需要和权力需要。该理论在分析消费者购买动机中同样发挥着作用，表现为个体在购买商品的原因、种类、购买渠道、消费方式上的差异。研究人员对显示性需要理论做了实证研究。其中一项研究发现：具有高成就动机的男性更多地购买诸如滑冰器具、游艇之类的室外健身及运动产品，喜欢从专卖店购买服装；具有高成就动机的女性更多地购买镇痛片、口腔清洗剂等产品。还有一项研究发现：高成就动机者更多地购买室外运动产品，较少购买流行、新潮的时装，对高档、豪华轿车则不以为然；成就动机居于中等水平的人中，抽烟者的比例很高。

 归纳与提高

需要是指人们在生活中感到某种匮乏而力求获得满足的一种心理状态。消费者需要包含在人类一般需要之中，是指消费者对以商品或服务形式存在的消费品的要求和欲望。现实生活中，消费者的需要是非常复杂的，可以从多个角度进行分类。其中，马斯洛的需要层次理论，将需要从低级到高级分为五个层次。消费者需要具有现实需要、潜在需要等多种形态，消费者应根据需要形态的特点确定满足需要的方式和程度。消费者需要具有多样性、层次性等特征。

购买动机是一种升华到足够强度的需要，是购买行为的驱动力，它能够及时引导消费者去探求满足需要的目标。动机在激励人的行动方面具有引发和终止、指引和选择、维持与强化等作用。动机具有主导性、实践性、内隐性、复杂性、冲突性等特点。需要与动机理论有本能理论、动因理论、诱因理论、唤醒理论、双因素理论和显示性需要理论等，这些理论不仅表明了需要和动机的研究具有相当长的历史，有丰富的理论知识体系，也说明了需要和动机的多样性和复杂性。

 综合练习题

一、填空题

1. 需要是人们在个体生活和社会生活中感到某种_____而力求获得满足的一种心理状态。

2. 当消费者的需要转化成需求时，要考虑消费者的购买意愿及_____。

3. 消费者需要的满足是相对的，某些消费需要已经消退，但又会重新出现，即需要具有_____的特征。

4. 引发和维持个体行为并导向一定目标的心理动力是_____。

5. 当消费者同时具有两种意向的动机并且其共同发生作用时，就表现为动机的_____特征。

二、单项选择题

1. 人类消费行为的复杂多样性是基于（　　）的。
   A. 需要的复杂多样性　　　　　　　B. 动机的复杂多样性
   C. 消费品的复杂多样性　　　　　　D. 生存环境的复杂多样性
2. 根据马斯洛的需要层次理论，最高层次的需要是（　　）。
   A. 尊重的需要　　B. 爱与归属的需要　　C. 安全的需要　　　D. 自我实现的需要
3. 当消费者的需要超过了市场商品供应量，市场呈现供不应求的状况时，这种需要称为（　　）。
   A. 充分需要　　　　B. 过度需要　　　　C. 潜在需要　　　　D. 现实需要
4. 以追求名牌、高档商品的名望，并借以显示或提高自己的身份、地位和威望为主要目的的购买动机是（　　）。
   A. 求美购买动机　　B. 求名购买动机　　C. 求新购买动机　　D. 储备购买动机
5. （　　）理论认为外部刺激在引发人的行为时也起到重要的作用。
   A. 诱因理论　　　　B. 唤醒理论　　　　C. 双因素理论　　　D. 动因理论

三、论述题

1. 简述消费者需要和消费者购买动机，总结一下两者的联系与区别。
2. 动机有何特征？常见的具体购买动机有哪些？
3. 简述马斯洛需要层次理论及其启示意义。
4. 试述诱因理论及其对企业营销的启发。
5. 理解唤醒理论并阐述其现实意义。

四、实践题

1. 描述下列商品可能满足的需要，并列出购买不同商品获得的利益和需要支付的成本：①一瓶康师傅矿泉水；②一件恒源祥衬衫；③一辆宝马越野车；④一套90平方米的商品房（你所在的城市）。
2. 访问你周围的5位同学，了解他们购买手机的动机，并写一份访谈报告。

五、案例分析题

FOREVER 21是美国的标志性快时尚品牌，以产品品类多、设计风格简单、产品更新速度快、价格亲民而一度成为快时尚潮流的领导者。FOREVER 21在57个国家曾经拥有超过800家门店。2019年，FOREVER 21宣布申请破产保护。尽管破产，FOREVER 21并没有完全消失，如今的FOREVER 21正在寻求重组和重生。请扫描二维码阅读完整案例，并回答以下问题：

（1）FOREVER 21为什么曾经受到消费者的欢迎？FOREVER 21满足了消费者的哪些需要？

（2）根据案例，查阅相关资料，分析消费者对快时尚服装的需要和动机发生了怎样的改变。你认为FOREVER 21是否有新的市场机会？

第七章 学习与态度

【学习目标】

理解学习的含义、作用及方法；了解消费者学习理论；掌握学习的基本特征；理解态度的含义及构成要素；了解消费者态度的测量方法；了解影响消费者态度改变的因素；掌握企业营销策略对消费者态度改变的影响。

【关键术语】

学习、态度、经典条件反射理论、操作条件反射理论、观察学习理论、刺激泛化、态度测量、态度改变

【导入案例】

海外掀起"中式奶茶热"

六七美元一杯的珍珠奶茶，对习惯花三四美元买一杯咖啡的美国人来说并不便宜。但这种蕴含东方文化的各种食材的花样繁多的奶茶，似乎对这些土生土长的美国人有着神秘吸引力。火到美国的珍珠奶茶据说不叫"milk tea"，它拥有更朗朗上口的名字，在美国西部人们称其为"boba tea"，其中的"boba"特指奶茶里那一颗颗色泽黑润油亮、闪耀着朦胧的柔光、入口弹牙而不失韧劲的"珍珠"。而东部更偏向叫"bubble tea"，其中"bubble（气泡）"指的是摇奶茶时顶部出现的气泡。

不仅美国，中式奶茶正在席卷世界，在世界各地落地生根，越来越受当地人欢迎。在YouTube上搜索"boba tea"，几乎每条的流量都在一百万以上；Instagram上，包含#boba的帖子数量超过3000万条。2025年初，英国的一家媒体发表了一篇文章，讲述了奶茶店在英国街头巷尾如雨后春笋般涌现。而在南半球的澳大利亚墨尔本中央商务区的一条街上，步行十分钟的距离，就可以看到两三家不同的奶茶店。实际上，2010年前后，世界各大城市的唐人街开始出现珍珠奶茶，只不过那时的消费群体主要是华人，包括中国留学生和居住在世界各地的华裔。渐渐地，当地人开始对奶茶这个新概念产生了兴趣，纷纷走进奶茶店，学习点单技术，分辨什么是珍珠、什么是啵啵、什么是奶盖，感受不同材料口感的细微差异。中式奶茶的海外接棒人将奶茶的原料融入外国人更熟悉的饮品里。比如，英国的bubbleology主打Boozy Bubble Tea，还有专门的奶茶鸡尾"酒"；美国的Boba Guys奶茶拒绝使用奶精，用本地优质的Straus有机牛奶来与茶均衡……

与咖啡不同，珍珠奶茶无限的可能性和创造力，允许年轻人彰显个性，展现了随意、轻松、包容的生活态度。不仅是年轻人，就连政要名人都喝起了奶茶。中式奶茶正以它神秘的魔力逐渐融入国外人的生活，成为除咖啡之外的又一个选择。

启发思考：

（1）根据案例分析为什么中式奶茶受到外国人的喜爱。

（2）查阅更多资料，分析中式奶茶是通过什么方式融入当地市场的。

第一节　学　习

一、学习的作用

学习是一种十分复杂的心理现象，它不仅与感觉、知觉、注意、思维等认知过程有着直接联系，而且还涉及人的情绪、动机、个性和社会化等问题。在消费心理学的研究中，可以将消费者的学习理解为消费者在购买和使用商品活动中不断获得知识、经验和技能，不断完善购买行为的过程。为了理解学习的概念，还要注意以下几个方面。

第一，在外界条件的作用下，当消费者原有行为发生改变时，就可以认为消费者是在学习。例如，一位从来没有学过化妆的女士，追求美的动机促使她想要学习化妆的方法，她可以通过观看朋友的示范，或观看视频演示，或阅读杂志上有关化妆方法的介绍等途径来学会化妆。于是，这位女士通过学习完成了她从未有过的行为，这就是消费者的学习。

第二，学习是一个过程，是人们主观能动性不断发展变化的过程。这一过程开始于消费者的观察、认知、经验、练习等，经过大脑的分析、加工、处理，最后使消费者行为发生一定的变化。就上例来讲，当我们看到化了妆的那位女士后，知道这是学习的结果，但学习的行为在她观看化妆示范、视频演示或阅读杂志时就已经开始了。所以，消费者不断购买商品、使用商品的过程，也就是一个不断进行消费学习的过程。

第三，行为改变是学习的必然结果。学习既可能是来自消费者本人的亲身体验，也可能是来自非实践的学习。如消费者想购买手机，他可以通过广告、产品说明书、其他人的口碑等信息了解和学习有关手机的知识。当然，由学习导致的个人行为改变，有时是立刻就会发生的，但有时是潜移默化的。行为改变也是在学习的长期积累后才会显现出来的，可以说，学习的显著特征就是行为改变。

学习主要有以下几种作用。

（1）获取消费信息。消费者的购买决策是以获得有关所要购买商品的知识和信息为前提的。信息获取本身就是一种学习，而通过哪些渠道获取信息，获取哪些方面的信息，均需要借助学习这一手段。另外，在现代社会，随着产品更新换代速度的加快，消费者获取的信息内容也越来越多，消费者或主动或被动地接触这些信息，而其中被消费者接受并能够影响其行为的信息可能只有一小部分，但是正是这一小部分信息，使消费者行为不同以往，使其购买决策更富于理性和趋于优化。

（2）触发消费联想。联想是指消费者由一种事物想到另一种事物的心理过程。例如，人们一提到北京，就联想到天安门；一提起教室，就联想到黑板、投影仪等。联想有两种类型：一是刺激对象之间的联想，如由钢笔联想到墨水，由冬天联想到寒冷；二是行为与结果之间的联想，如由饮料联想到解渴，由面包联想到充饥等。联想在消费心理活动中有着非常重要的作用，它既能触发消费者的购买行为，又能抑制或阻碍消费者的购买行为。很多企业在宣传产品时，都试图通过语言、文字、画面引起消费者的积极联想，并激起其购买欲望。同样的刺激或暗示，对于不同的人可能会引起不同的联想，其中的重要因素就是学习与经验。而且，营销人员发现，由学习而产生的联想，经多次重复，随时间推移，便会形成习惯。例如，家里的洗衣粉快用完了，消费者会自然地想到离家不远的"某超市"和"某品牌"的洗衣粉之间的关联。所以，营销人员会千方百计地在产品、品牌、体验营销、学习、联想与购买之间寻找结合点，希望消费者长期购买本企业的产品。

（3）影响消费决策。学习的过程常常贯穿于消费者的购买决策全过程，可以说，学习的过程

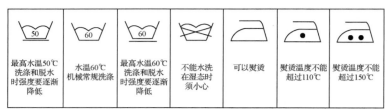
衣服上的洗涤标签需要消费者认识和学习

就是选择购买方案的过程。需要指出的是，学习的作用会因学习的方式不同而有所差别。学习可以分为正式学习与非正式学习两种。人们往往把在学校的学习、系统的培训看作正式学习。对消费者来说，更多的学习是非正式的。例如，从商场的橱窗中观察商品的陈列；或者在购买决策过程中，听取来自家人、同事、朋友的意见；自己使用某产品的体会等。这些都是学习，都会不同程度地影响消费者消费心理。

二、消费者学习的方法

人们从事社会实践活动的过程就是学习的过程。同样，消费者从事购买活动的过程也是学习的过程，是一个不断积累知识、丰富经验的过程，是一个由不知到知、由知之不多到知之较多的过程。消费者购买活动的每一步都是在学习，从感知商品到购买决策及使用体验，都是学习的过程。可见，学习对消费者的重要性。这种重要性体现为三个特点：一是增加消费者的商品知识，丰富其购买经验；二是进一步提升消费者的购买能力，促进购买活动的完成；三是有助于促发消费者重复性的购买行为。根据这三个特点，消费者可以采取不同的方法进行学习，这里介绍三种学习方法。

1. 模仿法

模仿就是仿效和重复别人行为的趋向，它是一种重要的学习方法。一些演艺明星或体育明星的发型、服饰，甚至生活方式，能很快在某些人群中流行开来，就是模仿心理在起作用。模仿可以是有意的、主动的，也可以是无意的、被动的。当被模仿对象具有榜样作用，社会或团体又加以提倡时，这种模仿就会自觉进行。

模仿可以是机械地模仿，也可以是创造性地模仿。例如，上体育课时老师做示范动作，让同学们仿效，这是机械地模仿；而通过学习明星的穿戴，自己创造出新的形象效果就是创造性地模仿。创造性地模仿产品也具有巨大的市场。例如，日本东洋陶器（现为 TOTO）将源于美国的智能马桶盖引进日本，在经过创新改良之后，面向大众市场销售。如今在日本，智能马桶盖的普及率为80%以上。

 示例

模仿"扮"明星

服饰搭配很神奇，只要掌握一定的搭配技巧，就能够打造出理想穿搭，甚至神似他人。有的穿搭、妆造达人已经开始了自己的模仿之旅，他们不仅可以模仿出明星的长相和外貌，还可以模仿明星的搭配风格，穿出同样的气质。之所以能打造出相对理想的穿搭，主要是因为搭配时将明星的妆造、穿搭风格、发型以及神态等每一个细节都深度模仿。因此，你也可以根据自己的面部特征、身材比例去寻找与自己相似度较高的明星，然后通过模仿其妆造与搭配思路来形成适合自己的理想妆造与搭配。

2. 试误法

试误法又称作尝试错误法，它是指消费者通过尝试与试错，从而在一定的情境和一定的反应之间建立起联结。例如，消费者口渴的时候，可以喝茶、咖啡、可乐或者水等，也就是说可以做出多种不同的反应，但经过多次尝试，发现口渴时喝水是最令人满意的，那么消费者在口渴时就会优先选择水而不是饮料等。那么，此种反应与这一情境的联系就会得以保存。

3．观察法

观察法是指消费者通过观察他人的行为，获得示范行为的象征性表象，并做出或避免做出与之相似的行为的过程。在消费过程中，消费者自觉或不自觉地观察他人的消费行为，并以此指导自己的消费实践。例如，如果你看到同学购买的笔记本电脑设计新颖、功能强大，就可能在头脑中留下印象，当自己需要笔记本电脑时，就会不自觉地想到同学的那台笔记本电脑，并形成购买意向。观察学习可以使个体突破直接经验的限制，获得很多来自间接经验的知识、观念和技能。观察察法是消费者所采用的十分普遍的学习方法。

三、消费者学习的理论

消费者是如何学习的？通常可用行为主义学派的理论、认知学习理论和观察学习理论来解释学习的过程。行为主义学派研究的是主体接触到刺激后所发生的反应，提出了条件反射理论；认知学习理论把学习看作问题的解决，强调由学习所带来的心理状态的变化；观察学习理论强调在学习过程中社会条件的作用。

微视频
经典条件反射理论

（一）行为主义学派的理论

1．经典条件反射理论

经典条件反射理论是由苏联生理学家伊万·巴甫洛夫创立的，它解释的是刺激与反应之间某种既定的联系。这一理论是建立在著名的巴甫洛夫的"狗与铃声"的实验基础上的。从这个实验得出，学习就是学会用一种新的方式对以前无关的刺激做出反应。同时，巴甫洛夫还提出，没有强化就不会发生条件反射。

士力架巧克力广告用幽默搞笑的风格引起消费者的情感反应，建立"饿"和"士力架"条件反射的联系。

经典条件反射的原理可用于广告设计。例如，广告中出现大海惊涛骇浪（无条件刺激）的画面总是能够引发人们不畏艰难险阻，挑战恶劣自然环境的正面情感（无条件反射）。再如，有的幽默广告本身能引起情感的反应，一开始消费者的情感仅限于广告本身，但如果反复给消费者看这些广告，那么，广告所宣传的品牌同样能引起消费者愉快的感受，产生所谓的条件反射或者称为"移情"。在这里，消费者有意无意地习得了对特定品牌商品的积极态度和行为。换句话说，一则令人感到亲切的广告，通过经典条件反射就可能强化消费者积极的品牌态度，而并不需要表明使用该品牌商品本身会带来何种满足。另外，经典条件反射理论中的消退理论说明，知名度和美誉度的保持或巩固，同样必须不断用好的品质和优质服务来强化，否则知名度和美誉度就会消退，甚至走向反面。

2．操作条件反射理论

操作条件反射理论由美国著名心理学家斯金纳（Skinner）提出，他通过对小白鼠所做的实验得出结论：人会为适应环境而能动地采取行为。这与巴甫洛夫的经典条件反射理论虽然基本观点一致，即学习是建立在条件反射基础上的，但二者还是有一定区别的。经典条件反射理论强调学习是先有刺激后有反应，或者说，行为反应是由刺激引发的，是一种对刺激的被动应答活动。而操作条件反射理论强调学习是先有行为后有刺激，行为反应是自发出

微视频
斯金纳的操作性
条件反射实验

现的，而后才被刺激强化。

斯金纳将强化分为正强化和负强化两种。正强化是一种积极刺激，它能引起消费者满意的体验。例如，如果使用一种护肤品能让你的脸感觉舒服、湿润、有光泽，你就有可能多次购买这种护肤品。负强化是一种消极刺激，那些引起消费者不愉快反应的刺激都可以看成负强化。例如，中国有句俗语"一朝被蛇咬，十年怕井绳"就表达了类似的意思。

操作条件反射理论对理解复杂的消费心理现象具有重要的意义。按照该理论，消费者对自己的购买行为是可以主动控制的，从产品使用中获得的持续强化（反复满意）将会提高消费者再次购买这一产品的可能性。

在操作条件反射理论中还提到一种现象，称作自然消退。它是指某种条件反射形成后，如果不再受到强化，那么这种条件反射就会逐渐减弱，甚至消失。例如，消费者在有奖销售的影响下购买了某种商品，但当他以后再次购买同类商品时，因为没有受到奖励，就有可能不再购买该商品。另外，如果消费者对某一种品牌或服务不再有好感，消退过程——终止刺激和预期回报之间的联系就会发生，使消费者再次购买相同品牌商品的可能性迅速降低。

（二）认知学习理论

认知学习理论认为，学习是一个解决问题的过程，而不是在刺激与反射之间建立联系的过程。在许多解决问题的情境中，虽然并没有类似建立条件联系时的那种可见的强化物，但这并不意味着没有任何强化。实际上，解决问题本身就是一种很重要的强化因素。

最早研究认知学习现象的是心理学家柯勒，他通过"黑猩猩够香蕉"的实验，认为黑猩猩是靠领悟了事物之间的关系，对问题的情景进行改组，才使问题得以解决的。这就是对问题情景的一种"顿悟"。由此，他认为学习不是尝试错误的过程，而是知觉经验的重新组织，是突然的顿悟。因此柯勒的学习理论被称为"顿悟说"。

关于认知学习的理论很多，这些理论虽然互有差异，但其共同点是强调心理活动，如思维、联想、推理等在解决问题、适应环境中的作用。这些理论认为学习并不是在外界环境支配下被动地形成刺激与反应之间的联结的，而是主动地在头脑内部构造定型、形成认知结构的；学习是新旧知识同化的过程，即学习者在学习过程中把新信息归入先前的有关知识结构，继而又在很大程度上支配着自身的预期和行为。简言之，认知学派对学习的解释是立足于学习者对问题的解决和对所处环境或情景的主动了解的。这种主动了解并不像条件联系的学习那样，盲目地或机械地重复，而是在不同的情景中使用不同的手段从而达到一定的目的。

认知学习理论对了解消费者的购买决策过程有很大的帮助。按照这些理论，消费者的购买行为总是先从认识需要开始，随后再评估满足其需求的可选商品，接着选出他们认为最有可能满足其需求的商品，最后评估商品满足需求的程度。

（三）观察学习理论

观察学习理论主要是由美国心理学家班图纳所倡导的。观察学习理论认为，人的许多行为是通过观察学习而导致的。所谓观察学习是经由对他人行为及其强化性结果的观察，一个人获得某些新的反应，或使现有的行为反应得到矫正，同时在此过程中观察者并没有外显性的操作示范反应。

观察学习理论主要有以下几个特点。

（1）观察学习并不必然具有外显的行为反应。

（2）观察学习并不依赖直接强化。在没有强化因素的情况下，观察学习同样可以发生。

（3）观察学习不同于模仿。模仿是学习者对榜样的简单复制，而观察学习则是从他人的行为及其结果中获得信息，它可能包含模仿，也可能不包含模仿。

利用观察学习理论可以诱导消费者特别是潜在消费者的反应。首先，通过特定人物（通常所说的榜样）说明产品的肯定结果，演示产品的使用方法，就可以引起潜在消费者的注意，并使之效仿榜样使用该产品。例如，品牌用演艺明星做形象代言人，其目的就是通过这些演艺明星使用产品，引起潜在消费者的注意；或者使消费者通过对别人行为的观察，熟悉产品的使用方法。其意图就是让消费者模仿和学习，影响其重复购买行为，扩大口碑效应。其次，消费者可以通过观察别人在体验营销或体验刺激时的情感表现，决定自己的行为。

💬 思考与讨论

有些企业通过"消费者课堂"等形式普及消费知识，既让消费者学到了相关消费知识，又与消费者联络了感情。你认为这种方法是否值得推广？试举例分析。

四、学习的基本特征

学习的基本特征主要包括学习强度、刺激泛化、刺激辨别和反应环境。

（一）学习强度

学习强度是指学习的行为或反应不被遗忘，能够持续的程度。学习强度受四个因素的影响：重要性、强化、重复和消退。一般而言，接收的信息越多，学习过程中接收的强化（或惩罚）越多，刺激重复（或练习）的次数越多，信息内容中包含的意象成分越多，学习就越快而且记忆也越持久。

1. 重要性

所学习的对象对消费者越重要，消费者的学习就越有效率和效果，其持续时间也越长。一般而言，高介入情形下，消费者会主动获取信息，此时所获得的信息较低介入情形下的更为完整。同时，高介入情形下，消费者学习时对强化、重复等因素的依赖程度减弱。然而，在现实的企业营销中，企业需要解决的问题更多是处于低介入学习状态的消费者的问题。如何让自己的产品显示出对消费者的重要性是企业营销中永久的课题。

2. 强化

强化是指能够增加某种特定反应在未来重复发生的可能性。虽然在缺乏强化的情况下，消费者的学习也常常发生，但强化对学习强度的影响是不容忽视的。例如，在很多人看来，脑白金的广告不符合广告播放的正常规律，但是，正是脑白金连续不断的广告播放和反复的强化，使更多的人记住了这个品牌。实践证明，强化能极大地影响学习的速度和学习的效果。

强化分为正强化和负强化。好的结果和积极的体验，对人的行为具有正强化作用。坏的结果或消极的体验，对人的行为具有负强化的作用。

怎样从正面来强化消费者的行为呢？可以通过制定强化形式、塑造和区别激励来实现。

（1）制定强化形式。在市场营销中，针对消费者的强化形式很多，在这里仅介绍四种。

1）固定时间间隔的强化。每隔一定时间出现一次强化，如隔20秒出现一次，机体在强化后会出现反应停顿的现象，然后反应速度增加，在下次强化到来之前反应达到高峰，机体会根据强化的时间进行反应。例如，定时检查学生作业即属此类强化。

2）变动时间间隔的强化。这是指强化的时间间隔围绕着某一均值变动。由于消费者不知道强化什么时候发生，他们必须持续不断地做出反应。例如，有的饭店为了保持较高的上座率，经常在一周内的每一天，分别将不同的菜品进行打折，以吸引消费者就餐。

3）固定比率的强化。固定比率的强化是指强化在一个固定数目的反应之后发生。例如，学生交三次作业就得到一次表扬强化，这种强化促使学生持续不断地进行相同的行为。有的商店通过办理"会员卡"和发放"购物券"等形式，给消费者一定比例的优惠，就是通过使用优惠的手段，强化消费者在该商店重复购物的行为。

4）变动比率的强化。变动比率的强化是指强化按随机概率进行。例如，一些超市或百货商店热衷于搞不定期的有奖销售、赠送活动，并借此吸引更多的消费者来购物。变动比率的强化的好处在于它可以使强化不可预测，从而使行为更为持久。

（2）塑造。一般来说，塑造是指调整反射条件，改变某些行为发生概率的过程。很多商店都进行了类似于塑造的营销活动。例如，设立打折或特价商品专卖区来招徕消费者。一旦消费者进入商店，就使得购买非特价商品变为可能。汽车经销商在其门店前举行大型促销活动，就是为了塑造消费者行为，因为消费者身处店门前时，要比在家中更有可能进入购物场所。同样，商家的免费试用、免费品尝的促销方法也可以使更多的消费者接触到产品，亲身体验产品的特性。另外，房地产商的免费看房班车，购物中心提供的免费购物班车等，都是对塑造的实际运用，将消费者引领至购买现场使其购买行为发生的概率提高。正是通过这些奖励的"小"策略，才有可能实现商家最终希望的消费者购买行为的发生。

（3）区别激励。区别激励一般是指在消费者发生购买行为之前企业对消费者所采取的激励手段，通常认为区别激励为购买行为的发生创造了条件。这就是说，区别激励存在于购买行为发生前并直接影响购买行为的发生。实际上，区别激励和强化的区别在于区别激励发生在购买行为之前，而强化发生在购买行为之后。比如，麦当劳在广告中称，凡购买一个巨无霸汉堡便可以免费得到一盒麦乐鸡，这就提高了消费者在麦当劳购买巨无霸汉堡的概率，对消费者是一种激励而不是强化。

3．重复

重复能够增加学习的强度和提高学习的效率，即接触某种信息次数越多，掌握它的可能性就越大。重复的效果还直接与信息的重要性和所给予的强化有关。换句话说，学习的内容越重要，并得到了积极的强化，则重复就可以越少。反之，则应提高重复的次数，以强化学习的效果。以广告为例，许多广告内容对受众可能并不重要，也不能提供有刺激作用的利益承诺和好处，此时，重复也许就成了说服的关键。

例如，金嗓子喉宝以广告词"保护嗓子，请用金嗓子喉宝"成功打开了市场，其广告词极其简单但很实用。这条既没有诗情画意，又没有明星代言的广告，不厌其烦地播放了多年，使其家喻户晓。同样，脑白金1997年上市之后，其脍炙人口的广告语"今年过节不收礼，收礼只收脑白金"不断地被重复播放，使脑白金这个品牌传遍大街小巷，无人不知无人不晓，广告的宣传效果相当成功。

图7.1显示了某食品广告重复时间与广告回忆之间的关系。其中，较平滑的那条线代表一组受测试的家庭主妇的情况，在连续13周内每周观看该种食品的邮寄广告后，她们对该产品的回忆率迅速上升，并在第13周达到最高，然后迅速下降，到年底几乎降为零。

另一组家庭主妇也收到同样的邮寄广告，但却是每四周收到一次。她们的回忆率用图7.1中锯齿形的线条表示。可以看出，她们的回忆率在整整一年中不断增长，但在每两次观看邮寄广告的间隔期内存在相当程度的遗忘。

4．消退

消退也可以称作自然消退。一旦对于习得的反应所给予的强化减弱，习得的反应就不再被运用或消费者不再被提醒做出反应，消退或遗忘就会发生。遗忘的速度与最初的学习强度呈负相关关系。也就是说，学习的内容越重要、强化越多、重复越多、意象越多，学习对遗忘的抵制力就越强。营销人员通常希望消费者能对本企业产品品牌、广告等保持长久的记忆和深刻的印象，但如果不注意强化，这种期望就是不现实的。这在广告记忆效果调查中得到了很好的验证。图 7.2 显示了两条遗忘曲线，该调查从某个杂志中选取了四则广告，测试消费者在有辅助和无辅助情况下对这些广告的回忆状况。可以看出，最初的 5 天，回忆率迅速下降；5 天之后，回忆率大致维持在稳定状态。可以说，遗忘给企业的广告宣传带来了很大的困难。

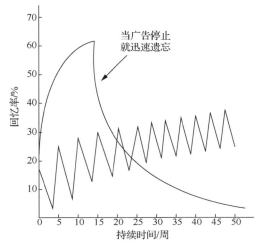

图 7.1　重复时间与广告回忆的关系

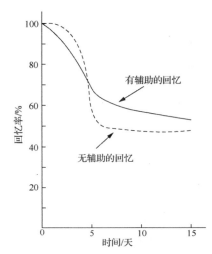

图 7.2　随时间变化发生的遗忘——某杂志的广告调查

（二）刺激泛化

刺激泛化是指由某种刺激引起的反应可经由另一种不同但类似的刺激引起。例如，一个消费者知道伊利的冰激凌很好吃，就会认为其新推出的伊利酸奶也应该不错，这种情况就是刺激泛化。刺激泛化在营销中是一个非常重要的概念，越来越多的名牌产品运用这一原理进行品牌延伸，且极易获得成功。研究表明，刺激泛化的程度与两个刺激的相似性有密切关系，即新刺激与原有条件刺激越相似，刺激泛化越明显；相反，两者差异越大，刺激泛化越不明显。

思考与讨论

海尔电器集团最初以生产优质电冰箱起家，取得成功以后又推出了一系列其他类别的电器产品，如空调、洗衣机、热水器等，都以 "Haier" 品牌上市销售，虽然均未做专门的广告宣传，但却很快被消费者接受了。其原因何在？

现在，刺激泛化原理被广泛地运用到企业的经营活动中，特别是在品牌策略、包装策略和广告策略方面。学习中的这种刺激泛化现象对消费者的品牌学习的影响在于，消费者不必对每一个刺激做出反应，只要熟悉品牌中的某一个产品，就可能随之认识其系列产品。这也正是品牌的市场价值所在。

然而，对于企业来说，刺激泛化是一把"双刃剑"。一方面，企业可以利用刺激泛化将消费者形成的对本企业或产品的一些好的情感和体验传递到新产品上去，以此促进其对新产品的

刺激泛化给消费者识别"傍名牌"的"山寨"产品带来了困难

微视频

山寨商品与消费心理

接受和购买；另一方面，关于企业或其产品的负面信息经由刺激泛化以后，则会对企业的营销活动产生不利影响。正如俗话说的"一荣俱荣，一损俱损"。

还有一个值得注意的问题是刺激泛化现象的存在，为营销中的不法行为提供了机会。具体表现为某些经营者在市场活动中采用不正当手段，在包装、装潢、商标、品牌名称等方面仿冒名牌产品，以期消费者对名牌产品的好感泛化到其产品上去，从而诱使消费者上当受骗。

（三）刺激辨别

刺激辨别是指人们将某一刺激与另一类刺激相区分的学习过程，或者说，它是指消费者对相类似的刺激予以不同反应的学习过程。例如，面对新产品，购买者的第一反应就是要弄清楚与该产品最相似的已有产品是什么。只有清楚了这一点，购买者才会将已有产品的某些特性赋予到新产品上，也就是对刺激予以泛化。当然，要想使新产品获得成功仅仅停留在这一阶段还不够，还要使购买者感觉到它具有某些不同于已有产品的独特性。正是这种独特性，才使新产品和原来同属一类的其他产品得以区分。

刺激辨别可以用于品牌识别、产品差异化和产品独特性的认知。比如，拜耳（BAYER）的阿司匹林与其他品牌的阿司匹林不同，但是消费者不是购买专家，常常不能清楚地辨别它们的差异。为了使消费者对拜耳阿司匹林能进行识别，并形成品牌记忆，企业的首要任务就是教会消费者区分拜耳阿司匹林与其他品牌的阿司匹林。

刺激辨别在市场中不是个别现象。随着市场竞争的加剧，同类产品的增多，产品同质化现象日益突出，产品之间的差异越来越小，要让消费者对不同产品作出准确判断，不是一件容易的事情。目前，广告宣传是大多数企业用于帮助消费者进行刺激辨别的主要手段。企业通过各种传播渠道，引导消费者注意本企业产品的特征，强化差别认识，如产品的一切外部特征，包括品牌、命名、色彩、外观、包装等，目的就是把自己的产品从同类产品中区分出来。

（四）反应环境

现实中常常出现这样的情况：在需要的时候我们却找不到存储在记忆中的相关信息了。影响信息提取的因素有两个：①最初的学习强度；②回忆时所处的环境与最初的学习环境的相似性。最初的学习强度越高，在需要的时候，提取相关信息的可能性就越大。在回忆时提供越多与当初学习该信息时相似的环境线索，回忆就越有效。

企业利用反应环境强化品牌记忆时，可以通过品牌定位和形象传播，形成具象化的识别，为消费者提供线索。比如，可口可乐的红色、百事可乐的蓝色，或者电商天猫的"猫"、京东的"狗"徽标等，这样的颜色或图案便于消费者识别和记忆，为消费者提供了很好的记忆线索。

经典实验

内隐学习实验——预感是真的吗？

许多时候，人们对生活中将要发生的事情都有某种类似"预感"的经验，而且这些预感往往还得到了验证。由此有人会笃信自己的"预感"是神灵的显现，或是某种不可知的力量的显现，从而给自己的"预感"带上某种神秘色彩。

心理学家莱维茨基（Lewicki）进行了有关内隐学习的实验。首先向被试呈现一系列女性的头部照片，每张照片都有对这个女性的个性描述。其中一半女性被描述为善良的，另一半被描述为能干的。凡被描述为"善良"的女性，其头发都比"能干"的女性头发长。测试阶段时，向被试呈现一些新的照片，要求他们对照片中的女性作"善良"或"能干"的评价。结果，头发长的女性更多地被评价为善良的，而头发短的则更多地被评价为能干的。实验进一步让被试说出自己的判断理由时，多数人的回答是眼睛影响了他们的判断。没有一个人报告是由于头发的缘故影响了他们的判断。

实验结果表明，内隐学习已经在"长头发"与"善良"之间、"短头发"与"能干"之间建立起联系，并影响直觉判断（预感）。当要求说明理由时，被试只能从一般经验方面寻求原因，认为是眼睛影响了自己的判断，而不能报告由于内隐学习获得的头发与个性之间的共变关系，从而对自己的直觉判断作出曲解。

可见，预感并不是凭空出现的，不是"神灵显现"，而是来自我们的各种感官对周围信息的收集和整理，即来自内隐学习。因此，我们在日常生活中应正确对待自己的预感，提高自己的判断力和行为能力。

第二节　态　度

态度是指人们对事物所持有的肯定或否定、接近或回避、支持或反对的心理倾向。人们几乎对所有事物都持有态度，这种态度不是与生俱来的，而是后天习得的。例如，我们对某人有好感，可能是由于他的外貌，也可能是由于其言谈举止或者渊博的知识。无论是哪种理由，这种好感都是通过接触、观察、了解逐步形成的，而不是天生固有的。

消费态度是消费者评价消费对象优劣的心理倾向，这种消费倾向蕴含着消费者的主观评价以及由此产生的行为倾向，表现为消费者喜欢或讨厌、接近或远离特定的商品或服务。消费者的态度会直接或间接影响其消费决策，而在消费中获得的经验反过来又会影响消费者的态度，从而影响其下一次的消费决策。

一、态度的表现形式及构成

态度作为一种心理倾向，通常以语言形式的意见，或非语言形式的动作、行为作为态度自身的表现形态。受美国打压的华为，通过 4 年自主研发和创新在 2023 年实现"王者归来"，这激发了国内外众多消费者的热情，他们通过购买华为产品来表达对华为的崇敬和支持。因此，通过对意见、行动的了解、观察，可以推断人们对某一事物的态度。同样，通过消费者对某类商品或服务的意见、评价，以及积极、消极乃至拒绝的行为方式，也可以了解其对该类商品或服务的态度。

 思考与讨论

分析为什么积极的态度会产生爱屋及乌的心理，而消极的态度会产生恶其余胥的心理。

示例

国产"放心奶"

中国奶业协会发布的 2024 年中国奶业质量报告显示：2023 年，全国奶类产量达到 4281.3 万吨，同比增长 6.3%；乳制品产量达到 3054.6 万吨，同比增长 3.1%；全国生鲜乳抽检合格率为 100%。乳制品消费呈现回升态势。人们对于乳制品的消费需求正不断提高，消费结构发生显著变化，从以高温灭菌常温液态奶消费为主，到液态奶中冷藏鲜奶占比不断增加，黄油、奶酪等干乳制品消费快速增长。其中，以"更适合中国宝宝体质的奶粉"为品牌宣传语的飞鹤，已成长为中国婴幼儿奶粉的标志性品牌，市场占有率约为 20%。可见，消费者对国产品牌乳制品的信心不断提升，对国产品牌越来越放心。

态度是由认知、情感和行为倾向等三种要素构成的复合系统。各个要素在态度系统中处于不同的层次地位，担负不同的职能。消费态度结构及表现如图 7.3 所示。

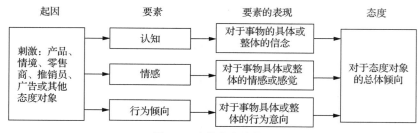

图 7.3　消费态度结构及表现

（1）认知，是指人们对客观事物的评价，即"印象"。消费者通过感觉、知觉、思维等认知活动，形成了对某些客观对象或商品的认识、理解与评价等。例如，消费者认为本田锋范汽车耗油量低就表达了对该车的认知判断。

（2）情感，是指在认知的基础上对客观事物的情感体验。它是态度的核心，并和人们的行为紧密相连。例如，消费者说"我真的很喜欢我的本田锋范"，这种喜欢即包含积极的感情成分和积极的情感体验。

（3）行为倾向，是指个人对态度对象的肯定或否定的反应倾向，即行为的准备状态。通常，消费者对某些商品或服务有喜爱的倾向，就会导致购买行为的产生；反之，则不会导致购买行为的产生。

这三种要素各有特点：认知是态度的基础，其他两种要素是在对态度对象的了解、判断基础上发展起来的。情感对态度起着调节和支持作用，而行为倾向则制约着行为的方向性。

二、态度的基本功能

根据卡茨（Katz）的理论，消费态度有以下四种基本功能。

（1）效用功能，基于奖罚原则，指态度能使人更好地适应环境和趋利避害，或者说，利用态度使回报最大化，使惩罚最小化。人是社会性动物，社会群体对人的生存、发展具有重要的作用。人们经常通过表达态度去维持和发展一段关系，只有形成适当的态度，才能从某些重要的人物或群体那里获得赞同、奖赏或与其打成一片。

（2）自我防御功能，是指当消费者的个别行为与所属群体的行为相左，或与社会通行的价值标准发生冲突时，消费者可以通过坚持固有态度以保护个体的现有人格；或适当调整和改变态度，求得与外部环境的协调，从而减少心理压力，保持心理平衡，同时增强对挫折的容忍力与抗争力。自我防御功能有两种运行机制。一方面，自我防御功能使消费者远离可能有威胁的信息。例如，喜欢吸烟的人可能会漠视那些证明吸烟有害健康的宣传，在这种情况下，态度作为一种防御机制使个体远离吸烟有害健康的事实。另一方面，消费者通常会对提高自我形象的商品产生积极的态度。例如，收入水平不高的消费者也会购买一些高档化妆品来预防因容貌衰老带来的不安心理，并对购买高档化妆品的行为持积极的态度，这实际上也是出于自我防御的目的。

（3）知识功能，是指消费者形成某种态度，更有利于其对事物的认知和理解，简化决策过程。事实上，态度可以作为帮助消费者理解商品或服务、广告促销活动等的一种标准或参照物。消费者在已经形成的态度倾向性的支配下，可以决定是趋利还是避害。知识功能可以使外部环境简单化，从而使消费者集中精力关注那些更为重要的事情。另外，消费态度的知识功能也有助于部分地解释品牌忠诚度的影响。对某一品牌形成好感和忠诚度，能够减少信息搜集时间，简化消费决策程序，并使消费者的行为趋于稳定。

（4）价值表现功能，是指通过态度表现出消费者的性格、兴趣、核心价值观或自我概念，同时反映消费者可能选择的决策方案和即将采取的购买行动。例如，有的消费者喜欢通过喝可乐、吃西餐的形式表达他们对美式文化的喜爱。

三、消费态度的形成

消费者一般通过以下几个方面形成消费态度。

（1）消费态度是消费者接收各种信息后经过思考判断而形成的。消费态度的形成与消费者获取信息的种类、数量关系、质量关系、价值判断均具有密切的联系。如果消费者认为信息真实、值得信赖并和自己原有的倾向或价值判断一致，就会对新接触的信息产生满意或肯定的态度；反之，则会产生不满意或否定的态度。

（2）消费需要是形成消费态度的一个重要因素。研究消费态度是如何形成的，应该从影响消费需要的因素开始，否则无法找到消费态度形成的真正根源。消费者对能够满足其需要的产品，就持满意的态度；对不能满足其需要的产品，消费者就持不满意甚至否定的态度。

（3）消费者所处的社会文化环境对消费态度形成的影响。消费者的文化、民族等因素对消费态度的影响，主要表现在对产品类别、属性、色彩等方面的选择上。例如，在我国，从古至今买房置地是许多人一生的追求，房子不仅有居住价值，更多的是能满足一种心理需要。当房子被赋予的意义越来越多时，买房的观念和对房子的态度就越深深地根植在国人的脑海里，那么买房就成了刚需。

（4）消费态度受消费经验和商家促销策略的影响。消费者对某种商品或服务的消费经验可能形成满意或不满意的态度，从而影响其后来的购买行为。商家的促销策略，包括商业广告、营销推广、公关等，从某个角度来说，也会直接影响消费者的消费态度。

📚 视野拓展

皮草遭遇奢侈品的抵制

时装品牌古驰（GUCCI）历年来以精工手艺和奢华的品牌形象成为业内的龙头之一，其不少经典系列都是用动物皮草来突出产品高贵的地位的。然而，近年来时代的发展打破了时装界的陈规，不少品牌开始摒弃皮草衣品。继 Calvin Klein（卡尔文·克雷恩）、阿玛尼及 RALPH LAUREN（拉夫劳伦）等时尚品牌之后，2017 年 10 月古驰也作出了停用所有动物皮草作为衣料的决定。

古驰总裁认为，残害动物，用它们的皮毛制成皮草的做法毫不时尚，早就应该摒弃了。他相信创意的表现方式有很多种，皮草不是唯一的选择。古驰还通过慈善会拍卖了剩余的皮草衣品，将收益全数捐献给动物保护组织，以作为支持。古驰已成为国际反皮草联盟的一员，希望以实际行动支持时装零皮草的行动。

实际上，皮草一直都是时尚界的敏感话题。近年来，随着消费者消费态度的变化，对皮草的抵制成了一种趋势。于是，许多品牌也纷纷表明自己的态度，毕竟永远不要怀疑消费者的力量。

PeTA 的一则广告的文案为："如果你不会把你的狗穿在身上，也不要穿任何其他动物的皮毛。"

四、消费态度的测量

对消费态度进行测量的方法主要有以下几种。

1. 态度测量法

态度测量法的关键是合理设计问卷。问卷一般由反映测量内容的若干条陈述性题目构成。各题目按照被测者的反应范围或程度标以分数或量表值，最后根据得分情况判定消费态度。问卷的具体设计方法又分为两种。

（1）瑟斯顿量表法。瑟斯顿量表又称"等现间隔量表"，是由美国心理学家瑟斯顿（Thurston）和契夫（Chave）提出的。该方法的特点是以等间隔方式拟定有关事物的题目，使问题按照强弱程度形成一个均衡分布的连续统一的系统，并分别赋予量表值，然后让被测者任意选择自己同意的题目。根据被测者所选题目的量表值，来确定其态度的倾向及强弱程度，得分越高表明态度的强度越高。

在实际操作过程中，瑟斯顿量表需要由专家对量表值进行赋值，并且还需要运用对调查项目的反应结果（等级）求中位数，再以中位数表示该受调查者的态度情况进行等级排列，因此，该方法设计过程比较复杂，测量方法费时费力。可以简单举例示范如下。

例如，某汽车厂为了解消费者对发展电动汽车的意见，设计了一份问卷调查表，见表7.1。

表 7.1　瑟斯顿量表法示例

量表值	题号	题目
6.5	1	今后应大力发展电动汽车，燃油汽车可被淘汰（　　）
5.0	2	应以发展电动汽车为主，可少量生产燃油汽车（　　）
3.5	3	电动汽车和燃油汽车各有优点，应共同发展（　　）
2.0	4	对汽车是电动的还是燃油的无所谓（　　）
0.5	5	燃油汽车价格低，受消费者欢迎，应以发展燃油汽车为主（　　）

注：测量时，表中的量表值并不在问卷中标出。当被测者赞成某个题目时，在对应的括号内打"√"，不赞成则打"×"。主测者根据得分高低判断被测者的态度倾向。

（2）李克特量表法。李克特量表法又称为总和等级评定法，是由美国社会心理学家李克特（Likert）提出的。该方法是在瑟斯顿量表法的基础上，设计出的一种更为简便的态度测量表。该表同样使用陈述性语句提出有关态度的题目，但不将题目按内容强弱程度均衡分解为若干个连续系列，而是仅采用肯定或否定两种陈述方式，然后要求被测者按照同意或不同意的程度作出明确回答。供选择的态度程度在量表中用定性词给出，并分别标出不同的量表值。程度的差异一般可作 5～7 级划分。例如，仍用上例，采用李克特量表法可作以下设计，见表7.2。

表 7.2　李克特量表法示例

题目	是否愿意使用电动汽车？				
等级	非常愿意	愿意	无所谓	不愿意	非常不愿意
量表值	2	1	0	−1	−2

注：被测者可按照自己的意愿从中选择任一等级，打"√"，最后由主测者根据得分情况对被测者的态度倾向进行定量分析。

2. 语义差别量表法

语意差别量表法又称作语意分析量表法，是由社会心理学家奥斯古德（Osgood）等人提出来的一种态度测量方法。该方法的基本思想是：对态度的测量应从多个角度并采用间接的方法进行；人们对某一主题的态度，可以通过分析主题概念的语义，确定一些相应的关联词，然后再根据被测者对这些关联词的反应加以确定。

该方法的具体应用是：由主测者设计一对对反义词分置两端，中间分为七个部分，要求被测者对关于某一物品的形容词的两极描述作出选择，在相应的位置上打"√"。下面以消费者对 A、B 两个品牌高压锅的评价来进一步说明语义差异量表的具体运用。图 7.4 绘出了 150 位消费者对

A、B 两个品牌高压锅评价结果的平均值。从图 7.4 中可以看出，消费者对 A 品牌的高压锅持否定的态度，而对 B 品牌的高压锅持肯定的态度。

3. 多重性测量法

多重性测量法（多属性测量法）包括多种不同的测量模型，在这里仅介绍两种常用的模型。

（1）期望值模型。期望值模型又称为客体态度模型，因为是费什宾（Fishbein）提出的，所以也称作费什宾模型。它是一个测量或预测消费态度的多重属性的模型。这一模型在消费者行为和市场营销研究领域受到广泛关注。该模型认为，消费者对商品的态度基于消费者显意识中对商品多重属性的认知。由于商品具有多重属性，在购买商品之前，消费者只对该商品多重属性中的一部分属性比较了解，即商品的这些属性在消费者的头脑中处于显意识的位置，只有这些显意识才影响消费者对该商品的态度，并最终影响其购买行为。

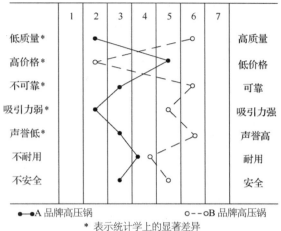

图 7.4　关于 A、B 品牌高压锅的态度折线图

期望值模型可用以下公式来表示：

$$A_b = \sum_{i=1}^{n} B_i E_i$$

式中，A_b 为消费者对某品牌的态度；B_i 为消费者相信商品具有属性 i 的程度（其属性既包括功能上的，又包括心理上的）；E_i 为消费者对商品属性 i 的评价值；n 为重要属性的个数。

期望值模型指出消费者对一个给定商品的态度是：该商品具有各显著属性的程度 B_i 与属性的评价值 E_i 乘积的和。

（2）理想点模型。理想点模型的独特之处在于提供了消费者心目中理想品牌的信息和消费者对实际品牌的看法。理想点模型可用以下公式表示：

$$A_b = \sum_{i=1}^{n} |I_i - X_i| W_i$$

式中，A_b 为消费者对某品牌的态度；W_i 为消费者认为属性 i 的重要性；I_i 为消费者心目中属性 i 的理想值；X_i 为消费者认为某种品牌属性 i 的实际值；n 为属性个数。

理想点模型证明了这样一个事实：如果某品牌的 A_b 越低，则该品牌的各属性越接近理想品牌，消费者对该品牌的不满程度就越低，该品牌被选择购买的可能性就越大。如果某品牌的各种属性与理想品牌一致，则 A_b 为零。现有四个手机品牌，假设某消费者选购手机时只考虑内存容量和功能数目两种属性，理想品牌的内存容量是 20GB，功能数目是 14 个，并且两种属性同等重要，则他将选择品牌 A。其理想点模型如图 7.5 所示。

如果该消费者认为理想品牌的功能数目是 10 个，内存容量是 20GB，并且功能数目比内存容量重要 4 倍，即功能数目的权重为 5，内存容量的权重为 1，则他将在品牌 B 和品牌 C 之间进行选择，因为这两个品牌的 A_b 最小。各品牌的 A_b 计算如下：

A 品牌 $A_b = |20 - 20| + 5 \times |16 - 10| = 30$

B 品牌 $A_b = |16 - 20| + 5 \times |12 - 10| = 14$

C 品牌 $A_b = |24-20| + 5 \times |8-10| = 14$

D 品牌 $A_b = |32-20| + 5 \times |6-10| = 32$

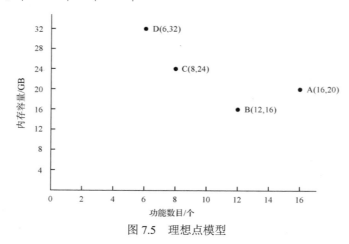

图 7.5　理想点模型

　　期望值模型和理想点模型都是多重性态度分析模型，它们都包括了对消费态度的两个向量的调查。期望值模型计算出来的态度，既包含了消费者对品牌属性的相信程度，又包含了消费者对品牌属性重要性的评价；而理想点模型计算出来的态度，既包含了消费者对品牌品质与理想品质差异的认知，又包含了消费者对这种差异重要性的评价。因此，这两种模型都能较全面地反映消费者对某种品牌商品的真正态度。多重性测量法可以用于检测比较不同广告的效果，还可用于新产品开发，寻找推出理想品牌的市场机会。

视野拓展

奢侈品是一种态度吗？

　　奢侈品已无形地融入了我们的生活，对于一部分人来说，它甚至衍化为一种对生活的理解。当玛丽莲·梦露说她晚上用了 CHANEL No.5（香奈儿 5 号香水）睡觉时，你很难说香奈儿 5 号香水仅仅是一款名贵的香水；当百达翡丽（PATEK PHILIPPE）（一家瑞士的制表商）刻意淡化钟表的计时功能，宣称"没有人能真正拥有百达翡丽，只不过为下一代保管而已"时，它正诠释着一种永恒的情感诉求；在欧洲博物馆，展示了一双菲拉格慕（Ferragamo）女鞋制作的全过程，从选皮、画图到定型、上胶，手工工艺精湛复杂，制作师一丝不苟。精益求精、完美品质是奢侈品的独特标志，但对于现代人来说，奢侈品最重要的不只是商品本身，而是通过追求商品来传达对生活的理解与态度。

五、消费态度的改变

（一）影响消费态度改变的因素

　　事实上，改变消费态度远比形成消费态度要复杂得多、困难得多，但也有一定的规律可循。事实证明，态度的形成受多种因素的影响，态度的改变也是如此，即态度在各种因素的相互作用下会发生一系列的变化。我们把态度的改变归纳为个体因素和外界因素的影响结果。

　　1. 个体因素

　　态度的形成的个体因素比较复杂，我们可从态度形成的几个特征来分析。

　　（1）形成态度的强度直接影响态度的转变。消费者对不同程度的刺激会产生不同的心理反应。

因此，形成态度的强度也会有很大的区别，这直接关系到态度的转变。一般来说，消费者所受的刺激越强烈、越深刻，形成的态度越不易改变。例如，消费者购买了一台价格较高的计算机，商品的质量如果没有期望的高，售后服务又不到位，就会导致消费者对商品乃至企业形成强烈的不满。这种态度一经形成就很难改变。

（2）形成态度的因素越复杂，则态度的改变越困难。如果消费态度的形成只依赖于一个事实，那么只要证明这一事实是假的或错误的，态度就会改变。但是，如果态度的形成是建立在许多事实基础上的，则态度的改变就十分困难。

（3）消费态度一经形成，持续的时间越长就越难以改变。例如，许多中老年人都有"老字号"情结，觉得老字号就是质量的保证，甚至不惜路途远、宁愿排队，也要去老字号"签到"。近年来，很多老字号为了留住老顾客，同时，也为了吸引更多年轻的消费者，纷纷采取新举措，激发消费者购买热情。例如，北京的老字号"瑞蚨祥""内联升"通过"直播带货"的方式吸引消费者。

老字号"内联升"通过"直播带货"吸引消费者

（4）形成态度基础的价值观与该态度相联系的程度越强该态度就越难以改变。每一个人都有自己的价值观，并通过对事物的各种态度反映出来。绝大多数商品或服务都象征性地代表一种特别的形象，当其与消费者所持的价值观相吻合时，就会使消费者对其产生良好印象，并难以改变。例如，中国人对白酒的喜爱，除了白酒符合中国人特殊的口感需要外，还与人们长期对白酒的态度有关。人们常将白酒与节日、庆典等场面自然地联系在一起，于是便形成了一种独特的具有中国特色的白酒文化。

2. 外界因素

（1）信息的作用。信息是指主体同外部客体之间有关情况的消息。消费者对信息传达者或输送渠道越信任，所产生的态度变化就越大。例如，体育用品生产商在对其产品进行宣传时，请奥运会金牌得主做代言人与请电影明星做代言人相比，前者会有更大的说服力。

（2）个体之间态度的相互影响。态度具有相互影响的特点，在个人态度受外界影响的因素中，他人的意见是很重要的因素。许多心理测试表明，当一个人首先表达他对某事的意见后，在场的其他人很容易附和；而当另一种意见更有说服力时，人们又可能转变认识。这说明人们对事物的看法、见解很容易相互影响。这种相互影响的原因比较复杂，比较可信的解释就是从众心理的作用，随大流会使人感到安全。另外，人们不愿表现出自己的错误或无知，附和他人意见是一种比较好的掩饰。

（3）自我知觉理论的作用。自我知觉理论认为，改变消费者的行为也可改变其态度。因为人们以某种方式行动时，实际上已经作出了承诺，这种承诺会带来态度的改变。其核心是在消费者行为中存在着一些行为模式，这些模式作用的结果能使态度有不同程度的改变，而行为能导致态度改变的关键是它们所包含的承诺程度。例如，消费者使用优惠券购买某种商品，说明对该商品有了一定承诺；如果消费者没有任何理由就购买某种商品，则说明有了更高程度的承诺；重复地购买某种商品，说明承诺的程度是最高的，消费者对商品已产生了积极态度。

（4）团体压力。消费态度通常是与消费者个人所属团体的期望和要求相一致的。团体的规范和习惯力量会无形中形成一种压力，影响着团体内成员的态度。团体中的个体也愿意使自己的态度和行为与团体中的大多数成员相一致，以求得到团体的认可。更值得强调的是当消费者改变了所处的团体时，其态度又会同新的团体规范相适应。

（二）营销策略与消费态度的改变

消费态度的改变可分为两种。一是方向的改变，即原来反对的变成赞成，或原来喜欢的变成不喜欢。这种态度的改变也称为不一致性改变。二是强度的改变，但态度的方向不变。例如，原来态度为赞成（或反对），改变为强烈赞成（或强烈反对），即指增加积极度（或消极度），使之成为一种更加强烈的积极态度（或消极态度）。这种态度的改变也称为一致性改变。

消费者在购买决策过程中不仅会因态度产生偏爱，而且还会产生偏见。厂商从保护自身的利益出发，要改变消费者的消极态度，以推广其产品。除此以外，有的厂商为了在激烈的市场竞争中争取更多的消费者，也需要将消费者原来的不积极（但不是偏见）态度改变为积极态度，使消费者对其产品产生购买兴趣。改变消费态度的营销策略主要有三种。

1. 改变认知成分

（1）改变信念，是指改变消费者对品牌或产品的一个或多个属性的信念，具体方法是提供有力的事实或描述。

（2）改变属性的权数。消费者认为产品的某些属性比另外一些属性更加重要，从而会对公司的品牌产生较不利的认知。为此，营销人员可以设法改变消费者的属性权数，强调公司产品相对较强的属性是此类产品最重要的属性，以改变消费者的品牌认知。比如，克莱斯勒汽车在款式、耐用性、节油性、舒适性等方面和竞争者相比不占优势，但它是最早将汽车安全气囊作为标配的汽车公司之一，因此它在广告中大力强调汽车的安全性是汽车最重要的属性，从而使消费者的品牌认知向有利于该品牌的方向倾斜。

（3）增加新属性，是指在消费者的认知结构中增加新的属性概念，使消费者原先没有认识到或没有重视的相对较强的属性成为影响消费者认知的重要属性。例如，液晶显示器普及之前，多数消费者购买台式计算机显示器时对辐射问题并未给予充分的重视，换言之，消费者在关于显示器的品牌信念形成过程中没有考虑"辐射量"这项属性指标，如果这种情况不改变，消费者就不太可能购买弱辐射但价格昂贵的液晶显示器。营销人员可运用多种手段宣传辐射对人体造成的危害，促使消费者把辐射量作为显示器的重要属性来考虑，改变其产品信念和购买行为。

（4）改变理想点，是指在既不改变消费者的属性权数，也不增加新属性的条件下改变消费者对属性理想标准的认识。例如，电视机尺寸大小是消费者选择产品所考虑的重要属性之一，许多人存在着单纯求大的倾向，导致许多中等尺寸的电视机销路不佳。有鉴于此，营销人员可宣传电视机的尺寸应当与房间的大小相适应，进而改变消费者对电视机理想尺寸的认识。

2. 改变情感成分

营销人员越来越多地试图在不直接影响消费者品牌信念和行为的条件下先影响他们的情感，促使他们对产品产生好感。营销人员使消费者对产品产生好感的方法有三种。

（1）建立消费者对产品的经典条件反射。企业将消费者喜爱的某种刺激与品牌名称放在一起展示，多次重复就会将该刺激导致消费者产生的正面情感转移到本品牌上来。例如，挑战极限运动能够激发消费者感受力量和毅力的正面情感，如果把挑战极限运动的镜头与某运动饮料品牌放在一起多次播放，就会将消费者对该项运动的喜爱转移到该品牌上来。

（2）激发消费者对广告本身的情感。消费者如果喜欢一则广告，也能催生他对产品的正面情感，进而提高购买参与程度，形成有意识的决策过程。使用幽默广告、名人广告、情感性广告等都能增加受众对广告的喜爱程度。

（3）增加消费者对品牌的接触。大量的品牌接触次数也能增加消费者对品牌的好感。对于低度参与的产品，可以通过反复播放广告提高消费者的喜爱程度，而不必改变消费者最初的认知结构。这里，重复是以情感为基础的营销活动的关键。

3. 改变行为成分

在改变消费者的认知或情感之前改变其行为的主要方法是运用操作条件反射理论。营销人员的关键任务是促使消费者试用和购买本企业的产品并确保产品的优异质量和卓越性能，使消费者感到购买本产品是值得的。吸引消费者试用和购买产品的常用策略有发放优惠券、免费试用、购物现场的展示、消费者体验、捆绑销售以及降价销售等。此外，营销人员还要健全商品分销系统，保持适当的库存，避免脱销，防止现有消费者再去尝试竞争产品。因为这种尝试很可能会引起消费者对竞争产品的好感并改变其购买选择。

 归纳与提高

本章讨论了心理学中的学习和态度。学习是人们适应环境的动态过程，消费者购买活动的每一步都是在学习。消费者的学习有多种方法，本章主要介绍了模仿法、试误法和观察法。有关学习的理论中，主要讨论了行为主义学派的理论、认知学习理论和观察学习理论。其中，行为主义学派的理论包括经典条件反射理论、操作条件反射理论。消费者学习过程中要考虑学习强度、刺激泛化、刺激辨别和反应环境等特征。

态度是指人们对事物所持有的肯定或否定、接近或回避、支持或反对的心理的倾向。消费态度是消费者评价消费对象优劣的心理倾向，导致消费者喜欢或讨厌、接近或远离特定的商品或服务。消费态度是由认知、情感和行为倾向等三种要素构成的复合系统，其功能包括效用功能、自我防御功能、知识功能和价值表现功能。常用的消费态度测量方法主要有态度测量法、语义差异量表法和多重性测量法。改变消费态度的营销策略包括改变认知成分、改变情感成分和改变行为成分。营销人员的关键任务是促使消费者使用或购买本企业的产品并确保产品的优异质量和卓越性能，使消费者感到物有所值。

 综合练习题

一、填空题

1. 消费者不断购买商品、使用商品的过程，也就是一个不断进行_____的过程。
2. _____把学习看作问题的解决，强调由学习所带来的心理状态的变化。
3. 所学习的对象对消费者越_____，消费者的学习就越有效率和效果，其持续时间也越长。
4. _____是指由某种刺激引起的反应可经由另一种不同但类似的刺激引起。
5. 消费者的态度是由_____、情感和行为倾向等三种要素构成的复合系统。

二、单项选择题

1. 消费者学习的方法有很多，例如（　　　）。
   A. 加强法　　　　　B. 情绪法　　　　　C. 色彩法　　　　　D. 模仿法
2. （　　　）是由苏联生理学家伊万·巴甫洛夫创立的，它解释的是刺激与反应之间某种既定的联系。
   A. 经典条件反射理论　　　　　　　　B. 操作条件反射理论
   C. 认知学习理论　　　　　　　　　　D. 观察学习理论

3. 商场提供的免费购物班车是为了增加消费者购买行为发生的概率，这种强化消费者行为的方法在心理学中称为（　　　）。

    A. 区别激励　　　　B. 塑造　　　　　　C. 刺激　　　　　　D. 泛化

4. 一般来说，消费态度具有（　　　）的特点。

    A. 稳定性　　　　　B. 易变性　　　　　C. 隐蔽性　　　　　D. 短期性

5. 消费者可以通过表明某种态度以求得与外部环境的协调，这体现了态度的（　　　）功能。

    A. 效用　　　　　　B. 知识　　　　　　C. 自我防御　　　　D. 价值表现

三、论述题

1. 什么是学习？对消费者来说主要有哪些学习的方法？

2. 经典条件反射理论与操作条件反射理论有何异同？

3. 什么是观察学习理论？怎样利用该理论刺激消费者的反应？

4. 运用认知学习理论分析认知因素对消费者行为的影响。

5. 试述刺激泛化和刺激辨别及其对消费者的影响。

6. 简述态度及其构成要素，分析消费态度的基本功能。

7. 影响消费态度改变的因素有哪些？

四、实践题

1. 两人一组，到附近的商场某一化妆品专柜进行观察访谈，了解顾客希望学习了解哪些化妆品知识，这些化妆品知识是否有助于其作出购买决定。

2. 调查你身边的 10 个以上的同学对以下事物的态度，并写出一份访谈报告：①碳酸饮料；②中式服装；③奶茶；④外卖骑手；⑤手机游戏；⑥合租房子。

五、案例分析题

在 20 世纪 90 年代，以可乐为代表的碳酸饮料曾风靡全球。发展至今，碳酸饮料已走过了上百年，经历了许多变化，但一直未变的是，可口可乐与百事可乐的"红蓝之争"。这两种可乐几乎代表了整个可乐界，也霸占了碳酸饮料的榜首。据统计，全世界每一秒都有一万多人正在享用可口可乐公司的饮料。2024 年 3 月，可口可乐公司荣登《财富》2024 年全球最受赞赏公司榜单。

但在 1985 年可口可乐曾宣布更改传统配方，这一次的更改配方险些铸成大错。请扫码阅读完整案例，并回答以下问题：

（1）新口味可口可乐存在的主要问题是什么？

（2）分析企业应如何把握品牌的重新定位。积极的品牌态度是如何影响消费者行为的？

第八章　自我概念与生活方式

【学习目标】

理解自我概念和生活方式的含义；了解自我概念是如何形成的；了解自我概念与产品的象征性之间的关系；掌握自我概念对消费的影响；了解生活方式和消费行为的关系；掌握生活方式的测量方法。

【关键术语】

自我概念、生活方式、理想自我、产品的象征性、符号消费、生活方式营销

【导入案例】

永远的香奈儿

1910年，嘉柏丽尔·香奈儿女士（Gabrielle Chanel，又名 Coco Chanel）在巴黎开设了一家帽子店，其简洁、舒适、耐看的设计对当时已厌倦了花哨饰边的女士来说犹如甘泉一般清凉，迅速风靡巴黎。但只做帽子远不能满足香奈儿对时装事业的野心。1912年，香奈儿开设了她的第一间服饰店，随后推出以针织面料制作的休闲服饰，此前这种面料一般用于制作男士内衣。这一尝试突破传统时装理念，改变了女性与她们身体的关系，迅速获得成功，由此，对后世影响深远的时装品牌"CHANEL"诞生了。

20世纪20年代，香奈儿设计了不少新颖的款式，如针织水手裙、黑色迷你裙、樽领套衣等。香奈儿一改当年女装过分艳丽的绮靡风尚，去除胸前多余剪裁、拿掉垫肩，在女装上增添男性元素。至今，很多人仍然为香奈儿套装痴狂，其"标志性的设计"——"小香风"仍然是流行时尚。除了时装，1921年，香奈儿推出了"一款闻起来像女人的香水"N°5五号香水，彰显十足女性魅力，成为香奈儿历史上最赚钱的产品之一，且经久不衰。

香奈儿的独立思想和开创性的设计理念影响了整个时尚界，她坚信女性应该有自己的事业和独立的思想，这种精神正是香奈儿品牌的核心所在。香奈儿曾经说过："时尚过时，风格永恒"，体现了品牌对于自身价值的理解和追求，即希望成为一种永恒的生活方式和精神追求，而不仅仅是一种时尚潮流。如今，双C标志、经典黑白色、白色山茶花、立体菱形格纹成为香奈儿品牌的标志。无论是不是香奈儿品牌的目标消费者，其独立和自信的品牌精神具有极强的感召力，正如香奈儿所说："你可

香奈儿5号香水广告

以穿不起香奈儿，你也可以没有多少衣服可供选择，但永远别忘了一件最重要的衣服，这件衣服叫自我。"

启发思考：

（1）根据案例，查阅资料，分析香奈儿的品牌精神是什么？与目标消费者的关系是怎样的？

（2）香奈儿是如何表达品牌象征性的？它向消费者表达了怎样的自我概念？

第一节　自我概念

视野拓展

庄周梦蝶与认识自我

在日常生活中，我们常常会觉察到自己的一切区别于周围其他的物与其他的人，这里所说的自己的一切包括我们的身体、生理与心理活动等。"我是谁""我是什么样的人"等问题一直是心理学研究中的古老又热门的话题，因为心理学研究的根本问题就是"人是什么"。

自我概念是指个人对自己的能力、气质、性格等个性特征的知觉、了解和感受的总和。换言之，即一个人对自身存在的体验。它包括一个人通过经验、反省和他人的反馈，逐步加深对自身的了解。自我概念是一个有机的认知机构，由态度、情感、信仰和价值观等组成。消费者的自我概念是自身体验和外部环境相互作用的结果。自我概念是影响消费心理和行为的一个重要因素。消费者会选择那些与自我概念相一致的商品与服务，避免选择与自我概念相抵触的商品和服务。正是在这个意义上，研究消费者的自我概念对企业的营销策划有着重要意义。

一、自我概念的形成

自我概念是个体在社会化过程中，通过与他人交往以及与环境发生联系，对自己的行为进行反观自照而形成的。

 思考与讨论

你感觉对自己非常了解，但有时候又感觉对自己很陌生。根据本章关于"自我"的定义，分析其中的原因。你认为应如何全面地了解自己？

（一）自我概念的形成过程

1. 自我概念萌生时期（生理自我形成期）

微视频

什么是自我概念？

在生命降生之初，婴儿是没有自我概念的，他们甚至不能意识到自己和外界事物的区别。婴儿一般在八个月左右，生理自我开始萌生，这是自我概念的最初形态。到一周岁左右，幼儿开始能把自己的动作和动作对象区别开来，初步意识到自己是动作的主体。例如，当他（她）手里抓着玩具的时候，就不会再把玩具当作自己身体的一部分了。一周岁以后，幼儿逐步开始认识并感觉自己的身体。不过，他（她）只是把自己作为客体来认识，他（她）从成人那里学会使用自己的名字，并且像称呼其他人一样称呼自己。

一般到两岁左右，幼儿逐渐学会用代词"我"来代表自己。三岁左右的儿童，自我概念有了新的发展，主要表现在以下两方面。一是出现了羞愧感、疑虑感、占有欲和嫉妒感。例如，母亲对其他儿童表现出喜爱，他（她）会产生强烈的嫉妒感。二是第一人称"我"使用频率提高，许多事情都要求"我自己来"，开始有了自我独立的要求。可以说，三岁儿童的自我概念已经有了一定的发展，但其行为仍然是以自我为中心的，即以自己的想法解释外部世界，并把自己的想法和情感投射到外界事物上去。

2. 自我概念形成时期（社会自我形成期）

自我概念的形成时期是指三岁到青春期这段时期，是个体接受社会化影响最深的时期，也是学习角色的重要时期。个体在家庭、幼儿园、学校中游戏、学习、劳动，通过模仿、认同、练习等方式，逐步形成各种角色观念，如性别角色、家庭角色、伙伴角色、学生角色等。这一时期也是个体获得社会自我的时期，他们开始意识到自己在人际关系、社会关系中的作用和地位，意识到自己所承担的社会义务和享有的社会权利等。

3. 自我概念发展时期（心理自我形成期）

从青春发育期到青春后期的大约 10 年时间，是自我概念的发展时期。这一时期，个体的自我观念渐趋成熟，无论是生理，还是认识或情绪，都有很大变化，如性的成熟、逻辑思维和想象力的发展、感受性的敏感，这些都是自我概念得以发展的基础。这一时期，由于自我意识的发展，个体要求独立的意识强烈，想摆脱成年人的影响和束缚。

一般来说，青年自我意识的发展经历着一个特别明显的、典型的分化，是一个矛盾、统一的过程。自我明显的分化，意味着自我矛盾冲突的加剧。

4. 自我意识完善时期（自我概念统一期）

如果说青春期是自我概念迅速发展并趋向成熟的阶段，那么青春期之后则是个体的自我概念完善的阶段。这一阶段是主体我与客体我、理想我与现实我重新实现统一的时期。这种统一的结果有两种可能性：积极的结果是形成新的真实的自我统一，使人增强自信，努力奋斗，有利于自身发展；消极的结果则是形成歪曲的自我统一，使人或自卑，或自负，影响个体自身的成长和发展。

思考与讨论

步入青春期的青少年的心理发展和生理发育往往不同步，具有半成熟、半幼稚的特点，很多人通过消费来满足虚荣心和好奇心，表现为在同伴中的好胜心及自我表现的心理欲望。为迎合青少年的心理特点，企业常通过品牌定位和品牌传播进行营销。请举例说明。

美国的精神病医师、新精神分析派的代表人物埃里克森（Erikson）认为，人的自我意识发展会持续一生。他把自我意识的形成和发展过程划分为八个阶段，他认为这八个阶段的顺序是由遗传决定的，但是每一阶段能否顺利度过却是由环境决定的。在心理发展的每一个阶段都存在一种"危机"，或称为矛盾、冲突。对危机的积极解决有助于自我力量的增强，有利于个人适应环境。表 8.1 显示了埃里克森的人格发展阶段和相应品质的对应关系。

表 8.1 埃里克森的人格发展阶段和相应的品质

年龄段	社会转变期的心理冲突	获得的相应品质	
		积极的	消极的
婴儿（1 岁以内）	信任感/怀疑感	希望、信任	恐惧、不信任
学步儿（1~2 岁）	自主感/羞怯感	意志（自制力）	自我怀疑
学前儿童（2~6 岁）	主动感/内疚感	自主和价值感	无价值感
小学生（6 岁到青春期）	勤奋感/自卑感	能力、勤奋	无能
青少年（十几岁到 20 岁）	自我同一性/同一性混乱	忠诚、自信	不确定感
青年（20~40 岁）	亲密感/孤独感	爱和友谊	泛爱（杂乱）
中年（40~60 岁）	生产（繁衍）/停滞	关心他人和创新	自私自利
老年（60 岁以上）	自我整合/悲观绝望	智慧	绝望和无意义感

根据埃里克森的理论，可以认为一个人自我概念的形成和发展是终生的，是一个人人格成长的过程。因此，每一阶段的健康发展对个人成长都非常重要。另外，研究表明，自我概念的发展不仅与年龄有关，而且还与人的知识水平有关。一个人的文化素质越高，其自我概念就可能越强。

📚 视野拓展

什么是本我、自我和超我？

西格蒙德·弗洛伊德（Sigmund Freud）是奥地利精神病医师、心理学家、精神分析学派创始人，他认为人格是由本我（Id）、自我（Ego）和超我（Superego）构成的。本我是人格结构中最原始的部分，从出生日起即已存在，支配本我的是唯乐原则；自我是个体出生后，在现实环境中由本我分化发展而产生的，支配自我的是现实原则；超我是人格结构中居于管制地位的最高部分，是由于个体在生活中接受社会文化道德规范的教养而逐渐形成的。超我有两个重要部分：一为自我理想，是要求自己行为符合自己理想的标准；二为良心，是规定自己行为免于犯错的限制。因此，超我是人格结构中的道德部分。从支配人性的原则看，支配超我的是完美原则。

（二）自我概念形成的影响因素

自我概念的形成主要受到以下四个方面因素的影响。

（1）通过自我评价来判断自己的行为是否符合社会所接受的标准，并以此形成自我概念。例如，人们把有的行为归入社会可接受的范畴，把有的行为归入社会不可接受的范畴。通过对自己的行为进行反复不断的观察、归类和验证，就形成了自我概念。

（2）通过他人对自己的评价来进行自我评价，从而形成自我概念。他人的评价对自我评价的影响程度取决于评价者自身特点和评价的内容。通常评价者的权威性越强，与自我评价的一致性越高，对自我概念形成的影响程度也就越大。

（3）通过与他人的比较观察而形成和改变自我概念。人们对自己的评价还受到与他人比较的影响。比较的结果相同或不同，都会在一定程度上改变人们的自我评价，并驱动人们采取措施修正自我形象。

（4）通过从外界环境获取有利信息来发展自我概念。人们受趋利避害的心理驱使，往往希望从外界环境中寻找符合自己意愿的信息，而不顾及与自己意愿相反的信息，以此来证明自我评价是合理的、正确的。这一现象证明了人们经常从自己喜欢的方面来看待和评价自己。

🐢 思考与讨论

（1）有些国家（如法国、意大利、西班牙）对模特儿的体重、年龄等有硬性规定，禁止体形过于消瘦的模特儿走T台。你怎样看待这一现象？

（2）你认为时尚产业是否影响了消费者的自我概念？推崇过于瘦弱和纤细的体型会对消费者产生怎样的影响？请结合自身的实际生活进行讨论。

二、自我概念的划分

最早从自身存在体验这一角度论述自我概念的是17世纪的哲学家笛卡儿，他用"Cognito"一词描述自我概念，意指"自身存在意识"，并把它作为人类存在的核心。心理学家弗洛伊德在精神分析理论中用"Ego"表示自我概念。对自我概念的划分方法有不同的研究结论，以下举例说明。

1. 三分法

心理学家威廉·詹姆斯认为，自我概念包括三个构成要素，即物质自我、社会自我和精神自我。这三个构成要素都伴有自我评价的感情（即对自己是否满意）以及自我追求的行为，具体见表 8.2。

表 8.2　威廉·詹姆斯的自我概念构成

构成要素	自我评价	自我追求
物质自我	对自己身体、衣着、家庭所有物的自豪感或自卑感	追求自我形象、欲望的满足
社会自我	对自己的社会名誉、地位、财产的估计	引人注目，讨好别人，追求情爱、名誉及竞争，具有野心等
精神自我	因自己智慧、能力、道德水平而产生的优越感或自卑感	在宗教、道德、良心、智慧等方面求上进

2. 四分法

《消费者行为研究》一书的作者格伦·沃特认为，自我概念有四个组成部分，具体见表 8.3。

（1）真实自我，是一个人实实在在的、完全客观的真实本我。实际上，消费者的购买行为往往不是在客观地、全面地认识自我之后才发生的，很多是自己没有意识到的，即受潜意识所支配的。

表 8.3　格伦·沃特的自我概念构成

自我概念	含义
真实自我	一个人实实在在的、完全客观的真实本我
理想自我	希望自己成为什么样的人
形象自我	对自己的看法和认识
镜中自我	认为别人对自己的看法

（2）理想自我，是消费者希望自己成为什么样的人，而不是他实际上是一个什么样的人。理想自我和一个人所崇拜和信仰的对象，以及所追求和渴望的目标有很大关系。实际上，理想自我很难完全实现，因为人的追求与期望是无止境的。有些研究表明，消费者力求实现的理想自我可以在他购买"威望类"商品时表现出来。比如，购买高档服装、珠宝首饰、豪华轿车、私人游艇等。

示例

医美：向"理想自我"靠近？

当前我国医疗美容（简称医美）市场非常活跃，成为全球增速最快的医美市场之一。德勤中国 2024 年 6 月发布的《中国医美行业 2024 年度洞悉报告》显示：高端需求者（2023 年家庭税前年收入大于 30 万元，医美年度支出大于 5 万元）的需求并未减弱。在 2023 年，91%的需求者维持或增加了医美消费金额。具体来看，高端消费人群的消费项目已经从面部扩展到身体。另外，男性医美市场正在加速崛起。2023 年，男性在医美消费上的支出同比增加了 27%。在接受调研的男性中，43%计划在 2024 年增加在医美上的消费，这一比例高于女性。为了心目中的"理想自我"的形象，医美需求者正向多样、深层、综合、个性化求美的诉求进行转化。

（3）形象自我，是消费者对自己的看法与认识，也是真实自我与理想自我的混合物。表达自我形象的重要途径之一就是消费。消费者购买某种商品，要么是想保持自己的某种形象或完善自己的形象，要么就是想改变自己的形象。

当一个人不喜欢现在的自我形象，希望更接近理想自我，认为其他人对自己印象不好或希望与某些人进行社会交往时，就有可能采取改变自我形象的行动。例如，美容整形手术可实现现实生活的"理想化"，有些人为了使外在的容貌更接近理想自我的形象，会通过美容整形手术来改善外形、外貌，以提升自我形象，达到理想自我状态。

思考与讨论

（1）如果品牌用外貌出众的明星来做广告会不会影响人们的自我概念？
（2）为什么近年来出现了许多美容整形医院？这反映了消费者怎样的心理追求？

在日常生活中，人们常通过服饰来帮助自我完成理想形象的塑造，并通过服饰的选择和搭配，表现出个人的审美素养和对理想自我的追求。另外，在不同历史时期的不同国家、民族和文化中，又存在着人们共同的理想形象。例如，16—19世纪的欧洲以成熟的女性为美，服装造型正面看为X形，侧面看则为S形，强调胸部和臀部的丰满。而20世纪20年代，欧美女性追求一种"男孩子"风格的形象——容貌天真纯洁，手足纤细而胸部平坦，因而服装造型转为H形，装饰细节集中于腰腹部。50年代，欧美女性曾一度风行使用胸垫，追求一种性感的曲线；60年代又以瘦为美，几乎到了越瘦越好的地步；80年代又转而追求一种纤长、矫健的体形。

（4）镜中自我，是消费者自己认为的他人对自己的看法。这种自我同一个人对他人的看法有关。比如，他人的学识、年龄、社会地位等。因此，两者是一种互动关系。

通常情况下，人们都具有从真实的自我概念向理想的自我概念转化的意愿和内在冲动。这成为人们不断修正自己的行为，以求自我完善的基本动力。不仅如此，人们还力求使自己的形象符合他人或社会的理想要求，并为此而努力按照社会的理想标准行事。正是在上述意愿和内在冲动的推动下，自我概念在更深层次上对人们的行为产生着影响，调节着行为的方式、方向和程度。而消费者一旦形成了某种自我概念，就会在这种自我概念的支配下产生一定的购买行为。

视野拓展

约哈里窗

心理学家约瑟夫·卢夫特（Joseph Luft）与哈里·英格拉姆（Harry Inghram）提出"约哈里窗"（Johari Window）的概念。"窗"是指一个人的心就像一扇窗。约哈里窗展示了关于自我认知、行为举止和他人对自己的认知之间在有意识或无意识的前提下形成的差异，由此把一个人的内在分成四个部分：公开的自己、盲目的自己、隐藏的自己、未知的自己。一般而言，这四个部分是相互影响的，任何一个区域变大，其他区域就会缩小，反之亦然。而各部分大小的变化，又会受到自我揭露、他人回馈的影响。约哈里窗在认识自我、促进人际沟通方面具有一定的应用价值。

	自己了解	自己不了解
他人了解	公开的自己 你和他人都很了解你本人	盲目的自己 别人很了解你，但你对自己不甚了解
他人不了解	隐藏的自己 你很了解自己，但别人不了解你	未知的自己 你和别人都不清楚关于自己的信息

三、自我概念与产品的象征性

自我概念作为影响个人行为的深层个性因素，同样存在于消费心理活动中，对消费行为有着深刻的影响。从本质上讲，消费者希望通过品牌来展示自己，所以他们会选择可以增强自我概念的商品，回避那些与自我概念的特点不一致的商品。

1. 商品的社会意义

由于自我概念涉及个人的理想追求和社会存在价值，因而每个消费者都力求不断促进和增强自我概念。而商品和服务作为人类物质文明的产物，除具有使用价值外，还具有某些社会象征意义。换言之，不同档次、质地的商品往往蕴含着不同的社会意义，代表着不同的文化、品位和风格，通过购买和使用这些商品，可以显示出消费者与众不同的个性特征，增强和突出个人的自我形象，从而帮助消费者有效地表达自我概念，并促进真实自我向理想自我转变。

奔驰车在中国是豪华品牌车的代表，它强调尊荣华贵，象征成功和富有。

因此，在很多情况下，消费者购买商品不仅是为了获得商品所提供的功能效用，更多时候还是为了获得商品所代表的象征价值。例如，劳斯莱斯车对购买者来说，显然不单纯是一种交通工具。一些学者认为，某些商品对拥有者而言具有特别丰富的含义，他们能够向别人传递关于自我的很重要的信息。贝尔克用延伸自我这一概念来说明这类商品与自我概念之间的关系。贝尔克认为，延伸自我由自我和拥有物两部分构成。换句话说，人们倾向于根据自己的拥有物来界定自己的身份，所以某些拥有物不仅是自

Nike 的经典广告语突出年轻人的自我意识，强调运动本身。

我概念的外在显示，同时也是自我身份的有机组成部分。从某种意义上讲，消费者是什么样的人是由其使用的产品来界定的，如果丧失了某些关键拥有物，那么，他或她就成了不同于现在的个体。

产品象征意义的实现过程如图 8.1 所示。图中的阶段 1，消费者首先会购买某种能够向参照群体传达其自我概念的产品；阶段 2，消费者希望参照群体能理解其购买的产品所具有的象征性；阶段 3，消费者希望参照群体将产品所具有的象征品质看作他人格的延伸部分或自我的一部分。概括地说，消费者购买产品是为了象征性地向社会传递关于自我概念的不同方面。

图 8.1　产品象征意义的实现过程

2.　传递自我概念的符号或象征品

法国哲学家、现代社会思想家鲍德里亚认为，现代消费社会的特点是从"物的消费"过渡到"符号消费"。符号消费是消费社会的核心概念。一件商品不仅具有使用价值、交换价值，还具有符号价值，即表达其风格、名声、地位、身份以及权力等特征的价值。在符号消费中，消费过程就是向他人显示自己地位的过程，也是在消费和享受这种"地位象征""理想自我"以及由此所带来的一种自我满足的过程。

例如，有些人对奢侈品的崇拜和追捧，其实是对理想自我追求的一种展示。法国时尚品牌管理专家卡普费雷尔（Kapferer）给出了奢侈品一词的符号学解释及其社会学含义："奢侈品代表的是美好的事物，是应用于功能性产品的艺术。就像光可以带来光明一样。它们不仅是纯粹的物品，还是高品位的代名词。"

一般来说，成为象征品的商品具有三个方面的特征。第一，具有可见性。可见性是指它们的购买、使用和处置能够很容易被人看到。第二，具有变动性。由于资源、禀赋的差异，有些消费者有能力购买，而另一些消费者无力购买。如果每人都拥有一辆奔驰车，那么，这一商品的象征价值就丧失殆尽了。第三，具有拟人性。这是说商品能在某种程度上体现一般使用者的典型形象。豪华汽车、高档珠宝、高档服装等商品均具有上述特征，因此，它们很自然地被人们作为传递自我概念的象征品。

四、自我概念与消费者行为

个体为了获得理想自我或保持真实自我，经常通过购买或消费来实现。

根据上文，对自我概念的理解，可以归纳为以下几个方面：①每个人都拥有自我概念；②个体的自我概念对其本身来说是具

瑞士钟表品牌百达翡丽的经典广告语"没有人真正拥有百达翡丽，只不过为下一代保管而已"使产品成为连通父母与孩子的情感纽带，象征着爱和永恒。

有价值的；③由于自我概念被赋予价值和受到重视，人们试图努力保持和强化自我概念；④某些商品作为社会象征或符号传递着关于拥有者或使用者的社会意义；⑤商品作为社会象征或符号包含和传递着一定的意义，这反过来也会对人的物质自我、社会自我和精神自我产生影响。

由于上述原因，个体经常购买、消费某些商品或服务以保持或强化他所追求的自我概念，并在此过程中保持自我概念和商品或服务的一致，这是一个有意识和深思熟虑的过程。

🐾 思考与讨论

为什么打耳洞、在身体上穿孔或文身即使让人身体不舒服或痛苦，但还是有人去做，这反映了人们怎样的心理？

运用自我概念的理论，可以清楚地解释消费者的购买动机和购买行为中的某些微妙现象，并揭示出这些现象背后的深层原因。

大量实践证明，消费者在选购商品时，不仅以质量优劣、价格高低、实用性能强弱为依据，还把商品品牌特性是否符合自我概念作为重要的选择标准，即判断商品是否有助于"使我成为我想象或期望成为的人"，以及实现"拥有某种商品我希望他人如何看待我"。如果能够从商品中找到与自我印象或评价一致（相似）之处，消费者就会倾向于购买该商品。

例如，讲究实用、乐于接受新鲜事物的消费者很容易被高性价比的小米产品所吸引；同样，追求极致、认同奋斗精神、倔强不服输的消费者很可能对华为产品情有独钟；一个自认为气质不凡、情趣高雅、具有较高欣赏品位的消费者在购买服装时，会倾心于那些款式新颖、色调柔和、质地精良、做工考究、设计独特的品牌服装，而不喜欢大众化服装。由此可以得出结论：消费者购买某种品牌的商品与他们的自我概念是比较一致的。

对消费者的自我概念作深层研究，可以进一步得出结论，消费者购买某种商品，不仅是为了满足特定的物质需要或精神需要，同时还出于维护和增强自我概念的意愿。在这一意义上，购买商品成了增强自我概念的手段，自我概念则成为控制购买行为的中心要素。

五、基于自我概念的营销策略

有研究表明，消费者自我形象和商店形象之间的一致性在很大程度上影响着消费者对该商店的忠诚度。

1. 运用自我概念进行产品定位

营销人员应该努力塑造产品形象并使之与目标消费者的自我概念相一致。虽然每个人的自我概念是独一无二的，但不同个体之间也存在共同或重叠的部分。比如，许多人将自己视为环保主义者，那些以关心环境保护为诉求的公司和产品将更可能得到这类消费者的支持。例如，创建于20世纪80年代的美国服装品牌艾琳费雪（EILEEN FISHER），在发展过程中衍生出了独有的公司文化：专注设计轮廓简洁的服装，走在环保、可持续发展的前列，不办秀场，员工持股，回收服装进行再销售等。

2. 运用自我概念进行新产品研发

就生产者而言，对于消费者自我概念的研究，对新产品设计具有重要的指导作用。新产品设计应当符合消费者某种特定的自我概念，这也意味着，当现有产品不能与消费者的自我概念相匹配时，才有必要设计和生产新产品。而新产品不仅要在质量、外观、性能上有别于老产品，更要具有独特的个性和社会象征意义，能够体现出尚没有特定产品与之相匹配的消费者的自我形象。

3. 运用自我概念进行商品销售

在商品销售中，要了解消费者的自我概念，告诉他们哪些商品与其自我形象一致，哪些不一致，向消费者推荐最能反映其形象特征的商品，这样可以有效地影响和引导消费者的购买行为。

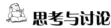 **思考与讨论**

日常生活中，很多分享到社交网络上的照片都会经过美颜处理，这背后折射出什么社会现象？这对生产者来说意味着什么？

4. 运用自我概念进行广告宣传

由于消费者的自我概念与消费行为之间的联系，在制定广告策略时要使广告信息与广告说服对象的自我概念相吻合。例如，使产品代言人的形象、产品或品牌形象与目标受众的自我概念相匹配，以实现广告的说服效果。

需要注意的是，由于媒体宣传对消费者的自我概念会产生潜移默化的影响，尤其是宣传中的名人效应会对消费者的自身评判标准产生巨大的冲击。因此，经营者在广告宣传中需要坚持一定的伦理标准。例如，有的化妆品品牌过度宣传使用效果，误导消费者为了追求美、追求极致而不惜花费重金；时尚产业过于推崇瘦弱的模特儿和形体，对消费者的身心健康也带来了负面影响。

经典实验

"个人空间"实验——距离有多远，心就有多远

人与人间有一个无形但实际又存在的界限，那就是个人领域意识，也可以说社交安全距离。人们会根据与对方的关系而保持相应的距离，这种距离的保持通常是无意识的。因此，我们可以根据空间距离来推断人与人间的交往关系。

心理学家曾经做过这样一个实验：在一个刚刚开门的阅览室里，当里面有一位读者的时候，心理学家进去后坐在了那位读者的旁边，结果这位读者起身离开了座位。实验进行了80次，在一个只有两位读者的空旷阅览室里，没有一位被试者能够忍受一个陌生人紧挨着自己坐下。当他坐在那些读者身边后，被试者不知道是在做实验，很多人选择了默默远离到别处坐下，甚至还有人干脆明确表示："你想干什么？"这个实验向我们证明了任何一个人都希望有自己可以把握的自我空间，如果这个空间被他人触犯，就会感觉到不舒服、不安全等不适，甚至会恼怒起来。

既然距离在人际交往中如此重要，那么到底保持多远的距离才合适呢？美国心理学家、人类学家爱德华·霍尔认为，社会生活中，人的身体周围有一种看不见但却实际存在的界限，这种界限所包围的身体周围区域就是个人空间，霍尔划分了四种区域或距离：①亲密距离，一般为0～0.5米，即恋人之间、夫妻之间、父母与子女之间、至爱亲朋之间的交往距离。②社交距离，一般为0.5～1.5米，主要是同学、同事、一般朋友谈话时通常保持的距离。③礼仪距离，一般为1.5～3米，在这个距离上人们可以打招呼，是在正式的社交活动中所采用的距离，也是不太熟悉的人们从事交流活动的范围。④公共距离，这个空间的活动，一般距离为3～7米，包括所有类型的公众交流，如演讲、法庭辩论等。

与他人交往距离的远近影响着人的心理和行为，如在拥挤的公交车上，人们挤来挤去互相侵犯亲密区，在这种情况下人们通常会尽量不去看紧贴自己的人，回避面对面的目光接触，也尽量避免身体任何部位的接触，并在潜意识里将对方视为"非人"，同时收敛自己的面部表情，漠然处之，以尽量避免别人对自己的注意。

当然，人际交往的空间距离也不是固定的，它具有一定的灵活性，这取决于具体的情境、谈话双方的关系、社会地位、文化背景、人格特征、情绪等。

第二节　生活方式

　　狭义的生活方式是指一个人在日常生活中的活动方式，包括衣食住行以及闲暇时间的利用等。广义的生活方式指人们一切生活活动的典型方式和特征的总和，包括劳动生活、消费生活和精神生活等活动方式。美国消费者行为学教授所罗门（Solomon）为生活方式提供了更为具体的定义："一个人花费时间和金钱的方式。"它反映了一个人的活动、兴趣和意见等方面的特征。

思考与讨论

　　请你总结自己的生活方式特点，想想你的生活方式和你的个性之间的联系。

一、生活方式对消费者的影响

　　一个人拥有良好的生活方式是非常重要的。有学者进行的相关研究发现：保持健康饮食、加强体育锻炼和减掉多余体重有助于控制 2 型糖尿病。许多被诊断患有这种疾病的人仅仅利用生活方式干预，无须药物就可有效地逆转病情。可见，生活方式不仅体现了一个人的日常生活的活动方式，还会影响人的健康和寿命。

　　生活方式的研究对企业营销或者对预测他人行为非常有价值。消费者生活方式不同，与其消费关联的商品购买和服务选择也会不同。因此，根据生活方式的不同可以划分不同的细分市场。广告的主题符合消费者的生活方式才是有效的。例如，王老吉的广告"怕上火，喝王老吉"的目标消费者包括上班族，因此，以上班族经常加班熬夜作为广告场景的表达是恰当的。

　　改革开放以来，我国的消费者真切地感受到了从物质短缺的市场经济到物质丰富的市场经济所带来的生活方式的变化，这种变化体现在衣食住行的各个方面。例如，开车上班、在餐馆吃饭、骑共享单车、扫码付款、网上购物……，各种新生事物成了当前消费者日常生活的重要内容。

思考与讨论

　　在日常生活中，我们常常听到与生活方式相关的描述。例如，健康的生活方式、不健康的生活方式或者不正常的生活方式等。根据生活方式的定义，请描述一下你自己的生活方式。

　　生活方式对消费者的影响主要体现在以下几方面。

　　1. 生活方式与消费方式

　　生活方式会影响消费者花费时间和金钱的方式。

　　在传统社会中，消费者的人口统计特征在很大程度上决定了个体的消费选择。但在现代社会中，消费者在选择商品、服务时拥有较强的自主权，这种自主选择为消费者营造了一种相互沟通交流的社会氛围。消费者通过对商品和服务的选择向世人宣称自己是什么样的人、想成为什么样的人以及要避免成为什么样的人，这将会通过消费者如何进行个体时间安排、如何花钱等具体的事情体现出来。因此，生活方式影响着消费者选择闲暇活动或工作的方式、支配收入的方式、花钱的方式等，这将与消费者的外部行为紧密相连。由此，生活方式也可以成为判断消费者购买行为特征的依据。

　　需要注意的是，影响一个人形成特定的生活方式的因素有很多，如图 8.2 所示。生活方式受到个性、价值观、社会阶层，以及购买动机、情绪等多种因素的影响。

微视频
生活方式营销实例

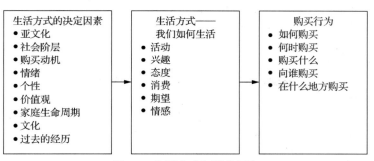

图 8.2　生活方式与消费行为

2. 生活方式与消费行为

生活方式会影响消费者的需要与欲望，同时也会影响其购买行为和使用行为。生活方式不仅体现在消费者对不同商品的支出模式上，也体现在对同类商品的选择上。例如，一个公司高管偏爱购买奢侈品箱包而非大众品牌箱包，以此来反映自己独特的生活方式以及对品质生活的追求，这也是其消费需求和欲望的体现。另外，生活中一个人的消费行为表现与生活方式也高度相关。例如，一个对服装讲究的人从事户外活动会穿休闲装或运动装，而在出入正式社交场合就会穿正装或礼服等。

💭 思考与讨论

父母的生活方式对孩子有榜样和示范作用。有研究显示，如果父母热爱户外运动，追求饮食健康，孩子的肥胖率就低。谈谈你和你的家庭成员之间在生活方式上相互影响的例子。

3. 生活方式与消费决策

生活方式会影响消费者的消费决策，而这些决策反过来又能强化或改变消费者的生活方式。消费者很少会明确地认识到生活方式在他们购买决策中所起的作用。例如，很少有消费者会这样想："我买肯德基快餐，以保持我的生活方式。"然而，那些具有追求方便、寻求变化的生活方式的人可能会出于便捷等原因，去肯德基买快餐。或者说消费者吃肯德基快餐并不完全是为了充饥，而是对快餐文化生活方式的一种认同。因此，生活方式通常为消费者提供了基本的动机和行动指南，尽管往往是以间接和微妙的方式表现出来的，但也足以让人们察觉到这种影响。

💭 思考与讨论

无论是餐厅、酒店、服装、家居用品，还是购物中心，各类品牌都在以不同的形式和方法从多方面"入侵"我们的生活，对我们的生活方式产生影响，甚至出现一些生活方式品牌，即通过更贴近实际生活的方式来迎合消费者内心对理想生活的追求。你是否了解这样的品牌，谈谈你对此的看法。

4. 生活方式与消费群体

生活方式往往与特定的消费群体相联系，成为群体认同的工具。消费者会依据自身的爱好、如何打发时间、如何花钱来将自己归入不同的群体，即生活方式成为划分群体的依据。并且，消费者还会根据群体所认同的生活方式特征来展现自己，形成群体成员具备的共同符号系统。例如，时尚达人群体有独特的审美眼光和敏锐的潮流意识，他们关注流行趋势，会花费大量的时间研究服装搭配、色彩搭配和配饰选择，他们善于将不同的时尚元素融合到自己的穿搭中，往往会打造出既时尚又独特的个人形象。他们还愿意花时间与社交媒体上的热爱时尚的人互动交流，分享自己的穿搭心得。如果你是一位时尚达人，你的时尚理念和生活方式就会向时尚达人群体靠拢，因为这是时尚达人的共同特征。

第八章　自我概念与生活方式

思考与讨论

了解你所在城市的主要购物中心，调查它们提供的商品和服务，分析该购物中心与消费者生活方式的关系。

二、生活方式与企业营销

1. 通过市场细分，发现新机会

生活方式的分类和识别为市场细分和市场营销组合提供了依据。企业的营销目标是使其营销组合符合消费者的生活方式，使消费者过上自己所选择的生活。企业营销的重要任务是确定哪些产品或服务与消费者特定的生活方式相近。

2. 突破同质化，与消费者共鸣

消费者是为了实现自己的个性化生活方式而接受各种产品和服务的。因此，企业只有通过了解消费者的生活方式，并将其作为企业营销战略思考的起点，为消费者提供生活方式方案，才能接近和打动消费者，才能在产品和服务同质化的情形下更有竞争力。

西西弗书店（SISYPHE）不仅是售卖图书的书店品牌，其旗下还有矢量咖啡、不二生活文创、"七十二阅听课"儿童阅读体验空间等。它已成为一种文化生活方式的标签。

3. 因势利导，作出有利的决策

企业要时刻关注社会变迁与社会心理变化，用一种宏观的视角发现一定社会形态下目标消费者的生活方式。比如，针对当前消费者的生活方式呈现出个性化和多元化的特点，可以因势利导，推出定制生活方式的概念，并通过营销活动传达品牌理念和时代精神。例如，红苹果家具围绕消费者生活方式，兼顾功能与生活美学，推出全屋定制的产品系列。

三、生活方式的测量

生活方式的测量指的是消费者生活方式的测量方法，目前较为流行的生活方式的测量方法主要有两种：一是 AIO 分析法，即从活动（Activity）、兴趣（Interest）、意见（Opinion）等三个方面进行测试的方法；二是 VALS 分析法，即价值观念和生活方式结构测试法。

（一）AIO 分析法

AIO 分析法又称为活动、兴趣、意见测试法，其基本思想是通过问卷（生活方式量表）调查的方式了解消费者的活动、兴趣和意见，以区分不同的生活方式类型。研究人员从消费者中抽取样本，以问卷的方式向消费者提出一系列问题，让消费者以文字表述或选择答案的方式回答。表8.4列出了测量消费者活动、兴趣和意见要素的主要指标以及回答者的人口统计变量项目。

一般来说，AIO 问卷中的问题可分为具体性问题和一般性问题两种类型。前者与特定产品相结合，测量消费者在某一产品领域的购买和消费情况；后者与具体产品或产品领域无关，意在探测消费者群体中的各种流行的生活方式。两种类型的问题均有各自的作用。这种测量方法在企业进

表 8.4　消费者的活动、兴趣、意见和人口统计变量项目举例

活动	兴趣	意见	人口统计变量项目
工作	家庭	自我表现	年龄
爱好活动	工作	社会舆论	性别
社会活动	交际	政治	收入
度假	娱乐	经济	职业
文娱活动	时尚	教育	家庭规模
社交	食品	产品	居住的地理区域
购物	媒体	未来	受教育程度
运动	成就	文化	所在城市规模
……	……	……	……

行市场细分、产品定位和促销沟通活动的过程中有广泛的应用价值。比如，消费者回答"我经常逛街买衣服"（A）、"我对最新的时尚趋势很感兴趣"（I）、"我认为人们应该穿舒适的衣服"（O）等，关于这些问题的反馈可以帮助企业根据消费者对服装的消费态度，细分出若干个市场，并采取相应的营销策略。

📚 视野拓展

什么是生活方式营销?

生活方式营销就是以消费者所追求的生活方式为诉求，通过将企业的产品或品牌演化成某种生活方式的象征甚至是一种身份、地位的识别标志，从而达到吸引消费者、拥有稳定的消费群体的目的。生活方式营销要求企业研究社会变迁及其对社会心理产生的影响，将消费者生活方式的特征与企业的营销战略结合起来，用一种综合的视角来审视企业的经营环境。生活方式营销的本质是一种有意义的建构。竞争将不再只是企业间单纯的商业竞争，还包括不同生活方式之间的竞争。这意味着围绕消费者生活方式的差异开展的竞争将出现多元化趋势。

（二）VALS 分析法

在生活方式的研究中，有学者引入了价值观理论，认为价值观是人们关于生活和行动的持久的信念，它与消费者的生活方式密切相关，是消费者行为更深层次的决定因素。由此，出现了 VALS（Value and Life Styles，价值观与生活方式）分析法。VALS 分析法具体以自我取向和资源两个维度为基础对消费者进行生活方式的测量和市场细分。

1. 自我取向维度

VALS 分析法的第一个测量维度是自我取向。自我取向分为三种，这三种自我取向决定了个人所追求的目标和行为的种类：①原则取向，这类人在进行选择时主要由自我信念和原则指导，不在意其他人的看法；②地位取向，注重地位的人寻求他人的肯定，并非常在乎其他人的想法；③行动取向，这类人渴望社交或体能性活动，热衷于社会性或实质性活动，动机多样化，并愿意承担风险。

2. 资源维度

VALS 分析法的第二个测量维度是资源，包括智力资源、教育资源、金融资源等。一般来说，从青少年到中年阶段，个体所具有的资源处于上升期，然后会保持相对稳定，随着个体的衰老，其资源将逐步减少。有学者根据 VALS 分析法将美国人分成八种类型的消费者，如图 8.3 所示。

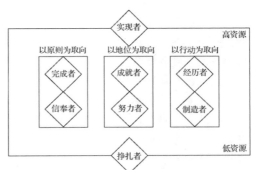

图 8.3　VALS 分析法对消费者的类型划分

（1）实现者。他们是成功、活跃、老练、富有自尊感的"领导式"人物，拥有丰富的资源，善于接受新观念和新技术。他们非常注重形象，其消费行为具有追求高档、特定产品和服务的特点。

（2）完成者。他们是成熟、容易满足、喜欢沉思的消费者，尊重秩序、知识，具有责任感，对新观念保持开放心态。尽管有足够的收入允许他们有多样化的消费选择，但他们是讲究实际的消费者，注重购买产品的耐用性、功能和价值。

（3）信奉者。他们是保守、传统的消费者，在家庭、宗教、社区和国家等方面遵循已有的和传统的规范。他们通常会选择熟悉的产品和已有的品牌，特别喜欢并忠诚使用本国产品。

（4）成就者。他们过着目标取向的生活方式，生活传统、政治保守，尊重权威和地位。作为消费者，他们表现活跃，非常注重形象，喜欢名牌产品和服务，以向同类群体表现成功。由于非常忙碌，他们对于具有省时功能的产品非常感兴趣。

（5）努力者。他们是追赶潮流和生活情趣的消费者，并会模仿比自己更富裕消费者的购买行为，但往往缺乏足够的资源和条件。他们将购物作为一项社交活动及向同类群体展现购买能力的机会。在消费能力许可时，他们容易冲动购买。

（6）经历者。他们是年轻、热情和冲动的消费者，追求多样化、刺激，喜欢新颖、另类和冒险。他们将主要收入花在流行、娱乐和社交活动上，其购买行为体现在对产品的外在形式和"酷"的追求上。

（7）制造者。他们喜欢投入家务活动，例如建房、养育孩子、修理汽车等。他们生活务实，投入物质性的休闲活动，对新观念持怀疑态度，以购买基本消费品为主。

服装品牌"例外"（EXCEPTION）店面装修采用环保和可回收材料，将中国精神、哲学理念融入服装设计及店面布置，体现了一种"例外"的生活方式。

（8）挣扎者。他们资源匮乏，关心基本的安全和保障，属于谨慎型的消费者，对偏好的品牌保持忠诚，常常在打折时购买。对多数产品和服务而言，他们所构成的市场非常有限。

尽管价值观与生活方式已经成了了解消费者生活方式，进行市场细分的比较完整的模型，但是，价值观与生活方式同样存在某些局限。例如，由于是针对个体进行的测量，但大多数消费决策是以家庭为单位作出的，或在很大程度上受家庭其他成员的影响，而且很少有人在自我取向方面是"纯粹的"，因此，需要注意测量的有效性和可信度问题。

 归纳与提高

自我概念是指个体对自己的气质、性格和能力等个性特征的知觉、了解和感受的总和。自我概念是个体在社会化过程中，通过与他人交往以及与环境发生联系，对自己的行为进行反观自照而形成的。自我概念有不同的划分方法。例如，四分法中的真实自我、理想自我、形象自我和镜中自我。由于消费者倾向于购买那些与自我概念相一致的产品，所以，营销人员应该努力塑造产品形象并使之与目标消费者的自我概念相一致。

生活方式对个人生活和工作都非常重要，如消费者追求的生活方式会影响其需要与欲望，消费者的生活方式决定了其消费决策等。生活方式的分类和识别为市场细分和市场营销组合提供了依据。对生活方式进行测量的主要方法有 AIO 分析法和 VALS 分析法。尽管这两种方法存在一些问题，但是，它们仍是目前运用生活方式进行市场细分的比较好的分析方法，被广泛地运用于市场营销活动的不同方面。

 综合练习题

一、填空题

1. _____是个体在社会化过程中，通过与他人交往以及与环境发生联系，对自己的行为进行反观自照而形成的。

2. 通常情况下，消费者购买商品不仅是为了获得商品所提供的功能效用，更是为了获得商品所代表的_____。

3. 通过分析自我概念可知，有些人对奢侈品的崇拜和追捧，其实是对追求_____的一种展示。

4. _____影响着消费者选择闲暇或工作的方式、支配收入的方式、花钱的方式等。

5. 生活方式的分类和识别为_____和市场营销组合提供了依据。

二、单项选择题

1. 消费者认为别人如何看待自己，是（　　）的概念。
   A. 真实自我　　　　B. 理想自我　　　　C. 社会自我　　　　D. 镜中自我

2. 一般来说，能够成为象征品的产品具有（　　）、变动性和拟人性的特征。
   A. 高贵性　　　　　B. 普遍性　　　　　C. 客观性　　　　　D. 可见性

3. （　　）是人们居住以及花费时间、金钱的方式，它反映了一个人的活动、兴趣和意见。
   A. 生活习惯　　　　B. 性格表现　　　　C. 消费态度　　　　D. 生活方式

4. 形成消费者稳定生活方式的心理基础是（　　）。
   A. 性格　　　　　　B. 自我概念　　　　C. 动机　　　　　　D. 气质

5. 从经济学角度看，一个人的生活方式代表了这个人所选择的（　　）方式，包括在不同商品和服务中的相对分配，以及在这些品类里所进行的特定选择。
   A. 收入分配　　　　B. 注意力　　　　　C. 主观性　　　　　D. 可变性

三、论述题

1. 什么是自我概念，自我概念是怎样形成的？

2. 如何理解自我概念与产品的象征性？

3. 简述自我概念的划分和测量方法。

4. 消费者的自我概念和生活方式对企业营销有哪些启发？

5. 什么是生活方式，怎样理解生活方式与消费者的关系？

6. 生活方式的主要测量方法有哪些？

四、实践题

1. 编制一份 AIO 量表，然后调研 20 名大学生，总结归纳其生活方式的特点，并据此对其生活方式进行分类。

2. 调研 20 名你身边的"80 后"和"90 后"，结合相关文献资料，分析比较他们生活方式的异同。

五、案例分析题

当"City Walk"的潮流还未消退，年轻人又已经开始了"Shopping Mall Walk"。以往，"逛商场"就是到商场货比三家，然后付钱购买，然而现在年轻人对于"逛"的理解却产生了与以往完全不同的改变。请扫描二维码阅读案例，并回答以下问题：

（1）根据案例，年轻人逛商场的新方式反映了其怎样的心理特点？

（2）为什么年轻人对于"逛"的理解与以往产生了不同？分析产生这种新的"逛商场"方式的原因。

第九章　文化、流行与习俗

【学习目标】

理解文化的内涵和特征；理解消费文化是社会文化的组成部分；比较不同亚文化群体及其消费特征；了解文化价值观对消费的影响；了解消费中的文化现象，认识家庭伦理文化、面子文化、关系文化对消费的影响；了解流行和时尚在消费中的作用；掌握消费习俗的特点及其对消费心理和行为的影响。

【关键术语】

文化、亚文化、文化价值观、流行、流行文化、时尚、习俗

【导入案例】

一碗拉面折射出的文化

中国人对面食的喜爱可以说是全世界有目共睹的，家常的面食有饺子、花卷、馒头等，除此之外，在各大菜系中还有数不清的面点。中国比较传统的面食中，面条算是比较常见的，如武汉热干面、山西刀削面、四川担担面等。

拉面又叫甩面、扯面、抻面，如山东抻面、山西拉面、河南拉面、兰州拉面等，其中影响力最大的应该是兰州拉面。兰州拉面讲求一清、二白、三红、四绿、五黄。什么意思呢？一清就是说拉面的汤要清；二白是说拉面里要加上白萝卜；三红就是说拉面要放辣椒，辣椒布满汤面才会让人食欲大增；四绿是说拉面出锅之后要撒上葱苗，葱苗一定要绿；五黄是说拉面煮出来一定是发黄的。这十个字比较形象地描绘出了拉面整体的形象，当一碗热腾腾的牛肉拉面摆在你面前，不但会让你食欲大增，相信还会让你感受到来自西北的豪情。

相对北方饮食的豪爽之气，我国南方的饮食更精致，从我国南方流传到日本的拉面，除了精致外又有了些新特点。日本的拉面，配菜一定要摆放得整整齐齐，仪式感很强。日本的拉面还重视汤头的制作，好的汤头可以让一碗面鲜活起来。配菜的选择也有讲究，经常会用牛肉、笋干、葱花等点缀。

这样一对比，你就会发现，虽然同样是拉面，但是不同地域有不同的吃法。下一次吃拉面的时候好好体会一下吧！

启发思考：

（1）根据案例，查阅资料，分析我国的拉面和日本的拉面有哪些文化差异。

（2）通过案例，分析国家或地区之间的饮食文化差异是如何形成的。

第一节　文化与消费

广义的文化是一个综合的概念，指人类在社会历史发展实践过程中创造的物质财富和精神财富的总和。它是人类行为最基本的决定因素之一。狭义的文化包括一个社会所共同接受的信念、价值、风俗习惯与行为标准，是人类知识、信仰、艺术、道德、法律、美学、习俗、语言、文字，以及人作为社会成员所获得的其他能力和习惯的总称，以下主要讨论狭义的文化。

文化对消费的影响无处不在，消费者会通过使用某种富有特定文化意蕴的商品和服务来表达自己的某种文化特性和社会属性。因此，文化也体现了消费的意义。

一、文化的特征

文化一般由两部分组成：第一，全体社会成员共同的基本核心文化；第二，具有不同价值观、生活方式及风俗习惯的亚文化。

文化是人类在社会实践中形成的，是历史现象的沉淀；同时，文化又是动态的，处于不断的发展变化之中。因此，人类对文化的认识随着实践的深入而不断变化。

文化对消费者心理和行为的影响是多方面、多元化的。例如，在有的文化中，节俭被看成一种美德；但在另一种文化中，消费是享受生活的一种体验和必不可少的方式。因此，不同的消费信仰和态度会对消费选择和购买行为产生直接影响。

思考与讨论

文化体现在一个人的衣食住行等日常生活中。例如，内衣每天是否都要洗，刷牙是在早餐之前还是之后等问题在不同的文化中的表现是不同的。请以小组的形式讨论日常生活中每个人在具体事件中的表现，并比较分析这些表现。

1. 层次性

一个社会的文化或一个具体的文化特质，都有其层次结构。例如，从内部结构对文化的层次进行划分，可分为四个层次，即物态文化、制度文化、行为文化和心态文化。其中，心态文化是由人类在社会实践和意识活动中经过长期孕育而形成的价值观念、审美情趣、思维方式等主观因素构成的，它相当于通常所说的精神文化、社会意识等概念。

2. 共有性

文化是由社会成员共同创造出来的，并对该社会中的每一个成员都产生深刻的影响，使同一文化呈现出某种共有性。这种共有性表现为受同一文化熏陶的人们往往具有共同的生活方式、习俗、观念、偏好和禁忌。从消费行为方面看，这种共有性表现为人们行为的相互攀比、认同、模仿、感染等社会特点。

文化的共有性还表现在不同文化之间的共享性上。信息、交通的发达，改变了人们相互影响、相互联系的频率和方式，不同文化影响下的人们通过直接或间接的交流，相互间越来越了解，从而使不同的文化之间呈现出一种融合性。

3. 差异性

每个国家、地区、民族都有自己独特的区别于其他国家、地区、民族的文化，都有自己独特的风俗习惯、生活方式、价值标准、宗教信仰等，这些构成了不同文化的差异。例如，红色在中国人的观念中象征着热情、吉祥、美好、积极向上，但一些西方国家认为红色是危险的象征，与恐惧、流血等相联系。因此，在不同文化背景的国家，需要考虑消费者的文化差异，"入乡随俗，入境问禁"是必要的。

🐾 思考与讨论

为什么中国人习惯用圆桌吃饭，美国人习惯用长桌吃饭？这是否体现了某种文化差异？

📚 视野拓展

什么是自我参照准则？

要做到彻底理解文化的差异性是困难的，主要原因之一是所谓的自我参照准则在起作用。自我参照准则是指无意识地参照本国或本地区的文化价值观。例如，有的人在餐桌上总要劝客人喝酒，实际上这就是在使用自我参照准则。在我国，虽然劝酒往往被认为是表示礼貌和敬意，但有的地区并不喜欢劝酒。在有的国家，喝酒还可能触犯法律，共同饮酒者也会承担相应的责任。

4. 变化性

在一个社会中，人们的信仰爱好、生活方式、价值观念等都是在不断变化的，只不过这种变化快慢不一，有的还具有周期性。消费市场是反映社会文化变化的最敏感的窗口之一，因为文化的发展变化常导致市场上某种消费时尚及商品的流行。例如，在我国短缺经济时期，服装的特点是款式单一、色彩单调；而在供过于求的市场情形下，人们对服装的要求则趋向于舒适自然、宽松随意。这一变化，表面上看是服装风格、款式的改变，其实反映的是人们的生活观念和生活态度的改变。

5. 适应性

一种社会文化的形成是多种社会和自然因素综合作用的结果。因此，相对而言，企业无法改变一个社会的文化，只能适应文化环境。因此，企业在产品设计、商标制作、图案选择、产品命名及营销方式上应尊重具有不同文化的消费者特有的风俗习惯、宗教信仰，否则有可能给企业带来意想不到的挫折和损失。

📚 视野拓展

肯德基怎么就变成中餐馆了？

现在，只要你点外卖，想叫串串，通常就能看到"肯德基"这个名字。在我国各个城市大力发展"夜经济"的背景下，肯德基也不甘示弱，要分一杯羹。不过一个卖西式快餐的肯德基，现在怎么就开始卖起串串、卤味这些八竿子打不着的品类了？正所谓入乡随俗，肯德基在这方面做得虽不敢说第一，但还算是可圈可点的业内标杆，毕竟它在本土化产品的推陈出新上就没有"安分守己"过。

在大家的印象里，肯德基第一款本土化成功的产品应该数老北京鸡肉卷了。除此之外，让大家念念不忘的就是川辣嫩牛五方了，当然也少不了被广大网友吹捧的小龙虾烤鸡堡、川辣沙拉酱等。当然，并不是肯德基所有的本土化产品都很受欢迎，但是这好像并没有阻止肯德基本土化的意向。肯德基还在用行动表示：在中国做生意就要入乡随俗。

二、消费文化

现代社会，消费不仅是人们日常生活的一部分，还是一种生活和生产方式及通过它所表现出来的人们的社会关系和社会文化形态。同时，消费不仅是一种经济行为，更是一种社会行为和文化形态。文化中那些影响人们消费行为的部分，或文化在消费领域中的具体存在形式，都可称为消费文化。人们在消费实践中会不断形成新的消费文化，为文化总系统注入新内容。

法国学者鲍德里亚认为，"消费文化就是在消费社会人们消费中所表现出来的文化"。英国学者迈克·费瑟斯通认为，"消费文化指的是消费社会中的文化。它基于这样一个假设，即认为大众消费运动伴随着符号生产、日常体验和时间活动的重新组织"。我国学者尹世杰认为，"消费文化就是消费领域中人们创造的物质财富和精神财富的总和，是人们消费生活方面各种创造性活动的升华和结晶"。

因此，消费文化是在一定的历史阶段中，人们在物质生产与精神生产、社会生活以及消费活动中所表现出来的消费理念、消费方式、消费行为和消费环境的总和。消费文化是社会文化的一个极重要的组成部分，是人类在消费领域创造的优秀成果的结晶，是社会文明的重要内容。政治制度、经济体制、经济发展水平、人们的价值观念、风俗习惯、整体素质等都对消费文化有重要的影响。

消费文化对消费者来说非常重要，它能帮助消费者实现对各种消费活动的价值评估。例如，中国的家用冰箱尺寸普遍比美国的家用冰箱尺寸小，这与中国人对饮食要求的精细化，对食材的新鲜度要求高，有每天买菜的习惯有关，反映了中国"民以食为天"的饮食文化。

🐚 思考与讨论
你认为应如何通过一个人的着装反映出其所在社会的文化特征？

三、亚文化与消费

通常情况下，一个国家或社会内部并不是整齐划一的。其中，若干个社会成员因为民族、职业、区域等方面的某些特性而组成一定的社会群体或集团。同属一个社会群体或集团的社会成员具有共同的观念、生活习俗和态度倾向，从而构成了该社会群体或集团特有的亚文化。

亚文化既有与整体社会文化一致或共同之处，又有其自身的特殊性。由于每个社会成员都生存和归属于不同的社会群体或集团，因此，亚文化对人的心理和行为的影响更直接和具体，这在消费者的心理和行为中体现得尤其明显。表 9.1 列出了一些亚文化群体类型。

实际上，每个消费者都属于许多亚文化群体，即一个消费者可以在属于一个大的、全国性的文化群体的同时也属于多个亚文化群体。

表 9.1　亚文化群体的类型示例

人口统计指标	亚文化群体的具体划分
年龄	如儿童、少年、青年、中年、老年
宗教信仰	如佛教、基督教、伊斯兰教
种族	如黄种人、白种人、黑种人
民族	如汉族、蒙古族、壮族、维吾尔族
收入水平	如高收入、中等收入、中低收入、低收入
国籍	如英国人、韩国人、加拿大人、美国人
性别	如女性、男性
家庭类型	如单身家庭、重组家庭
职业	如专业技术人员、农业生产人员
地理位置	如经济地理位置、政治地理位置、文化地理位置

1. 年龄亚文化群体

处于某个特定年龄段的个体在购买决策上有许多共同之处，并表现出一些不同于其他年龄亚文化群体的特点。年龄因素会对消费者的品牌偏好产生影响。个体在某个特定的年龄段易对某种商品形成持久的偏好，这种偏好对消费者决策起着十分重要的作用。

微视频
粉丝亚文化

不同年龄的亚文化群体往往有不同的价值观念和消费习惯。例如，青年亚文化群体喜欢追求新颖、奇特、时尚，乐于尝试新产品，容易产生诱发性、冲动性购买行为；中年亚文化群体承担着家庭生活的重担，同时扮演着家庭消费品购买决策者的角色，所以他们在消费时讲究实惠、理性，另外，人到中年，事业上的成就也会从购买的商品或使用的品牌中体现出来；而老年亚文化群体比较保守和自信，习惯于购买熟悉的商品。

🔨 示例

银发族偏爱三四线小城

北京贵士信息科技有限公司（QuestMobile）发布的《2024 年文旅营销洞察报告》显示，2024

年"五一"假期，三线及以下城市旅游增长率普遍较高。其中安阳和喀什接待游客分别达 664.9 万人次和 240.1 万人次，同比增长率分别高达 179.9%和 116.9%。三线及以下城市正在成为新的旅游热点，吸引更多游客。除了年轻游客外，触网率和出行意愿不断上升的中老年游客，同样对县域小城的旅游发展作出了重要贡献。在小红书搜索关键词，出现不少相关笔记，其中既有中老年游玩三四线小城的感想心得，也包括各类适合老年人的旅行攻略，涵盖了许多鲜为人知的小镇目的地。一时间，"不是北上广游不起，而是小镇更有性价比"成为不少中老年游客的出游准则。在业内人士看来，除了成本因素外，三四线及县域城市之所以获得银发游客青睐，晋升为热门旅游目的地，与各地政府推出的一系列优惠政策和扶持措施有关，也和一些地方文旅部门或旅游景区与品牌携手，利用创新营销玩法，助力旅游小城进一步升级为新晋"网红"目的地等因素有关。

2. 性别亚文化群体

不同性别的亚文化群体有截然不同的消费心理和消费行为。一般来说，女性对时尚的敏感程度往往高于男性，女性通常比较重视商品的外观，而男性则比较重视商品的性能和品质；另外，女性对价格的敏感程度也远高于男性；在购买过程中，女性通常也有足够的耐心。

视野拓展

还是那个"他"吗？

颜值经济的爆发，使得"变美"不再只是女性的专属选择。男性颜值经济发展迅猛，有关男性消费者的化妆品与护肤品等品牌崛起，市场发展趋势向好，并且不断趋向于精细化、专业化和高端化，男性化妆品市场正逐渐成为一片新兴的蓝海。一般越是年轻的男性，越注重自己的"颜值"。有统计调查显示，在"95 后"男性群体里，有 18.8%的人使用过 BB 霜，有 18.6%的人使用过唇膏/口红，有 18.6%的人使用过眼线笔/眼线液，有 8.8%的人使用过眉笔/眉粉/眉膏。此外，每三个买粉底液的男性里就有一个是"95 后"。其实，男性市场正在成为新的消费蓝海，这也印证了男性消费力被大大低估。无论是自我形象管理还是审美意识，男性消费的边界在不断拓宽。除了运动服饰、汽车、3C 电子等在传统意义上具有"男性标签"的品类以外，美容、娱乐、美妆等领域的男性消费市场也正在打开。而男性中产人群崛起、个性化需求升级、单身男性比重上升……，在这些背景下，"他经济"正在迎来新的增长。

3. 民族亚文化群体

在世界各国的文化体系中，普遍存在着以民族传统和历史渊源为基础的亚文化形态。这类亚文化既保持着所属文化体系的核心特征，又通过独特的观念体系、信仰传统、语言文字及生活方式等要素，形成具有相对稳定性的社会群体。正是由于这种文化传承的特殊性，亚文化群体在消费层面往往呈现出与主流文化既关联又差异的显著特征，其对消费模式的影响具有深远的历史延续性和现实渗透力。

例如，中华民族就是由 56 个民族构成的总体文化群体，其中汉族人口占全国总人口的 90%以上，其他民族中人口超过百万的有壮族、满族、回族、苗族、维吾尔族、蒙古族、朝鲜族等十几个民族。每一个民族都具有自己的民族亚文化特征，形成了有本民族特色的语言文字、风俗习惯、爱好禁忌等。例如，在服饰方面，哈萨克族女子常穿连衣裙、绣花背心、绣花套裤，戴吐麻克或白布盖头、大披巾，喜欢在绣花帽上插羽毛；蒙古族男女老幼皆穿蒙古袍、束彩腰带等，其中，蒙古袍的颜色有红、黄、紫、深蓝等色，其传统式样为身宽袖长、下摆不开衩、襟和摆采用镶绲装饰。因此，绚丽多彩的服饰文化充分彰显了各个民族的历史、习俗和文化，为中华文化增添了无限色彩，是中华文化的重要组成部分。

"南甜北咸，东辣西酸"这一俗语反映了我国饮食文化的区域性特点，请分析其形成的原因。

4. 地理位置亚文化群体

一方水土养一方人，地理环境上的差异会使人们在生活方式、消费习惯上不同，形成地理位置亚文化群体。自然地理环境不仅决定一个地区的产业和贸易发展格局，而且还间接影响一个地区消费者的生活方式、生活水平、购买力水平和消费结构，从而在不同的地域可能会形成不同的文化特征。例如，在我国不同地理位置的地区，消费者对食物有不同口味偏好。闻名中国的八大菜系，风格各异，各成一派，就是因为地理位置不同而形成的。

5. 宗教亚文化群体

宗教对人们消费的影响是多层次、多角度的。这既与宗教本身的教义、礼义、禁忌等具体内容有关，也与信奉宗教的个人的文化背景、生活环境、虔诚程度、信仰侧重等有直接的关系。所以在不同宗教和不同的信徒中间，这种影响便会以不同的方式、不同的程度表现出来。

很多国家都存在不同的宗教，各宗教的信仰者都有各自的生活方式和消费习惯，他们对商品的偏好和禁忌也有所不同，在购买行为和购买种类上也表现出各自的特征。同时，宗教也影响人们的价值观，对人的行为产生深远的影响。

在现代社会中，除了用以上变量来划分亚文化群体之外，还可以用其他变量细分出很多亚文化群体。消费者的价值观念、生活方式、消费态度总是在变化，使得新的亚文化群体层出不穷。通过对新的亚文化群体的分析，营销人员可以了解目标市场的需求状况和消费行为特征，从而提高营销策划的目的性和针对性，以取得良好的营销效果。

四、文化价值观的衡量及其对消费的影响

尽管不同文化之间的差异性体现在多个方面，但最根本的差异还是文化价值观的差异。

文化价值观是指人们形成的一种对具体的行为模式和生活意义的持久信念，它是人们在处理事物的过程中表现出来的一种较稳定的喜好或厌恶态度。文化价值观是人们通过不断学习以及对自身的直接经验和间接经验的不断抽象化和概念化而逐渐形成的，且这个价值观一旦形成便会对个体自身的生活和行为方式产生很大的影响。一般来说，文化价值观就是一个社会或群体中的人们所共有的区分事物的好与坏、对与错的意愿或观念。

文化价值观有核心价值观和次要价值观之分。核心价值观是指特定的社会或群体在一定历史时期内形成并被人们普遍认同和广泛持有的占主导地位的价值观念。核心价值观是人们想获得的最终生活目标。次要价值观是指特定的社会或群体在一定时期内形成和持有的次要的、居于从属地位的价值观念。表 9.2 列出了美国人的核心价值观及消费特征。

🐾 **思考与讨论**

在美国，咖啡一直是早餐的最佳饮品；但在意大利，人们不仅早上喝咖啡，下午和晚上也喝；而在亚洲的许多国家，咖啡的消费相对较少，早餐人们选择喝汤或茶。不同的选择和习惯的背后是价值观的差异。试举更多的例子。

（一）文化价值观的衡量

每一种文化都可以用不同的文化价值观来描述，这些价值观引起了消费行为和消费价值观的差异。在这里我们介绍研究者霍夫斯泰德（Hofstede）的文化价值观衡量方法。他主要是从以下四个维度对各国的文化价值观进行分析和比较的。

表 9.2　美国人的核心价值观及消费特征

核心价值观	含义	消费特征
个人主义	以自我为中心，强调每个人都是自己前途的主人，鼓励人们不断地探索和冒险，善于自我完善，希望通过努力实现自己的价值	强调获得能够表现自我的产品
个人自由	认为个人自由是应有的权利	尊重消费的个性化和多元化
激励竞争	认为竞争有利于社会和个人进步	企业竞争激烈，鼓励生产多种多样的产品，产品丰富，消费选择多
勤奋工作	表现为"工作—挣钱—更好地工作—更多地挣钱"，认为工作上的业绩可以衡量一个人的成就	对改进工作、提高效率的产品感兴趣
讲究实际	注重效率和利益，重视解决实际问题的科学技术，认可那些可以解决问题（如节约时间和精力）的人或事物	花钱节省，消费以实用主义为主，不在乎面子和虚荣心
享乐主义	相信生活会更好，鼓励"快乐一阵子"	鼓励消费，超前消费，借贷消费较为普遍

1. 个人主义/集体主义指数

个人主义/集体主义指数（Individualism/Collectivism Index，IDV），主要反映了人们对个人与集体关系的价值取向。个人主义文化具有较高的个人主义/集体主义指数，它认为个人奋斗、个人成就或个人利益很重要，反映了一种以自我为中心的思维，个人与集体、社会间的关系比较松散。比如，美国、英国、澳大利亚等国家的个人主义/集体主义指数都比较高。集体主义文化具有较低的个人主义/集体主义指数，它反映的则是一种以集体为中心的思维，强调个人利益服从集体利益，强调团队协作的工作方式。在集体主义文化下，人们生来就与社会结成一种强烈的、紧密的关系，这种关系会给人们带来安全感和归属感。例如，日本、韩国和大多数阿拉伯国家的个人主义/集体主义指数都较低，其文化属于典型的集体主义文化。

个人主义/集体主义指数对消费者的决策方式和消费价值判断方式具有重要的意义。在高度集体主义的社会中，人们倾向于生活在大家庭中，注重同事关系，集体归属感较强，往往从所属群体中获得身份认同，并忠于该群体。所以，在这样的社会，广告中应更多地强调诚实和友好。在个人主义/集体主义指数高的社会，消费者通常会把消费品看作他们自身价值的延伸，因此，企业可以在广告中加入自我表现或自我赞赏的词语。有研究发现，反吸烟广告在高度个人主义的国家应该强调吸烟对个人的危害；相反，在高度集体主义的国家强调吸烟对他人的危害则会更有效。

🐾 思考与讨论

在集体主义文化的背景下，人们的消费决策体现了怎样的特点？请举例说明。

2. 权力距离指数

权力距离指数（Power Distance Index，PDI），反映的是人们对等级、特权和不公平的态度，即对一种社会结构中上下级之间的权利不平等状态的容忍度。在权力距离指数高的文化下，人们倾向于接受等级制，习惯于服从上级的命令，视势力、操纵力和世袭为权力的重要来源，而且对权力拥有者享有一定特权表示认同。而在权力距离指数低的文化中，人们重视公平，反对特权，尊重知识。例如，印度、印度尼西亚、墨西哥等国家的权力距离指数都比较高；而德国、英国、美国等国家的权力距离指数较低，不同阶层之间，甚至上下级之间可以直呼其名。

3. 不确定性回避指数

不确定性回避指数（Uncertainty Avoidance Index，UAI），反映的是人们对不确定性或风险的态度。此指数高的文化难以容忍不确定性，不鼓励冒险和创新，对新事物往往持怀疑的态度，并且其成员较为关注安全感和行为的规范性以规避不确定性。因此，在这种文化下，人们会教条地拘泥于过去习惯了的行为规范，而这些行为规范最终会转化为不可违反的行为准则。此外，在不确定性回避指数高的文化下，人们往往崇拜权威，并回避风险。相反，在不确定性回避指数低的文化下，人们易于接受新事物、新观念，并且乐于冒险和创新。根据霍夫斯泰德的调查，法国、德国等国家的不确定性回避指数相对较高，在这些国家，人们习惯于在近乎僵化的规范、制度下按部就班地生活、工作。而美国、英国等国家的不确定性回避指数则较低，人们喜欢冒险，鼓励创新。

在不确定性回避指数高的社会中的消费者倾向于选择自己熟悉的商品或服务，避免风险，喜欢程序化的生活。因此，营销者的任务就是要提供更多的关于商品的信息，将消费者不熟知的商品转化为看上去具有吸引力、消费者熟悉的商品。

4. 男性化/女性化指数

男性化/女性化（Masculinity/Femininity，MAS）指数，反映了人们对性别分工和成就感的态度。在传统社会，男性曾长期居支配地位，而女性处于从属地位。即使到了今天，不同国家女性的地位也是不同的。在男性化/女性化指数高的国家往往呈现出典型的男性特征：人们充满自信，喜欢自我表现，追逐金钱和社会地位。在男性化/女性化指数较低的国家，则强调性别平等。例如，日本、墨西哥是男性化/女性化指数较高的国家，男性在社会发展中居支配地位，而女性处于从属地位，女性的就业率相对较低；而在瑞典、法国、芬兰等男性化/女性化指数较低的国家，男女地位相对平等。

以手机广告为例，在一个以男性为主的社会中，可以在手机广告中强调其优越的性能，因为一部功能全、速度快的手机可以让人在工作中更出色。相反，在男女地位平等的国家，手机广告则需要更多地突出和亲人、朋友间的沟通交流等功能。

（二）文化价值观对消费的影响

文化价值观形成了一个人潜在的行为准则，在个人认知体系中居于核心位置。文化价值观对消费者具有非常重要的影响，它不仅影响消费者日常生活的诸多方面，同时也影响其消费方式。众多研究表明，不同文化的价值观体系是造成消费心理反应和行为差异的主要因素之一。有关消费行为的研究文献显示，文化价值观作为一个强有力的因素影响消费者的消费动机、生活方式以及商品选择。

微视频
中西文化差异

五、消费中的文化现象

每个国家、每个地区、每个民族都有自己长期积累形成的文化传统和价值观。例如：东方文化强调道德、礼仪和和谐，强调谦虚和内敛，重视教育和知识，注重人际关系和礼仪；西方文化强调个人的独立性，重视科学和技术的发展等。由此，在消费中形成各具特色的文化现象。

1. 家庭伦理文化

儒家思想和伦理观念在东方文化的社会道德传统中有着根深蒂固的影响，而儒家的伦理观念是以基本的血缘关系为基础的。因此，东方人较西方人更看重家庭成员之间和家族之间的伦理关系，以家族为基础的社会结构使个人与家族紧密相连。

例如，东方人较西方人更愿意买房而不是租房，因为房子不仅是物理的居住场所，更是一个家庭的载体和精神家园，是一个家庭甚至是整个家族的标志，是家族延续、传承的证明，所以年轻人买房时父母亲友多会鼎力相助；西方家庭的家族意识相对淡薄，更强调个人的独立性，由于人口流动性大，很多年轻人认为买房子必要性不大，因此，租房比例远高于东方，而且，父母一般不会为了孩子付款购房，他们和孩子更倾向于保持各自的经济独立性。

由于重视家庭伦理关系，在东亚国家中，以温馨家庭氛围为背景的广告很容易被接受，以家庭伦理为剧情的电视剧也更受大众欢迎。另外，由于重视家庭和家族整体利益和发展，很多父母"望子成龙，望女成凤"，秉承"前人栽树，后人乘凉"的理念，他们愿意超额付出为孩子创造更好的教育环境。

2. 面子文化

面子大体上相当于自尊心，是指个人在社会交往中要保持的尊严和荣誉。从社会心理学的角度看，面子是指个人在社会上有所成就而获得的社会地位或声望。

东西方人的面子观有较大的不同，西方人的面子观更强调个人，强调个人行动自由和个人愿望的满足，其实质是以个人为中心的社会价值观。东方人的面子文化相对更为丰富，如汉语中有"给面子""争面子""丢面子""爱面子""留点面子""伤面子""体面"等诸多和面子有关的词汇。

在面子文化的影响下，消费者在消费活动中的表现如下。①凡是涉及面子的消费都格外小心谨慎，注意遵从各种礼仪规范，尽量不失自己的面子或伤别人的面子。②为了维护面子，部分消费者可能不顾自身的经济状况，进行攀比消费或炫耀消费，"宁可背后受罪，也要人前显贵"是这种观念的典型反映，会出现"死要面子活受罪"等不良消费行为。③在面子文化的影响下，消费者对商品或服务的情感性、夸耀性和符号性的要求，超过对商品或服务的物质性价值的要求，表现为消费中的盲目和冲动，或者迷恋名牌商品。

3. 关系文化

相对于欧美，亚洲、拉丁美洲的关系文化更浓厚，消费者特别重视日常生活中的人情往来，包括亲情、友情、爱情、同乡情、同学情、同事情、上下级关系等。在关系文化的影响下，消费者特别在意在消费中巩固和拉近与他人的距离，其次才关注购买活动本身。因此，消费活动往往不是单纯的经济关系，还涉及人情往来、互惠交换等方面微妙复杂的心理。例如，礼品消费的意义不仅限于礼品本身的功能和价值，更重要的是通过礼品所表达的一份情感。正如我国俗语所说"礼多人不怪"，礼品成为送礼者和受礼者之间的情感关系纽带。另外，消费者也会通过消费活动来表达交往、归属和爱的需要，以建立和他人的感情联系，形成特定的关系，如结伴逛街旅游、聚餐等消费行为。

与欧美文化相比，亚洲和拉丁美洲的文化更加重视人际关系的建立和维护，商务谈判中往往会通过建立个人关系来推动合作，并且更倾向于在社交场合中展示自己的消费能力和品位。

视野拓展

说一说"随礼"

"随礼"在我国又称为随份子、凑份子，是传统婚姻礼俗和馈赠风俗，送礼金还是实物礼物，世界各地不太一样。在东方，一般在男女结婚前，亲友们会按约定的数额出钱作为贺礼，交付给将要结婚的男女。我国旧时婚姻随礼只限于男方的亲友，如今女方的亲友也从此俗。随礼是社会交往中人与人沟通感情的一种方式，但如果过于频繁则容易变成"情感交易"，成为人际关系中的累赘。

第二节 消费流行

流行是一种普遍的社会心理现象，它是指社会上一段时间内出现的或某权威性人物推崇或倡导的事物、观念、行为方式等被人们接受、采用，进而迅速推广直至消失的过程。流行涉及社会生活的各个领域，包括服饰、音乐、美术、娱乐、建筑、语言等。

消费流行是在一定时期和范围内，大部分消费者呈现出相似或相同行为表现的一种消费现象，具体表现为多数消费者对某种商品或时尚同时产生兴趣，而使该商品或时尚在短时间内成为众多消费者狂热追求的对象。此时，这种商品或时尚即成为流行商品或时尚，这种消费趋势也就成为消费流行。

一、消费流行的特征

消费流行的特征有：①新奇性，人们对新出现的流行总是感到新奇，流行的内容一般是新出现的样式；②个体性，流行被认为是突出个人特点的一种表现自我的工具，甚至可以以此提高社会地位；③消费性，追求流行是一种享受和消费；④周期性，流行从出现到消失的时间较短，但在消失之后的若干时期，可能周而复始地出现，一般包括酝酿期、发展期、高潮期、衰退期；⑤规模性，流行要有一定数量的社会成员参与；⑥现实性，流行反映了当时的社会和文化背景。

 示例

从喝茶到喝咖啡

以前，国人习惯喝茶，对咖啡的认知很有限，甚至有些人认为喝咖啡对身体不好。20 世纪 80 年代，雀巢速溶咖啡"味道好极了"的广告词给许多人留下了最为深刻的印象。1999 年 1 月，星巴克在北京中国国际贸易中心开设了一家门店，通过开设咖啡教室普及咖啡知识和咖啡文化，不断加深人们对咖啡的认识，给顾客不一样的星巴克体验，逐渐改变了许多人对咖啡的负面态度。星巴克中国 2025 年财年第二季度的财报显示，其门店数量同比增长 90%，达 7758 家，除了大城市，还覆盖超过 1000 个县级市场。

随着越来越多的国人开始喝咖啡，咖啡消费逐渐成为一种潮流，这不仅让星巴克等外来咖啡品牌受益，还催生了瑞幸咖啡等一批本土咖啡品牌。

二、消费流行的类型

消费流行涉及的范围十分广泛，流行的种类可以从多角度划分。从范围上看，有世界性、全国性、地区性的消费流行；从速度上看，有一般流行、迅速流行和缓慢流行；从时间上看，有短期季节流行、中短期流行和长期流行；从内容上看，有吃、穿、用商品的流行等。

来一杯星巴克咖啡，获得一种轻松的体验，这早已成了年轻人的时尚。

消费流行的类型一般有以下三种。

（1）滴流，即自上而下依次引发的流行方式。它通常以权威人物、名人的消费行为为先导，而后由上而下在社会上流行，如中山装、列宁装的流行等。

（2）横流，即社会各阶层之间相互诱发横向流行的方式。其具体表现为某种商品或时尚由社会的某一阶层率先使用、领导，而后通过社会舆论等媒介，向其他阶层蔓延、渗透，进而流行。例如，近年来出现的旅游热、健身热等，都是先由社会某一阶层提倡，然后向其他阶层蔓延、普及，形成风气，从而引发流行。

（3）逆流，即自下而上的流行方式。它是从社会下层的消费行为开始，逐渐向社会上层推广，从而形成消费流行。例如，牛仔服原是美国西部工人的工装，现在已成为下至平民百姓，上至各国政要都常穿的服装；重庆火锅、北京卤煮等都源自下层百姓，如今都成了很流行的美食。

消费流行渠道多，强化了消费者间的互相参照、互相刺激，从而使消费流行的范围越来越广。流行不管采取何种方式，其过程一般是由"消费领袖"带头，而后引发多数人的效仿，从而形成时尚潮流。引发流行除了"消费领袖"的作用外，还有商品的影响、宣传的影响、外来文化与生活方式的影响等。

**视野拓展**

潘通色卡

潘通色卡是国际通用的标准色卡，由位于美国新泽西州卡尔士达特市的潘通（Pantone）公司研发。潘通色卡是享誉世界的色彩权威，涵盖印刷、纺织、塑胶、绘图、数码科技等领域的色彩沟通系统，已经成为当今交流色彩信息的国际统一标准语言。自 2000 年开始，潘通公司便总结公布历年的年度流行色，供各行各业的人参考。在设计行业，潘通流行色更成为设计师不可不掌握的重要知识，以产品的外观色彩吸引消费者，那就等于成功了一半。潘通公司公布的 2024 年度代表色为"Peach Fuzz 柔和桃"（Pantone 13-1023），潘通公司称：柔和桃是一种舒适温馨的蜜桃色调，柔和地依偎在粉红色和橘色之间，散发清新的柔和感受，含蓄又不失感性。

三、流行文化及其影响

流行本身就具有文化的特征，流行文化与消费文化、休闲文化、奢侈文化、物质文化、都市文化、亚文化、大众文化以及群众文化等概念相关，流行是这些文化共同组成的一个内容丰富、

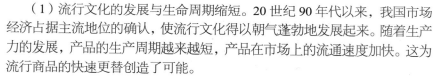

成分复杂的总概念。流行文化所表示的是按一定节奏、以一定周期、在一定地区或全球范围内，在不同层次和阶层的人群中广泛传播的文化。

1. 流行文化的特征

近几十年来，流行文化有以下几个特征。

（1）流行文化的发展与生命周期缩短。20 世纪 90 年代以来，我国市场经济占据主流地位的确认，使流行文化得以朝气蓬勃地发展起来。随着生产力的发展，产品的生产周期越来越短，产品在市场上的流通速度加快。这为流行商品的快速更替创造了可能。

（2）流行文化重新建构了文化格局。流行文化与艺术、戏剧、音乐和文学等不同，流行文化通常是通俗的、大众的，一般通过传媒的感官刺激加以传播，回避逻辑推理与深度反思。人们对流行文化的鉴赏，是出于一种自我娱乐与娱乐大众的心态，即流行文化具有很强的亲民效应和感染力。但是，当一个社会流行文化非常盛行之时，严谨、理性、思索和传统等就会显得不合时宜而被忽略或抛弃，这对社会文化的发展会产生不利影响。

思考与讨论

有媒体统计，我国 2024 年的流行语包括数智化、智能向善、未来产业、硬控、班味、松弛感、银发力量等。想想这些词语流行的原因。

（3）流行文化成为商业化运作的结果。商业化运作是指商业主体推广产品的一系列操作行为。在整个运作过程中，流行文化能吸引一批稳定的消费群体，而这些消费群体又带动了流行文化市场，配合了流行文化的商业活动，保证了参与活动的商业主体的利益。由此，流行文化受利益驱动，成了被市场控制的商业化运作结果。例如，电影在上映之前出品方会大力宣传造势，以吸引大众目光、拉动市场需求进而保证票房收入；上映后大量复制电影符号快速推出相关副产品，如小说、漫画、玩具、游戏等，以推动相应文化的流行并占领更广阔的消费市场；如果运作成功，甚至会在较短的时间内推出续集以延续并扩大相应流行文化的影响。

（4）流行文化涉及的范围更加广泛。随着科技的发展和新媒体的产生，流行文化传播的范围越来越广泛。例如，互联网成为社会信息传播和汇聚的平台，各种文化运用互联网平台进行传播、

交流、交锋、交融已经成了常态。同时，随着抖音和快手等短视频直播平台的产生，不管是社会名流还是普通大众都成了流行文化的传播者，成了价值和观念的提供者，影响着人们对社会、对事物、对消费的看法。

2. 流行文化与市场营销策略

企业可以根据流行文化的特征来制定市场营销策略。

（1）品牌的定位和差异化。品牌的定位和差异化可以基于某种文化价值取向。在竞争品牌中，如果有一个品牌保持领先的位置，其他品牌就可以另辟蹊径，通过不同定位进行差异化经营。例如，面对碳酸饮料的流行和百事可乐、可口可乐两个超级品牌，七喜汽水为自己的汽水精心设计了简短的广告词"七喜——非可乐"，突出宣传自己不含咖啡因的特点。这使其成为非可乐型饮料的主导者；同时，还强化了七喜汽水在消费者心中的位置，也迎合了消费文化中打破传统、带一点儿冒险行动的偏好。

（2）在环境分析中发现机会。对企业来说，流行文化是一种外部环境，因此，观察外部环境对理解环境变化以及这些变化与企业产品的联系是非常关键的。日本本田公司发现了美国摩托车市场上人们文化观念的变化，20世纪60年代，摩托车最初流行于年轻人组成的"飙车党"和追逐他们的警察中，但70年代以后，人们骑摩托车更多的是为了休闲消遣和交通便利。因此，本田公司开展了以"你在本田车上遇见最文雅的人"为主题的促销活动，树立文明与稳健的形象，改变以往摩托车在人们心中强悍狂野的印象，将质优价廉的小型摩托车成功地推向了美国市场。

（3）开展市场调查。市场调查能够帮助营销人员了解社会中的流行文化，了解流行文化是如何促使消费者价值观发生变化的。价值观的变化具体体现在人们对休闲和娱乐的要求不断提高等方面，它会影响企业的产品命名、产品颜色确定、产品包装和产品设计等。

（4）进行市场细分。流行文化的研究可以用来加深我们对市场细分的理解，甚至可以考虑用流行文化的元素进行市场细分。例如，蜜雪冰城的发展转折点发生在2006年春，此时冰激凌已经比较流行，价格多在10元左右，市场竞争非常激烈。当时还是一家街边小店的蜜雪冰城推出了1元冰激凌，大受想追求品质但钱包又不丰裕年轻人的欢迎。之后，蜜雪冰城针对这一消费群体，顺势开展连锁经营并开发新产品，走上了发展的快车道。

📚 视野拓展

喇叭裤的前世今生

据说喇叭裤是西方水手发明的。因为水手在甲板上工作，海水易溅进靴筒，所以想了这个改变裤脚形状的办法——用宽大的裤脚罩住靴筒，以免水花溅入。

20世纪60年代，喇叭裤成为美国的时尚，并由"猫王"将其推向了巅峰。20世纪80年代喇叭裤流传到中国，被称为"中国时尚界最初的冒险"，这给当时的传统服装带来了巨大的冲击，悄然改变了当时人们着装的审美观。20世纪90年代以后，喇叭裤伴随着迪斯科舞厅的消亡而被抛弃，一提起喇叭裤，当时有的人就会觉得"过时""老土"。

2025年，法国时尚品牌蔻依，以层层叠叠的荷叶边、复古精致的蕾丝、再加上自带柔美氛围的喇叭裤，演绎了浪漫至极的波西米亚风情；法国先锋品牌活希源，用手提刀落、不拖泥带水的剪裁，赋予了喇叭裤另一番复古未来主义的想象……看来，流行正在不停地轮回。

四、流行与时尚消费

提起时尚，你可能会想到巴黎、米兰、伦敦的时装周，T台上模特儿的光鲜靓丽，奢侈品店里的金碧辉煌等。那么，什么是时尚？社会学、心理学或者人类学、艺术史学等都有不同的答案。

思考与讨论

有人认为"标新立异"是时尚，也有人认为"与众不同"是时尚，你所理解的时尚是什么？

德国社会学家、哲学家格奥尔格·齐美尔认为："时尚的本质存在于这样的事实中：时尚总是只被特定人群中的一部分人运用，他们中的大多数只是在接受它的路上。一旦一种时尚被广泛地接受，他们就不再把它称作时尚了；时尚的发展壮大导致的是它自己的消亡，因为它的发展壮大即它的广泛流行抵消了它的独特性。"美国社会学家布卢默认为，时尚是一种流行的或被普遍接受的风格，被认为在某些领域具有较高的价值。日本学者藤竹晓认为："时尚不但包括某种思想浪潮或行为方式渗入社会各个方面的过程，而且还包括在渗透过程中，时尚设计的领域不断增多，时尚的理念不断地改变人们的价值判断的过程。"

综合各种观点，时尚可以表述为：时尚是指在一定时期内出现的一种特定的生活方式和文化现象，它表现为人们对某些具有特定意义的观念、行为和物品的尊崇和偏好。它由少数人率先提出，并因在一定范围内受到多数人的仿效和追逐而流行，随后逐渐消退。时尚作为最为常见的社会现象之一，是流行文化的表现或者说是流行文化的一部分，具有新奇性、差异性、短暂性、周期性等，并且，时尚的模仿性和从众性特征是时尚产生和传播的心理机制，是时尚潮流不断向前发展的动力。

视野拓展

什么是快时尚？

快时尚是时尚服饰企业对秀场的时尚设计快速反应，生产紧贴最新时装潮流的产品，以低廉的价格推向市场，主攻主流消费者的一种销售模式。传统服装品牌的产品从在 T 台上发布、生产，再到在各专卖店、专柜上货，一般需要几个月的时间，高档品牌甚至需要半年；而快时尚品牌能在极短的时间（10～20 日）内将概念转化成消费品。可以说，快时尚是全球化、民主化、年轻化和网络化这四大社会潮流共同影响下的产物。

1. 时尚和流行的异同

在英语中，时尚与流行所对应的都是"Fashion"一词。时尚有着与流行相似的特征，如都是以模仿和从众为心理机制，都具有短暂、善变的特性，都要经历出现、兴起、传播、高峰、衰退直至消失的过程等。

尽管时尚与流行有上述种种关联，但这两者之间仍然存在着区别。时尚源于对个性化的追求。流行则意味着大众化，是一种群众性的社会心理现象。从这个意义上来看，可以认为流行是时尚的规模化，时尚发挥着引导流行的作用，时尚是流行的诱因，是流行形成的前期准备。因此，可以说，流行的就不再是时尚的。例如，20 世纪 30 年代尼龙袜问世之后，一时成为欧洲贵妇的时髦之选，但在 1939 年的世博会后，尼龙袜被批量生产并大幅降价，接着很快在全世界范围内流行开来，理所当然地不再被看作时尚之物。当然，时尚的不一定就能流行。例如，作为时尚产品的奢侈品，之所以成为奢侈品，不仅是因为其价格高，还因为其具有独特性。如果奢侈品成为流行品，其特殊性不再时，奢侈品的光环也就消失了，因此有些奢侈品品牌才会通过以限量生产的方式供应市场。

思考与讨论

现在，机场已不再只是候机登机的地方，还成了明星们角逐时尚的另一个秀场。明星们的机场造型往往会成为媒体报道的热点，成为消费者争相学习时尚风格的风向标。你怎样看待该现象？

2. 时尚消费的意义

时尚消费是在消费活动中出现的大众对某种物质或非物质对象的追随和模仿。时尚消费不仅是一种流行的消费行为模式或对某种消费产品的追求，更是一种流行的消费观念和价值取向，本质上是文化消费。

时尚消费不但是一种消费行为，也代表了某种生活方式；是某一群体在特定时期的情境中改变既有生活模式，建立新的生活模式和行为方式的过程。它弥漫于社会各种群体和阶层，体现在社会生活的各个方面。

时尚消费作为一种社会心理现象，不仅体现了消费者的消费偏好，更体现了其个人的价值观念和内在审美。在消费活动中追求时尚成了一种社会进步的表现。同时，时尚的生活还象征成功、身份、社会地位和人生价值的实现。从社会心理学的角度来看，时尚是一种"社会编码系统"，这一"社会编码系统"可以把人们归属于某一社会阶层；相反，人们也可以通过这一"社会编码系统"的"索引"去查找他人或自己在社会中所处的地位。

在当今中国，人们收入水平的提高和审美能力的提升，物质的极大丰富，使时尚消费蔚然成风。时尚消费成了大众消费中最具生命力和情感因素的消费形式。对企业来说，时尚消费蕴含着巨大的商业价值。

经典实验

锚定效应——如何巧借"参照物"？

心理学家卡尼曼曾经做过一个实验，他请了一群志愿者来转动一个幸运数字转盘，然后让志愿者回答两个问题。这个转盘经过了特殊处理，因此只能停留在 10 或 65 这两个数字的位置。这种情况下，转到了 10 和 65 的志愿者，分别组成了两组不同的被试。

两组成员都被要求记下转盘指向的数字，然后回答以下两个问题：第一，你刚才在转盘上转到的数字比非洲国家占联合国所有成员国的百分比的数字大还是小？第二，你认为联合国中非洲国家所占比例最有可能是多少？按理来说，两个数字风马牛不相及，因此转盘上的数字不应该对第二题的结果造成任何影响，但实验结果却令人意外。

在回答第二个问题时：转到了数字 10 的组，对比例的平均估值为 25%；而转到了数字 65 的组，对比例的平均估值为 45%。仅仅是转到了不同的数字，而后志愿者就因此产生了完全不同的判断，这个锚定效果非常明显。

在卡尼曼看来：个体的判断过程，是先以"锚"为参考依据，而后因为思维的两种机制（调整不足和启动效应）限制了思考的范围，由此人们才会受到锚定值的显著影响。因此，"锚"的存在会制约和影响人们的判断。

锚定效应在营销中的应用非常广泛。例如，星巴克除了卖 30 多元一杯的咖啡外，还出售 20 元一瓶的矿泉水，而且会将其放在非常显眼的位置。但如果你仔细观察会发现：这么贵的矿泉水基本上卖不出去。那么，为什么要卖这么贵的水呢？其实，在 20 元的矿泉水的对比下，30 多元的咖啡就会显得非常划算，因此，高价矿泉水就是影响顾客判断的"锚"。

第三节　消费习俗

从字面上来看，习俗就是风俗习惯的意思，指个人或集体的传统风尚、礼节与习性。习俗主要包括民族风俗、节日习俗和传统礼仪等。习俗是一种行为规范，具有一定的稳定性，不少的习俗历经时代变迁而留存至今，表现出了明显的继承性。然而，随着社会的不断变化，习俗也会随之发生一定的改变。

消费习俗是人们在长期的消费活动中相沿而成的一种消费风俗习惯，是社会习俗的重要组成部分。不同国家和地区的消费者，在长期的生活实践中形成了多种多样的消费习俗。在不同的消费习俗活动中，各自形成了特殊的消费模式，主要包括人们的饮食、婚丧、节日、服饰、娱乐消遣等物质产品与精神产品的消费。

消费习俗是以社会活动为中心的。习俗一旦形成，就会在相当长的时期内不断重复出现。例如，在我国，传统习俗中最隆重的节日是"春节"，放鞭炮、点花灯、贴春联、吃饺子等各种活动形成了独特的春节习俗。

 思考与讨论

你的家乡和你生活的城市有哪些消费习俗？是否相同？为什么？

一、消费习俗的分类

消费习俗体现在消费者的衣食住行的各个方面，通常可以分为以下两大类。

（1）物质类消费习俗，包括饮食消费习俗、服饰消费习俗、住宅消费习俗等。以服饰消费习俗为例，中国的传统服饰，按礼制的规定要与一定的信仰相适应，故有所谓的"祭服"。此外，民间还流行许多用以避邪的饰品，如五香布袋、辟邪鞋饰、玉佩、护身符等。另外，中国少数民族的服饰，如藏族的哈达、黎族的短裙、蒙古族的长袍等，无一不表现出其独特的习俗。

（2）社会文化类消费习俗，包括喜庆类消费习俗、纪念类消费习俗和宗教类消费习俗等。例

如，我国的端午节有吃粽子，赛龙舟，挂菖蒲、蒿草、艾叶，熏苍术、白芷，喝雄黄酒的习俗等。

二、消费习俗的特点

消费习俗具有以下一些特点。

（1）长期性。一种消费习俗的产生、形成和发展，受政治、经济、文化、历史等多种因素的影响，并经过若干年乃至更长时间的沉淀，而形成的消费习俗又将在长时期内对人们的消费行为产生潜移默化的影响。例如，据考证，中国人过春节已有4 000多年的历史，而受到中华文化的影响，东南亚的一些国家和民族也有庆祝春节的习俗。

（2）社会性。消费习俗是在共同的社会生活中、在社会成员的共同参与下形成的，是社会生活的组成部分。例如，11月11日，本来这一天是一年中普通的一天，但后来被中国的大学生们戏称为"光棍节"；再后来，在互联网公司阿里巴巴的推动下，以淘宝为代表的商家在这一天推出各种优惠打折活动吸引消费者；现在人们提到11月11日的时候已经基本淡忘了"光棍节"的概念，而称其为"双11"购物节，"双11"与购物节之间的关联性已经深入人心。11月11日已成了电商企业举办大规模促销活动的固定日期，成了人们一年中消费的一个重要日子。

（3）地域性。消费习俗通常带有浓厚的地域色彩，是特定地区的产物。俗语说"百里不同风，千里不同俗"，即表现出了习俗具有较强的地域性特征。例如，由于我国地域辽阔，各地的饮食文化差异特别大，广东的粤菜、四川的川菜、湖南的湘菜、浙江的杭帮菜等都有浓郁的地方特色。

 **视野拓展**

你要哪种辣

佚名

如果把四川辣椒、湖南辣椒、江西辣椒以金庸小说中的武功来对比，那四川辣椒好比逍遥派，

招式飘逸灵秀、引人注目，正如川菜中的招牌菜麻婆豆腐、毛血旺、辣子鸡丁等，色泽鲜艳，光看图片就能令人食欲大增。湖南辣椒就像是劲道刚猛的降龙十八掌，纯输出流的招式，只要你敢下筷，就必然要作好辣觉充斥五脏六腑的心理准备。而江西辣椒，正如北冥神功，听起来平平无奇，却走的是内功流，初时不觉，但辣味犹如顶尖高手的掌力般绵绵不息，等你回味过来时，叫人想灌十桶自来水。江西菜比川菜辣得纯粹，比湘菜辣得彻底。说四川人吃菜不怕辣，湖南人吃菜怕不辣，而江西人是吃菜不觉辣。干辣椒、辣椒粉、鲜辣椒、小辣椒、朝天椒，但凡叫得上名字的辣椒都能在江西人的家常菜品中看到。

（4）非强制性。消费习俗的形成和流行不是强制发生作用的，而是通过无形的社会约束力量发生作用的。约定俗成的消费习俗以潜移默化的方式产生影响，使生活在其中的消费者自觉或不自觉地遵守这些习俗，并以此规范自己的消费行为。

三、消费习俗对消费者的影响

消费习俗对消费者有极大的影响，主要体现在以下三个方面：①消费习俗促成了消费者购买心理的稳定性和购买行为的习惯性。②消费习俗强化了消费者的消费偏好。在特定地域消费习俗的长期影响下，消费者形成了对地方消费习俗的特殊偏好，并产生一种自豪感。这种偏好会直接影响消费者对商品的选择，不断强化其已有的消费偏好。③消费习俗使消费者的心理与行为的变化趋缓。由于遵从消费习俗而导致的消费活动的稳定性和习惯性，将大大延缓消费者的心理与行为的变化速度，并使之难以改变。这对于消费者适应新的消费环境和消费方式会起到阻碍作用。

 ## 归纳与提高

本章学习了文化、流行和习俗对消费心理的影响。广义的文化是指人类在社会历史发展实践过程中创造的物质财富和精神财富的总和。文化具有层次性、差异性等特征。亚文化对消费心理和行为的影响不可忽视，营销者可以把每一个亚文化群体视作一个细分市场，实施不同的营销策略。文化的差异主要体现在文化价值观的差异上，文化价值观对消费者有重要的影响。营销人员应特别关注家庭伦理文化、面子文化和关系文化等文化现象对消费者心理和行为的影响。

消费流行是在一定时期和范围内，大部分消费者呈现出相似或相同行为表现的一种消费现象。消费流行一般有滴流、横流和逆流等三种类型。流行文化的范围非常广泛，对消费者、企业和社会产生影响。时尚消费本质上是一种符号消费、文化消费，时尚消费为企业提供了新的商业机会。

消费习俗可以分为物质类消费习俗和社会文化类消费习俗，具有长期性、社会性、地域性、非强制性的特点。消费习俗对消费心理和行为有长期和稳定的影响。

 ## 综合练习题

一、填空题

1. 一个社会的文化可分成物态文化、制度文化、_____和心态文化。
2. 文化在消费领域中的具体存在形式可称为_____。
3. 通常我们把某一文化群体所属次级群体的成员共有的独特信念、价值观和生活习惯称为_____。

4. _____是一种普遍的社会心理现象，指社会上一段时间内出现的或某权威性人物推崇或倡导的事物、观念、行为方式等被人们接受、采用，进而迅速推广直至消失的过程。

5. 模仿性与_____是时尚产生和传播的心理机制，是时尚潮流不断向前发展的动力。

二、单项选择题

1. 尽管不同文化之间的差异性体现在多个方面，但最根本的差异还是（　　）的差异。
   A. 社会意识　　　　B. 生活方式　　　　C. 风俗习惯　　　　D. 文化价值观

2. 在（　　）的社会，消费者通常会把消费品看作他们自身价值的延伸。
   A. 低个人主义　　　B. 高集体主义　　　C. 高个人主义　　　D. 低集体主义

3. 流行从形成到消失的时间较短，但在消失若干时期之后往往又会出现，这表现了流行的（　　）特征。
   A. 周期性　　　　　B. 选择性　　　　　C. 消费性　　　　　D. 现实性

4. 尽管时尚与流行有密切的联系，但两者之间仍然存在区别，主要是时尚源于消费者对（　　）的追求。
   A. 大众化　　　　　B. 普遍性　　　　　C. 新奇性　　　　　D. 个性化

5. 消费习俗的特点之一是（　　）。
   A. 长期性　　　　　B. 变化性　　　　　C. 短暂性　　　　　D. 强制性

三、论述题

1. 如何理解文化的内涵？文化有哪些特征？
2. 什么是亚文化群体？为什么在文化适应中要贯彻因地制宜的原则？
3. 怎样理解文化价值观？它对消费的影响体现在哪些方面？
4. 讨论中国传统文化及其对消费的影响。
5. 讨论我国面子文化、关系文化和家庭伦理文化的形成和对消费的影响。
6. 简述流行和时尚的区别与联系。
7. 流行文化的特征体现在哪些方面？流行文化对企业营销及消费者有哪些影响？
8. 分析时尚的含义及时尚消费的意义。
9. 查阅资料，对比中国和外国消费习俗的不同及其对消费的影响。

四、实践题

1. 列举 5 个你所在城市当下流行的电影、电视剧或电视节目，了解这些流行文化对人们行为的影响。
2. 选取并调查你身边的"70 后""80 后""90 后"或"00 后"，并记录他们对时尚的理解。

五、案例分析题

世界各地的麦当劳餐厅，尽管商店规模、地点存在差异，但是餐厅的风格和氛围是一样的。面带微笑的服务员、方便快捷的服务是麦当劳餐厅的共同特色。麦当劳餐厅在实施全球化和标准化营销战略的同时，也针对各地实际情况对自己的营销战略进行了调整。请扫描二维码阅读完整案例，并回答以下问题：

（1）消费者从麦当劳餐厅感受到的是一种怎样的文化？这样的文化对消费者的情感、认知、行为会产生怎样的影响？

（2）在全球化的背景下，你是否认可麦当劳餐厅推出的标准化营销战略？请你评价麦当劳餐厅在中国的本土化策略。

第十章 群体与家庭

【学习目标】

掌握群体的概念、分类；学习参照群体与消费者心理和行为的关系；讨论群体压力的来源及影响；分析暗示、模仿与从众心理及其对消费行为的影响；了解家庭的类型及其变化；了解家庭生命周期及个人在家庭消费中的角色；了解家庭购买决策的方式及影响因素。

【关键术语】

群体、群体规范、从众、参照群体、家庭消费、家庭生命周期、家庭购买角色、家庭购买决策

【导入案例】

小宠物"撬动"大市场

近些年来，生活中宠物的存在感越来越高，走在马路上、公园里、小区内，遛狗的宠主随时可见；在导航地图上搜"宠物"二字，方圆1千米内可能就有不少于10家宠物医院、宠物店；刷个视频，时不时就刷出卖萌可爱"吸眼球"的萌宠视频。如今，宠物已经成为许多人生活中不可或缺的伙伴。根据《2025年中国宠物行业白皮书（消费报告）》，2024年，我国城镇犬猫消费市场规模增长7.5%，达3002亿元，预计到2026年将跃升至3613亿元。

在快节奏、高压力的生活环境下，年轻人成为"养宠"的一大主力。京东数据显示，养宠人群40岁以下年轻人占比超七成，一二线城市占比近七成并持续高速增长，呈现城市化、年轻化趋势。其中，25岁及以下的"Z世代"增长迅速，未婚人群渗透率提升。这些年轻人和他们的父辈不同，与宠物之间的关系早已不止于饲养与被饲养，他们称呼宠物为"毛孩子"，自称妈妈或爸爸，致力于塑造一段拟人化关系。喂食再也不是老一辈的剩饭剩菜，而是精心挑选的专用粮，注重营养配比和口味，有的还会重金购买新鲜营养的食材，为"毛孩子"自制餐食，还会定期给"毛孩子"洗澡、做造型、买各式各样的衣服。像宝妈宝爸"晒娃"一样，年轻的宠主们热衷于晒出自己的猫猫狗狗，与经常被吐槽的"晒娃"行为相比，"晒宠"反而更容易被接受，于是网络上涌现出许多备受欢迎的宠物博主。

同时，宠物在家庭中的地位不断提高，宠物"家人化"趋势愈加明显，并逐步向家庭成员的角色转变。人们给宠物起了好听的名字，甚至加上了主人的姓氏，宠物的陪伴属性日益突出，宠物经济产业链迎来发展风口，一些个性化、定制化的宠物商品和服务应运而生。例如，可以远程查看宠物的宠物摄像头，定时定量出粮的智能投喂机，自带除菌、自清洁功能的宠物烘干机……，还有，不少餐厅开始探索构建宠物友好餐厅，有的酒店推出可携带宠物入住的服务。当然，"养宠"绝对需要一笔不小的开支，需要量力而行。不过，有的年轻人自有解决之道，他们把自己的"毛孩子"推向短视频制作的舞台，宠物开始登台做了主角，据说有的"毛孩子"自己能挣钱了，甚至还反哺主人了。

启发思考：

（1）根据案例，为什么年轻人成为"养宠"的一大主力？他们养宠物有什么特点，分析其背后的心理。

（2）你对宠物向家庭成员角色的转变有什么看法？这为宠物消费市场带来了哪些商机？

第一节　群体影响

群体是人们通过一定的社会互动和社会关系结合起来进行共同活动和感情交流的集体，群体是构成社会的基本单位之一。例如，以血缘关系结合起来的集体是氏族群体和家庭一类的群体；以地缘关系结合起来的集体是邻里一类的群体；以工作关系结合起来的群体则是各种职业群体。

思考与讨论

银行职员的着装和公务员、程序员的着装有何不同？他们的着装选择受什么影响？

一、群体的类型

群体类型有多种划分方法。例如，可按照人口统计特征中的性别、年龄、收入等指标划分。在此，介绍以下几种划分方法。

1. 正式群体与非正式群体

正式群体是指有明确的组织目标、正式的组织结构，其成员的地位、角色和遵循的规范，以及权利、责任和义务都有明确的规定，并有相对固定的成员身份的群体。正式群体，例如各类社会组织，包括企业、机关、学校等。正式群体有一定的规范。这些规范，有些作为某种制度、纪律，成了群体对成员的组织约束手段；有些则属于心理规范，影响成员的价值观念和审美情趣的形成。

非正式群体是指社会组织内部的成员在日常互动中自发形成的人际关系系统。它是人们在交往过程中，由于共同的兴趣、爱好和看法而自发形成的群体。它的结构一般比较松散、自由。

个体消费者在不同类型的群体中，一方面，由于群体成员在沟通和接触过程中，通过语言、行动等表达个性和思想，所以在这一过程中各群体成员会相互影响与学习，产生一些共同的信念、态度和规范，从而对消费者产生潜移默化的影响。另一方面，每一个群体都存在一定的正式或非正式的规范，这些规范及其压力会促使消费者自觉或不自觉地与群体的期待保持一致，使消费心理和行为具有一定的共性。

2. 主要群体与次要群体

主要群体是指成员之间经常面对面接触和交往，具有亲密的人际关系的群体。例如家庭、邻里、朋友群体等。在主要群体中，成员之间不仅有频繁的接触，而且有强烈的情感联系。正因如此，像家庭、朋友等成员关系密切的主要群体对个体来说是不可或缺的。

次要群体是指以间接交往为基础，有目的、有组织地按照一定社会契约建立起来的社会群体。例如党团组织、公司、学校等。次要群体规模一般较大，人数较多，群体成员以工作接触为主。与有血缘关系的群体类型相比，次要群体的成员需要较强的纽带才能建立起深厚的情感关系。

3. 所属群体与参照群体

所属群体也称为隶属群体，指一个人身份所属的群体，它规定着个人的身份及其日常活动。参照群体是个体在心理上所属的群体，是个人认同的为其树立和维持各种标准，提供认知、评价、比较框架的群体。

参照群体可以是个体参加的所属群体，也可以是个体所属群体以外的群体。参照群体使个体把该群体作为自己活动的参照点，个体希望自己的行为与参照群体一致。例如，一个青少年希望能成为歌星或影星，他就会从动作、发型到服装都模仿他心目中崇拜的歌星或影星。

以上社会群体类型是根据不同的标准划分出来的，由于其出发点和划分标准不同，对于不同群体的认识应有所不同。例如，家庭既属于主要群体，也属于非正式群体；而有的次要群体，如党团组织，虽然是次要群体，但对人的思想和行为的影响却很大。

二、群体规范与从众

群体规范是群体的一个重要特征，它指定了群体成员行为的规则，同时也是群体成员间相互期望的行为的基础。群体规范既可以表现为有明确规定的准则条文，即正式规范；也可以是自发形成的、不成文的准则规范，即非正式规范。

📖 视野拓展

职业装——行走的活名片

职业装被誉为"行走的活名片"，是体现职业形象和群体职业精神的窗口和载体，更是呈现企业文化内涵的名片。根据中国服装协会统计，我国职业装市场规模约 4000 亿元，有近 3 万家服装企业涉足职业装生产，其中包括很多国内男装行业优势企业、上市公司。依据行业特点，职业装大致分为职业时装、职业制服和工装。随着行业企业对职业装需求持续发酵，职业装市场的潜力与日俱增，而日渐增强的时尚消费观念、逐步完善的质量体系、不断提高的技术水平、日益强化的社会责任等，都给新时期职业装的发展带来了更多的挑战，也创造了更多的细分机会。诸如西服、军服、工作服、校服、防护服等多领域，尤其是随着年轻职场人群自我意识的不断增强，独具特色、彰显个性的企业职业服成为潮流。

（一）群体规范的作用

群体一旦形成，就需要一定的行为规范来统一其成员的信念、价值观和行为，以保障群体目标的实现和群体活动的一致性。群体规范具有维持群体，评价、引导和限制成员思想和行为的功能。社会群体的行为规范对群体的形成和发展具有重要意义。从群体本身的角度来看，群体规范的具体作用主要表现在以下几个方面。

（1）群体规范通过使群体成员的活动协调一致，提供了一种维持、巩固群体的工具。很难想象，一个没有群体规范的群体如何存在并实现一定的社会功能。

（2）群体规范与群体的目标联系紧密。一旦群体确立了目标，不可避免地会鼓励有利于目标实现的行为，反对阻碍行为。群体规范作为引导个体行为的指南，就是使个人了解，为实现某种目标应该做什么、不应该做什么以及怎么做，以保证群体目标的实现。

（3）群体规范可提高和维护群体的同一性，使群体成员同他人区分开来。特别是一些有关外表、惯用语等行为的规范，将有助于提升群体的凝聚力。

应该注意的是，因为群体规范往往把人的行为限制在一个特定的水平上，所以群体规范具有一定的惰性作用。从这个方面来看，群体规范也限制了人的积极性和创造性。

🐾 思考与讨论

我国曾出现过"呼啦圈热""黑色食品热"等现象。查阅资料，想想其背后的原因是什么。

（二）群体压力与从众

相似的信念和价值观把个体与所属群体连接起来，同时，群体成员之间的互动可以增强群体共同的信念及价值观。因此，群体的信念和价值观对个体不具有强制性，而群体规范作为必须遵守的行为规范，对群体成员具有某种强制性。如果群体成员不遵从群体规范，就可能受到嘲讽、讥笑。所以，个体行为受到群体规范的制约，表现为服从和从众。群体规范通过内化-外化的机制影响个体思想和行为的变化。这种由群体规范产生的影响对个人形成的压力就是群体压力。

1. 从众及其形式

从众是指个体在真实的或想象的群体压力下，表现出与群体其他成员行为趋于一致的现象。其中，想象的群体压力是含糊的和不确定的。从众是一种比较普遍的社会心理和行为现象。

思考与讨论

从众心理和行为在每个人的日常生活中非常常见。例如，听说吃鸡蛋能减肥，就天天吃鸡蛋；听说喝蔬菜汁能养生，就天天喝蔬菜汁；听说买哪只股票赚钱，就跟着买哪只股票……。讨论一下你或你身边的亲友有过哪些从众行为。其结果如何？

具体来看，从众的形式包括服从和接纳。顺从是指靠外在力量表现出来的从众行为，主要是为了得到奖励或避免惩罚。如果顺从行为是由明确的命令所引起的，可称其为服从；如果是内心真正接受的、真诚的、内在的从众行为，可称其为接纳。也就是说，从众可以是表面的，也可以是深入内心的。换言之，一个人的公开行为表现可以是顺从群体，但其内心信念可能是与群体行为和信念不一致的，也可能是与群体的行为和信念相一致的。

经典实验

阿希实验

社会心理学家所罗门·阿希（Solomon Asch）是对有关从众问题研究影响最广泛的一位学者。20 世纪 50 年代，阿希设计了著名的"三垂线实验"，证明了从众行为的存在。他把一个被试者和一些陌生人安排在一个房间里。每一个人都被要求在不相等的 A、B、C 三根线中，找出长度与 X 线最接近的一根。三垂线实验如图 10.1 所示。

除被试者外的人被事先安排好，先于被试者回答线条 C 的长度是最接近 X 线的。但很明显，答案应该是线条 A。这项实验的最后结果令人惊讶，有超过 1/3 的被试者违背了自己的意志，而同意了其他人的意见。这一实验表明，当在群体内遇到与自己不一致的观点时，很多个体会选择附和群体的多数意见，而不是坚

图 10.1　三垂线实验

持一个与群体多数意见有冲突的观点，即使在确信自己的观点是正确的情况下也是如此。

这项实验的结果是：①所有被试者中有从众行为的人占比为 35%；②有 3/4 的被试者，当同伴有 12 次作出错误判断时，就有 1 次产生从众性的错误，而且其中有许多人事后认为自己看到的

确实与别人的一样；③在重复实验中，如果被试者单独先回答，同伴后回答，从众人数就会减少；④实验中如果只有 1 人出现不同的答案，从众现象就会急剧减少。该实验表明，群体规范能够给群体成员带来压力，迫使他们的反应趋向一致。

2. 从众的原因

人们为什么会从众呢？一般认为有以下三个方面的原因。

第一，参照群体中他人的行为或观点可以作为自己行为或意见的参照，特别是个体处于自己对情境缺乏把握的情况下，就更需要参照他人的表现。例如，人们会更愿意到人多的商店购物，到人多的地方旅行，到人多的餐馆用餐等，表现为对多数人的行为的信任。因为，人们自然地假

"排队购买"成为城市街头的一景，这是品牌力量还是盲目从众？

定，那么多人的出现自有他们的理由。需要指出的是，近年来，个别商家为了让消费者产生从众行为而人为地制造出人多排队的现象，甚至雇一批人冒充消费者来排队，制造商品热卖的假象。

第二，个体对他人的信任和群体对个体的吸引力。如果一个群体具有较高的凝聚力，或者成员之间是高度信任的，那么，这个群体就会保持较高的一致性。

第三，对脱离群体的恐惧，害怕与众不同的心理状态。当个体的表现与众不同时，往往会担心面临群体的强大压力乃至严厉制裁，他的选择只有两个，即脱离这个群体，或者改变自己原有的行为。多数人是不愿意脱离群体的，总是希望自己在群体中被接纳、受欢迎。于是，个体趋于选择从众。

 思考与讨论

"枪打出头鸟""木秀于林，风必摧之""众口铄金，积毁销骨"这些谚语反映了大众怎样的心理？

研究显示，个体是否产生从众心理或行为还与个人的个性特征、文化背景、性别等有关。多数研究显示，女性比男性更容易产生从众心理或行为，其中的原因包括男女在社会化过程中，男性往往被教育要"成为一个独立的思考者"，而在对女性的教育中却不强调这些内容，甚至鼓励其接受、顺从。另外，青少年对来自同伴的压力尤其敏感，有时甚至由于同伴的压力而酗酒、吸烟。

思考与讨论

一家拉面馆，只要你一坐到店里，就会看到桌角有一个贴牌，上面写着：

本店年度统计畅销菜品排行榜：

Top1 骨汤拉面——年度销售 85 万余份

Top2 叉烧面——年度销售 76 万余份

其实，这是商家有意引导你去点这两款面，除了满足消费者从众的心理，也对店里集中采购成本控制、厨房的标准化作业等都有好处。你是否认同？

示例

打卡式旅游

如今，"打卡式旅游"已成为一种新的旅游方式。所谓"打卡式旅游"，是指以到达旅游景点为目的，在不同景点之间快速穿梭，进行走马观花式的旅游，并拍下图片、视频发到网上，随时记录旅游过程。很多"网红"城市、景点由此迎来了大批拥趸，游客以"90后""00后"等人群为主，晒自拍、发朋友圈、发短视频成为他们的"标准动作"，排队两小时、"打卡"五分钟，却依然挡不住年轻人的热情。有人觉得，"打卡式旅游"是一种盲目从众，旅游体验感不足，也有人觉得旅游只要开心就好，"打卡"也能带来成就感。

三、主要消费群体的心理特点

（一）不同年龄消费群体的消费心理

年龄段划分的标准有多种，以下采纳较常见的标准。

1. 少年儿童消费群体的消费心理

少年儿童消费群体由 0～16 岁（不含满 16 岁，余同）的消费者组成。这部分消费者一般由父母养育和监护，没有独立的经济能力，缺乏自我控制能力，因此，具有特定的消费心理和行为表现。

（1）消费逐渐由本能的生理性需求发展为有自我意识的社会性需求。

（2）从模仿型消费逐渐发展为带有个性特点的消费。尤其是少年消费者由于参加集体学习、集体活动，受社会环境的影响逐渐增加，有一定程度的攀比心理。

（3）消费目标和方向不稳定。这一消费群体多处于感情支配阶段，缺乏金钱概念，且多喜新厌旧，消费情绪和心理从感性逐渐向理性发展。

思考与讨论

麦当劳曾经推出买快乐儿童餐送玩具的系列，使其成为最受小朋友欢迎的餐厅之一。很多"80后""90后"都记得打开麦当劳红色餐盒，取出玩具时的那一份喜悦和感动，那是自己童年的一份记忆。讨论这种方式为什么会受到孩子的喜欢。如何评价这种方式？

2. 青年消费群体的消费心理

青年消费群体一般指 16～35 岁的消费者组成的群体。但随着人均寿命的延长，有研究者提出，青年应泛指 16～45 岁的人。

（1）追求时尚、表现个性。青年消费者对新产品有极大的兴趣，喜欢更换品牌，体验不同的感受。他们往往是新产品或新的消费方式的尝试者、追求者和推广者。

（2）突出个性、表现自我。青年消费者喜欢购买个性化的商品，并把购买的商品同自己的理想、职业、爱好，甚至自己所崇拜的艺人、名人等联系在一起，力求在消费活动中充分表现自我。

（3）注重感情、冲动性强。部分青年消费者处于从少年到成年的过渡阶段，思想倾向、兴趣爱好多样善变，行动易受感情支配，经常发生冲动性购买行为。

3. 中年消费群体的消费心理

中年消费群体一般是指 35～60 岁的消费者（也有指 45～60 岁的消费者）组成的群体。中年人在社会和家庭中都处于主导者的位置，是消费市场上重要的购买力量。

（1）理智性强、冲动性弱。中年消费者的生活阅历、购买经验丰富，多以理智支配自己的行动，注重商品的性价比。其购买决策一般是多次分析、比较、判断的结果。

（2）计划性强、盲目性小。中年消费者的收入是家庭的主要经济来源，他们承担着"上有老，下有小"的责任，因此，普遍形成勤俭、节约、精打细算的消费习惯，以量入为出作为消费原则。

（3）注重传统、创新性差。中年消费者一般具有稳重、老练、从众、保守的特点，愿意购买固定的品牌产品，愿意选择低调的品牌，不愿意"出头"。他们通常会更多地考虑他人的看法，以维护自己在社会中的地位和品位。

4. 老年消费群体的消费心理

老年消费群体一般是指 60 岁以上的消费者组成的群体。随着社会生活环境的改善和卫生保健事业的发展，世界人口出现老龄化的趋势，老年人在社会总人口中所占的比例不断增加。

（1）消费习惯稳定，消费行为理智。老年消费者在多年的生活实践中，形成了一定的购买习惯，冲动消费和盲目消费相对较少，对时尚和潮流的兴趣不大。

（2）追求实用性商品。老年消费者一般退休后收入有所下降，再加上多年的生活经历，他们在购物时会精打细算，把商品的实用性放在第一位。

（3）追求便利，要求得到良好的售后服务。老年消费者的生理机能有所下降，他们希望购物场所交通方便，商品标价和商品说明清楚，商品陈列位置和高度适当，便于挑选，购买手续简单，工作人员服务热情、耐心、周到，也要求商品易学易用、方便操作，减少体力和脑力的负担。

（4）补偿性消费心理。部分老年消费者具有补偿性消费心理，希望能补偿过去岁月未能实现的消费愿望，因此对美容、衣着打扮、营养食品、健身娱乐和旅游观光等方面的消费有较强的消费兴趣。

微视频

老年人生意如何做

思考与讨论

有的药店在销售架上用绳子系着一个放大镜，你知道为什么这么做吗？再想一想，超市中奶粉盒上的营养信息、衬衫上的洗涤说明、葡萄酒上的标签……对视力减退的老年人来说，看清这些说明文字并不容易。讨论生产者和商家可以采取什么办法为老年消费者解决这些困难。

（二）不同性别消费群体的消费心理

1. 女性消费群体的消费心理

微视频

女性消费追求

女性消费市场是一个潜力极大的广阔市场。女性消费者不仅为自己购买所需商品，也是儿童用品、老人用品、家庭用品的主要购买者，并以承担的母亲、女儿、妻子等多种角色对周围其他消费者行为产生很大的影响。

（1）讲究实用和细节。由于家庭消费多由女性操持，再加上传统观念认为女性勤俭持家是一种美德，所以女性在购物时讲究性价比，关心商品带来的具体利益。同时，女性本身的心理特点决定了其更关注产品款式、色彩、功能、包装等细节。

（2）追求情感和美感的满足。女性不但追求商品的实用价值，而且更关心商品所包含的情感意义。她们会对商品和品牌寓意产生丰富的联想，喜欢能够带来美和梦想的商品。

（3）便利且个性。由于女性就业率较高，她们既要工作，又要做家务，所以对提供便利性的产品有浓厚的兴趣。随着更多女性关注内心和高品质的生活，她们通过追逐时尚和流行来满足个性化的需求。

2. 男性消费群体的消费心理

与女性相比，男性参与消费活动的意愿和实践经验通常没有女性丰富，他们对购物、逛商场的兴趣似乎并不高。值得注意的是，随着社会消费观念的多元化发展，越来越多的男性开始展现出主动参与消费活动的意愿，在休闲购物、个人护理等传统认知中偏女性化的消费领域，也呈现出日益活跃的趋势。

（1）理性和自信。男性注重产品的基本功能、实际效用，通常在购物时善于控制自己的情绪，购买过程果断、迅速，不会犹豫不决，具有较强的理性和自信。

（2）独立与自尊。男性一般购买目标明确，进入商场就会直奔主题。他们甚至不看价签，也不太关注是否打折，不愿意受他人干扰，不愿意征询他人意见。

（3）好面子和虚荣心。男性购物讲究要有足够的面子，尤其是有他人在场的情况下表现得更充分。例如，和女性一起购物，男性总是坚持掏钱付款，体现自己的责任感，满足虚荣心。另外，带孩子购物的爸爸更容易满足孩子的各种"无理"要求。

随着"颜值经济"的爆发，变美不再只是女性的特权，男性化妆品与护肤品正形成一种市场发展趋势，男性化妆品市场正逐渐成为一片新兴的"蓝海"。讨论分析该现象。

第二节　参照群体

参照群体是个人认同的为其树立和维持各种标准，提供认知、评价、比较框架的群体，是在消费者购买或进行消费决策时，用以作为规范、比较的群体。参照群体能够影响一个人的价值观念，并影响他对商品和服务的看法及其购买行为。

参照群体可以大致分为两类。一是个体所归属的成员群体，也就是该个体已经成为其中一员的群体。例如，家庭、同事和同学等群体。二是个体所倾慕和向往的榜样群体，也就是该个体没有参与但渴望归属的群体。例如，运动员、明星、社会名流和成功的企业家等群体。

参照群体具有两种功能，即规范功能和比较功能。规范功能在于建立一定的行为标准和规范，这些标准和规范往往没有明文规定，但群体成员都很清楚其规则。遵守标准和规范一般表现为从众行为。比较功能是指个体把参照群体作为评价自己或别人的比较标准和出发点，如一个人在装修房子时，可能会把某位他所仰慕的人或他所向往的群体的家居装饰作为参照和仿效对象。

一、参照群体对消费者的影响

一般来说，营销人员倾向于利用参照群体的影响力，诱导消费者产生一种想成为该群体成员的愿望来推广自己的产品。

（一）影响形式

参照群体向消费者展示了一种生活方式，并且影响个体的自我概念。同时，参照群体成员之间还可以共同分享某些消费形式的象征意义。参照群体对消费者的影响通常表现为以下三种形式。

（1）规范性影响，是指由于群体规范的作用而对消费者产生的影响。规范性影响之所以产生和起作用，是因为群体规范除了具有为个体提供参照框架的作用外，还具有对个体行为的评价功能。群体规范要求个体共同遵循的行为准则，决定了群体成员的行为受到大家欢迎的程度。

思考与讨论

在日常消费中，正式规范与非正式规范哪个对你的影响大？这两种规范有哪些区别？

（2）信息性影响，是指参照群体成员的观念、意见、行为被个体作为有用的信息予以参考的影响。群体在这方面对个体的影响，取决于被影响者与群体成员关系的紧密程度，以及施加影响的群体成员的专业特征。

（3）价值表现上的影响，是指个体自觉遵循或内化参照群体所具有的信念和价值观的影响。这种信念和价值观使个体与群体在行为上保持一致性，以在社会上证明自己的地位或身份。这主要是基于两方面力量的驱动：一是个体可能利用参照群体来表现自我，提升自我形象。二是个体希望与该群体建立和保持长期的关系，从而视群体价值观为自身的价值观。例如，某人发现他所欣赏的企业家穿某品牌服装，于是，他也穿该品牌服装，以体现他所理解的那种企业家的形象，希望社会认定他属于这个阶层。

（二）决定参照群体影响程度的因素

参照群体对其成员的影响程度主要取决于以下多个方面的因素。

1. 参照群体的权威性、可信度和吸引力

在消费者心目中，权威性高、可信度强的参照群体对其吸引力更大。这是因为：一方面，消费者遵守群体规范的压力大；另一方面，消费者会自觉遵从这一群体的规范，通过消费行为表现为个人对群体的忠诚。

2. 消费者的个性特征、知识及经验

一般来说，知识与经验丰富、善于独立思考、具有较强的自信心、做事果敢、具有较强分析判断能力的消费者，受参照群体的影响较小；反之，做事缺乏主见，优柔寡断，对他人依赖性强的消费者，往往受参照群体的影响较大。当缺乏产品知识或购买经验时，消费者会更多地依赖参照群体。

思考与讨论

（1）有研究显示，知识丰富的汽车购买者比那些购买新手，更容易在信息层面受到群体的影响，并喜欢和同样有知识的伙伴交换信息和意见。后者则更容易受到广告和推销人员的影响。你怎样理解以上内容？

（2）如果你决定购买一辆汽车，你愿意依靠哪些群体提供的信息来作出决定？

3. 消费者的自我形象

当参照群体的价值观、行为准则与消费特征符合消费者的自我形象时，就会使消费者对该群体产生强烈的认同感，并把它视为塑造自我形象的榜样群体。相反，如果参照群体的价值观、行为准则、消费特征与消费者的自我形象相去甚远，就不会对消费者产生积极的影响，甚至还会使其反感和极力回避。

4. 消费者选购商品的特点和类型

消费者在购买不同的商品时，参照群体的影响力是不一样的。这种影响力主要取决于与商品相关的下列因素。

（1）商品使用时的可见性。一般而言，商品或品牌的使用可见性越高，参照群体影响力越大，反之则越小。因为人们购买的商品具有一定的社会交流与暗示功能。有研究表明，与大众消费品相比，消费者在购买奢侈品时，参照群体对其影响更显著，尤其是可见性高的奢侈品受参照群体的影响更大。

示例

买哪些奢侈品？

在过去的十年里，中国消费者在奢侈品消费方面一直处于领先地位。艾媒咨询数据显示，在2023年中国不同性别奢侈品消费者购买过的奢侈品品类分布中，55.3%的男性消费者表示会选择皮带，54.9%的男性消费者表示会选择酒类，74.1%的女性消费者表示会选择香水以及化妆品，66.4%的女性消费者表示会选择腕表，68.4%的女性消费者表示会选择服饰。按地理位置来看，全球奢侈品零售主要集中在东京、首尔、巴黎、纽约、伦敦以及上海和北京等25个城市，其中上海和北京分别以106家和102家店位列全球拥有奢侈品品牌门店总数城市榜单的第7名和第8名。

（2）商品的必需程度。对食品等生活必需品的购买，受参照群体的影响相对较小。相反，奢侈品或非必需品，如豪宅、高档汽车等，购买时受参照群体的影响较大。例如，一般情况下，口红属于个人化的私人用品，消费者购买时受参照群体的影响不大；但当人们把口红作为礼物购买时，口红的品牌和口碑等就成了重要的参考指标，消费者受参照群体的影响就大。

视野拓展

"口红效应"失效？

什么是口红效应？

口红效应是指一种有趣的经济现象，是指当经济低迷时，口红的销售出现不降反升的现象。这是因为当经济不景气时，消费者个人收入减少，不得已减掉买房、买车或出国旅游等大项开支，口红作为一种"廉价的非必要之物"成为更合适的选择，对消费者心理起到安慰的作用。这种有趣的经济现象也发生在类似丝袜、面膜等销量的"反常"上升上。经济学家把这种经济低迷时部分行业的产品销量不降反升的特殊经济现象称为"口红效应"。

（3）商品的生命周期。从商品和品牌两个方面来考虑，当商品处于导入期时，消费者的商品选择受参照群体的影响很大，但品牌选择受参照群体的影响较小。在商品成长期，参照群体对商品及品牌选择的影响都很大。在商品成熟期，参照群体的影响在品牌选择上大而在商品选择上小。在商品衰退期，参照群体的影响在商品和品牌选择上都比较小。

二、参照群体在营销中的运用

参照群体在营销中的运用可以概括为四大效应。

微视频

名人广告效应

1. 名人效应

名人或公众人物，如影视明星、体育明星、商界精英等，作为参照群体对公众具有巨大的影响力和感召力。从众效应、追星心理，常常使得消费者爱屋及乌。对很多人来说，名人代表一种理想化的生活模式。正因如此，企业才会花巨额费用聘请名人来代言其产品。

利用名人效应时，一定要注意所用的这些名人形象要和产品有关，并且这些名人应有良好的社会声誉，否则会引起消费者的反感和厌恶。另外，利用娱乐明星或体育明星作为品牌代言人也存在一些不确定因素，比如明星的绯闻、负面新闻等会连累被代言的企业，使企业品牌受到伤害。

思考与讨论

分析名人负面新闻对其代言的品牌会造成怎样的影响。请举例说明。

2. 专家效应

由于专家所具有的专业知识和经验，使其在介绍、推荐产品与服务时较一般人更具权威性，从而产生特有的公信力和影响力，引导和坚定公众的选择。当然，在运用专家效应时：一方面应注意法律的限制，如有的国家不允许医生为药品做广告；另一方面，应避免公众对专家的真实性、公正性、客观性产生怀疑，例如，在广告中不能弄虚作假，不能用群众演员假扮专家来推荐产品。

多芬倡导的"真美行动"广告，采用普通人为该品牌代言。

3. 普通人效应

并不是只有名人才能对消费者产生影响力。如果品牌的代言人是和潜在消费者一样的普通消费者，就会使潜在消费者感到亲近，从而使广告诉求更容易引起共鸣。例如，联合利华公司旗下的品牌多芬（Dove）洗发水曾推出"真美行动"，用普通人为品牌代言，强化普通女性对美丽的自信，传递多芬提倡女性健康、内在和自然之美的品牌理念。普通人的身份和亲和力更容易让消费者自然融入，使广告达到预期效果。

4. 企业家代言效应

企业家本身就是企业品牌的一个符号或缩影，因此，在广告中用企业总裁或总经理做代言人是一种非常明智的选择。例如，20 世纪 70 年代，美国克莱斯勒汽车公司总经理李·艾柯卡（Lee Iacocca）曾亲自上阵为本企业做广告，在广告中对消费者极尽劝说，获得了很大成功。

董明珠为格力代言

🐢 思考与讨论

列举你所知道的企业家代言的品牌的例子，并分析其效果。

我国也有企业采用创始人、董事长、总经理或产品发明人的名字和图像来代言企业的产品和品牌。例如，章光 101 洗发水就是由创始人赵章光自己代言的，老干妈辣椒酱创始人陶华碧为自己的辣椒酱代言等。另外，企业家王石、董明珠、雷军都曾为自己的企业代言。

企业家这一形象所代表的内容极其丰富，它代表了一种成功的人生，代表了企业家的冒险、创新精神等。社会公众对企业家的敬佩甚至敬仰的心理往往会投射到其代言的品牌上，使企业家成为引导个人消费的"意见领袖"。有时候，企业家代言比明星代言更可信、更可靠、更具有号召力，能产生更好的传播效果。

🐢 经典实验

沉没成本效应：放下执念，及时止损

美国俄亥俄大学心理学系的哈尔·R.阿克斯（Hal R.Arkes）教授和凯瑟琳·布鲁默（Catherine Blurmer）教授通过实验证明了"沉没成本"效应的存在。在实验中，首先请被试阅读下列文字，然后作出选择：

> 假设你花 100 美元买了一张周末去密歇根滑雪的票。几周后你花 50 美元买了另一张周末去威斯康星滑雪的票，因为你认为在威斯康星滑雪会更有趣。当你买了去威斯康星的票之后，忽然发现你买的去密歇根的票和威斯康星的票是在同一个周末，不能退票，也不能将票转让给其他人，现在你必须选择一个，放弃另一个，你将怎样选择？

实验结果表明，61 名被试中有 33 人选择去密歇根，28 人选择去威斯康星，即约 54% 的被试选择放弃更加有趣的威斯康星之旅，其理由是密歇根的票价贵，放弃是一种浪费。由此证明了沉没成本效应（Sunk Cost Effect）现象的存在。

在现实生活中，人们在投资、经营和日常决策中，常常受已投入的时间、金钱或其他资源的影响，表现出一种"避免浪费的愿望"，这就是沉没成本效应的体现。例如，周末去看电影，看了一半发现电影不好看，不少人会选择继续看下去。实际上，如果你是理性的，最好的选择是应该考虑某个决策带给你更好的收益和体验，而不是为了弥补你在过去的损失。比如，看不好看的电影时选择离场去做更有意义的事情。毕竟，及时止损，也是人生的智慧。

第三节　家庭消费

一、家庭的类型和家庭消费的影响

家庭是人类最基本、最重要的一种群体形式，是在婚姻关系、血缘关系或收养关系基础上产生的，由亲属所构成的社会生活单位。

1. 家庭的类型

一般来说，可将家庭分为传统家庭和新型家庭两大类，其中传统家庭涉及以下两类：①核心家庭，指一对父母与其未成年子女或成年未婚子女所组成的家庭。②扩展家庭，分为主干家庭和扩大联合家庭。其中，主干家庭是指由一对父母和一对已婚子女（或者再加上其他亲属）组成的家庭；扩大联合家庭是指由一对父母和多对已婚子女（或者再加上其他亲属）组成的家庭。

🐚 思考与讨论

中国古语中有"治天下之国，若治一家""父母在，不远游，游必有方"等，体会"家"在中国文化中不同寻常的意义。

常见的新型家庭有以下几类。

（1）单亲家庭。单亲家庭是由父亲一方或母亲一方与其未成年子女所组成的家庭。

（2）单身家庭。单身家庭是指人们到了结婚的年龄不结婚或离婚以后不再婚而一个人生活的家庭。

（3）重组家庭。重组家庭是指夫妻一方再婚或者双方再婚分别重新组成的家庭。

（4）丁克家庭。"丁克"一词来自英文"Double Income No Kids"。丁克家庭是指"双收入、无子女"家庭。依据夫妻双方个体差异，丁克家庭分为主动自觉型家庭和被动消极型家庭。

（5）空巢家庭。空巢家庭是指子女离开家庭独立谋生或居住之后，由留下的中年或老年夫妇所组成的家庭。

2. 家庭消费的影响

家庭消费是以家庭为单位所进行的消费，是社会消费的基础。家庭消费可分为家庭成员的个人消费和家庭共同消费。其主要内容包括家庭成员的物质生活消费、文化生活消费、劳务消费等。其消费结构主要取决于社会生产结构、市场供给情况、家庭所处的地理条件、生活环境、民族特点、风俗习惯，以及家庭成员构成、收入情况、兴趣爱好等。家庭消费水平受国家经济发展水平、收入水平、物价水平、人口数量等因素制约。

家庭对消费的影响表现在以下四个方面：①家庭经济状况决定了家庭成员的购买能力。②家庭对其成员的购买行为具有强烈和持续的影响，这种影响通过家庭成员的个性特征、兴趣爱好、职业选择、生活习惯等方面表现出来。③家庭本身就是一个消费单位。例如，彩电、冰箱、空调、家具，甚至锅、碗、瓢、盆等日用品都是以家庭为单位计算的。④家庭所属的社会阶层决定了消费者个人的需求和消费习惯。

⚖️ 示例

我国家庭结构的新变化

《中国家庭风险保障体系白皮书（2023）》显示，我国大部分的家庭是年轻夫妇带着孩子独立生活，年轻夫妇的父母独立居住，"三口之家、二老之家"成为主流。因此，中国家庭结构正呈现出小型化、老年化、独居化的趋势。同时，因婚姻解体或不婚所致的单亲或单身家庭在全部家庭中的比例稳步上升，重组家庭比例稳步上升，不完整的流动家庭与留守家庭在全部家庭中的比例持续居于高位。而且，由于预期寿命的延长增加了家庭的空巢期，空巢家庭比例也明显上升。

二、家庭生命周期与家庭购买角色

1. 家庭生命周期的各阶段

家庭生命周期是指家庭从建立到结束这一过程所经历的时间。家庭生命周期从一对夫妻结合开始，因子女的出生而使家庭规模扩张；在最后一个孩子出生之后，第一个孩子离家之前的时期，家庭始终维持一定的规模；当子女因为工作或婚姻而离家后，家庭逐渐回到原来的二人世界；最后，夫妻相继离世，原始家庭的生命周期也宣告终止。

虽然每个家庭由于民族、文化、习惯等不同，消费心理和行为有很大的差异，但作为一个由组建到解体的家庭，其生命周期过程有共同的特征。在家庭生命周期的不同阶段，其消费方式和内容也在不断变化。家庭生命周期一般可分为以下几个阶段。

（1）新婚阶段。这一阶段始于新婚夫妇正式组建家庭，止于他们的第一个孩子出生。一方面，家庭的成立对新婚夫妇是一种全新的体验，从以往的个人说了算到共同的决策和分担家庭责任；另一方面，新婚夫妇还会遇到未曾遇到和从未考虑过的问题，如购买家庭保险、进行家庭储蓄、赡养双方老人等。由于刚刚组建家庭，所以总体来看，新婚夫妇没有过多的负担，他们是家具家居、餐馆饮食、剧院门票、汽车消费、旅游度假等产品和服务的重要消费群体。

（2）满巢阶段。满巢阶段可再细分为以下几个阶段。①满巢阶段第一期。这一阶段通常是指由年幼（6岁以下）的孩子和年轻夫妇组成的家庭。第一个孩子的出生给家庭生活方式和消费方式带来了巨大的变化。孩子出生后，家庭需要购买婴儿食品、婴儿服装、玩具等很多与小孩有关的产品。同时，在度假、用餐和家居布置等方面也要考虑孩子的需求。②满巢阶段第二期。这一阶段最小的孩子已超过6岁，多在小学或中学念书。总体来看，因为孩子进入入学阶段，夫妻二人可以全部进入社会投入工作，家庭经济状况得到改善，有能力购买大件商品或集中购买多种商品。③满巢阶段第三期。这一阶段通常是指年纪较大的夫妇和他们还未结婚的孩子所组成的家庭。这一阶段，孩子已经工作，如果夫妇双双工作，孩子又可以补贴家用，那么家庭经济状况就会明显改善。通常，这一阶段的家庭会更换家居、电器、汽车，或更新家庭装修等，热衷于旅游、健身、在外用餐。

（3）空巢阶段。空巢阶段始于孩子不再依赖父母，也不再与父母同住。这一阶段延续的时间比较长，因此又可再细分为下面两个阶段。①空巢阶段第一期。这一阶段，由于孩子已长大成人，父母获得相对的自由，一些父母会去继续接受教育，或培养新的爱好，或夫妻一起外出旅游等；同时，他们愿意参与公益事业。②空巢阶段第二期。这一阶段属于空巢阶段的后期，夫妻到了退休年龄，不少人开始追求新的生活方式，如外出旅游、参加老年人俱乐部等。

思考与讨论

随着中国社会老龄化程度的加深，空巢老人越来越多，这会给商家带来哪些机会？

（4）解体阶段。当夫妻中的一方过世后，家庭进入解体阶段。如果在世的一方身体尚好，有工作或有足够的储蓄，并有朋友和亲戚的支持和关照，家庭生活的调整就比较容易。如果收入来源减少，此时在世的一方就会过上一种更加节俭的生活。

2. 家庭购买角色

在一个家庭的消费活动中，每个家庭成员都可以扮演不同的角色，发挥不同的作用。家庭成员按其在家庭购买决策过程中所起的作用不同，分为五种不同的角色。

（1）发起者，指第一个建议或想到要购买某种商品或服务的人。

（2）影响者，是响应发起者的建议，对最后决策有直接或间接影响的人；也是为购买提供评价标准和信息，从而影响购买决策的人。

（3）决定者，是对最后购买作出决定的人，是有权决定购买什么及何时何地购买的人。

（4）购买者，是实际进行购买的人。需要注意的是，购买者与影响者或决定者可能不是同一人。例如，青少年可能会向父母提出购买何种汽车以及何时购买的建议，但是，父母才是实际与经销商进行议价并付款的人。

（5）使用者，是在家庭中实际消费或使用由他们自己或其他家庭成员所购物品的人。有时，家庭中物品的使用者并不一定是购买者。例如，儿童消费品广告的诉求对象通常是母亲，因为她们常常是决定者及购买者。

🐟 思考与讨论

结合自身家庭，谈谈母亲在家庭中的角色和在家庭消费中的作用。

在有些购买活动中，由一人承担大部分角色；而在另外一些购买活动中，则可能由多人承担不同的角色。一般来说，发起者和使用者多为同一人，但是，发起者所提供的信息和建议却不一定总被采纳，这取决于他或她在家庭中的地位和影响。影响者则决定了家庭在一次购买活动中接触的信息，他们对信息进行的分析处理，是其他人作出决定的重要依据。实际购买者有时也会承担信息收集的任务，因为他们对要买的产品比较熟悉。

家庭购买过程中的每一角色，对企业的产品设计、信息的传递、营销方案的制定、营销预算的分配都有影响。对于企业来讲，了解家庭成员在购买和消费中扮演的不同角色和各自的作用，回答"谁最可能对企业的产品产生兴趣，谁将是产品的最终使用者，谁最有可能成为产品的最终决定者，不同类型的产品通常由谁来实际购买"等问题，有利于营销策略的制定。在分析、研究各种家庭购买角色及其相互之间影响的基础上，确定谁是购买的决定者，并对其采取各种引导购买行为的有效措施和营销手段，将最终扩大企业产品的销量。

三、家庭购买决策

在日常生活中，一个家庭经常要作出各种购买决策。在这些购买决策中，有的极为重要，例如买什么房子、买何种汽车，以及去哪里度假等。另一些决策则很普通，例如决定午餐吃什么等。作为一种集体决策，家庭购买决策在很多方面不同于个人决策。例如，在早餐牛奶的购买活动中，成年人与儿童所考虑的产品特点是不同的，因而他们共同作出的购买决策将不同于他们各自单独作出的购买决策。

（一）家庭购买决策方式

在家庭购买决策研究中的一个重要问题是，对于不同商品的购买，家庭购买决策是以什么方式作出的，谁在决策中发挥最大的影响力。一般家庭，夫妻是商品购买的主要决策者，他们不仅掌握着家庭的经济大权，同时还决定着商品的购买意向以及购买时间。但是，不同的家庭，夫妻双方在商品购买决策中的影响和作用是有很大差别的。随着社会的进步，夫妻地位趋于平等，经济收入相当，在购买家庭消费品时基本上是相互协商的。由于家庭成员的性格、兴趣及消费经验的不同，选择商品的看法和标准存在差异，因此，购买决策方式也可能不同。

📚 视野拓展

家庭买什么车谁说了算？

有数据显示：在首次购车和二次购车时，一个家庭中夫妻双方共同参与挑选车辆的比例都在40%以上；而二次购车主要由女性挑选和完全由女性挑选的比例达到 18.8%，且家庭第二辆车主要由女方开的比例较高，达到了 47.5%。由此可见，在家庭购车的决策影响因素中，女性的主导力量明显。此次调研报告还显示，在所有用户数据中，有超过半数（50.7%）的用户是因为有了孩子而需要购车或换车，另外有 10.4% 的用户是因为孕妇出行不便而购车或换车。数据充分显现了母婴市场的巨大消费能力和市场空间，也显现了家庭消费中孩子因素所带来的更大影响力和倾向性。该调研报告的样本量超过 2 万人，跨越中国多个地区，是首次针对母婴人群的汽车研究调查报告。

家庭购买决策主要有以下四种方式。

（1）妻子主导型，即在决定购买什么的问题上，妻子起主导作用。这种类型形成的原因比较多。例如，妻子既精明能干，掌握经济大权，又有丰富的购买经验和较强的决策能力；或者是丈夫忙于工作，家务事绝大部分由妻子承担。

（2）丈夫主导型，即在决定购买什么的问题上，丈夫起主导作用。这种类型的原因可能是丈夫的生活经验较妻子丰富，有较强的理家、购物能力；另一方面的原因可能是丈夫收入高，家庭主要收入由丈夫提供。

（3）自主型，即家庭成员都能相对独立地作出有关商品的购买决策，自主性和随意性都比较强。这类家庭夫妻收入都相对较高，属于现代开放型家庭。另外，自主型购买在那些家庭不和睦、夫妻关系紧张的家庭中也较多见。有时，对于那些不太重要的购买，也可由丈夫或妻子独立作出决定。

（4）联合型，即由丈夫和妻子共同作出购买决策。这种家庭的主要特点是，夫妻双方关系融洽、思想开放，家庭气氛民主，有良好的沟通环境。这种共同作出的购买决策往往比较慎重、全面和理智。

🐢 思考与讨论

你是否同意"谁挣钱多，谁说了算"的说法？是否认同家庭关系中的经济地位决定论？

研究发现，在购买家电、汽车、住房等大件商品时，通常由丈夫主导决策；度假、孩子上学、住宅装修则多由夫妻共同作出决定；食品、服装、化妆品、清洁用品和厨房用具的购买基本由妻子做主。当今社会，婚姻关系呈现多元化趋势，家庭形式更为丰富，夫妻双方经济逐渐独立，个人权利受到尊重，人格趋于个性化和平等化，夫妻双方通过共同商量来决定家庭消费的情况的比例不断增加。

研究显示，一些夫妇对家庭决策影响的大小存在分歧。通常丈夫有被夸大其在家庭决策中的影响和参与作用的倾向，而妻子则更可能被低估其影响力。

（二）影响家庭购买决策方式的因素

影响家庭购买决策方式的因素主要有三种：①家庭成员对家庭的财务贡献；②决策对特定家庭成员的重要性；③性别角色取向。

一般而言，对家庭的财务贡献越大，家庭成员在家庭购买决策中的发言权也越大。同样，某一决策对特定家庭成员越重要，他或她对该决策的影响就越大，原因是家庭内部也存在利益交换。有时家庭成员可能愿意放弃在某一领域的影响力而换取在另一领域的更大影响力。性别角色取向是指家庭成员多大程度上会按照传统的男女性别角色行动。研究表明，传统观念较少和更现代化的家庭，在购买决策中会更多地采用联合决策的方式。

除了上述因素，通常认为，影响家庭购买决策方式的因素还包括以下几个方面。

1. 文化或亚文化

文化或亚文化中关于性别角色的态度，很大程度上决定着家庭决策是由男性主导还是由女性主导。例如，有的落后农村地区，由于家庭中的封建思想和重男轻女意识比较严重，家庭多以男性为核心。而在大城市，家庭决策方式更加灵活、平等。当然，文化并非一个地理的概念，因为即使生活在同一个城市，由于文化背景的不同，人们对性别角色地位的认识也会有相当大的差别，由此使得男女在家庭决策中影响力不同。

2. 角色专门化

一般来说，由于妻子偏重于感性认识，具有较强的审美意识，在日常家务劳动、子女抚育方面扮演着重要角色，因而在家庭日用品、食品、服装、化妆品、室内装饰用品的购买中起主要作用，而在购买家电、家具、汽车、住房等商品时，丈夫所起的作用则要大一些。

如今，随着社会的发展，婚姻中的性别角色不再像传统家庭那样鲜明，丈夫或妻子越来越多地从事以前被认为应由另一方承担的活动。虽然如此，家庭决策中的角色专门化仍然是不可避免的。从经济和效率角度来看，家庭成员在每件商品上都进行联合决策的成本太高，而专门由一个人负责对某些商品进行决策，效率会提高很多。

需要注意的是，在大多数中国家庭中，孩子的消费在家庭中占有特殊地位，居于家庭消费的中心，影响家庭消费支出比例的分配及购买商品的类型。这不仅表现为孩子对儿童服装、儿童食品、智力玩具、儿童化妆品、学习用具等有最终决定权，而且表现为孩子对家庭的其他消费品的意见有时也举足轻重。

 示例

商场变身游乐园，"逛街遛娃"两不误

为迎接儿童节的到来，2024 年 5 月 31 日，"2024 天虹江西区造趣节"在南昌市西湖区朝阳洲天虹购物中心正式开幕。启动仪式活动现场，主办方布置了多处打卡点，吸引了大量顾客前来打卡。开幕式除了有欢乐有趣的美陈展①外，还有主题舞蹈快闪、大屏幕抽奖等系列活动，同时还伴随经典卡通人偶出现，吸引家长和孩子们光顾。据商场负责人介绍，为了让南昌的孩子们过一个与众不同的儿童节，天虹通过多元、多维、立体化合作等方式，积极筹办各类节日活动，打造孩子们热衷的线下活动。与此同时，天虹还在全国 4 省 12 市 22 家店同步开展巡展活动，其中天虹在江西共有 11 家门店落地布局大型美陈展，覆盖江西省内南昌、鹰潭、上饶、吉安、萍乡等多个城市。近年来，亲子消费业态已经成为实体商业线下消费的重要增长点，也是各大购物中心业态布局不可或缺的重要一环。

3. 家庭生命周期

一般在新婚阶段，夫妻双方协商、共同作出购买决策的情况较多，而随着孩子的降生及家庭生活内容的繁杂，一个人作出购买决策的机会不断增加。随着子女的逐渐长大，共同决策的情况又会增加；当子女都各自成家后，夫妻双方独立决策的情况又会出现。当然，不同的家庭其购买决策方式会有很大差异。

4. 个人特征

家庭成员的个人特征对家庭购买决策方式有重要影响。正如前文指出的，夫妻双方的影响力很大程度上来自各自的经济实力，因此，拥有更多收入的一方，在家庭购买决策中更容易占据主导地位。个人特征的另一个方面是受教育程度。哪一方所受教育程度越高，他或她所参与的重要决策也就越多。家庭成员的其他个人特征，如个性、年龄、能力、知识等，也都会直接或间接影响其在购买决策中的地位。

5. 介入程度及商品特点

家庭成员对特定商品的关心程度或介入程度是不同的。例如，对手机、游戏卡、玩具等商品的购买，孩子们可能特别关心，因为他们是这些商品的使用者，所以购买时他们的介入程度高，

---

① "美陈"指"美化陈列"，美陈展即通过艺术设计和创意构思，将商品、道具、空间等元素进行有机结合，营造出具有吸引力和美感的陈列展示。

会发挥较大的影响作用；而对于父亲买什么牌子的剃须刀或者母亲买什么样的厨房清洗剂，孩子一般就不会关心，所以在这些商品的购买上他们的影响力就比较小。

当某个商品对整个家庭都很重要，而家人对这类商品又比较陌生、缺乏足够的市场信息时，由于担心购买风险很高，家庭成员倾向于进行联合型决策；当商品为个人使用或其购买风险不大时，则自主型决策居多；当所购的商品价格较高，对全家人具有重要意义时，多数家庭通常是经协商作出决策的。一般来说，价格较低的生活必需品，在购买时，无须进行家庭协商。此外，一些情境因素也会影响购买决策方式。例如，当购买商品的时间充裕时，联合型决策出现的可能性增大，而当时间压力较大时，丈夫或妻子主导型以及自主型决策则会更为普遍。

 归纳与提高

本章主要分析了群体和家庭对消费心理的影响。群体是社会生活的具体单位，是组成社会结构的一部分。群体的类型主要有正式群体与非正式群体、主要群体与次要群体、所属群体与参照群体等，还可以按照性别、年龄、收入等指标划分群体。群体规范指定了群体成员行为的规则，同时也是群体成员间相互期望的行为的基础。个体行为受到群体规范的制约，表现为服从和接纳。消费者会由于群体压力而产生从众行为。不同年龄和不同性别的消费群体其消费心理存在差异。

参照群体对消费者的影响主要表现为规范性影响、信息性影响、价值表现上的影响。参照群体对其成员的影响程度是不同的。参照群体在营销中的运用可以概括为名人效应、专家效应等。

家庭是社会的基本单位，家庭消费是社会消费的基础。家庭生命周期、家庭购买角色、家庭购买决策方式等是研究家庭消费的主要内容。

 综合练习题

一、填空题

1. 一个人在群体中有明确的地位和角色，群体成员的权利、责任和义务都有明确的规定，这样的群体称为_____。

2. 一个人往往把_____作为自己活动的参照点时，会在行为举止或思想观念上进行模仿或效仿。

3. 群体规范作为必须遵守的行为标准，对群体成员具有某种_____倾向。

4. _____决定了个体在群体中的地位，在某种意义上，也就决定了个体的社会地位。

5. 由家庭生命周期引起的家庭消费以时间为序，有规律地进行变化，成为家庭消费的_____特征。

二、单项选择题

1. 参照群体对消费者的影响，通常表现为规范性影响、（　　）影响和价值表现上的影响。
   A. 多样性　　　　　B. 客观性　　　　　C. 发展性　　　　　D. 信息性

2. 家庭成员、亲戚朋友都会影响消费者的购买行为。从对消费者影响的角度来看，他们属于（　　）参照群体。
   A. 主要群体　　　　B. 次要群体　　　　C. 渴望群体　　　　D. 比较群体

3. 家庭对其成员的购买行为具有强烈和（　　　）的影响。
    A. 短暂　　　　　B. 灵活　　　　　　C. 持续　　　　　　D. 冲动
4. 低收入家庭消费比较突出的消费动机是（　　　）。
    A. 求美　　　　　B. 求新　　　　　　C. 求实　　　　　　D. 求名
5. 一般来说，影响家庭购买决策方式的主要因素是（　　　）。
    A. 收入的高低　　B. 年龄的大小　　　C. 性别的不同　　　D. 脾气的大小

三、论述题

1. 什么是群体？群体有哪些类型？
2. 群体规范的作用是什么？
3. 如何理解消费者的从众行为？请举例分析从众的原因和影响因素。
4. 论述不同年龄和不同性别群体的消费特点。
5. 简述参照群体的影响方式及决定参照群体影响程度的因素。
6. 请举例分析参照群体在营销中的运用。
7. 家庭对消费行为的影响表现在哪些方面？
8. 家庭生命周期的不同阶段各有什么特点？
9. 举例分析家庭购买角色的划分。
10. 简述家庭购买决策方式。其影响因素是什么？

四、实践题

1. 访问 5～10 名同学，了解他们喜欢哪些明星。这对他们的消费产生了哪些影响？
2. 设计问卷，调查 50 名你所在大学学生们的消费情况，包括收入来源、支出方向、具体消费项目等。根据调查结果完成《大学生消费群体调查报告》。

五、案例分析题

以前，很少有企业会注意到儿童消费者；现在，几乎每家企业都会关注儿童市场。随着我国政府进一步优化生育政策，儿童消费成为不可忽视的大市场。请扫描二维码阅读案例，并回答以下问题：

（1）根据案例进行分析，在中国，孩子为什么会成为一个家庭的焦点。在家庭购买决策中，孩子发挥着怎样的作用？

（2）根据案例，结合我国新的生育政策，分析儿童消费的特点和儿童消费市场的潜力体现在哪些方面。

第十一章　社会阶层与社会角色

【学习目标】

学习社会阶层、社会角色的概念；了解社会阶层的特征及决定因素；掌握社会阶层的划分方法；掌握不同社会阶层消费心理及行为的差异性；了解社会阶层对市场营销策略的影响；掌握社会角色的构成要素及其对消费者的影响。

【关键术语】

社会阶层、阶层意识、社会角色、角色规范、角色冲突、角色关联产品集

【导入案例】

路易威登——彰显社会阶层的符号

1837 年，出生于法国木匠家庭的路易·威登（Louis Vuitton）先生来到巴黎谋生。几年的行李箱作坊学徒生涯之后，路易·威登凭借出色的手艺为拿破仑三世皇后做行李箱，并得到皇后的信任。路易·威登在宫廷服务期间，制作行李箱的技术和品位得到很大提升，这为日后高档旅行箱的制作提供了技术保障。同时，这段经历也使后来的路易威登品牌身价倍增。

1854 年，路易·威登结束了在皇宫中的工作，在巴黎创建了首间皮具店，路易威登品牌正式创立。凭借为皇家服务的经验，路易·威登创造的经典 "Trianongrey" 帆布行李箱在巴黎的上层社会引起了轰动，来自上流社会阶层的时尚客人蜂拥而至，该行李箱很快就成了巴黎贵族的首选行李箱。"Trianongrey" 帆布行李箱的图案在今天仍是路易威登箱包设计的经典元素。路易威登不仅满足了资产阶级新贵使用宫廷物品的愿望，它还为自己的消费者提供了特别服务——定制。根据消费者的个人需求而设计的定制产品，满足了目标消费者用来彰显其新贵族身份阶层的心理需求。1888 年，路易威登推出了棋盘格子图案作为防伪措施，之后，这种方格图案便成为另一经典——Damier 系列的创作灵感。如今，Damier 棋盘格纹不仅成了路易威登的标志性设计，也成了时尚界的一个经典元素。1896 年，路易·威登之子乔治·威登设计出了品牌标识性 Monogram 图案，用焦糖色作底，圆圈包围四叶花卉、凹面菱形圈住四角星，烙印品牌缩写 "LV" 字样，闻名于世的老花图案由此诞生，拉开了路易威登时代的序幕。随着品牌发展，老花被演绎出各种版本，放大、反色、压印、改色等，最花哨的当属设计师 Marc Jacob 在路易威登任职时推出的 33 色老花，将传统字母组合图案印压在糖果色漆皮皮具上，配以简约的服装系列，令路易威登的形象增添了几分活泼，趋向现代时尚，得到时尚圈的认可。

凭借悠久的历史、卓越的品质、昂贵的定价、精细的手工以及不断创新，路易威登逐步树立起精致、典雅、尊贵的品牌形象，从箱包扩展到时装、珠宝、配饰、腕表，成为能够承担拥有路易威登奢侈品牌这一昂贵代价的人群的特定符号。

路易威登广告

启发思考：

（1）根据案例，分析路易威登品牌是如何体现其社会阶层的符号特征的。

（2）分析路易威登消费人群所属的社会阶层具有什么特点。对其他品牌营销具有什么借鉴意义？

第一节　社会阶层的形成

社会阶层是影响消费心理的重要因素之一。按照社会阶层划分市场是企业使用最广泛的营销策略之一。在对消费心理的实证研究中，可以测量的社会阶层对企业制定市场营销决策具有重要意义。

一、社会阶层产生的原因

社会阶层是一种普遍存在的社会现象。每一个人都会在社会中占据一定的位置，有的人占据非常显赫的位置，有的人则占据一般的或较低的位置。这种社会地位的差别，使社会成员被分成高低有序的层次或阶层。

社会阶层是指一个社会按照其社会准则将其成员分为的相对稳定的不同层次。由于种种社会差异以及社会成员多样化取向的存在，一个社会必定会形成一定的社会分层体系，而处在不同状态和位置的社会成员就构成了不同的社会阶层，处在相同状态和位置的社会成员则共同组成了同一个社会阶层。

社会阶层产生的原因首先是社会分工。社会分工形成了不同的行业和职业，并且在同一行业和职业内形成了领导和被领导、管理和被管理的关系。当这类关系与个人的收入、声望和权力联系起来时，就会在社会水平分化的基础上形成垂直分化，从而造成社会分层。其次，个体获取社会资源的能力和机会是不同的，这也是社会阶层形成的重要原因。所谓社会资源，是指人们所能占有的政治权利、经济利益、职业声望、生活质量、知识技能以及各种能够发挥能力的机会和可能性，也就是能够帮助人们满足社会需求、获取社会利益的各种社会条件。这也促成了社会阶层的形成和分化。

思考与讨论

中国有句俗语"门当户对"，虽是古时婚恋选择的标准，但也反映了人们在地位、阶层、财富等方面的差异。谈谈你的看法。

每个消费者都处于一定的社会阶层。同一社会阶层的消费者在行为、态度和价值观念等方面具有同质性，不同社会阶层的消费者在购买、消费、沟通、个人偏好等方面存在较大的差异。因此，研究社会阶层对深入了解消费心理和消费行为具有特别重要的意义。

二、社会阶层的特征

1. 社会阶层的地位性

社会阶层的地位性是指社会阶层具有展示一定社会地位的性质。一个人的社会阶层是和他的特定的社会地位相联系的。处于较高社会阶层的人，必定是拥有较多的社会资源，在社会生活中具有较高社会地位的人。他们通常会通过各种方式，展现其与其他社会阶层成员相异的优势。

社会学家凡勃伦提出的炫耀性消费实际上反映的就是人们显示其较高社会地位的需要与动机。由于决定社会地位的很多因素，如收入、财富等不一定是可见的，因此人们需要通过一定的符号将这些不可见的因素有形化。凡勃伦认为，每一社会阶层都会有一些人试图通过炫耀性消费告诉别人他们是谁、处于哪一社会层次。研究发现，即使在今天，物质产品所蕴含、传递的地位意识在很多文化中仍非常普遍。例如，人们通过购买珠宝、名牌服装、高档汽车等奢侈品或进行打高尔夫球、滑雪等活动来显示自己的财富和地位。

当然，随着社会的变迁和主流价值观的变化，它们的表现方式、作用都在发生变化。比如，随着收入水平的提高，很多奢侈品已成为很多人的必需品，正如"旧时王谢堂前燕，飞入寻常百姓家"。旧时只有上层社会才消费得起的产品和服务现在已经或正在进入大众消费领域，那些作为"地位符号"的产品其地位已开始动摇。

2. 社会阶层的多维性

社会阶层的多维性是指一个人所处的社会阶层是由他的职业、收入、财产、受教育程度和价值取向等多种因素而不是由其中的单一因素决定的。决定社会阶层的因素既有经济层面的因素，也有政治和社会层面的因素。在众多的决定因素中，某些因素比另外一些因素会起更大的作用。职业、收入、受教育程度常被认为是决定个体处于哪一社会阶层的重要因素。也有人认为职业是表明一个人所处社会阶层最重要的指标之一，其原因是从事某些职业的人更受社会的尊重。

思考与讨论

社会阶层的形成受许多因素的影响。不同国家、地区或时代，用来区分社会阶层的指标也有所差异。你怎样理解我国古语所说的"万般皆下品，唯有读书高"？

3. 社会阶层的层级性

社会阶层的层级性是指从最低的地位到最高的地位，社会形成一个地位连续体。不管愿意与否，社会中的每一成员，实际上都处于这一连续体的某一位置。那些处于较高位置的人被归入较高层级，反之则被归入较低层级，由此形成高低有序的社会层级结构。社会阶层的这种层级性在封闭的社会里表现得更为明显。

护肤品大宝品牌面向工薪阶层定位

社会阶层的层级性使消费者在社会交往中，要么将他人视为与自己同一层次的人，要么将他人视为比自己层次更高或更低的人。这一点对企业分析市场十分重要。如果消费者认为某种产品主要被同层次或更高层次的人消费，他购买该产品的可能性就会增加；反之，如果消费者认为该产品主要被较低层次的人消费，那么他选择该产品的可能性就会减小。

4. 社会阶层的限定性

大多数人在和与自己处于同一层次的人交往时会感到很自在，而在和与自己处于不同层次的人交往时会感到拘谨，甚至不安。这样，社会交往会较多地发生在同一社会阶层之内，而不是不同阶层之间。同一阶层内社会成员的互动较多，会强化共有的规范与价值观，从而使该阶层内成员间的相互影响增强。另外，不同阶层之间较少互动，会限制商品、广告和其他有关信息在不同阶层成员间的流动，使得彼此的消费行为呈现出更大的差异性。

视野拓展

为何那些取"高端"名字的楼盘曾经很受青睐？

在我国的很多城市，你可以从"巴黎国际公馆"出门，经过"威尼斯花园"和"锦绣外滩公寓"，到达"加州阳光海岸"，这些楼盘名字充满了"洋味"。由于巴黎、威尼斯等城市的知名度和时尚性，开发商在为楼盘命名之际，用上这些名字似乎就显得高端大气。但是，这些外来洋名中有一些词的最初含义可并不高雅，如果消费者知道了会不会望而却步？

香榭丽舍，是指希腊神话里好人死后去享福的世界，"香榭丽舍大道"换成我国的说法差不多相当于"黄泉路"。牛津的英文是"Oxford"，原意是"赶牛的渡口"或"牛涉水渡河的地方"，它和高雅可是相差十万八千里。慕尼黑的本意是"教士住的地方"，即"修道院"。

当然，上述这些地方经过工业革命的洗礼，都已经世界闻名。也许有人会说不必太在意这些名字的原意，小区名字不难听就行犯忌讳就行，雅致更好。确实，小区名字对购房者的影响不能说没有，但不会太高。也许有人会说，小区统一用编号，开发商就不能用小区名字忽悠消费者了，其实读者试想一下"某路某号"容易记忆还是汉语名字容易记忆就能明白名字的好处，当然享受了易记的好处，也得"享受"开发商送给你的并不存在的"高雅"。

"崇洋媚外"并不是某个国家或某个民族的专利，外国人一样喜欢"kale"（卡了）之类的源自中国的流行词。

5. 社会阶层的同质性

社会阶层的同质性是指同一阶层的社会成员在价值观和行为模式上具有共同点和类似性。他们在交往过程中由于具有相似的经济状况、性格、兴趣而导致共同的消费取向。每一阶层都有类似的价值观、态度和自我意识，对品牌、商店、休闲活动、传播媒体等都有相同的偏好，有类似的消费需要和购买行为。这种同质性很大程度上是由他们共同的社会经济地位决定的，同时也和他们彼此之间频繁的互动有关。对营销者来说，同质性意味着处于同一社会阶层的消费者会参加类似的体育活动、观看类似的娱乐节目、购买类似的商品、到类似的商店或网店购物等。这为企业根据社会阶层进行市场细分提供了依据和基础。

视野拓展

社会阶层的决定因素

6. 社会阶层的动态性

社会阶层的动态性是指个体所处的社会阶层不是固定不变的，人能够在一生中改变自己所处的阶层。个体可能由较低阶层晋升到较高阶层，也可能由较高阶层降至较低阶层。越是开放的社会，社会阶层的动态性表现得就越明显；越是封闭的社会，社会成员从一个阶层进入另一个阶层的机会就越少。

思考与讨论

许多"白手起家"的企业家更会得到人们的尊重。一个人所处的社会阶层的提升可以来自一个人的努力、勤劳与智慧，这表现了社会阶层的动态性特征。谈谈你的体会。

社会成员在不同阶层之间的流动，主要有两方面的原因：一是个人的原因，如个人通过勤奋学习和努力工作，赢得社会的认可和尊重，从而获得更多的社会资源和实现从较低到较高社会阶层的迈进；二是社会条件的变化，随着我国国民整体收入的提高，和发达国家一样，有些体力劳动者的收入逐渐超过普通白领的收入，社会地位悄然提升。一般而言，社会流动越通畅，社会流动率越高，就越能调动社会各个阶层，尤其是中低层社会成员的积极性，使他们对个人社会地位的前途充满希望，坚信可以通过个人后天的努力奋斗，上升到更高层次的社会阶层，体现更高的个人价值。

思考与讨论

我国的一项研究显示，低文化程度者、低收入者、体力劳动者的吸烟率都显著高于其他群体。你认为吸烟与社会阶层有关吗？了解这方面的情况，谈谈你的看法。

第二节　社会阶层的标准

一、社会阶层的决定因素

研究者认为社会阶层的决定因素有很多，本节主要介绍以下几个因素。

1. 职业

在大多数关于消费者的研究中，职业被视为表明一个人所处社会阶层的最重要的单一性指标，是研究一个人所属社会阶层最基本、最重要的线索。由于职业在一定程度上能反映出一个人的知识层次、专业特长、收入水平，因此，根据所从事的职业可以大体确定人们的生活方式和消费倾向。从事不同职业的人，其消费差异是很大的。

2. 个人业绩

一个人的社会地位与他的个人成就密切相关。同是市场部经理，如果你比别人获得了更多的客户，拿到了更大的订单，在业内产生了很大的影响，你就会获得更多的荣誉和尊重。平时我们说"××教授正在做一项非常重要的研究课题""××是这家医院里最好的脑科医生"，都是对其个人业绩所作的评价。衡量个人业绩可以用收入这一指标。一般来说，同一职业，收入居前的人，很可能是该领域内比较受尊重和比较有能力的人。

个人业绩也涉及非工作方面的活动。也许某人的职业地位并不高，但他仍可通过热心社区事务、关心他人、诚实善良等行为、品行赢得社会的尊重，从而取得较高的社会地位。

3. 社会互动

社会互动变量包括声望、联系和社会化。声望表明群体其他成员对某人是否尊重，尊重程度如何。联系是指个体与其他成员的日常交往，如他与哪些人在一起，与哪些人相处得好。社会化则是个体习得技能、养成态度和习惯的过程。家庭、学校等对个体的社会化具有决定性影响。虽然社会互动是决定一个人所处社会阶层的非常重要的因素，但在消费者研究中用得比较少，因为这类因素测量起来比较困难。

 示例

衣服越皱，人们越爱？

如果你在 2024 年夏天出入过什么度假区，一定会发现，亚麻衣服非常火。"在川西的草原和山脚，拍照的年轻人身上包裹着一件亚麻长袍，阿那亚的海边沙滩，吹着海风的妇人穿着飘逸的亚麻长裙自带一份舒适与浪漫。"实际上，每年夏天亚麻都有一批拥趸，有人喜欢它的凉爽，有人喜欢它的皱皱巴巴带来的松弛感，当然也有人拿它去"显摆"。

显摆什么呢？皱皱巴巴的亚麻衣服穿在身上，人显得邋里邋遢，这和传统印象中高端面料带来的质感完全相反。其实，亚麻价格可不便宜，这种被称为"用月光织成的面料"曾经是有钱人的专属，一件纯亚麻衬衫的价格可能超过 1 万元。它就像是一件体面的睡袍，早就被"焊"在了似乎已经实现了财富自由的人士身上。亚麻的特殊褶皱被人称为"富贵褶"，对于有些人来说穿有褶皱的亚麻衣服似乎很有品位。

4. 拥有的财物

财物是一种社会标志，它向人们传递有关其所有者处于何种社会阶层的信息。拥有财物的多寡、财物的性质决定并反映了一个人的社会地位。

5. 价值取向

个体的价值观或个体处世待人的信念是表明他属于哪一社会阶层的又一重要指标。由于同一

打高尔夫球被认为是富人们的运动

阶层内的成员互动更频繁，他们会发展起类似的或共同的价值观。这些共同的或阶层所属的价值观一经形成，反过来会成为衡量某一个体是否属于此阶层的一项标准。不同社会阶层的人对艺术和抽象事物的理解、对金钱和生活的看法不同，实际折射的就是价值取向上的差异。

6. 阶层意识

阶层意识是指某一社会阶层的人，意识到自己属于一个具有共同的政治和经济利益的群体的程度。阶层意识是有一定排他性的，形成阶层以后，就会形成一个圈子。人们越具有阶层或群体意识，就越有可能组织政治团体、工会来推进和维护其利益。从某种意义上说，一个人所处的社会阶层是由他在多大程度上认为他属于此阶层所决定的。

一般而言，处于较低阶层的个体会意识到社会阶层的现实，但对于具体的阶层差别并不十分敏感。例如，低收入的旅游者可能意识到五星级宾馆是上层社会成员出入的地方，但如果因某种原因（例如促销）而偶然住进这样的宾馆，他们对出入宾馆的人在穿着打扮、行为举止等方面与自己存在的差别可能并不特别在意。在他们眼里，五星级宾馆不过是设施和服务更好、收费更高的"旅店"而已。地位和阶层的联系在他们的心目中即使有，也是比较脆弱的。相反，经常出入高级宾馆的某些客人，由于其有较强的地位与阶层意识，对于五星级宾馆这种"来者不拒"的经营策略可能会颇有微词。

📚 视野拓展

什么是橄榄型社会？

橄榄型社会的形成

所谓"橄榄型社会"，是指社会阶层结构中极富阶层和极贫阶层人数很少，中间阶层人数相当庞大。从社会学意义上说，中间阶层的壮大，使得对立的贫富两极成为一个连续性的排列，每一个社会成员都能看到拾级而上的希望，有助于缓解贫富差距蕴蓄的对立情绪以及由此衍生的系列社会问题。从全球来看，不少发达国家都是这种结构，当然也正是这种结构铸就了这些国家今日的发达和辉煌。因为，庞大的中产阶层具有对社会贫富分化较强的调节功能和对社会利益冲突较强的缓冲功能。

二、社会阶层的划分

社会阶层划分的标准不尽相同。例如，有的研究采用恩格尔系数进行划分。恩格尔系数是食品支出总额占个人消费支出总额的比重。一般认为，恩格尔系数大于 60% 为贫穷，50%～60% 为温饱，40%～50% 为小康，30%～40% 为相对富裕，20%～30% 为富足，低于 20% 为极其富裕。另外，也可以参考基尼系数来了解一个国家的社会阶层情况。基尼系数是指国际上通用的、用以衡量一个国家或地区居民收入差距的常用指标。基尼系数为 0～1。基尼系数越大，表示贫富差距越大。

有的研究在社会阶层划分时会以职业、收入来源（不仅仅指收入金额）、受教育程度、居住区域等为标准。例如，研究者沃纳（Warner）采用社会地位特征指数法来划分社会阶层。其主要方法是首先选取影响因素，然后对每一个因素给予不同的权重，再根据实际情况列出每一个因素下若干项目，再分别确定分数，最后计算出得分并相加得到一个总分数，用总分数对照事先规定的标准，就可以确定消费者所属的社会阶层。沃纳研究的影响社会阶层的主要因素和指标类型见表 11.1。

表 11.1　沃纳研究的影响社会阶层的主要因素和指标类型

序号	主要因素			
	职业	学历	收入来源	住房种类
1	大企业高级管理者	专门职业培训机构	大半来自继承财产	甲级地的独院住房
2	中小企业领导干部	四年制大学	投资	大住房
3	职员	大学专科	事业收益	现代公寓
4	领班	高中毕业后进职业学校	月工资	新建住宅区
5	月薪工人	高中毕业	计时工资	旧式公寓
6	不熟练的工人	高中肄业	经济援助	破旧房屋
7	临时工人	初中毕业及以下	生活补助	贫民窟

　　社会阶层的划分应当考虑这样一些原则。首先，职业原则在当代社会成为阶层结构划分的主要原则。职业是对人们所从事的劳动的具体体现。工业化、现代化进程强烈地改变着整个社会的职业结构和人们的职业位置，影响着人们因职业属性变化而发生的阶层属性的变化。职业原则与其他一些原则相比，具有不可替代的可操作性。其次，社会中职业位置也具有资源分配与占有的关系特性。在分配过程中，不仅处于资源分配者位置的职业具有优势，而且那些接近资源分配权力中心的职业位置，也同样居于优势地位。在这些优势位置之外的职业位置，则要按照统一的分配方式进行分配，例如按照工龄、年龄、技术职称、行政职务等进行分配。因此，职业位置同时也是一种资源分配的位置。

第三节　社会阶层对消费的影响

一、不同社会阶层消费心理与行为的特点

　　在温饱已得到满足的情形下，人们的消费在很大程度上是为了表现自我和提升自我价值。由于消费品和商业性服务被分为不同的等级、类别和档次，它们也就成了标识社会阶层的最有效手段。人们都希望能提高自己的社会地位，提升自我价值实现的程度，也就是希望提高自己的消费"档次"或"品位"。正如有人总结的："消费就是这样一个踏轮，每个人都用谁在前面和谁在后面来判断自己的位置。"社会阶层是划分目标市场的一个重要参数。一般而言，不同社会阶层的消费者具有不同的购买心理与行为，具体表现在以下几方面。

1. 对商店选择的差异

　　一般而言，人们会形成某类商店适合特定阶层消费者的看法，并倾向于到与自己社会地位相符的商店购物。例如，在美国，对价格敏感的消费者常常光顾沃尔玛（Walmart），而追求品质的消费者则会选择克罗格（Kroger）或全食公司（WHOLE FOODS）。其中，全食公司是全美最大的天然食品和有机食品零售商之一。在北京，最老牌的奢侈品购物中心要数位于北京商务中心区的国贸商城。国贸商城于 1990 年 8 月开业，在北京率先引进品牌专卖店，采用零售业务的经营模式，1999 年，路易威登在国贸商城开设了继王府饭店之后的北京第二家皮具专卖店，成为入驻国贸商城的第一家奢侈品品牌，之后，古驰、卡地亚（Cartier）等国际一线品牌纷纷入驻。虽然现在有新光天地、金融街购物中心等奢侈品商场，但仍

以提供生鲜有机商品而知名的美国超市全食公司。

有大批的奢侈品购买人群只认"国贸"这个金字招牌。

北京国贸商城以销售奢侈品而出名

上层消费者青睐那些购物环境优雅、商品品质和服务上乘的商店，这使他们产生一种优越感。他们在购物过程中比较自信，不喜欢他人过于热情的讲解、介绍，常常单独购物。他们乐于接受新的购物方式。中层消费者对购物环境有较高的要求。他们认为购物也是一种消遣方式。有调查表明，中层消费者较上层消费者去折扣店购物的次数要频繁得多。因为他们到这种商店采购既有信心（而下层消费者缺乏这种信心）又有积极性（而上层消费者缺乏这种积极性）。下层消费者由于受经济条件限制，对价格特别敏感，多在中、低档商店购物，而且喜欢与他人结伴逛商店。

对于网店，因市场集中度高、网店平台数量少，总体上而言较线下实体店的社会阶层差异要小一些，但差异还是有一些的，对价格敏感的消费者使用拼多多、淘宝等平台比例更高，追求品质的消费者使用京东自营、天猫自营店或大品牌的旗舰店比例更高。

💭 思考与讨论

如今，"反奢侈情结"在新兴市场流行，有些消费者对奢侈品品牌不再追捧，甚至拒绝，而追求一种精神的奢华与气质。例如，投资自身教育、上名校。这甚至成了一些富裕起来的人的新标志。试讨论分析该现象。

2. 对产品的不同选择

不同社会阶层的消费者所选择和使用的产品是存在差异的。高阶层的消费者常把购买活动看作身份地位的一种象征和标志，他们通常是奢侈品的主要购买者，并对一些品牌保持很高的忠诚度。这类消费者会选择环境优雅的住宅区，对室内装修考究，购买家具、电器多以豪华气派的特点为主。他们购买服装时会更多地关注品牌和品位，在食品的消费上注重营养、档次，此外，他们通常喜欢欣赏或收藏艺术品。

低阶层的消费者更注重经济实用，购买的多为大众商品。他们要求衣服穿着舒适大方；家电要质量好，易于保养维修；食品要味道好、分量足。他们在选购商品时希望厂家能提供良好的售后服务。

3. 购买数量的差异

低阶层的消费者很多时候喜欢大批量地购买某些商品。他们是折扣店、仓储式商店的主要顾客，一次性购买量大。这样，可以获得一定的价格优惠或价格折扣，可以减少因某些商品涨价所带来的损失，可减少采购次数，降低交易费用。

高阶层的消费者强调生活质量，对价格不太敏感。比起冰箱里的速冻食品，他们更愿意消费当日的鲜活商品。另外，他们也能承担得起让人送货上门的附加服务。

4. 信息接收和处理上的差异

信息搜集的类型和数量也随社会阶层的不同而存在差异。一般来说，高阶层的消费者比低阶层的消费者能获得更多有价值的商品信息，因为他们利用网络、图书、报纸、杂志、专业咨询等信息渠道更为充分。低阶层的消费者受教育程度普遍相对较低，多是信息的被动接收者，信息来源有限，对误导和欺骗性信息鉴别能力较弱，购买决策时更依赖亲戚、朋友提供的信息。

现代社会，消费者获取信息的渠道日益增多。不仅如此，特定媒体和信息对不同阶层消费者的吸引力和影响力也有很大的不同。研究发现，越是低阶层的消费者，读书、看报的时间越少，而看电视、玩手机的时间越多，因此报纸、杂志对他们的影响相对较小。相反，高阶层的消费者订阅的报纸、杂志较多，所以，印刷媒体信息更容易到达高阶层消费者。

不同社会阶层的消费者所使用的语言也各具特色。人们实际上可以在很大程度上根据一个人的语言判断其所处的社会阶层。一般而言，越是上层的消费者，使用的语言越抽象；越是下层的消费者，使用的语言越具体，而且更多地伴有俚语和街头用语。因此，在向消费者传递信息时，企业要对这些信息进行分类。例如，中、高档汽车广告，因为主要面向中、上层消费者，使用的语句要稍长，语言需较抽象，画面或材料要充满想象力，让消费者参与进去，引起消费者的兴趣。例如，问界汽车定位于高端智慧汽车，"用科技探索全新答案"的广告语让人充满想象。相反，那些面向中、低收入消费者的汽车广告，则更多的是宣传其功能属性，强调画面而不是文字的运用，语言上更加通俗化和大众化。例如，五菱汽车"全新一代超大空间新能源商用车""超能装、超好开"等广告语都在强调汽车的装载能力这一功能属性。

5. 对价格的敏感度不同

下层的消费者对价格非常敏感，倾向购买低价商品，购买时也会把价格和质量联系在一起。他们认为一定的价格能反映相应的商品质量。

中下层的消费者更多的是追求适中的价格，但这并不代表他们对打折商品不感兴趣，特别是他们熟知的商品，或对质量要求不高的商品。当商品价格过低时，他们会产生怀疑，认为这必然意味着商品质量的低劣。

上层的消费者在评价和选择商品时更注重商品的象征性，所以价格和质量对他们来说是可以分开考虑的。他们认为购买高价商品是一种身份地位的体现。商品价格越高，越容易吸引上层的消费者的目光；商品价格越低，他们反而可能会视而不见。

🐧 思考与讨论

美国作家马修·斯威尼（Matthew Sweeney）出版过一本叫《彩票的战争》的书，他认为：在购买彩票上花销越多的人往往受教育程度越低、收入越少。现在，购买彩票已经成为经济学上最典型的"穷人税"行为。请谈谈你对此的看法。

6. 休闲活动中的差异

社会阶层会从很多方面影响个体的休闲活动。一个人所偏爱的休闲活动通常是同一阶层或邻近阶层的其他个体所从事的某类活动，他进行的休闲活动往往也受到同一阶层或较高阶层成员的影响。休闲活动的类型差别很大，如有关调查表明欧美上层社会的成员多喜欢个人或双人活动，如打高尔夫球、打壁球和欣赏歌剧等。桥牌、网球、羽毛球在欧美中层到上层社会的成员中都颇为流行，他们也是商业性休闲设施和诸如公共游泳池、公园、博物馆等公共设施的主要使用者。

二、同一社会阶层消费心理与行为的特点

同一社会阶层消费心理与行为有一定相似性，也有一定差异性。

（1）相似性。属于同一社会阶层的消费者，其价值观、兴趣、态度、自我意识等较为接近，因而在生活方式、购买对象、对广告的反应等方面都会表现出相似的心理与行为趋势和特征。

（2）差异性。虽然属于同一社会阶层，但每个人的消费习惯、水平等也不完全一致。因为划分社会阶层的依据是几个因素的复合指标，但就其中某一阶层内来说，由于各个消费者在经济收入、兴趣偏好、个性特征和文化水平上存在着具体差别，因而，消费者在消费活动中也会表现出不同程度的差异。

🐧 思考与讨论

富人的消费观也是不同的。例如，有的富人喜欢各种名牌加身，有的富人却并不那么显山露

第十一章　社会阶层与社会角色

161

水，看起来很普通。试举例分析其原因。

三、社会阶层与市场营销策略

社会阶层为企业提供了一种合适的细分标准和依据。事实上，对于市场上的现有商品和品牌，消费者会自觉或不自觉地认为它们适合或不适合哪一阶层的人消费。例如，低收入阶层的消费者以生活必需品的消费为主，消费结构相对单一；而高收入阶层更倾向于购买象征社会地位的奢侈品。

企业在具体的营销策略上，也常把社会阶层作为品牌定位的依据。例如，比亚迪的海洋系列、王朝系列、方程豹、腾势、仰望的定位依次拔高，针对不同的社会阶层构建鲜明的品牌文化、品牌个性和品牌定位，从而构建产品的差异化。海洋系列主要面向年轻用户，主打时尚运动；王朝系列是主力品牌，面对中高端用户；方程豹定位于高端越野车；腾势针对豪华车市场；仰望则专注超豪华车市场。总体上来说，比亚迪的"多品牌、全系列"战略思路比较清晰，通过市场细分来满足消费者的个性化需求，从而在总体上拥有了最广大的消费人群。

依据社会阶层制定市场营销策略的具体步骤如下。第一步是决定企业的产品及其消费过程在哪些方面受消费者社会身份、地位的影响，然后将相关因素与产品消费联系起来。除了运用相关因素指标对社会分层以外，还要搜集消费者在产品使用、购买动机、产品的社会含义等方面的数据。第二步是确定应以哪一社会阶层的消费者为目标市场。这既要考虑把不同社会阶层作为目标市场的吸引力，也要考虑企业自身的优势和特点。第三步是根据目标消费者的需要与特点，为产品定位。第四步是制定市场营销组合策略，以达到定位目的。

第四节　社会角色的影响

角色（Role）原指演员在戏剧舞台上按照剧本的规定所扮演的某一特定人物及其行为模式。

结婚代表着从单身向已婚的角色转变，通过鲜花、礼服、摄影师及参加者的服装等符号性商品和仪式获得角色认可。

美国社会学家米德（Mead）和人类学家林顿（Linton）把角色概念引入社会心理学和社会学的研究，由此产生了社会角色概念。

社会角色是指与人们的某种社会地位、身份相一致的一整套权利、义务的规范与行为模式，它是人们对具有特定身份的人的行为期望，它构成了社会群体或组织的基础。换言之，每个社会角色都代表一系列有关行为的社会标准。这些标准决定了个体在社会中应尽的责任与应有的行为。

根据林顿的理论，一个人占有的是地位，而扮演的是角色。在社会互动中，社会为每个人都提供了一个"剧本"，用于指导分配给不同社会成员的不同角色的"表演"。角色的学习就是要领会某一特定身份被期待或必需的行为，即把握好对具有某种身份的人的"规范"。

思考与讨论

威廉·莎士比亚在《皆大欢喜》中写道："全世界是一个舞台，所有的男男女女不过是一些演员；他们都有上场的时候，也都有下场的时候，一个人一生扮演着好几个角色。"你怎样理解这段话？

一、社会角色的构成要素

社会角色的产生和存在是客观的。任何一种社会角色的产生都是一定社会文化、历史积淀的结果，社会角色是社会生产和生活发展的产物。社会角色的构成要素如下。

1. 角色权利

角色权利是角色扮演者所享有的权利和利益。角色权利是指角色扮演者履行角色义务时所具有的支配他人或使用所需的物质条件的权利。角色利益是指角色扮演者在履行角色义务后应当得到的物质和精神报酬，如工资、奖金、福利、实物等属于物质报酬，表扬、荣誉、称号等属于精神报酬。

微视频

不一样的社会角色

2. 角色义务

角色义务是角色扮演者应尽的社会责任。角色义务包括角色扮演者"必须做什么"和"不能做什么"两个方面。

思考与讨论

（1）你在生活中承担了多少角色？这些角色对你的要求是什么？

（2）假设你将大学毕业进入职场，这意味着你的社会角色会发生很大的变化。讨论你需要作出哪些改变来适应新的社会角色。

3. 角色规范

角色规范是指角色扮演者在享受权利和履行义务过程中必须遵循的行为规范或准则。角色规范包括不同的形式：从范围上可以分为一般规范和特殊规范；从具体要求上可以分为正向规范（可以做、应当做和需要做的行为规范）和反向规范（不能做、不应当做的各项行为规范）；从表现形式上可以分为成文规范（法律、法规、制度、纪律等）和不成文规范（风俗习惯等）。

社会角色随着个人所处环境的不同而改变。个人在不同的环境中扮演着不同的社会角色，塑造不同的自我，具有不同的行为，但是在特定的时间内，特定的角色身份将占主导地位。有时，当一个人承担多种社会角色，并且多种社会角色同时对他提出要求，或者当一个人所承担的几种角色间出现了行为规范互不相容的情况时，就会发生角色冲突。

例如，情人节当天，妻子要和你去吃烛光晚餐，但是单位领导要你晚上加班工作，这时就出现了角色冲突，即丈夫的角色与职员的角色发生了冲突。其实，一个人在社会上常常扮演多种角色，角色冲突是经常发生的，一般可以采取调和冲突的办法进行解决。比如上面的例子，可以采取的方法有：第一，说服妻子，放弃共进晚餐，也就是暂时中断扮演丈夫角色，专门扮演职员角色；第二，共进晚餐，放弃工作，暂时中断扮演职员角色，专门扮演丈夫角色；第三，吃完晚餐再去工作，或者工作完再去吃晚餐等。

经典实验

"监狱角色"模拟实验

1971年，心理学家菲利普·津巴多（Philip Zimbardo）做了一个"监狱角色"模拟实验。他和助手在美国的斯坦福大学心理学系建了一个模拟监狱，招募大学生自愿来充当被试，并且提供一定的报酬。前来报名的大学生自愿通过掷硬币的方式确定自己扮演的角色，有的充当狱警，有的充当犯人。津巴多原本打算用两周的时间来进行实验。在实验期间，被测试的这些学生都穿着和现实生活中的狱警和犯人相同的衣服，扮演狱警的学生每人还配有一支警棍。出乎津巴多预料的是，这些学生很快就进入了角色，扮演狱警的学生逐渐变得性格暴戾，并且想出各种办法羞辱和控制"犯人"，而那些扮演犯人的学生则变得无助，甚至是沉默。

尽管他们所有人都知道，这仅仅是一项心理学实验，但角色的力量是如此强大，以至于所有参与实验的人都被角色控制，失去了自我。最后，津巴多不得不在第六天就结束了实验，并且在此后的数年跟踪辅导这些学生，以消除实验对他们的心理造成的伤害。用津巴多的话来说，在那里"现实和错觉之间产生了混淆，角色扮演与自我认同也产生了混淆"。尽管实验原先设计要进行两周，但它不得不被提前停止。因为从实验中所看到的一切令人胆战心惊，大多数人的确变成了"犯人"和"狱警"，不再能够清楚地区分是角色扮演还是真正的自我。

微视频

广告中的社会角色

二、社会角色对消费者的影响

在消费市场上，消费者不同的角色要求会有相应的消费心理和行为。通过了解和识别消费者担任的角色，企业就可以了解其消费心理和行为。而消费者也需要通过自己的消费行为来表现社会角色。社会角色对消费者的影响主要有以下几个方面。

（1）社会角色是消费者社会地位的外在显现。社会角色指出了个人在社会中的地位和在社会关系中的位置，代表了每个人的身份。社会角色就是依据不同的社会地位来表现自己的。如何知道一个人的社会地位呢？可以通过他扮演的角色来认识，也可以通过他的衣着、举止来判断他的社会地位。

视野拓展

服饰表达社会角色

在社会交往中，在给人留下第一印象时，服饰起到了非常重要的作用。很多心理学家做过实验，实验结果显示：人们在认识他人时，最初获得的信息会起参照作用。社会角色的确立需要具备很多因素，每一种社会角色都有一套相应的行为期望，服饰成了一种标明社会角色和特定身份的标志。服饰是通过视觉符号来进行交流的形象传递工具。因此，一个人的服饰不仅要满足自我需要，还要得到社会的认可，这样才能称得上达到了表达社会角色的目的。各种角色的服饰形象在头脑中形成定式以后很难改变，以至于在出现有悖于这种习惯印象、不合乎角色的着装时，很容易引起人们的怀疑与猜测。

（2）社会角色体现着与消费者的社会地位相一致的一整套权利义务关系。每个人在社会中都有他所扮演的角色，并且一定的社会规范是评价其履行职责情况的标准。所以，承担某一角色的人，必须履行相应的义务并享有相应的权利。另外，社会角色还体现着社会对处于一定地位上的人的行为的期待，因此，社会角色总是与一定的行为模式相联系。如教师要树德立人，公务员要勤政廉洁，学生要刻苦学习。因而，当人们知道某人处于某种地位时，便会预先知道他具备一套与此地位相一致的行为模式。

（3）角色多样化使同一消费者的心理和行为出现差异。消费者可以同时属于不同的群体，并在其中担任不同的角色。每一个角色会不同程度地影响其心理及行为。例如：一个男性消费者作为教师角色给自己买服装时，要讲究大方庄重；作为丈夫给妻子买服装时，就会注重色彩明快、新颖时尚；作为父亲给孩子买服装时，则希望服装款式活泼可爱、质地舒适柔软；作为朋友给好友买服装作为礼物时，会对品牌、包装等有要求。因此，一个人担任的角色越多，他在购买时考虑的因素就越多，有时要考虑对自己的效用，有时要考虑对他人的效用，有时还要考虑社会效果，这种情况下其消费心理和行为也越复杂。

观看电影《穿普拉达的女王》，体会主角安迪社会角色改变前后着装风格的变化。

（4）社会角色的变化会使消费心理和行为发生改变。当消费者的社会角色发生改变时，其消费心理和行为会有相应的改变，所购买的产品或品牌将与新的角色相联系。电影《穿普拉达的女王》（*The Devil Wears Prada*）中，随着安妮·海瑟薇扮演的主角安迪（Andy）工作和身份角色的改变，她的心理和行为也发生了相应的变化。当一个年轻单身者转变为年轻已婚人士时，其消费也会改变。同样，一个人从大学毕业，到工作、结婚、生孩子、孩子离家、空巢以及退休等，这些生活中的重要转折所发生的角色变化为企业营销提供了新的机会。

📚 视野拓展

角色关联产品集

角色关联产品集是指社会上人们普遍认为某种角色所需要的一系列产品。这些产品或者有助于完成角色扮演，或者具有重要的象征意义。角色关联产品集规定了适合和不适合某种角色的产品。例如，教师通常被认为穿整齐干净、文静素雅、大方得体的服装是合适的；商人则通常被认为是西装革履、名牌加身的。有时，企业会通过营销活动强调其产品能满足目标角色的实用性或象征性需要，从而使人们认为产品适用于该角色。例如，计算机制造商努力使笔记本电脑成为商人角色关联产品集中的核心产品，保险公司也强调人寿保险对扮演父母角色的重要性。

💡 经典实验

纯粹接触效应——越曝光，越喜欢？

纯粹接触效应（Mere Exposure Effect）是指仅仅因为某一刺激频繁呈现，个体就倾向于喜欢该刺激的现象。心理学家扎伊翁茨（Zajonc）和拉耶茨基（Rajecki）在两所同样规模的大学买了学生报纸的广告空间，在一段时间里，他们仅在广告栏上刊登由7个字母组成的无意义音节，这些无意义音节出现的次数不同。一段时间之后，他们向两所大学的学生发出调查问卷，要求他们对这些无意义音节进行喜欢程度的评价。尽管学生并不一定记得他们在什么地方见过这些无意义音节，但结果非常有趣，在校园广告上刊登次数越多的无意义音节被喜欢的程度就越高。由此，得出实验结论：虽然实验中随机生成的无意义音节对学生而言是没有偏好的，但随着出现次数的不同，被喜欢的程度便不同，呈现次数越多，被试越喜欢该刺激，这证明存在纯粹接触效应。

研究认为，产生纯粹接触效应的原因可能是当多次接触同一事物，人们就会认为"它的存在是理所当然的"。而对大脑来说，更偏爱这种没有什么压力就能处理的信息。纯粹接触效应已通过多种事物得到了证明，我们对人脸、味道、气味等也会产生纯粹接触效应。比如，某人见到某人的次数越多，就越有可能觉得其讨人喜欢，也是纯粹接触效应在发挥作用。

在商业营销活动中，纯粹接触效应也有用武之地。例如，企业做广告时会设法让自己的商品出现在人们日常生活的各种场景中以增加曝光率，这样消费者就越有可能因纯粹接触效应而喜欢上这个商品。

归纳与提高

本章分析了社会阶层和社会角色对消费心理的影响。

社会阶层是指一个社会按照其社会准则将其成员分为的相对稳定的不同层次。社会阶层产生的原因是社会分工，以及个体获取社会资源的能力和机会的差异。社会阶层的特征表现为地位性、多维性、限定性等。社会阶层的决定因素包括职业、个人业绩、价值取向等。不同社会阶层的消费心理与行为的差异性主要表现在对商店选择的差异、信息接收和处理上的差异、对价格的敏感度不同等。同一社会阶层的消费者表现出相似的心理趋势和特征。社会阶层为企业提供了一种合适的细分标准和依据，对企业具体的营销策略制定具有指导性。

社会角色是指与人们的某种社会地位、身份相一致的一整套权利、义务的规范与行为模式。社会角色的构成要素有角色权利、角色义务和角色规范。消费者不同的角色要求会有相应的消费心理和行为。社会角色对消费者的影响主要有社会角色是消费者社会地位的外在显现，角色多样化使同一消费者的心理和行为出现差异，社会角色的变化使消费心理和行为发生改变，等等。

综合练习题

一、填空题

1. 由于社会差异以及社会成员的多样化，一个社会形成一定的社会分层体系，而处在不同状态和社会位置的社会成员就构成了不同的_____。

2. _____、职业、受教育程度常被认为是决定个体处于哪一社会阶层的重要因素。

3. 社会成员可以在不同阶层之间流动，主要原因包括个人奋斗的结果以及_____。

4. 同一社会阶层的消费者在价值观念、生活方式、购买对象上常表现为一种_____特征。

5. 社会阶层的_____特征使消费者在社会交往中，或者将他人视为与自己同一层次的人，或者将他人视为比自己更高或更低层次的人，这将影响消费者的购买选择。

6. 社会角色的构成要素包括角色权利、角色义务和_____。

二、单项选择题

1. （　　）是指能够帮助人们满足社会需求、获取社会利益的各种社会条件。这也导致了社会阶层的形成和分化。
   A. 社会分工　　　　B. 社会网络　　　　C. 社会分化　　　　D. 社会资源

2. 由于收入、财富、地位并不一定是可见的，因此，人们需要通过消费一定的符号化商品将不可见的成分有形化，这些符号化的商品主要是（　　）。
   A. 必需品　　　　B. 选购品　　　　C. 奢侈品　　　　D. 替代品

3. 大多数人在和与自己处于同一层次的人交往时会感到很自在，而在和与自己处于不同层次的人交往时会感到拘谨，甚至不安。这显示了社会阶层的（　　）特征。
   A. 对比性　　　　B. 限定性　　　　C. 多维性　　　　D. 同质性

4. 不同社会阶层的人对艺术、金钱、生活的看法不同，实际折射的就是（　　）上的差异。
   A. 心态好坏　　　　B. 财物多少　　　　C. 价值取向　　　　D. 思想观念

5. 一般而言，越是上层消费者，使用的语言越（　　）；越是下层消费者，使用的语言越（　　）。这为企业的广告制作提供了依据。
   A. 抽象/具体　　　　B. 具体/抽象　　　　C. 丰富/贫乏　　　　D. 贫乏/丰富

6. 当一个人承担多种社会角色，并且多种社会角色同时对他提出要求，或者当一个人所承担的几种角色间出现了行为规范互不相容的情况时，就会发生（　　）。
   A. 角色权益　　　　B. 角色权利　　　　C. 角色冲突　　　　D. 角色关联

三、论述题

1. 分析我国当前的社会阶层及其对企业营销的实际意义。
2. 简述社会阶层划分的基本标准。
3. 举例说明不同社会阶层消费心理与行为的差异。

4. 挑选两类商品（如食品、饮料、服装、汽车、家具……），分析不同社会阶层的消费者对这些商品的营销策略会做出怎样的反应。

5. 社会角色的含义和构成要素是什么？社会角色从哪些方面影响消费者？

四、实践题

1. 以服装或汽车为例，列举出哪些品牌代表着不同的社会阶层。

2. 你在生活中承担了哪些社会角色？哪个角色对你在消费方面的影响更大？

五、案例分析题

英国的那些报纸

尽管互联网的崛起很大程度上冲击了传统媒体，但相比其他国家，英国的报业相对比较坚挺，这缘于英国人长期形成的爱读报纸的习惯。如果没有报纸，或许英国的下午茶也不会如此悠然自得。

是不是所有英国人都爱读同一种报纸？答案是否定的。暂且不说其他国家发行的报纸，仅英国本国的报纸就有成百上千种。上流社会有上流社会爱读的报纸，中产阶层有中产阶层偏爱的报纸，普通大众和底层人民又有自己心仪的报纸。有人说只要看英国人在读什么报纸，就大概知晓他所处的阶层和社会地位。

例如，The Times（《泰晤士报》）是英国高端的主流报纸，这家报纸的读者定位为政治家和社会精英，他们通常比较关心国家大事，并且一直致力于打造严肃的形象。The Guardian（《卫报》）自我定位为自由民主派的报纸，在欧洲知识界有极大的影响力，英国中产阶层非常青睐《卫报》，因为它传达了爱好和平、热爱生活的精神，强调高品质的生活方式和健康的生活理念，与当下英国中产阶层的许多观点不谋而合。The Financial Times（《金融时报》）的读者多是金融才俊或企业高管。The Daily Express（《每日快报》）的文章短小精悍，文字通俗易懂，报道内容涵盖了财经、娱乐和社会生活的方方面面，适合普通老百姓和知识分子阅读。而八卦小报，则非 The Sun（《太阳报》）莫属了，每天的标题都非常吸引人，什么英国王室家长里短、哪位政治人物开会打瞌睡、艺人绯闻……。可怪的是大家也偏爱看，据说《太阳报》的销量位居全英第一。

阅读上述案例后，回答以下问题：

（1）根据案例，英国报纸的读者具有什么特点？为什么可以通过一个人读的报纸判断其社会阶层？

（2）除了报纸之外，还有哪些产品具有社会阶层的象征意义？

第十二章　营销与推广

【学习目标】

学习产品命名、品牌、包装对消费者的影响；掌握价格的心理功能和消费者的价格心理；理解销售终端的含义；熟悉实体店外观设计、实体店内部布局等对消费者的作用；了解终端卖场氛围的构成要素和对消费者的影响；学习促销的作用、类型及特点；了解新媒体促销的特点及应用。

【关键术语】

产品、品牌、包装、价格、价格心理、销售终端、卖场氛围、促销、新媒体促销

【导入案例】

灯光是如何"忽悠"大脑的？

经常买菜做饭的人可能都有这样的经历：在超市买了肉之后，回到家里却发现肉的颜色暗淡无光，与先前在超市看到的鲜红透亮判若两样。这是什么原因呢？其实是超市卖肉专柜上的灯光扰乱了我们的视线。如果仔细观察，人们就会发现不同摊位上亮着的灯也不一样：生肉区用的是红灯，鱼虾区用的是蓝灯，面包专柜用的是黄灯。这是因为，在红色灯光下看东西，极易造成视

觉上的疲劳，时间久了就很难分辨出食物外观上的一些微妙变化；蓝色往往使人感觉到寒冷，所以蓝色灯光最适合作为冷冻食品的标志色；黄色灯光光感极强，容易让人想起丰收的五谷和甜美的食物。

看来，灯光颜色不同，会给人带来视觉上的不同感受，所以用色灯也是一门学问。一家餐厅的大厅灯火通明，但是走到餐桌的时候，灯光却骤然暗了下来。这样看似普通的设置不仅是为了单纯照明，更是为了通过灯光的使用使菜肴看上去显得色香味俱佳。一位餐饮店的老板揭示了其中的奥秘：一张张桌子并列排放，中间的间距比较大，暖暖的灯光直直地射下来，在桌子的正中间，聚成一个圆，

这时，用来吃饭的普通饭桌便成了一个个小小的"舞台"，在舞台上"跳舞"的是一道道刚端上来的飘着香味的菜肴；桌子的两边，是一个暗区，一明一暗，这样，用餐人自然而然地就把目光聚焦到了菜肴上；此外，光源的照射，使蔬菜显得晶莹剔透，使肉类显得香味诱人，顿时让人就有了食欲。

超市或餐厅的灯光设计合理巧妙，如果是为了吸引消费者注意，使其产生购买欲望，获得消费体验，那么，消费者似乎应该理解商家的良苦用心；但如果是为了给食品"遮丑""美容"，那么，相信消费者可不愿意接受这样的"忽悠"。

启发思考：

（1）为什么说灯光能"忽悠"我们的大脑？这对消费者的心理和行为有怎样的影响？

（2）除了采用灯光，超市或餐厅还可以采用什么方法来"忽悠"消费者？你是否赞成这样的做法？

第一节　产品策略

一、产品的命名

产品命名就是给产品取名，其实就是选择恰当的语言文字，概括地反映产品的特点、用途、形状、性能等。一个好的名称不仅可以起到标识作用、记忆作用和传播作用，还可以吸引消费者的注意，激发消费者的购买欲望，带来美的享受。因此，根据消费者的心理特点进行产品命名是极其必要的。一般采取的命名方法有以下几种。

（1）以产品的主要效用命名，这种方法的特点是名称直接反映产品的主要性能和用途，使消费者能迅速了解产品的功效，加快对产品的认知过程。此命名方法多用于日用工业品、化妆品和医药品。比如，同仁堂的"感冒清热颗粒"，一看便知是治疗感冒的药物；"洁厕灵"是专门清洁马桶等的洗涤剂；还有"玉兰油防晒霜""美加净护手霜"等均可让消费者直接从名称上了解产品的用途和功效。这种开门见山的命名方法迎合了消费者追求产品实用价值的心理。

（2）以产品的主要成分命名，这种方法可使消费者直接从名称上了解产品的原料构成，帮助消费者认识产品的特色和价值，以便其根据自己的实际情况选择产品。一般食品类、医药类、服装类产品都常用这种方法命名。例如，"原麦山丘"面包店，从字面上看该店制作的面包是用以小麦为主的健康原材料来吸引追求健康的消费者的；"人参蜂蜜"面膜主要是由人参和蜂蜜配制而成的；"五粮液"是由大米、糯米、小麦、玉米、高粱五种粮食酿造而成的。

微视频

产品命名实例

（3）以制作工艺或制造过程命名，这种方法多用于具有独特制作工艺或有纪念意义的制造过程的产品。例如北京的"二锅头"白酒，就是根据酒在制作过程中要经过两次换水蒸酒，且只取第二锅酒液的中段，以保证酒质纯正、醇厚的制作特点来命名的。此命名方法能使消费者了解该酒不同寻常的酿制工艺，从而提高产品声望。

（4）以产品的产地命名，有些产品由于具有悠久的历史，尤以产地的产品最具特色，享有盛名，冠以产地名称可以突出该产品的地方风情、特点，使其独具魅力。例如，"崂山绿茶""金华火腿""云南白药""北京烤鸭""青岛啤酒"等。这种命名方法可以利用消费者对产地的信赖心理，给消费者货真价实、历史久远、品质可靠的感觉，同时使消费者感受到产品体现的地域文化，从而产生亲切感和偏好，这种命名方法不仅符合消费者求名、求异、求新的心理，还能增加产品的名贵感和知名度。

（5）以人名命名，即以发明者、制造者或历史人物的名字给产品命名。这种方法将特定的产品和特定的人联系起来，使消费者睹物思人，引起丰富的联想、追忆和敬慕之情，从而使产品在消费者心中留下深刻的印象。

以人名命名是国外品牌常用的一种方法，一般这些企业生产传统型产品，如汽车、服装、食品、医药品等。例如，服装品牌阿玛尼、路易威登（LOUIS VUITTON）、皮尔卡丹（Pierre Cardin）等，汽车品牌福特（Ford）、梅赛德斯-奔驰（Mercedes-Benz）、凯迪拉克（Cadillac）等，都是以品牌创始人或相关人的名字来命名的。我国有的企业也采用这种办法，尤其是一些老字号企业，如"王致和豆腐乳""张小泉剪刀"等。这种以人名命名的方法可以体现产品悠久的历史和文化，表明产品系出名门、正宗独特，并以此激发消费者的购买欲望。

思考与讨论

近些年，市场上出现一些特别的产品或品牌名称，如自嗨锅、小仙炖、王饱饱……，了解这些产品是什么。你认为这些名称对消费者是否有吸引力？

（6）以产品的外形命名，这种方法多用在食品、工艺品和儿童用品上。这种命名方法突出了产品的优美造型，能引起消费者的注意和兴趣，尤其适用于儿童用品。例如"动物饼干""宝塔糖""大雪人雪糕""猫耳朵"等。其中，"猫耳朵"是山西的一种传统风味面食，形状如猫耳。

（7）以吉祥物或美好事物命名，这种方法通过褒义词或适当的文学夸张，暗示产品的性能、质量，使消费者产生积极的情感和美好的联想，强化对产品的喜爱和渴望。例如，"金凤呈祥"面包、"龙凤"水饺、"红豆"内衣、"百合"棉被、"农夫山泉"矿泉水等。

（8）以色彩命名，这种方法适用于食品类产品。例如"黑巧克力"可突出巧克力的纯度，"白玉豆腐"可突出豆腐的形态白嫩细腻，"白加黑感冒片"则突出了白片与黑片的不同效果。以色彩命名突出了产品带给消费者的视觉感受，使之对产品留下深刻印象。

（9）以外来词命名，这种方法在进口产品中比较常见。用外来词命名不仅可以满足消费者求新、求奇、求异的心理需要，还可以克服翻译上的困难。但这要求名称读起来朗朗上口、寓意良好。例如，沙发、席梦思、麦克风等都是外来词。例如"Coca Cola"，其中文译名选定为"可口可乐"，让人联想到可口的饮料带来的舒畅感觉，以及由此产生的愉悦心情。

思考与讨论

有的企业为了使自己的产品听起来有"国际范儿"，就起一个外国名称；但有的企业入乡随俗，起一个符合当地特色的名称。例如，宝洁公司在中国市场的产品的名称都相当本土化，如海飞丝、飘柔、佳洁士等。谈谈你对该类现象的看法。

除了以上列举的方法，产品命名的方法还有很多。无论采取何种方法命名，更重要的都是要将产品的名称和产品某方面的特性联系起来，使消费者看到产品名称就能够明白，而且能够记住该产品的相关特性。这样才能刺激消费者产生心理需求，达到吸引消费者的目的。

思考与讨论

北京的老字号有"内联升""瑞蚨祥""全聚德""同仁堂"等，你所在的城市是否有老字号？了解这些老字号名称的由来和历史，讨论分析这些名称的特点和寓意。

二、品牌的作用

根据美国营销专家菲利普·科特勒（Philip Kotler）的观点，品牌是一个名称、名词、标志、符号或设计，或是它们的组合，其作用是识别某个企业的产品或服务，并使之与竞争对手的产品或服务区别开来。

品牌主要包括品牌名称和品牌标志两个部分。品牌名称是指品牌中可以用文字表达的部分，如华为品牌的"HUAWEI"；品牌标志是指品牌中以符号、图案或颜色等形式显示出来的部分，是一个可以被识别、辨认但不容易用语言表达的部分。

消费心理学（附微课 第3版）

（一）品牌的功能

（1）识别功能。对于消费者来说，品牌能直接、概括地反映或描述产品的产地、形状、用途、成分等，便于消费者认知和区别产品，使消费者在购买产品时能很快作出选择。而且，因为品牌代表一定的品质、特色和承诺，所以缩短了消费者的购买时间。

（2）象征功能。品牌不仅体现企业的经营特色和代表企业形象，还代表一种文化现象。品牌所体现的风格、引起的联想、代表的形象，以及其最终的象征意义，都传达着品牌的理念。

（3）保护功能。品牌商标一经注册认证，就受到法律法规保护，禁止他人非法使用。这不但保护了企业的利益，也保护了消费者的正当权益。

（4）增值功能。品牌是一种无形资产，它本身可以作为产品被买卖，为企业带来巨大的经济效益。随着品牌知名度、美誉度的提高，品牌本身的价值也在逐渐攀升。

思考与讨论

一个人站在你面前，你通过他的表情和身材等特征来判断他的职业、身份……。除此之外，你看到他戴了一块劳力士手表，此时，你会得出怎样的结论？

（5）促销功能。品牌不但能够引起消费者的注意，而且如果品牌获得了消费者的好感、信赖，消费者就会愿意出高价购买其产品。这样企业就会获得更多利润，实现品牌溢价。

视野拓展

什么是品牌资产？

品牌资产（Brand Equity）是20世纪80年代在营销研究和实践领域出现的一个重要概念。品牌资产与品牌、品牌名称和品牌标志相联系，能够增加或减少企业所销售产品或服务的价值的一系列资产与负债。这表明，品牌除了本身具有经济价值之外，还可以为企业带来稳定的超额收益，是企业创造经济价值不可缺少的一种资源，是企业无形资产的重要组成部分。品牌资产主要包括品牌忠诚度、品牌认知度、品牌知名度、品牌溢价能力、品牌联想、其他专有资产（如商标、专利、渠道关系等）等。其中，能够为企业带来丰厚利润，使企业获取更多市场份额的是品牌忠诚度和品牌溢价能力这两大资产，这些资产通过多种方式向消费者和企业提供价值。

（二）品牌对消费者的影响

1. 品牌视觉形象

一般来说，品牌的视觉形象是统一、稳定的，这是品牌吸引消费者的重要条件之一。品牌视觉形象的统一和稳定主要表现在四个方面：①品牌名称，如索尼、同仁堂等，几十年甚至上百年不变，形成了统一、稳定的固有形象；②品牌图形，如海尔的兄弟图样、可口可乐的变体图形，强烈地展示了品牌的魅力；③品牌颜色，如IBM采用博大、和谐的蓝色，可口可乐采用热情、奔放、充满活力的红色，都象征着品牌的生命力；④文字、图形及其颜色的有机结合，图文并茂，反映品牌的整体视觉形象，从而最大限度地引起消费者的注意，激发其联想，并使其最终产生对该视觉形象的情感认同，即达到对品牌的忠诚。

"棒！约翰"（Papa John's）比萨其红、绿两种颜色的标志和大大的品牌名称字体引人注意，外卖盒中赠送的解腻爽口的"黄金辣椒"也是其品牌形象的一部分。

微视频
品牌的力量

2. 品牌定位

企业进行品牌定位的目的是使消费者形成品牌认同，进而影响消费者行为。为此，品牌定位必须符合特定目标消费者的需求、特征。企业还要通过各种宣传手段传递品牌信息，来帮助消费者理解品牌定位。

首先，企业进行正确的品牌定位需要对消费者心理有深刻的理解。例如，企业可以将某种社会或者生活中存在的心理和产品结合起来定位，使特定的消费者对某一特定定位的产品感兴趣。尤其是在身份、地位方面，如奢侈品牌对中高收入者有吸引力，而普通品牌则受到收入不高者的喜爱。其次，特定的品牌定位要和该品牌的消费者紧密联系。

3. 品牌个性

品牌个性化是方便消费者认知品牌的一个重要手段。个性化的品牌使一个没有生命的产品具有人性化的特征，消费者通过品牌的个性来形成对产品的认知。相应地，消费者也借助于品牌的个性来表现自我，寄托情感。因此，品牌的个性化可以解除消费者的心理障碍，使消费者从品牌的独特个性中感受到丰富的个性内涵，并对品牌产生高度的契合感，从而获得个性心理的满足。

4. 强势品牌

当一个品牌成为强势品牌时，意味着该品牌对消费者能产生全方位的影响。这也是企业的品牌策略的目标和方向。例如，劳力士手表对产品品质不懈追求，以尊贵、典雅和卓越的品牌形象闻名全球，成为财富和地位的象征。当然，一个品牌成为强势品牌并非一朝一夕，需要经历一个艰辛而漫长的过程。

 示例

"包"中王者：爱马仕

虽然奢侈品品牌风云争霸，但成立于 1837 年的爱马仕的地位却非常稳固。2017 年，一款镶有 10.23 克拉钻石的爱马仕白色喜马拉雅鳄鱼皮铂金包，在香港被佳士得以 294 万港元拍得，刷新了手袋拍卖的世界纪录。爱马仕凯莉包（Kelly）是爱马仕的"当家花旦"之一，因被摩纳哥前王妃格蕾丝·凯莉使用而被更名为"凯莉包"。另一款有名的爱马仕包是铂金包（Birkin），灵感来源于法国的女歌星 Jane Birkin，也以此命名，因做工精良及实用闻名。2025 年 4 月，爱马仕集团公布，第一季度营收达 41 亿欧元，所有地区的业绩均实现增长。虽然当下奢侈品市场遇冷已是既成事实，但面向高净值人群的爱马仕品牌，其客群受经济变化的影响相对较小，而其产品的稀缺性又带来了更高的社会地位展示价值。

三、包装的设计

现代社会，包装的设计不仅是为了保护商品，更重要的是标识和强化品牌以及品牌所倡导的价值观。它是品牌形象的重要组成部分。不仅如此，包装还会影响消费者的产品体验。这使包装作为营销工具的作用越来越大。

在进行包装设计时，企业需要考虑消费者的心理并采取相应的策略。

1. 方便与实用的心理

包装设计首先要满足消费者方便和实用的需求，使包装向轻量化、小型化、方便化发展。包装本身的设计、包装的易打开程度、包装携带的便利性等都会影响消费者的购买决定。例如，铝箔包装饮料附吸管、洗发水的按压瓶盖、塑料袋包装边缘的小齿口等，这些设计都是为了消费者使用方便。小

微视频
产品包装的创意

罐茶包装的设计理念是环保、美观、实用。其包装由日本设计师神原秀夫设计，罐身为铝合金材质，采用充氮技术，具有美观、实用的功能及良好的撕膜体验。

小罐茶的包装设计

2. 安全和保障的心理

对消费者来说，安全是产品质量的基本要求。在产品外包装上，厂名、商标、成分、有效期、使用方法等标示清晰，有助于减轻消费者对产品质量的怀疑心理。一些产品采用透明包装设计，能给消费者带来安全感和可信度。同时，防伪技术的采用，也在一定程度上满足了消费者安全、放心的消费需求。例如，某些品牌鸡蛋的外包装上有防伪二维码，消费者可以扫描二维码了解鸡的生长环境、发育状况，以及吃料、用药等情况，全程追溯安全鸡蛋的生产；有的化妆品采用"激光全息标识""荧光标签"等防伪技术。这些技术的采用在很大程度上满足了消费者的放心消费需求。

农夫山泉矿泉水四季插图包装设计

3. 求新和求美的心理

新颖独特的包装设计，除了要充分体现设计的形式美和内涵美之外，还要体现其设计构思的独到性，将情感、技术、社会信息、审美意愿和设计文化等诸多因素综合在一起，力求使设计既能有独特的艺术风格又能表现艺术个性。例如，农夫山泉专为青少年设计的运动版矿泉水，不仅瓶盖设计非常贴心，单手能轻松开关；而且包装上的插画非常吸引人，瓶身上的彩色插画描绘了长白山的四季景色和天然生态。其包装设计由英国插画师创作而成，风格夸张，色彩丰富，充满想象力。

 视野拓展

颜值真的很重要

作为一种艺术形式，食品包装不仅有自带的视觉传达性和欣赏价值，同时，食品包装也可以很好地触发消费者的购买欲望。大家都知道不应以貌取人，但有时，颜值真的很重要。澳大利亚一项研究显示，评判巧克力味道时，包装对人的影响可能大于味道本身。当巧克力包装设计带给人快乐、健康、有趣、放松、友谊等正面印象时，志愿者对巧克力的喜好呈现出正相关关系。另外，比起不带包装的巧克力，志愿者更愿意购买包装带有积极意义的巧克力。

4. 安全与环保的心理

消费者越来越注重包装材料的安全性和环保性，这就要求企业在选择材料时应选择无毒、无污染和易回收、易分解的材料。例如，食品包装用的塑料应采用无毒的聚乙烯塑料，纸质材料则不能添加增白剂。我国传统包粽子用的苇叶、包叫花鸡用的荷叶等包装材料，既安全又环保，增加了包装设计的亲和力。

微视频
过度包装

视野拓展

为什么牛奶盒是方形的？

现在市面上所售卖的大多数软性饮料瓶都是圆柱形的，可牛奶盒似乎都是方形的，这是为什么呢？软性饮料瓶被设计成圆柱形的原因是圆柱形容器携带方便，拿着也很方便，软性饮料所带来的销售额能抵消它所带来的额外存储成本。牛奶盒被设计成方形的原因有两点。第一，方形容器（无论容器内装着什么）能够充分利用货架空间，从而能节约货架空间；第二，牛奶大多需要放进冰柜里冷藏，这增加了运营成本，而方形的牛奶盒能充分利用冰柜空间，可间接降低运营成本。

第二节 价格策略

一、价格的心理功能

价格是商品价值的货币表现，价格的变化反映市场供求关系的变化。对消费者来说，价格意味着为获得商品而付出的货币，因此，会对价格特别在意。价格的心理功能主要包括以下几个方面。

1. 价值认知功能

现实生活中，消费者不具备鉴定每一种商品质量和价值的能力，因此，会把价格高低作为衡量商品品质优劣和价值大小的尺度。他们认为商品价格高，则商品的质量好、价值大；商品的价格低，则商品的质量差、价值小。通常我们说的"一分钱一分货""好货不便宜，便宜没好货"等就是消费者奉行的价格心理准则。造成这种现象的原因主要是买卖双方信息不对称以及消费者的购买属于非专家型购买。

💭 思考与讨论

有的物品很特殊，对他人来说可能并没有价值，但对你来说可能具有特殊的意义。例如，你小时候的一个小汽车玩具，你妈妈为你织的一件毛衣，你拍过的毕业照……，如果有人想高价买这些物品，你是不是会卖掉？为什么？你生活中还有哪些类似的特殊物品？

2. 自我意识比拟功能

商品的价格不仅表现在价值上，在消费者的自我意识中，价格还具有自身社会地位、经济地位的象征意义，即消费者把商品价格同个人的爱好、兴趣、个性心理特征联系起来，有意或无意地进行价格比拟，来满足个人的社会性需求。例如，有的消费者只到高档商场购物，只购买名牌商品，以显示自己的社会地位和经济地位，并获得一种心理上的满足。

3. 调节需求功能

在其他条件不变的情况下，由于供求规律的作用，消费需求量的变化与价格变动呈相反的趋势。这表现为：价格上涨时，需求量减少；价格下降时，需求量增加。因此，商品价格具有调节需求的功能。实践中，价格对需求的调节还会受到需求伸缩性、消费者的心理需求强度和价格心理预期的制约。

📚 视野拓展

美国的Dollar Tree

美国的 Dollar Tree 是一家销售 1 美元商品的打折连锁店，其前身是一家杂货铺，成立于 1953 年，公司总部位于弗吉尼亚州切萨皮克，是世界 500 强企业之一，在美国和加拿大拥有一两万家商店。Dollar Tree 销售保健及美容产品、食品、季节性装饰、家居用品、餐具、玩具、礼品、礼品袋和包装、文具、工艺用品、教学用品、汽车、电子产品、宠物用品和书籍等。大部分 Dollar Tree 也卖冷冻食品和乳制品，如牛奶、冰激凌和预先做好的烘焙食品。Dollar Tree 以物美价廉、品类丰富吸引了中低收入群体和讲究实惠、寻求低价的消费者。从 2021 年起，受通货膨胀等因素的影响，Dollar Tree 将商品价格从 1 美元提高到了 1.25 美元，涨价并未影响 Dollar Tree 的销售。相反，Dollar Tree 的销售额在继续增长，当然，公司的管理人员表示因为一些"高端"消费者也开始在店里购物，因此，增加了定价在 3~5 美元的"高端"产品。

二、消费者的价格心理

消费者的价格心理是指消费者在购买活动中对商品价格认识的心理活动，它既反映了消费者的个性心理，也反映了消费者对价格的知觉程度。消费者的价格心理一般表现在以下几个方面。

（1）习惯性心理。当消费者在购买商品、评价商品价格是否合理时，往往是根据以往购物经验形成的习惯性心理，在心理上形成对购买价格的上限和下限来评价的。只有当价格处于上下限之间时，消费者才会乐于接受。因此，习惯性心理是由于消费者长期、多次购买某些商品，通过对某些商品价格的反复感知而逐渐形成的。

（2）感受性心理，指消费者对商品价格及其变动的感知强弱程度。消费者对商品价格高与低的认识和判断，不完全基于某种商品价格是否超过或低于他们心中认定的价格尺度，他们还会将其与同类商品的价格进行比较，以及与购物现场中的其他商品的价格进行比较。比较结果的差异大小，形成了消费者对价格高低的不同感受。这种感受会影响消费者的价格判断。

（3）敏感性心理，指消费者对商品价格变动的反应程度。这种敏感性既有一定的客观标准，又有消费者在长期购买实践中逐步形成的一种心理价格尺度，具有一定的主观性。这两者共同作用，影响消费者对不同种类商品价格变动的敏感性。

示例

为啥牛肉价格"跌跌"不休?

2024 年上半年，牛肉的价格一路下跌，屡创新低。农业农村部监测数据显示，2024 年 4 月，全国农产品批发市场牛肉平均价格为每千克 76.36 元，较 1 月下跌 5%，6 月进一步下跌到每千克 61 元左右。牛肉降价的原因主要来自供需两端的变化。

从供给端来看，国内供给和进口都在增长。国家统计局数据显示，2024 年上半年全国肉牛出栏 2140 万头，同比增长 2.4%，牛肉产量同比增加约 3.9%。在进口端，牛肉的进口量也处于高位水平，2024 年上半年我国进口牛肉 144 万吨，同比增长 17%。从需求端来看，夏天是牛肉消费淡季，牛肉的供给持续增加而需求疲软，这自然导致了牛肉价格大幅度下滑。

虽然近年来我国居民牛肉消费有所增加猪肉消费有所降低，但猪肉消费占比仍旧过半，牛肉消费量仅相当于猪肉的 1/5。虽然五六个月内牛肉价格每千克下滑近 20 元，幅度不可谓不大，但降价后的牛肉价格相对猪肉的每千克 20 余元的价格还是过高，总体上尚未达到消费者认可的低价，故而未能吸引消费者大幅增加牛肉的消费量。换句话说，消费者对牛肉的价格敏感度较猪肉低，虽然降价幅度很大，但消费者普遍没有感受到，牛肉和猪肉之间暂时还不能产生替代效应。

2024 年下半年，牛肉价格一直在低位徘徊。在中央储备冻牛羊肉收储的政策支持下及随着秋冬牛肉消费量的提升，2025 年上半年牛肉价格的颓势方告结束。

思考与讨论

消费者在收入降低时比收入提高时表现出更加敏感的价格心理，因此，消费者的价格心理不是一成不变的。请讨论还有哪些因素影响消费者的价格心理。

微视频
消费者的逆反性心理

（4）倾向性心理，指消费者在购买过程中对商品价格进行比较、判断、选择时所表现出的对商品的档次、质量和商标的选择倾向。例如，有的消费者倾向于选购高价格的商品，在价格心理上，认为各类商品的质量不同，而质量又是与价格密切关联的，品牌更是质量高的具体标志，因此，这些消费者在选购商品的过程中，具有明显的倾向性，愿意购买高价、高质量的名牌商品。

（5）逆反性心理。一般来说，价格涨落会直接影响消费者的购买欲望，二者的变动通常呈反向高度相关关系。但是，某种特殊因素的影响，如市场商品供应短缺引起的心理恐慌，对物价上涨或下跌的心理预期，对企业降价销售行为的不信任，等等，也会引起消费者对价格变动的逆反性心理，使其产生"买涨不买落""越涨价越抢购""越降价越不买""持币待购"等逆反行为。

🐸 思考与讨论

如果一条裙子卖 10 元，你会购买吗？对你来说，这意味着什么？

📚 视野拓展

什么是吉芬商品？

吉芬商品（Giffen Goods）是 19 世纪英国经济学家吉芬的一个发现。按照经济学的供求规律，商品的需求与价格之间是一种负相关关系：价格上升，需求减少；价格下降，需求增加。这种升降变化的强度可以用需求的价格弹性来表示。但是，吉芬发现，在当时发生灾荒的爱尔兰，马铃薯的价格上涨不但不会使需求减少，反而还会使需求增加。为了纪念吉芬，把这类需求量与价格同方向变动的特殊商品称作"吉芬商品"。按照经济学家的解释，吉芬商品的特殊性在于其收入效应超过了它的替代效应。现实中，奢侈品、珠宝字画或者股票等都有可能表现为吉芬商品。

微视频

尾数定价策略

三、定价的心理策略

商家在商品定价中常使用的心理策略有以下几种。

（1）尾数定价策略。尾数定价策略是一种保留价格尾数，采用零头标价的策略。这种定价策略利用消费者对商品价格感知的差异所造成的错觉，来刺激消费者行为，使消费者认为企业的定价很精确，而且价格足够便宜。

（2）整数定价策略。整数定价策略是企业把价格的尾数去掉，舍零凑整的定价策略。对于一些高档商品，把价格定为整数可以达到体现商品价高质优的效果。对一些名牌商品、高档消费品，采用整数定价策略可以满足部分消费者的自尊和炫耀心理。

（3）分档定价策略。分档定价策略是把不同品牌、型号的同一类商品比较简单地划分为不同的档次，每档定一个价格。这种定价策略既简化了商品管理，易于上货、理货，又便于消费者选购，满足不同消费者的需求。

享誉中外的百年老字号全聚德的烤鸭比其他品牌的烤鸭贵了不少。

（4）声望定价策略。声望定价策略是根据商品在消费者心目中的声望，并为保持或提升商品在消费者心目中的声望而采取的策略。这种定价策略利用的是消费者慕名的心理，是一种根据消费者显示地位、炫耀身份、满足虚荣心的心理需要来制定价格的策略。

（5）招徕定价策略。招徕定价策略是指用低于一般市场价格，甚至低于成本的价格来招徕消费者的定价策略，也称特价商品定价策略。采取招徕定价策略是为了吸引消费者前来购物而制定的。当消费者进店

服装品牌 ONLY 降价、打折吸引消费者

后，商家不仅可以卖出特价商品，也可以卖出其他商品。

（6）折扣定价策略。折扣定价策略是指企业为了扩大销售，将商品的原有价格降低一定比例后售出而采取的策略。这种定价策略可以起到刺激消费者购买欲望，增加消费者购买数量或购买次数的作用。折扣定价的主要形式有数量折扣、现金折扣、季节折扣、促销折扣等。

（7）差别定价策略。差别定价策略是指企业对同一产品针对不同的消费者、不同的市场制定不同的价格的策略。例如，飞机上公务舱座位的价格比经济舱座位的价格高，酒店的房间价格在淡旺季会不同等。

微视频

巧妙的价格策略

（8）组合定价策略。组合定价策略是指将两种及两种以上的相关商品组合成套并推出优惠价格的定价策略。组合价格比消费者单独购买商品的价格低，对消费者具有一定的吸引力。例如，在一个化妆品店中，一瓶洗面奶79元、一瓶护肤水89元、一瓶护肤霜139元、一瓶防晒霜109元。如果消费者分别购买四件商品，总共需要416元，但如果消费者一次性购买这四件商品，只需328元。这样，组合价格可以节省88元，从而产生"1+1<2"的效果。

思考与讨论

肯德基、麦当劳等快餐连锁店经常用"优惠套餐"来吸引消费者，你是否愿意接受这样的"优惠套餐"形式？为什么？

经典实验

心理账户：算好每一笔账

多数人在银行不仅开立过账户，还会开立活期账户、定期账户、基金账户等多种账户，金钱一旦被存入不同的账户，就按不同账户的规则进行运作。例如，活期账户可以随存随取，比较方便，但利息较低，所以一般人活期账户中的金额不会太高；定期账户比活期账户利息高，储户通常会将近期用不到的大额存款存入该账户。

心理学家研究发现，除了上述以实在的经济形式存在的客观账户（显性账户）外，每个人的心里也会存在各种各样的隐性账户，美国芝加哥大学心理学教授理查德·塞勒将其称为心理账户（Mental Account）。验证心理账户现象的实验如下，首先请被试阅读下列文字，然后作出选择：

假如你想去看一部电影，并花10美元购买了门票。但当你到电影院门口时，却发现门票丢了。电影院的座位没有标记，你也不可能找回丢失的门票。

结果，46%的被试愿意再花10美元购买门票，54%的被试不愿意。请看另外一种情况：

假如你想去看一部电影，门票为10美元。但当你到电影院门口时，却发现丢了10美元。你仍然愿意花10美元购买门票吗？

结果，88%的被试愿意再花10美元购买门票，只有12%的被试不愿意。在上述实验的两种情况下，均需被试另外付出10美元购买门票，但在选择上却表现出巨大差异，这表明存在心理账户。

在心理账户中金钱被归于不同的账户类别，不同类型的账户不能互相替代。在实验的第一种情况下，被试通常将再次购买门票的钱与第一次购买门票的钱放在同一个主题性（看电影）账户中，如此，花费20美元购买一张门票，显得过于昂贵，所以许多人会放弃再次购买门票；而在第二种情况下，被试通常不会将丢失的10美元与购买电影票的钱放在同一个账户中，因此，许多人愿意另付10美元购买门票。

什么是心理账户

由于消费者心理账户的存在，塞勒指出在作经济决策时，人们往往会违背一些简单的经济运算法则，心理账户以一种非预期的方式影响个体或群体的行为与决策。

第三节　销售终端策略

销售终端是指产品销售渠道的最末端，是产品到达消费者完成交易的最终端口，是产品展示和与消费者面对面交易的场所。本章所指的销售终端是指实体销售终端，即各种业态的实体零售商店，包括百货商店、购物中心、专卖店、便利店等。

一、实体店外观设计

实体商店是指传统的各种业态的零售商店，包括百货商场、专卖店、超级市场、购物中心、便利店等，简称"实体店"。实体店外观是一个商店总的外部特征，包括门面设计、招牌设计、橱窗设计等。实体店外观设计的基本目的是引起消费者对本店的兴趣和关注，从而产生进店购物或浏览的欲望和联想。

1. 门面设计

门面是消费者辨识商店的重要因素。风格独特的门面设计，能在瞬间抓住消费者或行人的眼球，使人们立刻想知道这是什么类型、什么档次的商店，会使潜在消费者产生进店观摩和购物的欲望，有助于提高消费者的购物效率和加快购物节奏。而且，门面设计还是美化商店的重要环节，能够有效地提升商店的形象。

在进行门面设计时：首先，需要全面了解商店出售的商品种类、规模、特点，使之与店面外部形式相吻合；其次，要满足消费者方便、实用的心理需要，以方便消费者出入、形式大方、吸引消费者为出发点；最后，注意门面的设计要与周围环境、建筑物风格协调一致。

星巴克上海新天地店的门面设计融入老上海石库门建筑元素。

由于商店类型不同，门面设计也不同。从商店的外观和专门的设计来看，具体的门面设计包括以下几种。

（1）封闭型门面。这种门面适用于销售金银首饰、名贵工艺品、艺术瓷器等高档商品和特殊商品的商店。它能突出经营贵重商品的特点，而且它的设计别致、豪华，能给人高档的感觉。

（2）半开型门面。一般大、中型商场采用半开型门面设计。

（3）全开型门面。水果店、蔬菜店、食品店，或者农贸市场、蔬菜市场等的商店一般采用全开型门面设计。它能满足消费者方便、实用、经济的心理需要。

北京"都一处"烧卖馆的牌匾据说是清朝乾隆皇帝所题。

（4）特色型门面。采用特色型门面设计的商店多为专门销售某种商品的特色商店或专卖店。特色型门面设计能给消费者耳目一新的感觉。

除此之外，门面设计还要考虑自然环境。例如，我国北方冬季天气寒冷，门面设计一般要从防寒、防风角度考虑，门面一般较小；而在南方，由于夏季时间长，天气炎热且多雨，因此，门面设计一般要宽大，且要有避雨和遮阳通道的设计。

2. 招牌设计

招牌显示了商店的名称，是用以识别商店、招徕生意的牌号。设计精美、具有高度概括性和吸引力的招牌，不仅便于消费者识别，而且还可以对消费者形成鲜明的视觉刺激。在商店招牌的命名与设计上，具体应掌握以下原则。

（1）新颖别致。别具一格的招牌，能迅速引起消费者的注意，激起其浓厚的兴趣和引起其丰富的想象。

（2）反映主营商品和经营特色。例如，我国历史悠久的老字号的招牌不仅能反映出商店主营商品的类别，而且还能以其浓郁、古色古香的风格引起消费者对商店的经营历史、特色和服务传统的联想，从而赢得赞誉和信任。例如，北京的老字号"内联升"鞋店、"瑞蚨祥"绸布店、"同仁堂"药店、"荣宝斋"书画店等。

位于西湖湖畔的"楼外楼"菜馆是杭州颇有名气的酒楼。

（3）招牌命名易读、易记，便于记忆与传播。招牌是一种广告形式，它不仅能招徕消费者，而且还能传递信息，扩大影响。比如，杭州的"楼外楼"菜馆坐落于西湖湖畔，已有170多年的历史，其店名"楼外楼"，因"山外青山楼外楼，西湖歌舞几时休"的诗句而增添了文化情趣。

3. 橱窗设计

橱窗不仅是门面总体装饰的组成部分，而且是商店的第一展厅，就像商店的眼睛一样，通过它你就能了解商店的全部。橱窗设计的好坏决定商店是否能更吸引人。橱窗设计不仅是传递商品信息的重要形式，也是美化环境的重要手段。一个主题鲜明、构思新颖、风格独特的商品橱窗本身就是一件街头艺术品，与商店建筑及周围环境形成一个生动的画面，会给消费者带来强烈的视觉冲击和审美享受。

（1）突出展示商品的品质和特征。橱窗设计的重要目的是展示商品、促进销售，因此，在橱窗设计中，要根据设计主题充分展示商品的品质、特征。

（2）塑造橱窗整体美的形象。借助一定的道具、灯光、色彩，从消费者审美心理出发，利用支架、模特儿、陈列牌等，创造更好的艺术展示效果，使橱窗整体设计巧妙、生动、和谐，从而塑造具有艺术感染力的整体形象。

（3）既要全面考虑又要灵活多变。橱窗就像艺术品设计一样，其设计不可生硬模仿和照搬照套，具体的设计要根据商店的位置、营业项目和营业场所而定。例如，营业面积小的商店，不一定非要设置专门的橱窗，而是可以使用玻璃墙进行展示，这可以说是一种特殊的橱窗设计。

另外，在具体展示方式的选择上要灵活多样，根据设计主题选择展示方法和手段；还要注意考虑消费者的行走路线、视线高度及由远及近的动态视觉效果；并且要根据季节、主题、节日的变化等更换新的橱窗，保持对消费者的吸引力。

海南三亚的艾迪逊酒店的 BURBERRY 店，采用开放空间设计，带有品牌标志的玻璃屏风向室外延伸，与自然景色融合，为顾客带来了有如身临大自然的购物体验。

二、实体店内部布局

实体店内部布局应该把握"总体均衡，突出特色，和谐舒适，方便购买，适时调整"的总体原则，主要包括柜台（货架）布置、通道设计、动线设计、商品陈列等。

（一）柜台（货架）布置

柜台（货架）是陈列商品的载体。不同的布置方式会使消费者产生不同的心理效应。柜台（货架）布置有以下几种分类方法。

1. 按照售货方式的不同划分

按照售货方式的不同，柜台（货架）可分为以下两类。

（1）开放式柜台（货架）。消费者可以根据自己的需要任意从柜台（货架）上比较和选取商品，从而最大限度地缩短消费者与商品的距离，增强消费者自主购物的美好体验。

（2）封闭式柜台（货架）。对珠宝首饰、名贵手表等商品来说，采用封闭式柜台既是出于安全性的考虑，也显示了商品的贵重性。

2. 按照柜台（货架）摆放方式的不同划分

按照柜台（货架）摆放方式的不同，柜台（货架）可分为以下两类。

（1）直线式柜台（货架）。直线式柜台（货架）指若干个柜台（货架）呈直线摆放。这种方式便于消费者通行，视野较开阔深远，但不利于迅速找到和发现目标。一般小型商店常采用这种布置方式。直线式柜台（货架）布局如图 12.1 所示。

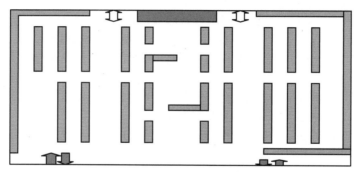

图 12.1　直线式柜台（货架）布局

（2）岛屿式柜台（货架）。岛屿式柜台（货架）指将一组柜台（货架）呈球状摆放，形成一个售货岛屿。这种摆放方式可以增加货架的总长度，扩大商品陈列面积；还可以按经营大类划分和集中陈列商品，以便消费者能迅速查找和发现所要购买的商品。这种方式对营业场所来说还具有一定的装饰性，通常为大型商场所采用。岛屿式柜台（货架）布局如图 12.2 所示。

图 12.2　岛屿式柜台（货架）布局

（二）通道设计

卖场通道一般分为主、副通道。主通道是消费者从店门进入店内的通道，是引导消费者行进的主线。副通道是辅助的通道，可以帮助消费者进入店内的各个区域。主、副通道是根据商品的摆放位置与陈列方式进行设计的。大中型卖场的主通道宽度一般在 2 米以上，副通道宽度在 1.2～

消费心理学（附微课　第3版）

1.5 米。最窄的通道也不能小于 0.9 米，因为这个宽度是两人并行或逆行时无须侧身避让的最小宽度。通常，营业面积越大、越高档的店铺，通道宽度越大。

（三）动线设计

动线是指消费者在商场行走运动的线路。一般来说，动线的形成一方面取决于商场通道的设计，因为消费者可能会沿着主、副通道前行；但另一方面，可以有意规划消费者前行的路线来引导消费者，用中岛、展示台、模特儿等道具的布置来决定或影响动线，从而引导消费者按商家的意图前行。

合理规划的动线不仅有利于让全部商品进入消费者的视线范围，也能延长消费者在商场内部的停留时间，间接性地增强商场的盈利能力。因此，好的商场的动线规划，能够引导消费者按照商家设计的自然走向，通往商场的每一个角落，接触到尽可能多的商品，最终产生购买动机并实际购买商品。同时，动线设计也应该能够让消费者在购物中感觉舒服，避免出现拥挤。

🦫 思考与讨论

为什么在超市的收银台附近摆放着口香糖、巧克力或电池之类的小件商品？

（四）商品陈列

商品陈列是指柜台及货架上商品摆放的位置、搭配及整体表现形式。"陈列就是沉默的推销"已成为商店管理的至理名言。商店为了让消费者方便购买，首先在商品陈列上还应根据人体的高度，科学地摆放商品，遵循使消费者易看、易摸、易选的"三易原则"。其次，需要采取科学有效的方法，既可以展现商品的特性，又可以把商品的魅力表现出来。商品陈列的方法具体包括以下几种。

（1）大量陈列法，指在商场的大面积、大空间内陈列数量足够多的单一商品或系列商品，或者将这些商品堆积陈列，以吸引消费者的目光，同时给消费者一种热销与廉价的感觉，达到刺激购买的目的。

整齐有序的服装陈列

🦫 思考与讨论

大量陈列有什么效果？你认为什么商品适合大量陈列？

（2）主题陈列法，指结合某一特定事件、时期或节日，集中陈列展示应时适销的关联性商品，或根据商品的用途在特定环境、时期陈列的方法。例如，春节前商店中的"年货"专柜，张灯结彩，加上喜庆的音乐，可营造出一种独特的节日气氛，以吸引消费者的注意。

（3）整体陈列法，是将相关联的商品完整地向消费者展示的陈列方法。这种陈列方法为消费者展现商品的整体效果，能引起消费者对商品的联想，便于消费者选择。

（4）分类陈列法，是根据商品的类型、质量、性能、特点、产地和使用对象等进行分类，并向消费者展示的陈列方法。分类陈列法是一种广泛使用的方法，它便于消费者集中挑选、比较，也有利于反映商店特色。

（5）季节陈列法，是根据春、夏、秋、冬四季的消费特点进行商品陈列的方法。它能重点突出应季商品，把过季商品调整到相对较差的陈列位置。

（6）价格陈列法，是根据商品价格高低展示商品的方法。这一方法可以让消费者按照他们的预期到相应的价格区域挑选商品。

（7）特写陈列法，是通过各种形式，采用烘托、对比等方法，突出宣传、陈列某种商品。这种陈列方法既有利于陈列商品的销售，也有可能带动其他商品的销售。

实际上，商品陈列的方法有很多种，不同的商店及不同的商品都可能会有不同的陈列方法。如服饰采取叠装陈列、侧挂陈列、正挂陈列、人模陈列、装饰品陈列等陈列方法，超市及便利店最常用的是多层货架陈列、端头陈列、堆头陈列、悬挂式陈列、突出陈列等陈列方法。商店应根据具体环境和条件来选择合适的陈列方法。

三、终端卖场氛围营造

终端卖场氛围是指在销售场所通过特别设计的空间来制造对消费者心理和行为的影响。与终端卖场氛围有关的因素主要有销售人员、灯光照明、色彩搭配、气味、音乐、空气质量等，具体分析如下。

1. 销售人员

在购物现场，销售人员的仪表、穿着、言谈举止等都会影响消费者的购物选择，甚至在适当的时候说句鼓励消费者的话，如"这件衬衫真适合你"，说不定就会增加消费者的购买欲望。另外，销售人员的专业素质也会改变消费者的购买意愿及价值感知。需要特别注意的是，销售人员在形象上应与其销售的商品相符。

 思考与讨论

是不是销售人员越漂亮就越吸引消费者呢？实际上，这样的推断并不完全正确，因为有的消费者看到长相普通的销售人员会更有亲切感、真实感。你是否有同感？

服装品牌"例外"的陈列基于其对天然材质的使用。该品牌的陈列通过对材质本身的尊重及设计重组传达其品牌精神，并结合恰当的灯光照明营造出别样温暖的艺术空间。

2. 灯光照明

商店内部空间的光源主要包括基本照明、特殊照明和装饰照明。合理地配置采光和照明，不仅可使消费者的视觉感官舒适，而且也是促销的一种手段。在灯光选择方面要注意与商店的建筑结构相协调，强弱对比不宜过大，彩色灯光和闪烁灯光要适度运用。要注意霓虹灯不但有照亮招牌的作用，也有增加店铺在夜间的可见度的作用。同时，灯光照明能营造热闹和欢快的气氛，但如果灯光照明过多、过杂或光线变化剧烈，会破坏商店整体的照明环境。

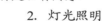 **思考与讨论**

是不是一个商店的照明越亮、越强，效果越好？你如何理解"高强度照明不等于有效照明"？

3. 色彩搭配

不同的色彩能引起人们不同的联想，让人产生不同的心理感受；同时，色彩不但可以提升对消费者的吸引力，而且可以提高商品的档次、水准。商店在进行色彩设计时，应根据商店周围环境、经营性质、商品特点、消费者层次等进行颜色的选择和搭配，同时，还需要注意在墙壁、天花板、地板、陈列用具、灯具、商品等要素之间做好主色与副色的安排。

某餐厅以红灯笼做挂饰，吸引食客眼球并营造出喜庆节日气氛。

4．气味

嗅觉是指人们在生理和心理上对气味的感知。气味能刺激人的嗅觉。商店中的气味会直接影响消费者的心理感受。清新芬芳的气味吸引消费者欣然前往；而强烈刺鼻的异味会使消费者难以忍受，同时在心理上产生反感，对其购买活动会有消极影响。

微视频
音乐的魅力

5．音乐

音乐既能极大地调动听者的情绪，也能为商店营造一种心旷神怡的意境。在此基础上，人们会萌发某种购物欲望，并受到欲望驱使而采取行动。

在商店内播放音乐，目的是创造一种轻松恬静的购物环境，解除消费者的紧张感，使消费者轻松购物。其主题要适合特定场所的购物环境。例如，若商店的主要消费对象是青年人，可播放一些流行音乐；而若以中老年消费者为主，则可播放一些怀旧金曲。总之，要使消费者的情绪在音乐的调动下与商店的风格产生共鸣。

思考与讨论

日本音乐家浅仓大辅在一档电视节目上说，超市里会播放那种听起来很俗气的音乐，是为了让消费者觉得这家店卖的东西很便宜。如果播放非常庄重、古典的音乐，消费者就会觉得这家店里东西很贵。想一想，这样的说法是不是有道理。

6．空气质量

保持商店内的空气清新宜人，温湿度适中，能使消费者产生舒适、愉快的心理体验。空气质量下降会导致消费者感官受到有害的刺激，使其烦闷和焦虑，影响正常购物活动的进行。因此，店内要保持空气的流通，以清新宜人的空气满足消费者的生理和心理需要。同时，清新的空气也可以调节销售人员的情绪，提高其服务质量。

思考与讨论

目前，有些商店已装上新风系统，即专门的空气处理器，以满足商场通风换气的需要。了解你所在的城市是否有商店采取了该措施。

除此之外，商店还可以通过海报、展板、宣传单、挂旗等，或者悬挂气球、花束等方式来营造轻松愉快的氛围。

第四节　促销策略

促销（Promotion）是指企业利用各种有效的方法和手段，将企业及其产品的信息传递给消费者，使消费者了解和注意企业的产品，激发消费者的购买兴趣和欲望，并促使其实施最终的购买行为，从而达到扩大销售量的目的。

促销的本质是一种信息沟通，是企业与消费者之间的一种信息沟通过程，即企业作为信息提供者发出刺激消费者的各种信息，把信息传递给目标消费者，以影响其态度和行为。日常生活中，消费者常见的促销形式有电视广告、报纸广告、商场优惠券、有奖销售活动、现金满减活动、会员卡折扣等。实际上，有时消费者没有注意到的企业的一场赞助活动、公共关系活动也是促销。

企业把广告、人员促销、公关活动、销售促进等多种促销方式综合起来进行选择、协调、运用，组合成企业的一个整体的促销策略系统，即称为促销组合（Promotion Mix）。促销组合能够使多种促销方式互相配合、协调一致，最大限度地发挥整体促销的效果，从而顺利实现企业目标，达到影响消费者心理和行为的目的。

一、促销类型

广告、人员促销、公关活动和销售促进是最常用的促销形式。

任何一种营销刺激在能够影响消费者行为之前，必须要能让消费者注意到。广告是能够让消费者注意到的一种重要方法。你最近的生活中接触到了哪些广告？

1. 广告

广告作为一种传递信息的活动，它是企业在促销中普遍重视且应用较为广泛的促销方式，这是因为广告具有以下功能。

（1）信息功能。广告最基本的功能是传递信息、沟通产需。通过电视、书刊、网络等广告媒介，企业向消费者传递企业产品和品牌的信息，帮助消费者认识和辨别自己所需要的产品，从而使消费者能够在实施购买行为之前作好充分的准备，减少购买风险。

（2）传播功能。广告作为一种"信息传播的艺术"，它的主要使命在于有效地传播企业产品和服务信息，树立良好的企业形象和品牌形象。通过广告的创意、设计、制作来刺激消费者的感官，通过新奇、幽默的传播手段引起消费者的注意和兴趣，可以促使消费者产生联想，引起其购买欲望，说服消费者实施购买行为，最后达到促进销售的目的。

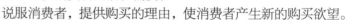

美国安飞士（AVIS）租车广告语"我们是第二，所以我们更努力"，坦诚地说自己是第二，以一种谦虚、诚恳的态度赢得了消费者的信任。

（3）诱导功能。广告通过不同的表现形式来引起消费者的注意力和兴趣点，把他们引导到具体的商品和服务上，刺激其需求，使其产生购买行为。此外，广告还能激发消费者的潜在需要，说服消费者，提供购买的理由，使消费者产生新的购买欲望。

地铁车厢广告不仅可以获得广泛的受众，而且人们在地铁车厢内的时间比较充裕，相对于其他场所，更容易关注广告信息。

（4）促销功能。广告作为促销组合的重要组成部分，促销是其基本功能。创意卓越、运作良好的广告能迅速使企业从竞争者中脱颖而出，引起消费者的注意和兴趣，增强企业的竞争优势，加深消费者对产品的认识，加速消费者的购买决策，促进企业产品的销售。

（5）美学功能。广告不仅能起到促销作用，还能通过语言、音乐、色彩、创意、画面等要素，以及夸张、联想、象征、比喻、幽默等手法给人充分的感染力，使消费者沉浸在商品和服务带来的愉悦中，使其自觉接受广告的引导，为其带来美的享受。

植入式广告实例

植入式广告

植入式广告是随着电影、电视、游戏等的发展而兴起的一种广告形式。它是指在影视剧情、游戏等中有意插入企业的产品或服务，使产品或服务与影视作品、游戏等内容融合在一起，从而达到潜移默化的宣传效果。植入式广告会对受众消费者产生一种光晕式影响。特别在电视、电影这样声像俱全的媒介中，强烈的现场感能对消费者形成一种行为示范，消除受众对广告的抵触心理。例如，三菱汽车在《霹雳火》《我是谁》《新警察故事》等电影里插入植入式广告。影片中将三菱汽车与勇气、冒险联系在一起，在深化品牌影响力的基础上，使观众产生丰富的品牌联想，品牌也最终赢得了广泛的认同，并获得了价值的提升。

思考与讨论

由于广告媒体越来越多，广告在人们的生活中"无孔不入"，这引起了消费者的反感。你是否有同感？作为商家，该采取什么办法避免这一点？

2. 人员促销

微视频
人员促销实例

人员促销是一种古老、普遍的销售方式，也是一种有效的促销手段。人员促销是指企业促销人员直接与消费者接触、洽谈，以宣传、介绍商品，达到销售目的的活动过程。人员促销的主要特点和作用如下。

（1）信息传递的双向性。人员促销是促销人员向具体的消费者传递产品或者品牌信息的促销方式。人员促销通过面对面的交流，使得潜在消费者不容易避开促销人员传递的信息，能够提高消费者的关注度。此外，促销人员传递的信息能够得到及时的反馈，促销人员能够直观、敏锐地察觉到消费者的消费喜好和潜在需求，可及时讲解释疑，详细记录消费者的反馈内容。

（2）促销过程的灵活性。在促销过程中，促销人员可以直接展示、演示产品，并可用多种方式进行描述、讲解，使消费者产生不同的感觉，进而影响消费者行为。当消费者表现出疑虑或提出问题时，促销人员可以及时解答和与消费者进行讨论，推销过程具有很强的灵活性。

（3）有利于与消费者建立稳定的关系。促销人员与消费者在面对面的交流过程中，往往能培养出亲切友好的人际关系。一方面，促销人员帮助消费者选择称心如意的产品、解决消费者的疑虑和困惑，容易使消费者对促销人员产生亲切感和信任感；另一方面，消费者对促销人员的肯定和信任，也有助于企业产品和服务的宣传，有利于企业与消费者长期稳定关系的建立。

思考与讨论

有的促销人员为了加强和客户的联系，经常给客户发短信、打电话或发邮件。你认为这样做好吗？

（4）能够促进成交。人员促销的直接性，大大缩短了从促销活动到采取购买行为之间的时间。人员促销活动可以实时激发消费者的购买兴趣。促销人员面对面地讲解、说服、帮助，可以促使消费者立即采取购买行为，实现即时购买。

3. 公关活动

公关活动是指企业为了改善与社会公众的联系状况，获得公众信赖，加深消费者印象，增进公众对企业的认识、理解与支持，树立企业及产品形象，为企业发展创造一个良好的环境而进行的一系列活动。公关活动是一种间接的促销形式。

微视频
危机公关实例

公关活动的形式主要有以下几种。

（1）设计公众活动。通过捐助、赞助活动，展示企业关爱社会的责任感，树立企业美好的形象。

（2）发布新闻。公关人员将企业的重大活动、重要政策以及新奇、创新的思路编写成新闻稿，借助媒体或其他宣传手段传播出去，帮助企业树立形象。

（3）举办记者招待会。举办记者招待会，是指企业邀请新闻记者，发布企业信息。该形式具有传播广、信誉好、更容易引起公众注意的特点。

（4）举办企业庆典活动。通过举办庆典活动，可以营造热烈、祥和的气氛，可以显现企业蒸蒸日上的风貌，增强公众对企业的信心和热爱。

（5）制造新闻事件。制造新闻事件能引起轰动效应和社会公众的强烈反响。

（6）制作宣传材料。公关部门制作精美的企业宣传册等宣传资料，并在适当的时机，向相关公众发放这些资料，这可以增进公众对企业的认知和了解，从而扩大企业的影响。

（7）制作内部刊物。内部刊物是企业内部公关的主要手段，是管理者和员工的舆论阵地，是沟通信息、凝聚员工的重要工具。

（8）危机处理。当出现产品质量问题、舆论报道负面消息时，公关部门需要进行妥善的危机处理，以化解危机，使企业转危为安。

4. 销售促进

销售促进（Sales Promotion）主要包括有奖销售、优惠券、消费卡、价格折扣、价格保证、分期付款、以旧换新等促销形式。

销售促进形式灵活多样，短期效果明显，能够有效刺激需求，增加产品销量，已经成为广告、人员促销、公关活动等不可或缺的辅助性沟通工具。其具体特点如下：①销售促进的方式灵活、形式多样；②根据产品特点、消费者心理和市场营销环境等因素，采取针对性强的促销方法；③向消费者提供特殊的购买机会，具有强烈的吸引力和诱惑力，能立即促成购买行为，能在较大范围内收到立竿见影的效果。但要注意，由于销售促进活动会让消费者认为企业有急于销售产品之嫌，容易引起消费者的顾虑，从而使消费者产生逆反心理，或者对企业的产品产生不好的印象。所以，企业应尽量避免对同一产品频繁使用同一种促销方式。

📚 视野拓展

微信广告

微信广告让广告主多了一个选择。目前，微信广告主要分为微信公众号广告和微信朋友圈广告。微信公众号广告是一个基于微信公众号平台，可提供多种广告形式，并利用专业数据处理算法实现成本可控、效益可观、精准定向的广告媒体。微信朋友圈广告是基于微信公众号生态体系，以类似朋友的原创内容形式在用户微信朋友圈进行广告展示的原生广告。微信朋友圈广告可由广告主在线申请投放或者由第三方代理服务机构代为投放，可针对目标群体进行精准广告投放。通过整合优质用户流量，微信朋友圈广告为广告主提供了一个独特的互联网社交推广营销平台。

二、新媒体促销

新媒体是相对于报纸、杂志、广播、电视等传统媒体而言的，涵盖了所有数字化的媒体形式。例如，微信、微博、贴吧等社交平台，哔哩哔哩（Bilibili，也称 B 站）、优酷、快手等视频平台，豆瓣、天涯社区等，都属于新媒体的范围。新媒体促销就是利用新媒体的手段，以内容为核心，通过文字、图片、视频、音频等形式，去获取有利于企业实现盈利的信息并作用于消费者，达到促销的目的。新媒体促销的特点如下。

（1）信息传递快、接收范围广。新媒体运营是依靠互联网来实现信息推广的，能够即时地向每一个用户传递信息。企业能够根据不同的地域划分来进行广告投放，有的新媒体平台能够将广告投放划分到

乐事薯片推出开袋赢"再来1包礼金"促销活动

186

区。在进行产品促销时，与传统媒体相比，新媒体具有更加明显的优势。

（2）可精准定位用户。新媒体推广是系统根据每个用户不同的用户属性、用户标签进行不同的信息推送，与传统媒体相比更加准确。通过新媒体运营能够有效地降低成本，实现精准用户投放，有利于用户转化率的提高。并且利用新媒体平台能够通过后台检测，将广告投放的信息，清晰地展现出来，有利于把控促销活动。

（3）新颖的展现方式更符合用户喜好。新媒体内容主要推送到用户的手机和计算机上，适合当下新媒体用户的生活状态。碎片化的商业广告，在为用户节省了时间的同时，最大限度地达到了促销的目的。

当前，新媒体促销作为一种新兴、快捷、经济的营销方式，引起了企业的普遍关注，并呈现不断发展和创新的趋势，例如，利用虚拟数字人进行新媒体传播等。QuestMobile 数据显示，截至 2024 年 10 月，包括抖音、快手、小红书、哔哩哔哩、微博在内的新媒体平台全网去重活跃用户规模达 10.71 亿，渗透率达 85.7%。

歌力思（ELLASSAY）服装品牌推出了虚拟数字人@飒 ELISA，用数字化和个性化体验贴近年轻消费者。

 思考与讨论

你是否登录过抖音、快手、小红书、哔哩哔哩等互联网社交平台？你知道哪些品牌通过这些新媒体获得了快速增长吗？你认为新媒体比传统媒体"新"在哪里？哪些产品适合通过新媒体与消费者进行沟通？

 ## 归纳与提高

本章归纳了营销与推广对消费者心理和行为的影响。

产品策略主要分析了产品的命名、品牌的作用和包装的设计对消费者的影响。科学的产品命名会对消费者心理及行为产生积极的影响。企业可以从品牌视觉形象、品牌定位、品牌个性等方面加强品牌对消费者的影响。消费者对包装设计的要求有方便与实用、安全和保障、求新和求美、安全与环保等心理。

价格是企业市场营销因素中最灵活的因素之一。本章学习了价格的心理功能、消费者的价格心理，以及定价的心理策略。

本章还学习了销售终端策略对消费者的影响，包括实体店外观设计、实体店内部布局以及终端卖场氛围营造对消费心理和行为的影响。

营销中的促销策略不仅包括广告，还包括人员促销、公关活动、销售促进等不同促销类型。本章学习了不同促销类型的含义等，并讨论了新媒体促销的特点。在互联网时代，各种新媒体层出不穷，使新媒体促销的作用愈显重要。

 ## 综合练习题

一、填空题

1. 以_____命名可使消费者直接从名称上了解产品的原料构成，帮助消费者认识产品的特色和价值，以便根据自己的实际情况选择产品。

2. 品牌是一种无形资产，能为企业带来巨大的经济效益。这体现了品牌的_____功能。

3. 销售终端对消费心理与行为的影响显而易见。一般来说，销售终端主要指实体店外观设计和_____。

4. "买涨不买跌"是消费者_____价格心理的表现。

5. 实体店内部布局主要包括柜台（货架）布置、通道设计、动线设计和_____等。

6. 新媒体促销是利用新媒体的手段，通过文字、图片、_____、音频等形式，去获取有利于企业实现盈利的信息并作用于消费者，达到促销的目的。

二、单项选择题

1. （　　）是由于消费者长期、多次购买某些商品，通过对某些商品价格的反复感知而逐步形成的。

　　A. 习惯性心理　　B. 感受性心理　　C. 错觉心理　　D. 逆反性心理

2. 飞机票一般分为头等舱、商务舱、经济舱这三个等级，而头等舱和经济舱之间的票价可能相差好几倍。这是一种（　　）策略。

　　A. 声望定价　　B. 差别定价　　C. 招徕定价　　D. 折扣定价

3. 与消费者单独购买某商品相比，（　　）提供的价格往往更优惠，不仅对消费者具有一定的吸引力，还可以增加商品销售利润。

　　A. 组合定价策略　　B. 动态定价策略　　C. 差别定价策略　　D. 整数定价策略

4. 品牌能直接、概括地反映或描述商品的产地、形状、用途、成分等。这是品牌的（　　）。

　　A. 象征功能　　B. 识别功能　　C. 促销功能　　D. 增值功能

5. 包装最基本的功能是（　　）。

　　A. 美化商品　　B. 促销商品　　C. 增值商品　　D. 保护商品

6. 实体店外观设计一般包括门面设计、（　　）和橱窗设计等。

　　A. 停车场设计　　B. 商圈设计　　C. 招牌设计　　D. 步行街设计

7. 从信息沟通方式来看，（　　）是典型的双向沟通方式。

　　A. 销售促进　　B. 人员促销　　C. 公关活动　　D. 广告

三、论述题

1. 为什么说产品的名称很重要？简述产品命名的营销策略。

2. 论述品牌的功能及对消费者的影响。

3. 消费者对包装设计有哪些要求？举例分析。

4. 价格的心理功能有哪些？举例分析。

5. 尾数定价策略有什么特点？为什么这种定价策略可以刺激消费者购买？

6. 实体店外观设计对消费者心理有哪些影响？

7. 实体店内部布局需要考虑哪些方面？

8. 终端卖场氛围营造如何影响消费者心理和行为？

9. 论述促销的基本类型。

四、实践题

1. 到学校附近或住所附近的商店作一次调查，调查内容包括该商店的外观设计、内部布局、商店的商品及价格、商店的服务等。

2. 假设某百货商场为了改善经营，突出经营特色，准备邀请我校学生，从消费心理特点入手，为各商品部重新命名，并为新命名后的各商品部分别设计一条广告语。请在以下商品部中任选两个：化妆品部、黄金珠宝部、鞋包部、男装部、女装部、儿童玩具部、床上用品部与饰品部。

要求：①为你选出的商品部策划一个既符合消费心理，又具有时代感的新名称，并分别设计一条广告语；②说明你这样设计的理由；③为这次重新命名策划一次公关活动，并设定预期效果。

3. 有段时间，"蒜你狠""豆你玩""姜你军""糖高宗"等用语接连不断地在网络上出现。了解这些用语出现的背景，说说你的看法，并联系生活实际谈谈食品价格上涨对人们生活的影响。

五、案例分析题

1907 年，年仅 26 岁的欧仁·舒莱尔发明出世界上第一种无毒的合成染发剂，并命名为欧莱雅（L'ORÉAL）。如今，欧莱雅经营范围遍及 130 多个国家和地区，产品已从染发剂扩展到女士护肤、彩妆、女士洗护发、家用染发、男士护肤、男士洗发及造型等诸多领域。欧莱雅旗下的品牌包括 HR 赫莲娜（Helena Rubinstein）、兰蔻（Lancome）、欧莱雅、薇姿（VICHY）、美宝莲（Maybelline）等，这些品牌给消费者带来了"从指尖到发梢"的美丽，使欧莱雅成为全球知名美妆品牌。

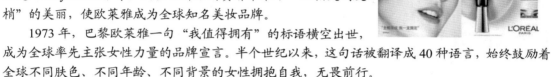

1973 年，巴黎欧莱雅一句"我值得拥有"的标语横空出世，成为全球率先主张女性力量的品牌宣言。半个世纪以来，这句话被翻译成 40 种语言，始终鼓励着全球不同肤色、不同年龄、不同背景的女性拥抱自我，无畏前行。

促销策略是欧莱雅进军中国市场的重要手段。除了设立品牌形象专柜、专卖店，欧莱雅的电视广告、杂志广告、巨幅明星海报等媒体广告随处可见，覆盖了大型百货商店、超市、高档专业发廊和免税店等各种销售渠道，而"我值得拥有"这句广告语出现在每一个促销场景，不断提醒着每个人都是独一无二的，每个人都有自己的美丽之处。它不仅代表了欧莱雅产品的高品质，更代表了欧莱雅对每个人个性化需求的尊重和关注。品牌所传递的信息，就是每个人都有权利追求美丽，而欧莱雅可以为每个人提供优质的美容美妆产品，帮助他们实现自己的美丽梦想。另外，欧莱雅在全世界选择最具魅力的明星组成"梦之队"，从各个角度来展现"巴黎欧莱雅美丽无疆界"的气势，并使"巴黎欧莱雅——我值得拥有"的美丽概念成为经典。每一位欧莱雅品牌代言人都拥有成功的事业和非凡的个性，完美诠释了"我值得拥有"这一品牌理念。

如今，欧莱雅扎根中国市场 20 多年，已经发展成为中国最大的美妆集团之一，同时中国也成为欧莱雅全球第二大市场。2023 年，欧莱雅中国继续领跑市场，销售净额增长 5.4%，并在 2024 年第一季度显著引领市场，增长达 6.2%。欧莱雅中国首席执行官费博瑞表示对中国美妆事业的未来充满信心。

阅读案例后回答以下问题：

（1）你是否使用过欧莱雅的产品？你是通过哪些渠道知晓这些产品的？你如何理解"巴黎欧莱雅——我值得拥有"的广告语？

（2）根据案例，并查阅资料，分析欧莱雅针对中国市场的促销策略及其特点和效果。

第十三章　消费决策与行为

【学习目标】

学习消费者购买决策理论；掌握消费决策的概念及其类型；熟悉消费者决策的内容及过程，分析情境对消费者冲动购买的影响；学习消费决策中的消费者的非理性行为。

【关键术语】

让渡价值理论、风险减少理论、信息加工理论、消费决策、消费决策的内容、消费决策的过程、非理性消费、消费者的非伦理行为、消费者的问题行为

【导入案例】

吃水果麻烦？来吃"果切"吧

2021 年前后，果切成为我国水果行业竞争的主战场，一二线城市的果切订单的增长速度已远超整车。其实，果切并不是新事物，早在 2010 年，"果酷"等一批公司就已经专门向写字楼里的白领们提供鲜果切配服务，但这一市场范围有限。2014 年前后，随着外卖平台的兴起，果切和外卖平台相结合，成为行业需求重要的突破口。

对于大多数人来说，人们习惯在家吃水果，并不是因为喜欢在家吃，而是因为不少水果需要清洗、削皮，只能在家处理。随着大家对健康的关注，水果食用的场景更加多元化——办公室、学校、医院，这就为果切市场的扩张作好了准备。此外，一二线城市人口结构更加多元化，单身群体与小夫妻家庭占比越来越高。一些水果如西瓜、哈密瓜等通常个头较大，快速消耗难度不小，但一份 250 克或者 500 克的果切就比较合适。如果想要不同的口味，还有双拼、三拼、四拼等多种拼配选择，反而节约了时间和消费成本。

需求决定市场，果切成为水果市场中快速增长的消费形式，同时也是水果产品价格可以获得更高提升的一种品质生活的消费模式。普通水果摇身变为各种果切，从营养补充，延伸成为下午茶、休闲社交等场景的休闲食品，满足了消费者方便、新鲜及时可达的体验。并且，有的商家还推出果切的创意切法，摆盘美观，好看又有样，生活仪式感满满。当然，同所有商品一样，品质和价格才是消费者最关心的事情。

有机构估计，2024 年果切市场已达数千亿元的规模，但总体上来说，果切市场的竞争才刚刚开始，未来还有很大的想象空间。

启发思考：

（1）根据案例，分析消费者为什么会购买果切，果切满足了消费者的哪些需要。

（2）查阅资料，你认为商家如何创新才能吸引更多的消费者购买果切？

第一节 消费者购买决策理论

为了发现消费者心理和行为的规律，研究者做了大量工作，提出了各种各样的消费者购买决策理论。这些理论从不同的角度来回答消费者为什么要购买某种商品，消费者为什么在此时、此地购买商品，消费者的购买行为是如何形成的，以及是否能够预测和控制消费者购买行为等诸如此类的问题。本节主要学习其中的几种理论。

思考与讨论

根据本章内容，体会一下你在星巴克咖啡店花了 32 元喝一杯咖啡，有幽暗的灯光和轻松的音乐相伴，你认为自己获得了怎样的价值？

一、让渡价值理论

顾客让渡价值（Customer Delivered Value，CDV）是美国营销专家菲利普·科特勒在《营销管理》一书中提出来的。如图 13.1 所示，科特勒认为顾客让渡价值是指顾客总价值（Total Customer Value，TCV）与顾客总成本（Total Customer Cost，TCC）之间的差额，可以将顾客让渡价值表示为函数的形式：

$$CDV=TCV-TCC$$

顾客总价值是指顾客期望从某一特定商品或服务中获得的一组利益，包括产品价值、服务价值、人员价值和形象价值等，可用函数表示为 $TCV=F(X_1, X_2, X_3, \cdots)$，式中 $X_1, X_2, X_3, \cdots$ 表示影响顾客总价值的各种变量。

顾客总成本是指顾客为购买某一商品或服务所耗费的时间、精神、体力以及所支付的货币资金等。因此，顾客总成本包括时间成本、精神成本、体力成本、货币成本等，可用函数表示为 $TCC=F(Y_1, Y_2, Y_3, \cdots)$，式中 $Y_1, Y_2, Y_3, \cdots$ 表示影响顾客总成本的各种变量。

顾客让渡价值函数又可以表示为

$$CDV = F(X_1, X_2, X_3, \cdots; Y_1, Y_2, Y_3, \cdots)$$

影响顾客让渡价值的因素 $(X_1, X_2, X_3, \cdots; Y_1, Y_2, Y_3, \cdots)$ 有很多，如企业的营销组合策略、企业所处的市场环境、科技的进步、顾客需求的差异等，它们之间的关系以及作用机制非常复杂。

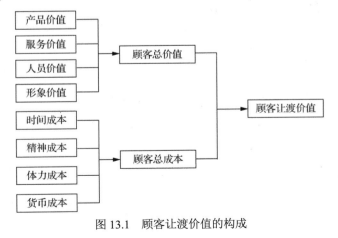

图 13.1 顾客让渡价值的构成

 **思考与讨论**

根据让渡价值理论，想一想为什么现在许多年轻人不愿意到传统银行柜台办理业务而愿意使用网上银行来办理。

由于消费者在购买商品时总希望把有关成本，包括时间成本、精神成本、体力成本、货币成本等降到最低限度，而同时又希望从中获得更多的实际利益，以使自己的需要得到最大限度的满足。因此，消费者在选购商品时，往往会从总价值与总成本两个方面进行比较分析，从中选择出总价值最高、总成本最低，即顾客让渡价值最大的商品，作为优先选购的对象。

二、边际效用理论

边际效用理论认为当人们消费商品的时候，追求商品带来的最大满意度是人们消费商品的目的和愿望；随着消费商品数量的增加，商品给消费者带来的总的满意度也在增加；在总的满意度增加的同时，每一单位商品给消费者带来的满意度却在减少。边际效用理论的主要观点如下。

（1）边际效用的大小，与欲望的强弱正相关。

（2）边际效用的大小，与消费数量的多少呈反向变动。由于欲望强度有限，并随满足程度的提高而递减，因此，消费数量越多，边际效用越低。

（3）边际效用是特定时间内的效用。由于欲望具有再生性、反复性，所以边际效用具有时间性。

（4）边际效用实际上永远是正值。虽然理论上有负效用，但实际上，当一种商品的边际效用趋于零时，理性的消费者必然会改变其消费方式，去满足其他欲望，以提高效用。

（5）边际效用是决定商品价值的主观标准。边际效用理论认为，商品的需求价格不取决于总效用，而取决于边际效用。消费数量少，边际效用高，需求价格也高；消费数量多，边际效用低，需求价格也低。

三、风险减少理论

风险减少理论认为，消费者在购买活动中常常存在不同程度的风险，因此，消费者在购买商品时，总是力图减少或者回避风险。风险减少理论的主要内容如下。

消费者在购买商品时，风险程度的大小与购买后可能造成的消费者的损失大小以及实际造成的消费者的损失大小有直接关系，给消费者造成的损失越大，则风险性越大。消费者因购买某种商品可能面临多种类型的风险，如金钱风险、身体风险、功能风险、时间风险、社会风险和心理风险等。

消费者为了避免购买某商品而造成风险损失，在作购买决定或决策时，总是力图采取某些措施或办法来减少或防范风险。其包括：①在购买前努力收集商品有关信息；②先少量购买试用；③选大多数消费者购买的品牌；④到自己熟悉、信誉好的商店购买；⑤购买过去使用较为满意的商品；⑥购买服务有保障的商品；⑦购买品牌商品；⑧购买商品时多跑几家商店，实行"货比三家"等方法。

四、习惯建成理论

习惯建成理论认为消费者购买行为实际上是一种习惯建立、养成的过程。其主要观点及内容如下。

（1）重复形成喜好与兴趣。若商品信息长期地被重复接收或商品长期被使用，则可以促使消费者喜好与兴趣的产生，即重复形成习惯，习惯引起喜好。

（2）购买习惯的建成取决于"刺激-反应"的巩固程度。当消费者获得肯定的体验，就会形成牢固的"商品-购买"的条件反射，形成固定化反应模式。

（3）及时且适当地使用强化物，能有效地促进消费者习惯购买行为的形成。这符合美国心理学家、行为主义学派的代表人物斯金纳的操作条件反射理论。消费习惯建成理论模式如图 13.2 所示。

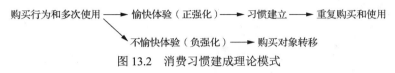

图 13.2　消费习惯建成理论模式

习惯建成理论能够解释现实生活中的许多消费行为，尤其能对那些习惯性消费行为提供比较满意的解释。

什么是路径依赖？

路径依赖（Path-Dependence），又译为路径依赖性，是指一旦人们作了某种选择，就好比走上了一条"不归路"，惯性的力量会使这一选择不断自我强化，并让人们不能轻易走出去。经济学家道格拉斯·诺斯（Douglass North）用路径依赖理论成功地阐释了经济制度的演进，并于 1993 年获得诺贝尔经济学奖。人们把路径依赖理论广泛应用在选择和习惯的各个方面。在一定程度上，人们的一切选择都会受到路径依赖的影响，人们过去作出的选择决定了他们可能的选择。因此，消费者选择熟悉的商品、品牌或商店也可以用路径依赖理论来解释。

五、信息加工理论

信息加工理论把人看作一个信息处理器，而人的消费行为就是一个信息处理过程，即信息的输入、编码、加工、储存、提取和使用的过程。消费者面对各种大量的商品信息，要对信息进行选择性注意、选择性加工、选择性保持，最后作出购买决定并发生购买行为。购买决策信息加工理论模式如图 13.3 所示。

商品信息 → 选择性注意 → 选择性加工和保持 → 购买决定和行为

图 13.3　购买决策信息加工理论模式

需要说明的是，信息加工理论的假设前提是"人是理性的"，只有这个前提成立，信息加工理论才能成立。而事实上，人是理性和非理性的复合体，纯粹的理性状态和非理性状态都是非常态的，因此，信息加工理论无法解释消费者的随机性购买和冲动性购买。

第二节　消费决策的形成

思考与讨论

不仅买房子需要决策，买汽车需要决策，上哪一所大学需要决策，而且每天去超市里买蔬菜和水果都需要决策。列举过去的一天中你作的消费决策。其中哪些是重要决策？你是用什么标准作出决策的？

消费者每天都会遇到各种问题。例如，牙膏用完了，雨伞坏了，早餐吃什么，或者汽车需要换新的、房子需要维修等。有些小问题每天都要面对，有的大问题则可能需要几年的时间才能解决。在这些情况下，消费者需要作出不同的决策。那么，这些决策有哪些类型？消费者是通过哪些步骤最终找到需要的产品的呢？

一、消费决策的类型

消费决策，即消费者购买决策，是指消费者寻找、比较、选择、评价商品、品牌或服务的属性，并进行判断、决定等一系列活动的过程。

消费决策在消费者购买活动中占有极为重要的地位。首先，消费者要决策是否进行购买；其次，决策的内容决定了购买的方式、时间和地点；最后，决策的质量高低决定了购买效用的大小。正确的决策可以使消费者以较少的费用、时间买到满意的商品；反之，错误的决策不但会造成时间、金钱上的损失，使消费者无法得到满足，还会导致消费者不同程度的心理挫败感，影响其以后的购买行为。因此，购买决策在消费者购买活动中居于核心地位。

🐧 思考与讨论

在一家商店，有三种啤酒可以选择：8.5 元的高级啤酒、5.8 元的中档啤酒和 3.6 元的廉价啤酒。你会怎样选择？一项调查显示：80%的人会选择 5.8 元的啤酒，其余多数人会选择 8.5 元的啤酒，很少有人选择最便宜的啤酒。后来，商店撤去了 3.6 元的啤酒，换成一种 9.8 元的啤酒。这时，大多数人就会选择 8.5 元的啤酒，一小部分人会选择 5.8 元的啤酒，约 10%的人会选择最贵的 9.8 元的啤酒。

想一想，消费者为什么会这么选择。

（一）按不同的视角划分

在进行具体的消费活动时，每个人的消费决策的视角是不同的。每一个视角都是一个理论框架，从框架中可以发现消费者的决策内容和过程的不同。

1. 理性决策

在对消费决策的研究中，早期以理性决策为中心。其假设前提是"消费者是理性的人"，认为消费者会最大限度地收集信息，仔细对比各种产品特征、性能、特色、价格等，最终作出理性的决定。该视角符合消费者追求消费功效价值的观念。

理性决策必备的条件包括：①决策过程中必须获得全部有效的信息；②找出与实现目标相关的所有决策方案；③能够准确地预测出每一个方案在不同的客观条件下所能产生的结果；④可以选择出最优化的决策方案。

从心理学的角度看，理性消费是消费者根据自己的学习和知觉作出的合理的购买决策。例如，当物质还不充裕时，理性消费者追求的是商品价廉物美和经久耐用。但是，消费者在购买时并不能够完全理性对待，消费者也不愿意仔细考虑决策的各个方面，而且，也很难做到全面的比较。因此，理性决策并不总是可行的。

📖 视野拓展

关于有限理性模型

20 世纪 50 年代以后，人们认识到建立在"经济人"假说之上的完全理性决策理论只是一种理想模式，不可能指导实际中的决策。赫伯特·西蒙（Herbert Simon）提出了满意标准和有限理性标准，用"社会人"取代"经济人"，大大拓展了决策理论的研究领域，产生了新的理论——

有限理性决策理论，并随之发展出有限理性模型（Bounded Rationality Model）。有限理性模型又称为"西蒙模型"或"西蒙最满意模型"。这是一个比较现实的模型，它认为人的理性是处于完全理性和完全非理性之间的一种有限理性。

2. 经验决策

经验决策是指消费者根据以往与商品或行为相关的体验、情感来购买商品或作出决策。在经验决策视角下，消费行为在很大程度上是以追求享乐价值为基础的。从经验出发，决策有以下特点：①商品的价值来源于经验而非最终的结果，是以感情（享乐消费）为基础的，而非以漫长的决策过程（全面认知）为基础；②经验决策主要是个体凭借个人的素质和经验作出的决策，因此，带有较强的主观性。

3. 行为决策

行为决策认为消费者决策的作出实际上是对环境影响的既成反应。例如，餐厅中的音乐和灯光对消费者有很大的影响，环境优美的商场则可以使消费者停留更长的时间。行为决策具体认为：①行为受到环境的影响而不是受到认知决策的影响；②行为决策视角为商家进行商店布置、商店设计和商品陈列提供了基础。有数据显示，有效的商品陈列确实能够影响消费者行为。

（二）按不同的介入程度划分

消费决策一般被看作一种解决问题的过程。根据消费者在决策过程中介入程度的不同，消费决策可分为以下三种类型。

（1）扩展性决策，是指消费者在广泛搜集有关购买信息的基础上，认真分析所搜集的信息，并且谨慎评估每一个选择，形成对不同商品的认识，引发购买某种商品的意向并实施购买行动的决策。扩展性决策一般发生在消费者缺乏有关商品知识和使用经验或者面临决策风险时。例如，有关汽车、房子的购买行为都发生在扩展性决策之后。扩展性决策是消费者深思熟虑的结果。

（2）限制性决策，通常发生在购买风险相对较小并且商品相关度相对较低的情况下，消费者不花费太多的时间搜集信息，而是以对商品的认识以及商品的属性为基础进行决策。例如，在消费者购买打印纸时，如果他只想买便宜的打印纸，那么他就有可能选择任何具有这一特征的打印纸。

（3）习惯性决策。在习惯性决策中，消费者已经具有有关商品和品牌的使用经验，并且建立起了一系列评价标准，因此习惯性决策是消费者在既有使用经验又熟悉品牌的情况下作出的不用思考的决策。例如，消费者口渴时会直接购买日常喜欢的品牌的饮料。

二、消费决策的内容

消费者在作出购买决策时，主要考虑以下几方面的内容：谁购买（Who）、为什么买（Why）、买什么（What）、在哪里买（Where）、何时买（When）和如何买（How），即通常所说的 5W1H。

（1）谁购买，即谁是购买者，指执行购买决策、从事购买活动的人，也即支出货币换取商品的人。其依消费者的年龄、性别、职业、收入等可划分出不同的类型。

（2）为什么买，即指消费者的购买动机是什么。动机是消费行为背后的内在原因或者驱动力，消费者总是被驱动着去满足需求。决策和动机的关系是密切的，几乎所有的消费决策都以对目标的追求为中心。

（3）买什么，即确定购买对象及具体的内容，包括商品的名称、品牌、款式、规格和价格。这是决策的核心和首要问题，也是消费者在作出购买决策时最基本的任务。消费者的购买目标不能只停留在一般的类别上，还要明确具体的对象。例如，冬季买保暖大衣，不能仅决定是买羽绒服还是买羊毛大衣。如果决定买前者，还必须明确羽绒服的品牌、款式、颜色和价格等。

（4）在哪里买，即确定购买地点。购买地点是由多种因素决定的，如路途远近，可挑选的品种、数量、价格，以及商家的服务态度等。它既和消费者的购买习惯有关，也和消费者不同的购买动机有关。例如，求便、求快的消费者会光顾便利店，追求声望的消费者会去高档商场，喜欢物美价廉商品的消费者会到超市购物等。

（5）何时买，即确定购买时间。这也是购买决策的重要内容，它与主导购买动机的迫切性有关。在消费者的多种动机中，往往由需要强度高的动机来决定购买时间的先后顺序。同时，购买时间也和市场供应状况、营业时间、交通情况和消费者可供支配的空闲时间有关。例如，大城市中忙碌的工薪家庭一般会选择在周末集中购物。此外，商品本身的季节性、时令性也会影响购买时间。如今，由于网络购物的普及，消费者的购买时间更加自由，全天 24 小时都可以购物。

（6）如何买，即确定购买方式。例如，是直接到商店选购，还是网购、邮购、预购或托人代购；是付现金、开支票，还是分期付款等。如今，除了传统的支付方式，消费者有了更多的选择。使用手机进行移动支付的情况已经非常普遍，消费者无须拿出钱包付钱，只要用微信或支付宝的"扫一扫"就能很快完成付款。新的支付技术使消费者的支付方式更加快捷、方便。

示例

你怎样付款?

中国支付清算协会发布的《2023 年移动支付个人用户使用情况调查报告》显示，移动支付已成为人们日常生活中不可或缺的支付方式。2023 年用户使用移动支付的频率进一步提升，每天使用的用户占比为 85.0%，较 2022 年提升一个百分点，保持高位和增长势头。高频、小额是移动支付的显著特征。2023 年，超六成的用户单笔支付金额在 100 元以下，较 2022 年下降 3.7 个百分点；26.8%的用户单笔支付金额在 100～500 元；6.6%的用户单笔支付金额在 500～1000 元；单笔支付超过 1000 元的用户只占 6.3%。

便捷性是用户选择使用移动支付的主要原因之一。手机扫码或出示二维码支付是用户最常使用的支付方式，渗透率高达 92.7%；越来越多的用户支付时选择跳转支付宝、微信等支付机构客户端支付，渗透率达 63.7%，较 2022 年增长 28.1 个百分点；36.6%的用户会考虑使用银行卡或苹果支付、华为支付、小米支付等产品的闪付功能支付。

三、消费决策的过程

消费决策的过程是指消费者谨慎地评价某一商品、品牌或服务的属性并进行选择、购买，来满足其某一特定需要的过程。这是一个系统的决策活动过程，包括需求的确定、信息的搜索、方案的选择和购买实施、购后评价等环节。简单地说，就是消费者在购买商品或服务过程中所经历的步骤，一般分为五个阶段，即需求确认、信息收集、评估选择、购买行动、购后反应，如图 13.4 所示。

图 13.4　消费决策的过程

从图 13.4 可以看出，消费者的购买决策过程是在实际购买行动发生之前开始，并延伸到实际购买以后的，因此，营销人员应该注意消费购买决策过程的各个阶段而不仅仅是销售环节和购买行动，还需要注意消费者的整个购买过程。

实际上，消费者并不是在购买每件商品时都要经过这五个阶段。例如，消费者对某些商品的购买，有时只需几秒、几分钟就可决定是否购买，有时却要花几个月甚至几年的时间。因此，消费并不一定会按次序经历这个过程的所有阶段，可能会越过其中的某个阶段或倒置某个阶段。该过程所展示的是消费者面临新的或较复杂的购买情况时所进行的一系列考虑和活动。

（一）需求确认

需求确认是消费者作出决策的开始。当消费者发现现实状况和期待状况之间有差异时，就会意识到需求；当需求升高到一定阈限时，其就变成一种驱动力，驱使消费者采取行动予以满足。需求可由内在刺激或外在刺激唤起。其中，内在刺激是人体内的驱动力，如饥饿、口渴等；外在刺激是外界的"触发诱因"。需求被唤起后可能会逐步增强，最终驱使人们采取行动；也可能会逐步减弱，以致消失。那么，有哪些原因能促使消费者认识问题并产生需求呢？

（1）物品即将用尽。如当汽油不够了，洗衣粉用完了等，消费者对需求的认识就产生了。

（2）喜新厌旧。如当衣服旧了，或者款式不合潮流了，消费者就会意识到需要买新衣服了。从这个意义上来说，喜新厌旧会促使新的需求产生。

（3）收入的变化。收入的增加会使消费者认识到新的问题，产生更多的需求；收入的减少会使消费者减少开支，降低需求标准。

（4）环境的改变。消费者在新环境下会产生新的需求。例如，正在求职的大学生可能需要购买一套正装再参加面试。再如，季节交替时，消费者可能需要添置应季产品。

（5）对新产品的需求。由于产品更新速度加快，如果新产品能带给消费者更多的价值，消费者就会产生购买欲。例如，在苹果手机出现之前，消费者对自己的手机总体上很满意，感觉不再需要新手机了；但当苹果手机上市后，消费者发现苹果手机不是传统手机而是智能手机时，新的需求就产生了。

（6）对配套产品的需求。比如，消费者买了西服套装之后就要买与之相配套的衬衫、领带、皮鞋和皮包等；当消费者购买了新房后，就会对家具、电器等产生需求。

在需求确认阶段，营销人员不仅需要清楚引起消费者确认需求的各种问题，还要注意：①了解是什么原因驱使消费者来购买本企业产品的，即本企业的产品提供给消费者的价值是否具有竞争力。②消费者对某产品的需求会随时间而变化，某种诱因也许会使需求变得更强烈，也许会使之变得更淡漠。例如，即使消费者发现电视机的屏幕有点裂缝，他也没有立刻去购买新的电视机。他只是意识到这是一个要解决的问题，但当前并不用马上行动。因此，消费者的决策并不一定是当需求产生后就会立刻得到响应的，只有消费者认为在不得不做的情况下才会产生下一个环节。因此，营销人员需要在适当的时间采取适当的策略，设计诱因，增强刺激，唤起需求，最终促使消费者采取购买行动。

🔨 示例

二手奢侈品市场将走向何方

2023年11月，由佳士得发起的"巴黎手袋及配饰网上拍卖"拍卖会成了二手包袋市场的"晴雨表"。在这场拍卖会上消费者对二手古驰的需求尤其疲软，两款竹节包皆未能达到预售时的最低估价，另一款竹节包则勉强达到最低估价。在同一场拍卖会上，买家对通常备受追捧的爱马仕Birkin手提包的需求也相对平淡。有迹象表明，二手奢侈品腕表市场在经历了过去几年的红火之后正被重新定位，消费者对高端二手奢侈品的兴趣在持续降低。

The RealReal数据显示，消费者行为已发生了转变，在购买二手商品时对高价奢侈品牌的需求有所下降，人们对缪缪（Miu Miu）和葆蝶家（Bottega Veneta）等二手较低价奢侈品牌的兴趣有些许增加，尤其千禧一代和Z一代是这些二手商品的核心消费者，这些年轻消费者普遍追求价值和可持续性的趋势，因此吸引他们的更多是时下价格更为亲民的品牌。

（二）信息收集

一个确认了需求的消费者，通常情况下会主动收集与满足需求有关的各种信息，以便进行评估选择。这种收集信息的积极性因其需求程度的不同会有高有低。如果消费者对某些商品的需求不是很迫切，其收集信息的积极性就不会很高，但是他们仍然会对与满足自己需求有关的信息保持关注。如果消费者对某些商品的需求很迫切，那么他们收集有关信息的积极性就会很高。

在信息收集阶段，营销人员的任务有以下几项。

（1）了解消费者的信息来源。消费者的信息来源有以下四类：①人际来源，指信息来自家庭、亲朋好友、邻居及其他熟人；②商业来源，指信息来自商业广告、销售员介绍、商品陈列展览、商品包装、商品说明书等；③公众来源，指由大众媒体或消费者协会等提供信息；④经验来源，指消费者直接使用该商品得到的经验。

（2）了解不同信息来源对消费者的影响程度。以上四种信息来源的重要性和影响力因商品类别和购买者特征的不同而异。一般来说，消费者从商业来源收集到的商品信息较多，而最有效的信息则来自人际来源。每一种信息来源对购买决策的影响都是不同的。商业来源通常执行告知的职能，而人际来源则执行认可或评估的职能。通常经验来源的影响最强，而商业来源的影响最弱。当消费者购买自己未曾使用的商品时，人际来源的影响最强。

🐾 思考与讨论

网络搜索简化了商品信息的收集过程，消费者可以在网上查找各种问题的解决办法。想一想，怎样有效地利用网络搜索信息，网络搜索对个人隐私会产生怎样的影响。

（3）制定有效的信息传播策略。为了使消费者将所寻求的信息限定在本企业产品的范围内，企业可通过网络、电视、报纸，也可以通过展示会、商场橱窗等方式进行广泛宣传。对多种信息传播策略的同时使用，可加强信息的影响力和有效性，为促使消费者选择购买本企业的产品创造条件。

如今，由于互联网的普及、手机等移动通信工具的使用，信息的收集变得更加方便。也就是说，在当前的社会环境下，收集信息已不是问题，问题是信息的过多、过滥，使消费者面对太多的信息而难以判断和选择。

（三）评估选择

消费者从不同的渠道获取到有关信息后，就要对它们进行评估选择。一般而言，消费者的评估选择涉及五个方面。

1. 分析产品属性

产品属性是指产品所具有的能够满足消费者需求的特性。消费者一般将某一种产品看成一系列属性的集合，对不同的产品，他们关心的属性会有差异。例如：服装的属性，主要有式样、颜色、面料、价格、做工、流行性；计算机的属性，主要有信息存储量、运行速度、图像显示性能、软件适用性、外观设计；轮胎的属性，主要有安全性、胎面弹性、行驶质量等。

消费者不一定对产品的所有属性都同等重视，而且对各种属性的关心程度也因人而异。例如，消费者在购买汽车时，油耗可能是他最关心的，但是当他因为孩子要买车时，安全性则会成为决定因素。

营销人员应分析本企业产品应具备哪些属性，以及不同类型的消费者对哪些属性感兴趣，以便进行市场细分，从而为不同需求的消费者提供具有不同属性的产品，以此满足消费者的需求。

2. 建立属性等级

属性等级即消费者对产品有关属性所赋予的不同的重要性权数。消费者会有意或无意地运用一些评价方法对不同的产品进行评价和选择，建立属性等级。比如，消费者收集了 A、B、C……I 等九款服装的信息。首先，他认为价格是第一考虑的属性，假如他要求的价格不超过 1 000 元，C、D、E 三款超过此价格的服装会被淘汰；其次，他要求面料要超过 9 分（按主观标准打分，满分为 10 分），B、F、G、H 四款未达到 9 分的服装被淘汰，还剩两款服装（A、I）可供选择，这时消费者会从中选择自己认为具有最重要的属性的服装。产品不同属性的重要程度也因人而异。

思考与讨论

随着消费者需求的变化，产品的不同属性对消费者的重要程度会发生变化。例如，以前人们买车时会考虑汽车功能、油耗等，但现在很多人把汽车的续航里程、智能化程度、款式造型、内饰设计等属性列在前面。请讨论分析这一现象。

3. 确定品牌信念

消费者会根据各品牌的属性及属性参数，建立起对各个品牌的不同信念，即对每一品牌各种属性的排列位置。品牌信念其实反映了品牌的存在理由。

4. 形成理想产品

理想产品是指消费者心中预期的一种概念性产品，即消费者认为自己支付了一定数量的货币，应该购买到的具有一定功能、特性和达到质量标准的产品。一个现有的产品越接近理想产品，就说明这个产品的价值越大。企业在推出产品时对自己产品的介绍与承诺是消费者形成其理想产品的重要信息源之一。也就是说企业对消费者的理想产品的形成也具有一定的影响力和控制力。因此，企业一方面要了解并影响消费者的理想产品，另一方面要尽可能使实际产品符合或优于理想产品，以此提高消费者的满意度。

5. 作出评价

消费者从可供选择的产品中，通过一定的评价方法，对各种产品进行评价，从而形成对它们的态度和对某种产品的偏好。在这一评价过程中，大多数的消费者会将实际产品与自己的理想产品进行比较。

在评价阶段，有以下几点值得营销人员注意：①产品性能是消费者所考虑的首要问题；②不同消费者对产品的各种性能的重视程度不同或评价标准不同；③消费者既定的品牌信念与产品的实际性能可能有一定差距；④消费者对产品的每一属性都有一个效用函数。

营销人员可以采取以下策略，以提高本企业产品被选中的概率：①修正产品的某些属性，使之接近消费者的理想产品。这是实施"实际的重新定位"策略。②改变消费者心目中的品牌信念，通过宣传推广，努力消除其不符合实际的偏见。这是实施"心理的重新定位"策略。例如，国产奶粉的质量已经达到或超过同类进口产品的水平，而有些消费者却总是偏爱进口奶粉，因此，营销人员要在这方面进行广泛的宣传，改变消费者的偏见。③改变消费者对竞争品牌的信念。当消费者对竞争品牌的信念超过实际时，可通过比较性广告改变消费者对竞争品牌的信念，实行"竞争性反定位"策略。④通过广告宣传，改变消费者对产品各种性能的重视程度。营销人员对产品的广告宣传必须做到实事求是，使消费者感到满意。

（四）购买行动

消费者经过评估选择后就开始实施方案并评价结果，这一阶段就是购买行动阶段。在将购买意向转为实际购买行动之前，有以下两个不容忽视的影响因素。

（1）他人的态度。消费者的购买意向会因他人态度的影响而增强或减弱。他人的态度对消费意向的影响主要取决于三个因素：①他人否定态度的强度。他人的否定态度越强烈，影响力越大。②他人与消费者的关系。他人与消费者的关系越密切，影响力越大。③他人的权威性。他人对产品的专业知识了解越多，对产品的鉴别能力越强，则影响力越大。

🐢 思考与讨论

你购买哪些商品时愿意征求他人意见？谁的消费建议会更容易被你采纳？

（2）意外因素。消费者的购买是在一些预期条件的基础上形成的，如预期收入、预期价格、预期质量、预期服务等。如果这些预期条件受到一些意外因素的影响而发生变化，购买意图就可能改变。例如，预期的奖金收入没有得到，通货膨胀使原定的商品价格突然提高，购买现场服务人员态度恶劣等，都可能使购买意向改变。消费者的购买意向是否能转化为实际购买行动，还受所购商品价格、购买风险和消费者自信心等因素影响。

决定购买是消费者购买行为过程中的关键阶段。营销人员在这一阶段，一方面要向消费者提供更多、更详细的商品信息，以使其消除各种疑虑，并促使其坚定地实施购买意向；另一方面要通过提供各种销售服务，方便消费者选购，促使其作出购买决策。

（五）购后反应

消费者的购后反应通常会通过消费者是否满意表现出来。消费者满意是指消费者把对一个商品的可感知效果与他的期望值相比较后，所形成的愉悦的感觉状态。消费者不满意一般被认为是不满意的消费效果所导致的一种消极反应。

1. 购后使用和处置

消费者在购买所需商品或服务之后，会进入使用过程，以满足需要。商品或服务的使用有时只是一个直接消耗行为，例如喝饮料、看演出等；有时则是一个长久的过程，例如家电和家具等耐用消费品的使用。营销人员应当关注消费者如何使用和处置商品。如果商品使用率很高，说明该商品有较大的价值，则会增强消费者对购买决策正确性评估的信心。如果一个商品应该有高使用率而消费者实际使用率很低或闲置不用，甚至丢弃，则说明消费者认为该商品无用或使用价值较低，那么，消费者就会对商品不满意，进而怀疑自己的购买决定或产生后悔的心理。

对于有的消费者来说，即使物品已经破损不堪，也不愿意丢弃，这其中有对物品的怀旧情感或因物品有纪念意义，也有可能是出于安全方面的考虑，例如手机。

🐢 思考与讨论

有时，消费者会把已购买的商品转卖，使闲置的商品能够再次被利用。例如，闲鱼网就是一个闲置商品交易平台。你如何看待这种倒卖旧商品的现象？

2. 购后评价

购后评价是指消费者通过使用和处置过程对所购商品或服务有了更加深刻的认识，检验自己购买决策的正确性，确认满意程度，并以此作为以后购买活动的参考。消费者的购后满意程度不仅取决于商品质量和其性能发挥状况，消费者的心理因素也对此具有较大影响。

购后反应理论有以下两种。

（1）预期满意理论。该理论认为消费者满意是消费者将商品可感知效果与自己的期望值相比较后所形成的心理感受状态，即消费者购买商品以后的满意程度取决于购前期望的实现程度，可用函数式表示为

$$S=f(E, P)$$

其中，S 表示消费者满意程度；E 表示消费者对商品的期望；P 表示商品的可觉察性。如果 P=E，则消费者会感到满意；如果 P＞E，则消费者会感到很满意；如果 P＜E，则消费者会感到不满意。实际同预期的效果差距越大，不满意的程度也就越大。消费者购后感受的好坏，会影响到消费者是否重复购买，并将影响到他人的购买。也就是说，如果消费者对商品满意，则在下一次购买中可能会继续购买该商品，并向其他人宣传该商品的优点。如果他对商品不满意，则肯定不会再买这种商品，甚至有可能退货或劝他人不要购买这种商品。

（2）认识差距理论。这种理论认为消费者购买商品后都会产生不同程度的不满意感。原因是任何商品总有它的优点和缺点，消费者购后往往会更多地看到商品的缺点，且别的同类商品越是有吸引力，其对所购买商品的不满意感就越强。企业的任务就是使消费者的不满意感降到最低限度。

消费者对所购商品不满意时，往往会做出相应的反应。例如，他可能会收集更多的商品信息，期望证实自己的购买行动正确，从而获得安慰；他可能要求退货，或者到商店将商品处理掉；他也可能暗下决心，从此再也不买这种商品。所以，企业除了要向消费者提供货真价实的商品外，还要采取积极的办法，促使消费者消除不满意感，使他们相信自己的购买选择是正确的。例如，有的汽车销售商在消费者购买汽车之后通过定期沟通，给消费者介绍汽车的使用常识、保养知识，同时提供优质的售后服务，来提高消费者的满意度。

3. 购后行为

消费者对产品的评价会形成其对该产品的信赖、忠诚或者排斥态度，由此决定了其相应的购后行为。其购后行为包括：信赖产品，重复购买同一产品；推荐、介绍产品给周围人群；抱怨、投诉，直接向生产商索赔；个人抵制，不再购买，并劝他人不要购买；通过大众媒体和消费者保护组织投诉等。

企业应当采取有效措施降低或消除消费者的购后不满意感。例如，有的企业在产品售出以后，会请消费者留下姓名、地址、电话等，定期与其联系，通报本企业的近况、产品的质量、服务等情况，指导消费者正确使用产品，征询改进意见，建立良好的沟通渠道并处理消费者的意见，迅速赔偿消费者所遭受的损失等。事实证明，与消费者进行购后沟通可减少退换货情况，增强消费者对产品的信心。如果消费者的不满意发展到向有关部门投诉或抵制产品的程度，企业将会遭受较大的损失。

经典实验

选大杯还是选小杯——眼见为实吗？

心理学家卡尼曼曾做过这样一个实验。他准备了两杯冰激凌：A 杯冰激凌有 200 克，装在一个只能装 140 克冰激凌的杯子里，看上去快要溢出来了；B 杯冰激凌有 230 克，装在一个可以装 280 克冰激凌的杯子里，看上去还没有装满。然后，他要考察被试者愿意为哪一份冰激凌付更多的钱。人们似乎没有理由不选择 B 杯冰激凌。但是结果却出乎人们的意料：人们愿意为分量少的 A 杯冰激凌付更多的钱——平均地，愿意花 2.26 美元买 200 克的 A 杯冰激凌，却只愿意花 1.66 美元买 230 克的 B 杯冰激凌。

由此可见，人们在作决策时，不一定去计算一个东西的真正价值，而往往用比较容易判断的线索进行判断。在这个冰激凌实验中，人们是根据冰激凌到底满不满，而不是它的性价比来决定为它支付多少钱。因为前者更加一目了然。这说明，人们在购买东西的时候，常常更相信自己的眼睛，而不是理性的计算。在生活中，类似的例子还有很多。比如，麦当劳的蛋筒冰激凌，整个螺旋形的冰激凌高高地堆在蛋筒外面，虽然三口两口就吃完了，但看起来却让人感觉很多、很超值。

第三节　消费决策中的非理性行为

作为个体的消费者由于受情境、知识、经验、个性等因素的影响，常常作出一些违背经济运行法则，甚至背离最优选择的消费决策。这表现为一些不正常的行为状态，本书中称其为决策中的非理性行为，包括冲动性购买等非理性消费、消费者的非伦理行为和问题行为等。

思考与讨论

看电影的时候如果没有爆米花，你是不是认为少了点乐趣？想一想情境怎样影响了消费体验。

一、情境与冲动性购买

情境是指消费或购买活动发生时，个体所面临的暂时的环境，如购物时的天气、购物场所的拥挤程度等。也有学者把情境定义为，那些独立于单个消费者和刺激消费者的单个客体（商品、广告等）之外，能够在某一具体时间和地点影响消费者购买行为的一系列暂时的环境因素。

（一）情境的构成

情境是由一些暂时性的事件和状态所构成的，同一个消费者在不同的情境下将做出不同的反应。消费情境的构成是比较复杂的，比较有代表性的研究包括贝克五要素说。贝克（Baker）认为，情境因素主要由物质环境、社会环境、时间、购买任务和先前状态构成。

1. 物质环境

物质环境是指构成消费情境的有形物质因素。比如地理位置、气味、音响、灯光、天气、商品周围的事物等。物质环境对消费者的情绪、感受具有重要的影响。例如，商店拥挤，光线暗淡，空气浑浊，过道狭窄，很难吸引并留住消费者。

需要指出的是，一项研究发现，有时在某些情境下拥挤被认为是有益的。例如，同样是拥挤的情况，如果是在银行，消费者会感到不快。但在酒吧，消费者可能没有这样的感觉或至少感觉没有那么强烈。实际上，在某些情况下，如在酒吧喝酒或观看篮球比赛时，消费者也许认为有点拥挤更有助于强化其消费体验，从而使得情境对消费者的正面影响增强。当然，在任何情况下，拥挤程度和顾客密度都存在一个合理的范围，低于或高于这一范围都可能会产生问题。

思考与讨论

在中国，牛奶被认为是适合早餐饮用的营养品，所以，一般人口渴时并不会去喝牛奶。在美国，火鸡被认为是感恩节的食品，而非日常食品。讨论不同社会环境对商品消费的理解差异。

2. 社会环境

社会环境通常涉及购物或消费活动中他人对消费者的影响。例如，他人是否在场，彼此如何互动等。一个人独自收看电视节目与几个朋友一起收看电视节目时的行为会有明显的差别。同样，一个人单独购物和接受服务与有购物伙伴或朋友在场时相比，其行为也会不同。例如在餐馆用餐，当有同事出现在邻座时，你点的菜和酒水也许会与平时不同。

不同社会和文化环境使消费者对产品消费的情境会有不同的认知。例如，中国人认为晚上喝咖啡会让人睡不着，但意大利人却很享受晚餐后来一杯咖啡。再如，米饭虽然是我国南方人的主食，但很多南方人早餐吃的却是馒头、面条、油条或油饼等，而不是米饭；而这些"早餐食品"

通常是不会出现在中餐或晚餐的餐桌上的。同样，啤酒、白酒等酒品很少在早餐时被人们饮用。实际上，像水果、蔬菜等食品，人们在一天的不同时段可能对它们有不同的偏好。

思考与讨论

对消费者来说，不同的产品具有不同的意义。例如，烤火鸡、玉米卷、清蒸鱼等分别可以代表美国人、墨西哥人、中国人的喜好。还有研究发现，牛肉等食品被认为是"男性"食品，而芹菜等被认为是"女性"食品。想想这背后的原因是什么。

3. 时间

这里的时间是指情境发生时消费者可支配时间的充裕程度，也可以指活动或事件发生的时机。例如，一天、一周或一月当中的某个时点等。时间是一种重要的资源。随着生活和工作节奏的加快，人们的时间压力越来越大，因此，众多以节省时间为目的的产品相继问世。

思考与讨论

（1）你是否认同"时间是消费者非常重要的资源"的观点？

（2）为什么热咖啡在天气寒冷时会卖得好？为什么冰激凌广告在冬季会减少？请列举几种与时间变化密切相关的产品。

不仅如此，时间还可作为情境变量对消费者产生影响。比如，当时间压力增大时，消费者用于信息搜集的时间就减少；距离上次用餐的时间越长，食品广告就越容易引起消费者的注意。再如，在一天的不同时段，消费者对信息的处理也会不同。研究发现：在即时识记和回忆测试中，早间广告节目较晚间广告节目效果好；而在延时识记和回忆测试中，如在观看节目两小时以后的测试中，晚间收看比早间收看效果好。一项关于时间压力对食品购物影响的研究显示，时间压力越大，消费者越有可能买不到打算购买的商品，并更少进行计划外的购买。当消费者在不太熟悉的商店购物时，上述情况尤为突出。

视野拓展

消费者的时间压力

当消费者遇到时间压力时就会仓促地作出决定。这个时间压力有时是基于真实的情况，有时是消费者自我强加的最后期限。当时间紧迫时，消费者只能加工处理少量的信息，同时，更倾向于依赖简单的、有限的选择。研究显示，当消费者时间有限，获得的信息减少时，负面的信息或者不利的信息的权重就会被加大。时间压力还会通过影响商品的质量感知和价格感知来塑造消费者对商品价值的感知。

4. 购买任务

购买任务是指消费者根据购买商品或服务的具体理由或目的，以及商品的用途，制订购买计划的过程。例如，虽然是同样的品牌，但为送礼而购买的行为和为自己使用而购买的行为是不一样的。

思考与讨论

买酒是为了送礼，或者买酒是为了朋友聚会，或者买酒是为了自己喝。购买任务的不同，买酒时考虑的因素有何不同？

5. 先前状态

先前状态是指消费者带入消费情境中的暂时性的情绪，如焦虑、兴奋、高兴等；或者自身的状态，如疲劳、是否备有现金等。先前状态主要通过两种方式影响消费者。首先，它可能会影响消费者对问题的认识，如处于饥饿状态下的消费者，购买食品的意识和冲动就很强烈。其次，先前状态会通过改变消费者的情绪来影响其行为。良好的情绪状态会使个体对刺激物有好感或持正面态度。

（二）情境对冲动性购买的影响

情境刺激理论认为，冲动性购买是消费者事先并没有购买计划或意图，而是在进入商店后基于特定的情境，在足够大的刺激下，产生强烈的情感反应，在缺乏足够的意志与理智的控制下，立即付诸实施的购买行动。这种购买往往出于自由意志，伴随着无计划、情绪化。购后一方面可能使消费者的冲动欲望及时得到满足，但另一方面也会带来效用风险、经济风险、心理风险和社会风险。

🐟 思考与讨论

在超市收银台结账的时候，你顺便买了一包口香糖，这是一次无计划的购买，但它是冲动性购买吗？为什么？

在日常生活中，消费者所产生的冲动性购买是非常普遍的。早在 20 世纪 50 年代，学者们就开始对冲动性购买进行大量的研究。由于冲动性购买行为涉及的心理过程及情绪状态比较复杂，所以，目前理论界还没有就冲动性购买行为达成共识。总体来看，冲动性购买行为相对于计划性购买行为来说，是一种即兴的、自发的、无意识的非计划性购买行为，而且具有一定的复杂性和情感因素。

📚 视野拓展

冲动性购买会受情绪的影响

由于冲动性购买在消费者的日常生活中非常普遍且经常发生，因此，引起了销售商和学术界的高度重视。通过实证研究总结出的情绪与冲动性购买行为之间的关系大体可以分为三个方面。

（1）冲动性购买过程中伴随着情绪体验，包括购买前感受到的强烈冲动，购物时所带来的兴奋感、愉悦感和满足感。

（2）冲动性购买者与普通消费者不同。冲动性购买者通常比较情绪化，他们享受逛街浏览的乐趣，突然很想购买商品时会自然而然地付诸行动，而且通常都是在情绪高昂的情况下购物。

（3）情绪是引发冲动性购买的潜在内部刺激。冲动性购买通常因为消费者看到商品，或者受到情境中的各种刺激，而产生想要购买的欲望，进而导致购买行为的发生。

消费者产生冲动性购买行为会受到许多因素的影响。这与情境中商家提供的各种刺激有关，也与消费者当时所处的具体情境有关。

1. 商家提供的刺激

商家所提供的刺激必须通过唤醒消费者的消费意识，才能诱发其强烈的购买冲动。这些刺激包括卖场氛围的各种构成要素等。

（1）卖场的商品陈列。卖场的商品陈列包括陈列地点、货架高度、货架空间等。不同的商品在商店中的陈列位置不同，刺激消费者的冲动性购买程度自然也不相同。

（2）卖场的气氛。通过对卖场整体环境的布置，给消费者造成一种心理错觉，形成冲动消费的气氛。明亮的灯光、快节奏的音乐可以提高消费者的购买热情，增强消费者的购买冲动。

（3）促销和广告。现场的促销形式是冲动性购买行为的直接诱因。现场营业推广活动和卖点广告（Point of Purchase，POP），有助于激发消费者相应的心理反应，促使其冲动购买。

（4）商品类别。商品的类别不同，对冲动性购买的影响也不相同。

（5）特定商品的吸引力。商家所提供的特定商品越具有差异化，享乐性质越强，消费者就越可能产生冲动性购买行为。

（6）互动体验。消费者在购物过程中通过观察外包装、检查商品质量以及试用的体验和学习，可加深对商品的了解程度，从而加速作出购买决定。

2. 购买时的具体情境

（1）时间压力。消费者可利用的时间越少，越容易产生冲动性购买行为；反之，如果可利用的时间越充裕，则越可能保持从容状态，所考虑的因素越周全，产生冲动性购买行为的可能性也越低。

（2）经济压力。消费者的购买预算越高，面对的可能购买的商品种类越多，所接受的刺激也越多，发生冲动性购买行为的概率也就越高。有些消费者在一次购物中即使没有正式的预算，也会在心中作个计划，如果在某一类商品上花费较多，就会减少另一类商品的消费，表现出一定的理性，不易发生冲动性购买行为。

（3）购买时的心情。一个心情不好的消费者很可能会产生冲动性消费。购买时的情绪越负面或越强烈，越容易产生冲动性购买行为来改善心情。这被称为"心理补偿性消费"。但是，当消费者预期到控制诱惑后可能产生的正面心情越佳，越不会采取冲动性购买行为。当然，一个心情好的消费者也可能会产生冲动性消费，以享受购物的乐趣。

当然，消费者个人的人口统计变量、价值观、人际关系等个人特质因素也可能会导致冲动性购买。例如，有研究指出，年轻人、女性或胆汁质气质类型的消费者更容易发生冲动性购买行为。

人物谱

理查德·塞勒

理查德·塞勒（Richard Thaler），芝加哥大学教授，是行为经济学和行为金融学领域的重要代表人物。塞勒认为完全理性的经济人不可能存在，人们在现实生活中的各种经济行为必然会受到各种非理性因素的影响。很多从传统经济学角度看来是"错误"的行为经常被忽视，但往往正是这些"错误"的行为导致了那些"看起来很美"的决策最终失效。例如，理查德·塞勒认为，心理账户影响了人们的决策选择，它揭示了人们在进行消费决策时的心理认知过程。

二、消费者的非伦理行为

美国学者巴里·巴宾和埃里克·哈里斯把消费者的非伦理行为（Customer Misbehavior）定义为违反人们普遍接受的行为准则的行为。他们认为消费者的非伦理行为是消费者行为中"黑暗的一面"，并用异常、违法、否定、功能失调和不正常这些词来描述它。国内学者一般把消费者的非伦理行为称为消费者不当行为，指违反消费情境中可接受的行为规范，并且破坏消费秩序的行为。例如拥挤、喧哗、随处弃物、违背习俗礼仪、偷窃等。因为价值观或道德信念的不同，在不同国家，人们对非伦理行为的理解不尽相同，但消费中违反某种正常的规则，并对其他消费者的消费造成了影响或伤害的行为确实存在。

1. 非伦理行为的动机

非伦理行为的动机主要有以下几种。

（1）道德感的缺失。从社会学的角度来看，道德感的缺失可以解释非伦理行为的产生。诸如酒后驾车、保险诈骗、偷盗等行为不仅是违法的，也常常是不道德的。有些人认为以最小的成本或不付出任何代价获取价值、寻求最大利益是理所应当的，这些价值观的错位等促使了非伦理行为的产生。

（2）机会主义。人们在追求自身效用最大化时，可能会借助各种不正当的手段来谋取自身利益，甚至不惜损人利己。另外，信息不对称和人的有限理性给机会行为的存在提供了可能。在这种情况下，一些人就可能利用某种有利的信息条件如信息不对称，说谎和欺骗他人等；或者追求自我行为所带来的快感，例如，超速驾驶等。

（3）消费情境的影响。糟糕的消费体验会给消费者带来负面的情绪，进而使其产生过激行为。例如，餐厅等候时间过长或航班延误等。另外，由于很多商店采取开放式的售卖方式，开放的商品陈列方式似乎也在诱使一些人通过偷窃去获得这些商品。例如，超市中可以先尝后买的水果和小吃柜台，会诱使人过度品尝或顺手牵羊。

思考与讨论

（1）因航班延误导致乘客大闹机场的事情屡有发生，你觉得航空公司需要怎样应对？

（2）如果你在一家餐厅就餐，等待上菜时间超过 30 分钟，你会怎么办？

2. 具体的消费者的非伦理行为

消费者的非伦理行为是管理学与营销学中一个相对较新的研究领域。研究者对消费者的非伦理行为的研究主要聚焦在消费者以获利为导向的不当行为上，如顺手牵羊（偷窃）、不合理退货、无理由投诉以及利用服务保证进行欺骗等产生的原因和造成的影响。目前，消费者的非伦理行为可以归纳为以下三类。

（1）违反道德性规范行为，是指消费者违反社会舆论、人们的信念和风俗习惯的行为。这种行为主要包括以下几种：①违反社会公德的行为，主要表现在破坏公共设施和公共环境方面。例如，在消费场所乱丢垃圾和废弃物，在服务设施上乱刻乱画等。②不文明行为，主要指在消费场所的着装和举止不当、不礼让等行为。例如，在购物、就餐、等车过程中争抢、拥挤、推搡等。③不良习惯，指消费中的不良卫生习惯和其他陋习，如大声喧哗、随地吐痰等行为。

（2）违反契约性规范行为，是指消费者在某些消费场所违反规程或规定的契约关系的行为，包括：①违反显性契约行为，指违反明示的规程或规定的行为，例如消费者在商场的非吸烟区吸烟的行为；②违反隐性契约行为，例如，消费者随意触动、乱摆、乱扔、私拆、毁坏商品等行为。

（3）违反行政性规范行为，是指消费者在消费场所侵犯其他消费者，并且违反法律、法规或企业制度的行为。这种行为主要表现为偷窃商品，也包括对其他消费者随身财物的偷窃或对其他消费者的身体侵犯等。另外，随着互联网的推广和普及，消费者通过计算机非法下载资料、进行网络攻击或网络电信欺诈等也被认为是非伦理行为。

思考与讨论

目前，很多超市都采用了无人自助结账机器。这种机器的好处是能够快速让消费者自助结账，免去了排队的时间，让消费者有更好的购物体验。但是缺点是可能会有人故意逃单，你认为超市可以采取什么办法来防范？

需要注意的是，由于观念、习俗、文化等差异，在不同消费情境下，对消费者的非伦理行为的认定也不尽相同。例如，在有的国家和地区吃饭时喜欢安静，也有的国家和地区吃饭时喜欢热闹。

示例

给商品"上锁"

2023 年 5 月，根据环球市场播报的消息，美国知名一元店运营商 Dollar Tree 的高管正在考虑"防御性商品销售"，就是要将商品锁起来，顾客需要员工的帮助才能取下商品。采取这种给商品"上锁"的办法的原因是店内不断升高的失窃率，当然，Dollar Tree 的高管们也表示这样的限制会对销售产生负面影响。Dollar Tree 并不是唯一受影响的零售商。许多零售商指出，店内盗窃是一个日益严重的挑战。沃尔玛前首席执行官董明伦 2022 年表示，失窃率已升至历史最高水平，如果问题得不到缓解，该公司可能会关闭更多门店。美国零售联合会和风险咨询公司发布的一份报告显示，小偷很少以珠宝等高价值物品为目标，相反，他们追求的是家用物品等更便宜的商品。

三、消费者的问题行为

消费者的非伦理行为和消费者的问题行为在多数情况下是有区别的。消费者的非伦理行为往往表现为消费者在消费过程中伤害他人或团体的行为；消费者的问题行为则是倾向于消费者无法控制自己所做出的行为（如酗酒）。消费者的问题行为主要包括以下几个方面。

1. 强迫性消费

强迫性消费是指反复的、经常的过度购物行为。有的人甚至还会产生上瘾性消费。

视野拓展

强迫性购物

在心理学上，强迫性购物（Compulsive Buying）是指一种功能紊乱的消费行为。这类失去了对购物行为的控制，持续、过度地购物的人，被称为"剁手党"。强迫性购物者一方面拼命地想购物，另一方面又为自己冲动的购物行为感到后悔，而后又更强烈地继续购物。一般他们在购物前会心情不好或有较大的精神压力，购物时这种压力会得到释放，心情会变得舒畅、轻松和愉悦，但事后又会感到苦恼和后悔。他们在购物上的开支往往超过其经济能力和预算，因而给自己和家庭带来了很大的负面影响。同时，强迫性购物者大多承受着情绪障碍的折磨，他们渴望减少无法控制的购物行为的频率。强迫性购物的发生与性别、年龄、家庭等因素有关。

心理学家认为，如果购物仅仅是癖好，通常对生活没有太大影响。例如，一些老年人喜欢囤积货物，多数是因为年轻时物质匮乏，年老了有条件的时候，会用囤积货物来满足内心曾经缺失的感觉，同时也是一种寻找安全感的体现。还有一些家庭主妇喜欢购买打折商品，并进行囤积，这是多数人都有的喜欢"占小便宜"的心理。如果消费者能够让理智在自己经济能力范围内控制消费欲望就是正常的，但如果购物时无法用理智控制过度购买，进而影响到自己的生活，便已经具有强迫性消费倾向了。这类人需要根据情况进行心理干预，或者找心理咨询师寻求帮助。

心理学家的研究显示，购物成瘾的人，多数人是因为缺乏自信、没有安全感、生活压力过大，或者想要满足被人羡慕的虚荣心。但当他进行了疯狂的购物之后，通常会变得更加消极。这样强迫性消费就成为一种恶性循环。根据已有的研究发现，强迫性消费的人群中，女性所占比例超过了男性。

2. 饮食失调

无论是暴饮暴食还是厌食症，都是饮食失调的表现，它反映了消费者心理和身体的不良状态。

对暴饮暴食的人来说，当暴饮暴食成为一种饮食习惯时，它会给人的健康带来很多危害。通过吃东西来消磨时间或减少压力，通常会让他们精神沮丧、缺乏自信，甚至焦虑或抑郁。而且暴饮暴食伴随着肥胖及一些疾病的风险，例如，高血压、高胆固醇、心脏病、中风、糖尿病等。患厌食症则是有些人由于担心变胖、心情低落等而过分节食、拒食、厌食、挑食或偏食。厌食症可能会导致一个人体重下降、营养不良，甚至会有生命危险。

3. 酗酒

虽然酗酒可以使消费者一时兴高采烈、情绪高涨，但酗酒也会引发打架斗殴、不安全性行为，甚至自杀等更严重的后果。

4. 投机冒险

消费者的投机冒险行为是指消费者在消费中采取高风险策略，往往不顾个人实际情况或客观条件进行消费，如有的消费者幻想一夜暴富而沉迷于购买彩票，有的消费者不顾个人财力跟风抢购黄金，其结果往往是造成消费者个人财务的损失。投机冒险行为常常出于消费者的贪婪或过度自信的心理。研究显示，冲动型消费者更容易出现投机冒险行为。

 归纳与提高

本章学习了消费者购买决策理论，包括让渡价值理论、边际效用理论、风险减少理论、习惯建成理论和信息加工理论。这些理论从不同的角度解释了消费者心理和行为的特征和规律。

消费决策在消费者购买活动中占有极为重要的地位。消费决策是指消费者寻找、比较、选择、评价商品、品牌或服务的属性，并进行判断、决定等一系列活动的过程。从不同的视角划分，消费决策分为理性决策、经验决策和行为决策；根据消费者的介入程度不同，消费决策分为扩展性决策、限制性决策和习惯性决策。消费者购买决策的内容实际上就是回答谁购买、为什么买、买什么等问题。消费决策的过程一般分为需求确认、信息收集、评估选择、购买行动、购后反应等五个步骤。

消费者的决策并不是完全理性的。现实生活中，消费者存在大量的非理性行为。本章介绍了情境对冲动性购买的影响。消费者的非伦理行为和问题行为值得关注和深入研究。

 综合练习题

一、填空题

1. _____理论认为当人们消费商品的目的是追求商品带来的最大满意度时，随着消费商品数量的增加，每一单位商品给消费者带来的满意度却在减少。

2. 顾客让渡价值是指企业转移的、顾客感受得到的实际价值，一般表现为_____与顾客总成本之间的差额。

3. _____决策的假设前提是"消费者是理性的人"。

4. 消费决策的过程包括需求确认、_____、评估选择、购买行动、购后反应等五个步骤。

5. _____是指消费者在各种因素影响下作出的不合理的消费决策，它一般表现为消费者不按追求价值最大化原则进行消费。

6. 消费者的非伦理行为也称为_____，是指消费者违反消费情境中可接受的行为规范，并且破坏消费秩序的行为。

二、单项选择题

1. 顾客总成本包括（　　）成本、精神成本、体力成本、货币成本等。
   A. 固定　　　　　　B. 时间　　　　　　C. 技术　　　　　　D. 法律
2. 消费者几乎不花费时间搜索信息，一般以对产品的认识以及产品的属性为基础进行决策。这样的决策是（　　）类型。

A. 习惯性决策   B. 限制性决策   C. 扩展性决策   D. 经验性决策

3. （ ）是消费决策内容的核心问题，因为消费者决定的购买目标不能只停留在一般的类别上，而要明确具体的对象。

     A. 买多少   B. 何时买   C. 如何买   D. 买什么

4. 消费决策时的信息来源不包括（ ）。

     A. 人际来源   B. 经验来源   C. 商业来源   D. 地域来源

5. 消费者的强迫性购物是一种（ ）。

     A. 违反道德性规范行为   B. 消费者的问题行为

     C. 违反契约性规范行为   D. 违法行为

三、论述题

1. 简述消费者购买决策的主要理论。

2. 分析顾客让渡价值的含义及其构成，讨论提高顾客让渡价值的方法。

3. 简述消费决策的含义及内容。

4. 分析消费决策的过程及其每个阶段的特点。

5. 简述消费者购买的情境的含义和构成，论述其对冲动性购买的影响。

6. 如何理解消费者的非伦理行为？

7. 简述消费者的问题行为的表现及危害。

四、实践题

1. 选择一家汽车4S店，调查了解该品牌汽车购买者的消费特征（年龄、性别、职业等）、消费决策时间长短、决策时考虑的因素等。

2. 选择一家超市，了解该超市的商品失窃情况，调查该超市采取了哪些防范措施。

五、案例分析题

很多人并不知道，生产一条牛仔裤会造成大量的污染和浪费。例如，牛仔裤的蓝色来自含有化学成分的靛蓝染料，而这种靛蓝染料在水里面的溶解性很差。这就意味着牛仔裤在制造的过程中，以及消费者在清洗牛仔裤的过程中，会不断有靛蓝色物质流入河流，而它们不能够溶解。这就造成了水污染。请扫描二维码阅读完整案例，并回答以下问题：

（1）你是否了解牛仔裤生产过程中的污染和浪费？你购买牛仔裤时主要考虑哪些因素？

（2）购买"绿色环保牛仔裤"是理性决策吗？你认为采用新技术和新材料的牛仔裤是否会受到消费者欢迎？有哪些制约因素？

第十四章 网络消费心理

【学习目标】

了解网络消费的概念及特征，了解网络消费者类型及其特征；学习网络消费的心理表现及行为特征；了解影响网络消费行为的因素；掌握网店的营销心理策略及技巧；关注网络消费新现象，了解网络达人对消费者的影响；了解直播间购物和点外卖背后的消费者心理。

【关键术语】

网络消费、网络消费者类型、网店规划、网店营销心理策略、直播间购物、微信小程序购物、影响者营销、网络达人、点外卖的心理特征

【导入案例】

"拼多多"为什么这么"拼"？

拼多多成立于 2015 年 4 月，是一家专注于 C2M 拼团的第三方社交电商平台。拼多多是一匹电商黑马，在阿里巴巴、京东、唯品会等电商巨头的夹缝中突围而出。

拼多多将娱乐与分享的理念融入电商运营中，用户发起邀请，在与朋友、家人、邻居等拼单成功后，能以更低的价格买到优质商品。同时，拼多多也通过拼单了解消费者，通过算法进行精准推荐和匹配，由此实现了以"社交+微信导流"的低价高速裂变式增长。从目标市场看，拼多多主要面向三四线城市及以下的消费人群，显而易见，这是阿里巴巴、京东以及其他电商当时所忽略的市场。由此，拼多多从竞争激烈的电商夹缝中脱颖而出，并从此"一发不可收拾"。2018年，拼多多在美国纳斯达克上市。2019 年，拼多多启动"百亿补贴"，由此吸引了许多商户和买家，它成了拼多多的"撒手锏"。

拼多多不仅一时在国内抢了阿里巴巴、京东商城的风头，2022 年 9 月正式进军海外市场后也一路高歌猛进，2024 年仅上半年海外商品交易总额就近 200 亿美元。

随着消费降级和消费规模增速下滑，拼多多也面临着更大的竞争压力，2025 年 5 月 27 日，拼多多发布 2025 年第一季度财报：营收 957 亿元、同比增长 10.21%；营业利润 161 亿元，同比下降 38%；归母净利润 147.42 亿元，同比下滑 47.35%。

作为新电商的开创者，拼多多力图以创新的消费者体验，将"多实惠"和"多乐趣"融合起来为消费者创造持久的价值，成为电商市场的一股重要力量。但在当下营收增速放缓、利润下滑的形势下，拼多多还能"拼"多久？

启发思考：

（1）拼多多与淘宝、京东等电商有什么区别？为什么它能从竞争中脱颖而出？

（2）拼多多的消费者具有什么特征？你认为拼多多面临着哪些挑战？

第一节 网络消费概述

网络的产生与发展，不仅使人们的沟通交流更加方便迅捷，而且随着电子商务这一代表网络经济的新型交易手段的产生，网络消费也越来越为人们所熟悉，这从根本上促进了消费者的消费观念、消费形式、消费角色以及消费行为的变化。当前，网络消费无论是总量还是在消费总额中所占比例都在不断上升，因此探究网络消费者的心理、分析网络消费者的行为具有重要意义。

网络消费是指人们通过网络访问、使用电子商务系统，购买和使用网络上的商品和服务，满足自身需要的过程。广义的网络消费包括网络购物、网络教育、在线影视、网络游戏等在内的所有消费形式的总和；狭义的网络消费主要指网络购物，即人们为完成购物或与之有关的任务而在网上虚拟的购物环境中浏览、搜索相关的商品信息，从而为购买决策提供必要信息，并实现决策的过程。本章所指的是狭义的网络消费概念。

网络消费与电子商务密切相关，通常，电子商务有三种模式：①B2B（企业对企业），指进行电子商务交易的供需双方都是企业或其他组织，如阿里1688。在这种模式下，电子商务交易双方都是组织，电子商务平台的作用是通过互联网使组织之间进行产品、服务及信息的交换。②B2C（企业对消费者），指企业直接面向消费者销售产品和服务，这种形式的电子商务一般以网络零售业为主，企业需要在网上建立一个具有完整销售功能的网站，包括产品展示、网上购物、在线支付系统、售后服务等，消费者在网上可以完成产品的购买，如京东商城等。③C2C（消费者对消费者），在此模式中，交易的双方多是个人。狭义的网络消费主要包括B2C和C2C等两种模式。

一、网络消费的优势

 思考与讨论

你每天都上网吗？上网花费多少时间？上网都做些什么？你认为网络消费给你的生活带来了哪些变化？

虽然网络消费与传统消费都是人们为了满足需求对生活物品、生活资料的购买，但网络消费无论从方式还是内容上都与传统消费有很大不同。

（1）网络消费是一种间接消费。网络消费不是消耗网络和信息本身，而是享用由网络、信息及其他投入要素所创造的成果和功用。

（2）网络消费的消费主体是通过在线交易获取信息、产品或服务的组织和个人。

（3）网络消费的目的较为明确。消费者一般对所购产品有一定意向，然后通过网络来查询该产品的基本状况或者更详细的资料，无论是网上询问，还是达成交易，目的都在于满足消费者对产品信息或其他信息的需求。

（4）网络消费具有提前性。消费者可以提前了解目标产品的一些特性，如在网络平台先了解产品的属性，解读产品的主要功效，甚至有的商家给消费者提供试用品，让消费者使用后再决定是否购买。

（5）网络消费是一种全新的购物方式。以价格优势、商品丰富性、便捷性以及消费者的自主性吸引了传统线下消费者。具体体现在：①销售时间不再成为购物的限制因素，网上商店每天24小时，每周7天随时为消费者提供服务；②突破销售空间限制，任何人都可以通过网络访问全球网上商店；③销售商品范围广，消费者可以从网上购买服装、化妆品、珠宝饰品、电器、生鲜食品，甚至汽车、保险等各种商品，且比在传统商店购买具有价格优势，购物便利性大大增强。

（6）网络消费对需求及经济发展有很强的拉动作用。对消费者来说，互联网提供了一个新的交互式购物渠道，让他们有更多商品选择，可获得有价格竞争力的商品，购物十分便利，这刺激了人们的消费需求和欲望。同时，网络消费的发展也催生了一些新兴行业和服务，如物流行业、仓储运输行业、包装行业、云计算、IT外包、网络第三方支付、网络营销、网店运营、咨询服务等服务业，并且网络消费不断催生出新的商业生态和新的商业模式，拉动了经济及促进了社会繁荣。

 示例

网络"家政服务"

2023年5月，深圳地区的京东家政服务正式上线，这是继2021年京东家政自营服务在北京地区正式上线后，再次实现"扩城"。用户可以通过京东App或微信京东购物小程序搜索"京东家政"进行预约下单，并享受多项专属权益及多种优惠活动，尝试全新的家政服务体验。京东家政采用自营模式，秉承高品质保障和服务标准，所有保洁员均经过严格的筛选、培训和考核，具备专业的技能和素养，可提供多种家政服务，包括日常保洁、厨房清洁、空调清洗、冰箱清洗等，以满足用户不同的需求。

二、网络消费者类型

随着网络消费的发展，网络消费者的类型多种多样，划分网络消费者类型的方法也有很多，不但可以按照年龄、性别、职业等人口统计变量对其进行划分，还可以按照不同的心理因素和行为特征对其进行划分。

（1）务实型。务实型的消费者需要方便、快捷的网上购物服务。这类消费者往往已经对商品有基本的了解，对自己的购买行为和需求有着非常明确的定位和目标。他们在网上购物的时间花在交易本身而不是频繁地浏览和比对商品上，即更加注重商品的质量和服务，因此，好口碑以及物美价廉是这类消费者热衷的。面对各式各样的网络广告或促销，他们对商品的需求波动幅度较小，购买弹性较小，甚至可能不受外在干扰的影响，属于理性的消费群体。

（2）浏览型。浏览型的消费者享受浏览网页的乐趣，愿意将时间花费在各种商品对比上。这类消费者大多是休闲时间充裕的人，并享受着不同购物网站给他们带来的视觉冲击和购买欲望心理下的需求波动，他们对经常更新、视觉元素丰富、具有创新设计的网站有较大的兴趣，或许对商品本身的兴趣没有对浏览网页的兴趣浓烈。因此，这类群体的消费观及其消费行为其实是难以准确预测的，因为他们往往没有具体的消费目的，不急于购买和交易，只是消磨闲暇时光。

（3）经验型。经验型的消费者将生活中讨价还价的能力应用到网购的议价过程中，该类消费者可能是市场行情的熟知者，可能是对价格不满意者，也有可能是追求议价胜利并因此感到满足的消费者，网站上的"大减价""清仓处理"之类的字眼能够很容易地吸引到这类消费者，但他们不会轻易地为之所动，而是要经过精心计算价格，确认其合理性之后，才决定下单购买。

（4）冲动型。冲动型的消费者比较容易受网络视觉营销和促销的影响，他们很容易被网络购物平台上品种繁多的商品或低价吸引眼球，受到视觉和价格等因素的强烈影响，会轻易作出购买决定。这类消费者一般年龄较小或缺少购买经验，或心智不够成熟。

网络消费者的类型还有其他的划分方法，如按照网络消费者的购买动机将网络消费者划分为七种类型：网络参与型、隐私规避型、价格折扣型、购物厌恶型、商品浏览型、贪图方便型、自动监控型。或者按照网络消费者对网上购物的投入程度将其划分为简单购买型、复杂购买型、定制购买型等。

**视野拓展**

新零售"盒马鲜生"新思路

从传统零售来看，在美国像沃尔玛这类的零售店通常都开在郊外，目的是满足"囤积需求"，沃尔玛的"天天低价"很好地满足了这种需求。盒马鲜生是阿里巴巴对传统零售完全重构的新零售业态，自 2016 年 1 月第一家盒马鲜生门店开业以来，2024 年，盒马鲜生开店已达 430 家，并计划 2025 年新开 100 家，将覆盖盐城、镇江、宜兴、唐山等数十个新城市。

盒马鲜生的思路是：我们提供高品质的生鲜，这不难；我们把生鲜做好，顾客可以直接吃，吃完不用收拾，这其实也不难。但正是把这两个都"不难"的事情整合在一起，就形成了新零售——满足顾客买和吃这两种需求，顾客的体验更好，我们就能获得更好的收入。顾客可以到店购买，还可以在 App 上下单，半小时送到，方便快捷；不想自己做可以当场加工，也可以当场吃……这些都是盒马鲜生的线上和线下生鲜超市的标签和特色，再加上盒马鲜生为周围三千米的社群提供半小时送达的服务，它能把线上和线下的消费者都圈在自己的商业闭环中。

"线上+线下"的优势互补让盒马鲜生获得了众多消费者的认可，当前盒马鲜生在国内已成为很多城市不同区域的生活中心。

新零售正从各个角度突破传统零售的观念和模式，这让沃尔玛之类的传统零售商面临巨大的压力。

第二节　网络消费的心理和行为特征

一、网络消费的心理表现

在网络消费中，消费者表现出各种各样的购买心理，主要是由于消费者具有不同的消费需求和购买动机，网络消费心理具体有以下几个方面的表现。

（1）追求物美价廉。网络消费之所以具有吸引力，重要的原因之一是网上销售的商品价格普遍低廉。在其他条件大致相同的情况下，价格往往成为左右消费者网购的重要原因，尽管经营者都倾向于以各种差异化来降低消费者对价格的敏感度，但价格始终会对网络消费者的心理产生重要影响。

（2）追求方便快捷。无论夏天或冬天，雨天或雪天，在任何一个不想出门的日子里，消费者通过网络就可以轻松完成购物，而等着送货上门对消费者来说是很惬意的过程。同时，无论身处何地，消费者都可以全天 24 小时随时登录网络，利用互联网在全球范围内选购商品。网络消费没有时间、空间的限制，可以节省消费者的时间、精力，这对消费者来说有很大的诱惑力。

（3）追求独立自主。网络消费者善于从实际出发，主动通过各种途径获取与商品有关的信息，查询商户的买家评论、信用等级，并进行分析比较，权衡商品的性能、品质及利弊，独立地作出购买决策，表现出较强的分析判断能力和独立性。

（4）追求个性与体验。由于网络消费者以中青年人为主，这类消费者富有激情，生活体验感强，选购商品时不单看重商品的实用价值，还特别重视商品的造型和款式，追求与众不同、体现个性的商品。通过网络消费，消费者不仅完成了购物，而且能够获得良好的购物体验。

（5）愿意沟通与分享。在网络消费中，消费者与厂家或商家的沟通意识增强，并可以参与生产和流通，与卖方直接进行沟通，这减少了市场的不确定性。同时，随着 QQ、微信等交互平台的崛起以及交互技术的迅猛发展，消费者之间的沟通更加方便，消费者也愿意将自己的消费感受

（不管是正面的还是负面的）与他人进行分享，发表评论，这些信息成为其他消费者选择时的重要参考依据。

（6）理性和非理性并存。网络为消费者挑选商品提供了可以利用的各种信息资源，消费者可以利用网上信息对商品进行反复比较，主动上网寻找合适的商品，同时，消费者面对的是网店，没有实体店嘈杂的环境和销售人员的各种劝说，消费者可以不受干扰地购买，购买决策更加理性。但是，由于网络购物时商品的不可见性，再加上支付环节的虚拟化，从众、冲动或过度网购的现象愈加突出，甚至有的消费者沉溺于网购，影响了正常的工作和生活，表现出非理性消费的特点。

二、网络消费行为的特征

总体来看，网络消费行为分为两个过程：一个是消费者购买商品之前进行决策的行为过程，另一个是消费者付款后等待收到商品的行为过程。在消费过程中，消费者的这两个行为一直互相渗透，彼此影响，最终形成消费者行为的一个完整环节。其具体表现和主要特征如下。

1. 个性化消费，体现购物主权

传统消费下，消费者通过有限的信息渠道获取产品信息，而在网络消费情境下，消费者拥有大量的信息来源，他们对产品有充分的了解，有了属于自己的消费准则，他们作为主导者的地位更加明显。消费者能够自己掌控购物，关注个性化、定制化的产品和服务。同时，消费者更愿意相信口口相传的好口碑产品，而不是被品牌商的营销"牵着鼻子走"。

顺丰快递与北京平谷区达成合作协议，在北京推出同城半日达服务，全面提升"桃"的快递效率，受到消费者欢迎。

2. 追求购物效率和体验

网络消费者以中青年消费者为主，根据中国互联网络信息中心（CNNIC）的数据，我国网民主要由 20～49 岁的人群构成，这部分人群工作繁忙，经济状况较好，愿意为节省时间的产品和服务买单。因此，效率成为影响消费者网购的关键因素，包括追求产品上新的效率与配送速度。

同时，年轻人有较强的接受能力和适应能力，很容易被新事物吸引，愿意接受给自己带来美好体验的新产品、新方式，品牌忠诚度较低。社交电商、直播电商等互动方式带给其良好的体验，提高了消费者购物的转化率。

3. 购买手段和支付方式的变化

新技术的不断出现不但使产品周期无限缩短、产品更新速度加快，而且重建了消费者的消费习惯，使购买手段发生了变化。大多数消费者经常使用手机进行购物，这意味着消费者购买之旅往往是从移动设备开始的，包括搜索产品和购买产品等各种购物活动。另外，我国消费者采用电子支付已经非常普遍，无论是在城市还是在乡镇，一个人出门无须带现金，只要有手机，通过微信或者支付宝扫一扫就可以轻松完成付款，方便快捷。

4. 购物场合及购物频率的变化

如今，网上购物、线上预订，几乎可以满足人们对于衣食住行的各类消费需求。虚拟现实、数字孪生等新模式、新技术，为优化网络消费体验打开了想象空间。中国互联网络信息中心 2024 年 6 月 28 日发布的《互联网助力数字消费发展蓝皮书》显示，我国数字消费主力军"90 后""00 后"的网络购物使用率分别达到 95.1%、88.5%；60 岁及以上银发网民网络购物使用率为 69.8%；女性网上购物使用率达 85.4%；农村网民线上消费能力不断增强，网络购物比例达到 76.7%。

微视频
移动支付安全

示例

电商数据揭示"新中式"新消费

京东消费及产业发展研究院 2024 年 5 月 10 日发布的《2024 国货消费观察》显示，近一年在京东上搜索热度 TOP100 品牌中"国品"占比持续超过 70%，"90 后""00 后"的年轻消费者国货消费金额占比超 60%。而悄然刮起的"新中式"风成为消费者选购服饰的关注热点。2024 年以来"新中式"相关产品销量同比增长超 110%，购买"新中式"相关产品的消费者数量同比增长超 70%，其中"新中式"服饰产品的消费者数量同比提升超 10 倍。

抖音 2024 年 3 月 6 日发布的《2024 抖音电商女性消费趋势数据报告》显示，2023 年女性用户"新中式"国潮服饰的订单量同比提升 195%，其中马面裙的订单量同比增长 841%，汉服、宋锦外套、香云纱服饰的订单量增长也相当可观。

三、影响网络消费行为的因素

网络消费中，网络是实现消费的工具和渠道，是重要的基础设施。如果没有足够的网络基础设施覆盖，网络消费将受到严重的限制。因此，网络基础设施的完善对发展网络消费有着重要的作用。例如，"十三五"期间，我国建成全球规模最大的固定和移动通信网络，行政村通光纤和4G 比例均超过 98%，5G 正式商用，数字经济迅速发展，为网络消费的发展奠定了更加坚实的基础。除此之外，影响网络消费行为的因素可从外在和内在两个角度去分析。

（一）外在因素

（1）经济因素。无论是传统消费还是网络消费，经济因素都是影响消费者行为的一个基本因素。当一个社会经济繁荣时，消费者的收入增加，可支配收入增多，消费水平相对会提高；反之，当经济衰退时，随着收入减少，人们会减少开支，消费水平自然也就相应降低。可见，网络消费行为的表现与经济状况直接相关。同时，经济状况对网络资源基础条件及市场商品供应量都有直接作用，自然会影响消费者的购物选择。

（2）社会文化因素。网络消费与社会文化因素也有一定的关系。例如，有关研究显示，中国消费者网上购物的频率是欧洲消费者的四倍，是美国消费者的近两倍，显示出中国人网购热情非常高。其原因与我国市场庞大，物流费用和人工费用相对低廉相关，也表明了中国人接受新事物的速度和意愿，反映了我国社会的文化和特点。

（3）政策因素。政策因素包括国家政策、法规等对网络消费行为产生的影响。例如，2014 年3 月 15 日起，我国新修订的《中华人民共和国消费者权益保护法》正式实施，明确规定消费者在网络购物中有权自收到商品之日起七日内退货（鲜活易腐及数字化商品等除外）。再如，《最高人民法院关于审理网络消费纠纷案件适用法律若干问题的规定（一）》于 2022 年 3 月 15 日起施行，对网络消费合同权利义务、责任主体认定、外卖餐饮民事责任等方面作出规定。这些政策措施大幅增强了消费者对网络消费的信心。

（4）购物网站的属性特征。与线下实体商店购物相比，网络购物因为存在买卖双方之间的空间分离，从而使消费者对商品的感官体验和认知与实体店购物差别很大。因此，网店呈现信息的方式与效果成为消费者网购中重要的情境要素，对消费者的购买影响很大。例如，网店浏览的简易性、购买过程的便利性、产品陈列的吸引性等属性对消费者的选择产生影响。有研究显示，网店信息加载的速度快、网站信息完善、店名和标志简洁易记、物多价廉、说明通俗易懂等，会提高消费者对网店的满意度。

（二）内在因素

1. 个人因素

网络消费行为还受到消费者个人因素的影响，包括消费者的收入、职业、受教育程度、个性等。例如，在网络消费中，消费者需要具备上网能力，搜集商品信息，实现商品购买。同时，网络消费中的一些商品具有较高的科技信息含量，如应用软件等，这些都对消费者的除购买能力以外的技术能力、知识文化水平提出了新的要求。

2. 心理因素

对网络消费行为影响较大的心理因素包括动机、直觉、学习、认知和态度。例如，不同的动机造就了网络消费者的不同需求。从目前的发展来看，制约网络消费行为的心理因素主要如下。

（1）对网上商店缺乏信任感。传统的购物方式表现为"眼看、手摸、耳听"，但是当消费者在网上购物时，由于无法实际接触商品和卖家，因此对商品质量、性能、售后服务和商家信誉等情况，很难辨别信息的真伪从而选出真实信息，在信息方面居于弱势地位。再加上有的网上商店存在夸大商品质量、虚假宣传商品、以假乱真、误导消费者等问题，使消费者网购时心存疑虑，担心自己的权益受到侵害。

（2）对个人隐私和网上支付缺乏安全感。隐私保护和网络安全是影响网络消费的主要问题，尤其是随着移动互联网、智能手机、移动支付的发展，消费者担心个人隐私暴露，特别是大数据、数据挖掘技术对个人信息的精准捕捉，使消费者缺乏安全感。另外，网上支付手段有很多，网银支付、第三方支付非常普遍，支付宝、微信等支持扫二维码付款，非常便捷，移动支付的使用率非常高。但在支付过程中消费者的个人资料或信用卡信息可能会被窃取和盗用，这些问题对网上购物起阻碍作用。

（3）对价格缺乏信任感。网上销售的商品因普遍比线下实体店销售的商品价格低而吸引消费者购买，尤其是每年的"双11""6·18"大促活动等，使消费者对网络消费的低价格形成了一种期待。但由于消费者对商品价格缺乏全面认识，不了解商品价格形成的机制，再加上有的电商平台存在虚构原价、虚假降价等问题，降低了消费者的信任度和忠诚度。

（4）对配送和售后服务缺乏保障感。物流配送会极大地影响消费者的网络购物体验，消费者在网上购买了商品后，都希望能快速、方便地获得商品。虽然目前我国的物流配送水平有了很大的提高，但物流配送水平还有一定的提升和发展空间，商品在配送过程中存在周期较长、费用较高、货物丢失、货物损毁等问题。另外，消费者还会担心网购后商品维修、退换货等售后服务问题不好解决。

第三节　网店营销心理策略及技巧

一、合理规划和布局

由于网络消费的特征是其交易的虚拟性，消费者不能直接接触实物，只能看到商品的文字和图片描述等，因此，网店的合理规划和布局至关重要。

网店规划和布局主要是指对购物网页内容进行合理的排版布局。这不仅能提高页面的使用率、网店的转化率，而且能方便消费者网购，为消费者提供良好的购物环境，带给消费者良好的网购体验。网店的规划和布局没有统一模式，要以适应消费心理和行为方式为布局原则，并结合经营特色、商品特点，追求实用、合理、美观。

（1）店铺的招牌。招牌包括店铺的名称、标志、口号，以及收藏店铺的图标等，这是吸引消费者浏览店铺、产生购买行为的基础。网店可以通过特别的店铺名称、简短的广告语、醒目的标志来提高店铺的辨识度。

（2）导航条。导航条的主要功能是消费者可以快速跳转到相应的指定页面。首页导航条一般有三种类型：第一种是根据店铺的主营商品（如男装、女装、童装）在导航条上分类；第二种是根据购物规则、购物流程等（如买家须知、尺码表等）在导航条上分类；第三种是根据特别商品（如特价商品、新品、热卖商品）在导航条上分类。首页导航条不仅可以引导购物、减少沟通，还可以推荐商品，可见首页导航条的布局非常重要。

（3）商品分类。商品分类主要按照商品功能、商品属性或商品价格进行，主要满足消费者搜寻商品的需要，做到清晰明了即可。注意，商品分类一定要根据消费者的搜索习惯设置，而不是越多越好，不可太复杂。

（4）商品展示。商品展示主要根据商品定位和店铺的风格，通过图片展示商品，以突出商品的性价比，提升商品的展示效果，做到图片风格统一，使消费者不产生视觉疲劳。

（5）客服软件。客服软件一般设计在网店首页的显著位置，方便消费者联系商家，让消费者对商家产生服务周到的印象。

（6）店铺页尾。店铺页尾主要展示关于快递、包装、售后服务等信息。

（7）店铺背景。店铺背景主要是店铺的背景图片，反映店铺的风格、重要的信息，如店铺二维码或店铺一些重要的折扣信息。

（8）促销海报。促销海报应呈现网店开展促销活动的信息公告、促销内容、优惠券或主打商品，设计要醒目，让消费者进入首页就能看到，从而吸引并留住消费者。

此外，网店设计中还要注意规划好各部分内容的大小及位置、文字（如字号）、图片的颜色及深浅、商品特征细节展示等，加深消费者对网店及商品的视觉、听觉印象，促使消费者形成购买动机。

二、打造热款或"爆款"商品

商品质量是网店经营的基本保障，商品质量出现问题，会损害消费者的基本利益，引起负面的连锁反应。因此，网店经营者应以保证商品品质为首要原则，从货源采购、招商、物流、运营等方面建立严格的控制标准、原则和流程。

热款或"爆款"商品一般指在销售中，供不应求、销量大、人气高的商品。消费者之所以会选择热款或"爆款"商品，往往是受从众心理的驱动。因为网上购买不能接触到实物，消费者获得的信息有限，所以，更多人购买和更多人评价的商品往往会得到消费者的信赖。消费者基本的判断逻辑是买的人多、好评率高，自然是好商品。

热款或"爆款"商品首先应该有质量保证，差评较多的商品很难扭转局势成为热款或"爆款"商品。热款或"爆款"商品还应具有性价比高、销量大、人气高、库存充足等特点，并可以带动整个网店的销量和人气。因此，网店运营者在了解消费者需求的基础上，选择具有以上特征的商品，可以通过一定的宣传推广策略来推动热款或"爆款"商品的形成，比如：对主推商品的购物网页进行优化，对主图、标题、商品详情、温馨提示等进行规划，为热款或"爆款"商品设计好关键词，时时检测关键词的转化数据，并及时调整；同时，把握好投放条件，如在周末还是在工作日投放，在哪个季节或哪个区域投放，这些都可能影响商品销量；也可以结合有话题性、传播性、影响性的社会热点，提高点击率、粉丝数、转化率。

思考与讨论

虽然热款或"爆款"商品会为企业带来极大的效益，但要注意消费者有时不一定喜欢购买热款或"爆款"商品，尤其是服饰类产品，想一想这是为什么。

三、为消费者全方位省钱

价格是网络消费者购买行为的主要影响因素，消费者希望网购不但省时省力，而且少花钱。目前，各类电商大多通过打折、发放优惠券、购物满减等种类繁多的促销方式来吸引消费者，即使是"双11""6·18"等促销活动，基本也都以价格优惠作为销售卖点。另外，为满足消费者货比三家的购买心理，还出现惠惠购物助手、购物党、慢慢买等各种比价软件，使消费者拿起手机，扫一扫就能自动对比多家网店同款或同系列商品价格，轻松实现多站点比价，使网上商品的价格及其折扣优惠更加透明。

因此，网店运营者不仅要通过价格吸引消费者，还需要制定为消费者省钱的各种策略，毕竟大多数消费者都希望能用最少的钱，购买到更多更适合自己的商品。例如，利用心理学中的互惠原理，通过免费试用吸引潜在消费者；利用消费者的立即补偿心理，推出买一赠一、购物返券等活动；或者利用延迟满足心理，设置购满抽奖、集齐印花换购礼品等活动；或者提供包邮服务提高消费者购物整体的性价比。

四、提升顾客网购体验

随着网络购物的普及和发展，网店积累的顾客信息、顾客行为记录等越来越丰富，同时大数据处理和分析技术也已成熟，可以勾画出每一个顾客的特征，形成"顾客画像"。顾客画像就是根据大数据勾画出的顾客特征，用人口基本属性、社会属性、生活习惯、消费行为等信息抽象出来的一个个具体的标签，标签就是某一顾客特征的符号化。由此，网店经营者就可以做到有的放矢，根据年龄、区域、爱好、内容偏好、购物行为、搜索行为等进行定向资源投放，精准链接顾客需求与产品销售，实现资源优化配置。

在掌握顾客画像的基础上，网店可以采取全面措施提升顾客网购体验，包括优化网站设计、提供丰富的内容、安排及时的在线客服、支持多种快捷支付手段，让购物流程更便捷，从而优化顾客购物体验，并利用数据使购物体验更加个性化。

个性化推荐一般是根据顾客以往的使用记录，包括顾客的点击、添加、删除、收藏、分享等，系统后台收集信息，经过一段时间的信息收集，并不断调整，形成最接近顾客的使用偏好，由此了解顾客的需求，为顾客推荐其可能感兴趣的商品或服务。个性化推荐不仅能够提升顾客的网购体验，增强顾客黏性，还能够促使浏览者转化成购买者，并简化其搜索信息的过程，也能够扩大网店商品的交叉销售。例如，在消费者购买手机时可向其推荐关联商品（如移动电源、耳机、手机壳等）。但也要注意，个性化推荐也可能降低消费者接触新商品的可能性，而且，由于个性化推荐的智能化，很多消费者担心隐私遭到泄露。

"七天无理由退换货"的保障和承诺增强了网络消费者的购买信心。

五、把流量转化为购买力

有关调查表明，网店经营资质展示、完整的联系方式、权威的网络安全认证标志、良好的顾客口碑等信息，能够大幅提高消费者的认可程度，降低消费者的感知风险。其中口碑是赢得消费者信任的关键点，消费者会把口碑作为决策的重要依据。用户评价、商品销量、累积评论、售后服务等情况成为网络消费者获得商品口碑的直接途径。良好、正向的口碑不仅是网店的一种荣耀，也是一种高效、低成本的营销手段，对吸引新顾客、增强其购买的兴趣和信心非常重要。

粉丝经济作为新的消费潮流，成为很多网店运营者策划的阵地，粉丝支持明星的常见方式是购买明星推荐的商品，这也是粉丝获得归属感的一种方式。"网红+热门话题+明星同款"所带来的流量及明星效应，使粉丝成为一个特殊、庞大的购买力群体，也成为众多衍生品的目标消费群体。

网店除了需要提供符合粉丝审美和偏好的商品外，还需要增强粉丝的参与感，如通过论坛讨论、社交圈讨论、购物分享、购物游戏、直播带货等方式，提高销售过程中粉丝的活跃度，不断优化方法，做到引流和"吸粉"，培养忠诚的粉丝。

六、提高服务质量和水平

网店经营者要充分利用网络沟通的优势，开展多种形式的即时交流，如在线咨询和解答系统服务、QQ或微信在线服务等，让顾客随时随地都可以联系到卖方，并让顾客感觉网络的另一端总有人为自己服务，增强其安全感。具体措施如下。

（1）在线即时交流时要保持沟通畅通，防止出现系统死机、掉线、无法登录等情况。

（2）客服人员保证随时应答顾客询问，及时听取顾客的意见和建议，解答、解决顾客的问题。要注意的是，有时顾客并不是真的有问题才询问，而是希望通过询问来获得保障和安全感，也是下单前进行最后确认。例如，在商品详情里已经很清楚地写着"该服装面料是醋酸面料，具有吸湿透气性、回弹性更好、不起静电等特点"，但有的顾客还是会问这种面料会不会不透气、是否会起静电等问题。这时顾客不一定是看不懂商品详情介绍，只是想通过客服人员来确认商品信息的真实性，因此，对于重复性的提问，看似无意义，客服人员也要耐心地为顾客解答。可见，客服人员的服务水平和服务能力对转化率起到重要作用。

（3）当顾客要求退换货时，客服人员要根据退换货流程，做好物流查询、催单等工作，以及做好顾客不满或投诉的处理工作，确保解决顾客的问题。

另外，网店经营者还可以通过新年贺卡、节日祝福卡的方式与顾客进行个性化、深层次的沟通，或许这种方式比大多数商家都用的打电话、发短信的方式更容易让顾客记住。例如，新年时为顾客专门定制贺卡，上面附有真诚的祝福语，能让顾客感受商家的温情，再附上店铺介绍和服务内容，能起到再次宣传店铺的作用。如果贺卡上再加上"凭报卡号可享受满300元减50元优惠"，还能让顾客产生意外惊喜，从而打动顾客，争取更多的回头客。

微视频
网络消费维权

 经典实验

挥金如土还是一毛不拔？——消费与大脑特定区域的关系

美国斯坦福大学的科学家通过实验发现：挥金如土和一毛不拔这两种极端的消费观可能源于人体大脑结构的差异。科学家表示，人的大脑中存在着享受购物乐趣的区域以及体会付款痛苦的区域。如果一个人大脑中的"享乐区域"特别活跃，那么他很可能会是一个花钱如流水的"大花洒"；反之，如果一个人的"痛苦区"特别敏锐，那么他很可能就是那种斤斤计较的"小气鬼"。

卡内基梅隆大学的经济学家与美国斯坦福大学的研究人员合作，利用核磁共振成像技术对志愿者进行脑部扫描。实验中，研究人员给志愿者每人发40美元的现金，他们可以用来选择购买一些小家居用品、小电器、书籍等。首先，研究人员向志愿者展示一件商品的图片，然后再展示报价，再由志愿者决定是否购买。在这个过程中，研究人员通过核磁共振成像技术监测志愿者的大脑活动情况。结果发现，在作出买和不买两种决定的时候，志愿者的大脑活动存在清晰明显的差异。具体来说，当志愿者看到心仪的商品时，他们大脑的"伏核区"（多巴胺感应区）迅速活跃，这部分人往往有更强烈的购物欲望和冲动；而那些"伏核区"不太活跃的人，往往比较节俭。另一方面，当志愿者感觉到商品的价格太高的时候，他们大脑的"脑岛区"（感受痛苦的区域）出现强烈反应，那么他们倾向是那种比较节俭、不太愿意花钱的人。相反，"脑岛区"比较"迟钝"的人对花钱可能不会太在意。

实验结果表明：大脑不同区域的兴奋程度可以用来作为预测个体消费方式的指标。上述研究为治疗病态性的节俭或者浪费行为提供了技术上的可能性，也为营销活动带来了某些技术和思路上的启发。

第四节　网络消费新现象

随着数字技术的不断发展，网络消费的规模不断壮大，网络消费的结构发生了新的变化。直播间购物、微信小程序购物、点外卖等新兴消费方式，使消费更便捷，同时也改变了消费者的购物习惯，催生出不同的商业业态。

一、直播间购物

直播带货源于网络直播，是传统电商购物的进一步发展，是一种将电商与视频直播相结合的营销方式，代表着一种新型的消费模式。在直播的过程中，主播把自己代理的产品通过解说、互动、演示等方式展现给消费者，消费者可以直观地了解自己感兴趣的产品，并可以直接点击链接购买产品，从而完成在直播间的消费行为。相对于传统的电商模式，直播带货更加直观、实时，同时也具有更强的社交属性。那么，直播间购物背后的消费心理是什么呢？

1. 求实心理

直播电商往往一开始就会给消费者留下直播间销售的商品大都比其他渠道的商品更加实惠的印象，具有大型团购属性。在直播过程中会不断推出各种优惠活动，如果是头部主播，优惠力度更大，价格更低，满足了消费者的求实心理需求。同时，直播间销售的商品基本以日常消费品为主，消费者需要频繁购买，价格优惠再加上求实心理，吸引了大量消费者下单购买。

2. 从众心理

在直播间，有的主播通过语言、语气、动作等，营造出产品热卖的氛围。比如说"大家都买了，你跟着买肯定没有错"，或者展示某款商品已销售多少等，使一些人产生从众心理，跟风购买。而且，直播间里，观众席的设置、观看人数、评论、点赞数及点赞动画、活动入口链接等，都能传递出直播间热闹的气氛，推动消费者作出购买决定。

3. 稀缺心理

直播间里，限量销售、限时特购等形式，有时是商家有意地调低库存量，造成供不应求的现象，形成"稀缺效应"。例如，直播间里有几万名观众，而商品只有几百件时，这个时候这款商品相对于庞大的观众群体来说就是稀缺的。如果主播说"××产品只准备了 200 套"，很多观众就会受到稀缺效应的影响，怕买不到这款产品，不进行理智的判断，便会迫不及待地下单。

4. 权威心理

地位高、有威望、受人敬重的人更容易让别人相信其所说、所做的正确性，这就是权威心理。例如有的企业家做直播，让人相信产品的质量肯定是有保障的。另外，很多主播在介绍产品时，会展示各种权威机构的检测证明等，也是利用权威心理来说服消费者，从而提高转化率。

"权威心理"的存在，其实是由于人们内心存在"安全心理"，即人们总认为权威人物往往是正确的，跟随他们会使自己具备安全感，提高不会出错的概率。同时，人们有"赞许心理"，即人们总认为权威人物的要求往往和社会规范相一致，如果按照权威人物的要求去做，那自身也会得到各方面的赞许和奖励。因此，权威心理经常成为商家用来打消消费者的疑虑，快速让消费者产生信任的手段。

微视频
数字消费引领生活方式新变化

5. 损失厌恶心理

在直播间，主播在带货时往往会附送一些优惠，比如代金券或者赠品，这些优惠其实价值并不是很高，但在直播间外购买同样的商品就没有这些优惠。因此，有人会觉得如果不买就失去了这部分优惠，损失厌恶心理就会驱使其下单。同样，当主播不断地强调"这款产品我只能拿到 5 000 份""错过今天的直播就要恢复原价"等话术时，为了对抗"错失便宜物品导致的损失"，有的消费者就会立即购买而不是等到自己真的需要了再购买。

损失厌恶心理在我们日常生活中时常出现，比如，你丢了 100 元的痛苦可能需要获得 200 元的奖金才能弥补。形成损失厌恶心理的原因是多方面的。一方面，人们往往对已经拥有的东西或权益更加看重，宁愿放弃一部分获得，也不愿失去任何一部分，这可以理解为保守心理。另一方面，人们对于损失的记忆更加深刻，给予的情感反应也更加强烈，这可以理解为记忆加强效应。

6. 社会临场感心理

直播间凭借其媒介的丰富性，为消费者提供实时互动、多线索、多语言交互以及个性化关注，使消费者获得近乎面对面交流的体验，从而很容易在参与互动的过程中唤醒情绪、形成积极态度，进而找到归属感和认同感。可以说，直播带货本质上将个人消费行为变成了社会化消费行为。社会临场感使得直播间的人际互动感知显著增强，比如，直播间中言论、点赞、分享都具有很强的社交属性，社会临场感越强，就越有真实之感，越能让人沉迷其中。增强消费者的社会临场感，有助于强化消费者的付费意愿。

7. 粉丝追捧心理

对于拥有追星心理和偶像情结的消费者来说，商品、价格、适用性等属性不是他们的主要目标，追星才是其目标。由于各类明星纷纷入驻直播间，这些明星的粉丝为其带来巨大的流量，有的粉丝将自我的某种梦想、欲望、缺憾投射在明星身上，希望通过情感、行为的投入，既能获得一种投射在明星身上的替代性满足，也能通过明星的成功实现另一种形式的自我。因此，他们心甘情愿地为明星付出，在直播间里花钱"打榜"、买应援物，毫不犹豫地购买明星推荐的商品，这其实也是一种盲目和从众心理的体现。

二、微信小程序购物

微信是目前我国用户数最多的社交媒体软件之一，消费者可以通过微信"扫一扫"扫描商品二维码，然后下单购物，还可以通过点击"发现"，选择"购物"进行购物。微信小程序购物是指在微信内部直接完成在线购物的一种应用方式。近年来，微信小程序在国内市场逐渐流行，许多商家、品牌开始投入大量时间和资源开发微信小程序，消费者也越来越习惯通过微信小程序进行在线购物。那么，微信小程序购物为什么受到欢迎？

1. 微信小程序的优势

微信小程序可以直接在微信社交平台上打开使用，方便快捷，提高了用户的购物体验。对消费者来说，其有以下两点优势。

（1）操作简单。微信小程序利用的是微信平台，无须下载、安装、注册或卸载，用户只需要扫一扫或者搜索一下即可打开应用，相较于各种购物 App，微信小程序操作流程更简单，消费者的使用难度更低。

（2）方便和实用。使用微信小程序时，只需扫一扫或者搜一下即可打开应用，体现了"即开即用""用完即走"的理念，消费者不用关心是否安装太多应用以及手机存储问题等，省安装时间，省流量，省存储空间，具有方便性和实用性。

从商家的角度看，微信小程序提供了低成本、高效率的线上销售平台，其优势也相当明显。

（1）相较于传统的 App 或网站，开发和维护微信小程序的成本更低，推广也更容易，特别是对于小型企业来说，微信小程序提供了更为实惠和灵活的销售渠道。

（2）微信小程序依托微信社交媒体，该社交平台有庞大的用户基础，其庞大的流量可以为商家带来更多潜在的消费者。

（3）由于微信小程序直接嵌入社交平台，用户容易频繁使用，使得微信小程序的曝光度高，吸引更多用户前来购物，且微信用户具有更强的用户黏性和更高的留存率。

微信小程序满足了消费者追求便捷、高效、个性化购物体验的需求，同时为商家提供了更低成本、高效率的销售平台，成为消费者线上购物的热门选择。

2. 主要的微信小程序

（1）京东小程序。京东小程序通过微信平台为消费者提供全方位的购物服务，包括商城购物、拍卖等多种形式，稳居微信小程序排名前列。除此之外，京东小程序还利用京东强大的数据技术和物流优势，让消费者享受到更快、更放心的配送服务。

（2）淘宝小程序。淘宝小程序提供了与原网站相同的购物体验，并且支持多种支付方式，提供海量商品供消费者选择。淘宝小程序还利用大数据技术结合消费者个性化需求为消费者提供更加符合其偏好的商品推荐。

（3）大众点评小程序。通过大众点评小程序，消费者可以查找周边商家、浏览商家评价、查看特殊优惠以及进行各类相关操作。其提供了便捷的服务，消费者可以随时随地查找商家、预订、点评、享受优惠。同时，商家也可以通过小程序提升自己的曝光率和展示服务质量，吸引更多的消费者。

（4）拼多多小程序。拼多多小程序以社交电商为主要特色，商品以价格实惠的日用百货为主，消费者可通过分享或邀请好友的形式获得团购优惠，该小程序受到价格敏感型消费群体的欢迎。

（5）美团小程序。美团小程序是一个集餐饮、外卖、旅游等多元服务于一体的互联网平台。美团小程序提供全国范围内的特色美食、各类景点、娱乐购物等服务，受到消费者的青睐。

三、影响者营销

随着社交媒体的产生和普及，越来越多的企业和品牌开始使用影响者营销的方式。影响者营销是一种通过利用在特定领域人物（如关键意见领袖等）的影响力来推广品牌和产品的营销方式或策略。影响者营销可以使企业或品牌与相关联的受众建立密切联系，并且可以保持长久互动。

微视频
影响者营销实例

1. 影响者营销受重视的原因

影响者营销之所以受到重视，主要有以下两个原因：首先，在移动互联网时代，信息呈碎片化状态，消费者的注意力不容易聚集在单一媒体的核心时间段，即消费者不像以前的消费者会守在某个电视台某个时段盯着看了，由此，广告的作用逐渐减弱。其次，影响者能够处于相对客观、公正的第三方位置，为消费者提供建议，且自身在某个领域具有影响力，他们的言论往往能影响消费者的决策。

在新媒体时代，影响者经常活跃在网络社交媒体上，拥有成千上万，甚至上百万、上千万的粉丝群体，并与粉丝们保持积极的对话，他们能对消费者的消费行为产生重大影响。

实际上，影响者营销基于社会心理学中的社会影响理论，特别是规范性影响和信息性影响两个方面。规范性影响指的是人们为了获得社会认可和避免社会排斥而模仿他人的行为，而信息性影响则是指人们在不确定的情况下依赖他人的意见和经验来做出决策。

2. 影响者的类型

在影响者营销中，影响者可以分为多种类型，每种类型都有其独特的特点和作用。

（1）关键意见领袖（KOL）。关键意见领袖是某一领域或行业内具有较高知名度和影响力的个人，通过社交媒体平台如微博、微信、抖音、小红书等与大量粉丝保持互动。KOL 凭借其专业知识、独特见解和良好的表达能力，在特定领域内建立权威性和信任感。他们的意见和推荐对消费者具有较强的说服力，能够有效引导粉丝的购买决策和品牌认知。

（2）微型影响者。微型影响者的粉丝数量通常在几千到几十万之间，虽然他们的粉丝基数较小，但他们往往拥有高度活跃和忠诚的追随者群体。微型影响者通常专注于某个特定的兴趣领域，比如美妆、健身或美食，其内容更具针对性和个性化，因此他们在特定受众中具有较强的影响力。

（3）明星代言人。这类影响者包括影视明星、歌手或运动员等公众人物，他们具有广泛的知名度和庞大的粉丝基础。通过自身的高曝光率，明星代言人能够迅速提升品牌的知名度和吸引力。

（4）用户生成内容（UGC）创作者。他们通过分享自己的真实体验和使用心得，为其他消费者提供参考。与专业的广告宣传人员不同，UGC 创作者的内容被认为更加真实可信，因为他们本质上是普通用户，分享的是自己使用产品的真实反馈。

在影响者营销中，KOL 通过其在社交媒体平台上的广泛影响力和高度互动性，能够有效地传递品牌信息，影响粉丝的购买决策。KOL 通常具备以下特点：一是专业性和可信度，KOL 在特定领域内的专业知识和真实体验能够增强其意见的可信度；二是互动性和情感连接，KOL 通过频繁的互动和个性化的内容创作，能够与粉丝建立起深厚的情感联系；三是广泛的社会网络，KOL 拥有大量的追随者和活跃的社交圈子，能够迅速扩大品牌信息的传播范围。

影响者营销的核心在于建立品牌与 KOL 之间的合作关系，通过 KOL 的推荐和分享，将品牌信息以更自然、更可信的方式传递给目标受众，从而提高品牌的认知度和消费者的购买意愿。这种营销方式不仅能够提升品牌的市场影响力，还能通过真实的用户反馈和互动，增强品牌的信任度和忠诚度。

3. 网络达人及其分类

网络达人是随着抖音、快手等短视频平台而出现的网络新概念。"达人"一词主要形容在其专业领域内表现出色、与众不同的个体。"网络达人"通常就是指在某一个领域的能人，他们受欢迎程度通常通过粉丝数量和直播带货销售额来衡量，通过"种草"和"拔草"获得收益。当下，由于短视频平台的火爆，网络达人成为网络营销重要的影响者，越来越多的品牌开始在短视频平台上和网络达人进行合作，以寻求更好的营销效果。

网络达人由于其形象和风格各不相同，划分方法多样。按照粉丝量的多少或者活动能力的不同，网络达人可分为头部达人、腰部达人、尾部达人等。从网络达人发布作品的内容来看，网络达人可以分成以下几类。

（1）知识科普型。这类达人具备某方面的专业技能，粉丝精准，以分享某一领域知识和科普类内容为主，帮助消费者更好地了解产品和自己的需要。

（2）产品评测型。这类达人通过对某类产品的评测和试用，帮助消费者了解产品的优缺点和使用体验。他们的视频内容通常包括产品的外观、功能、使用体验等方面的评测，消费者对这类达人的信任度较高。

（3）生活方式型。这类达人会分享自己的生活方式和态度，让消费者更好地了解自己的生活。他们的视频内容通常包括旅行、家庭生活、亲子互动等方面。这类达人的粉丝和带货类型都比较广泛。

（4）美护时尚型。这类达人分享自己有关护肤、化妆、穿搭等方面的经验和技巧，以及分享服装、化妆品等知识，展现时尚潮人的美丽状态，受到追求高品质生活的消费者欢迎。

（5）搞笑幽默型。这类达人通过幽默搞笑的方式吸引观众，风格幽默诙谐，让观众获得轻松有趣的体验。

四、点外卖

点外卖已经成为当下消费者流行的一种生活方式，消费者通过电话或网络订餐可以迅速满足需求。不仅如此，外卖行业经过不断发展完善之后，呈现出多元化趋势，出现外卖下午茶、外卖消夜、外卖聚餐，甚至还可以通过手机 App 预约厨师上门提供服务，外卖行业有了更大的发展空间。显然，点外卖已成为很多人日常生活中重要的网络消费内容。中国互联网络信息中心发布的第 53 次《中国互联网络发展状况统计报告》显示，截至 2024 年 12 月，我国网上外卖用户规模达 5.92 亿人，较 2023 年 12 月增长 4777 万人，占网民整体的 53.4%。那么，为什么越来越多的人喜欢点外卖？仅仅是因为点外卖更方便吗？

1. 点外卖的原因

除了价格实惠外，人们喜欢点外卖的原因还有以下几个。

（1）生活节奏快，压力大。由于人们的工作生活节奏非常快，甚至经常加班熬夜，再加上承受来自工作和学业的压力，点外卖成了省时、快捷、方便的选择。

（2）个人兴趣和价值的转移。对于年长的人来说，为家人做一顿可口的饭菜会获得极大的满足感；但现在很多年轻人不会做饭、不愿意做饭，同时，由于其个人兴趣爱好较为广泛，他们往往把自我价值的实现放在其认为更有意义的事情上。而且，很多年轻人认为通过各种美食 App 选餐，选择微信或支付宝支付，然后等待美食上门，这本身就令人感到惬意。

（3）家庭结构日趋小型化。伴随着我国家庭结构日趋小型化，一人户或二人户家庭占总户数的比例不断增加，家庭饮食结构发生了很大变化，做饭次数明显减少，点外卖解决了家庭日常生活的需求，成为家庭不可或缺的生活方式。

（4）满足多样化的需求。一方面，饿了么、美团外卖等线上点餐平台越来越多，消费者有了更多的选择，并且，可供选择的菜品品类非常丰富，地方菜、海鲜烧烤、日韩料理、西餐等应有尽有。实际上，早期的外卖以美食和甜点饮品为主，但随着智能配送系统的上线，外卖消费已从餐饮类向非餐饮类拓展，外卖的服务类别由餐饮拓展至生活超市、生鲜果蔬、医药健康、鲜花绿植等。

2. 点外卖的心理特征

（1）求新心理。外卖的多样性满足了年轻人求新的消费心理。年轻人的思想活跃，特别是大学生和白领，易于追求新事物，因此，更容易接受网上订餐这个新鲜事物。

（2）个性化心理。外卖的多样性满足了年轻人的个性化需求。年轻人追求个性和品位，在饮食方面也是如此。外卖提供了诸如湘菜、粤菜、日式料理、韩式料理等各种各样的选择，极大地满足了年轻人追求个性化的需求。

（3）惰性心理。有时候，人们懒得走出家门去购物、就餐，希望节省出时间来做其他的事。由此，点外卖解决了很多人买菜做饭、去食堂排队打饭、外出找餐厅等一系列烦恼和问题，让很多人点外卖上瘾。

实际上，点外卖上瘾所带来的问题正受到越来越多的关注。对消费者个人而言，长期吃外卖可能导致营养不均衡、不良饮食习惯等身体健康方面的隐患，还可能由于点外卖而减少与家人、朋友就餐的机会，从而减少社交互动，影响心理健康。此外，外卖食品质量、外卖员的交通安全、外卖平台的社会责任以及外卖所产生的包装垃圾对环境的影响等问题也不容忽视。

 视野拓展

食物是怎么让人上瘾的?

根据生理心理学的相关研究，食物刺激会促使人分泌多巴胺，多巴胺会让我们感到快乐和满足。不过，如果因为没有吃上某种食物而感到不安，或者明明已经吃饱了，却还想再吃一点……这可能是你对食物上瘾了。食物上瘾除了表现为想吃、爱吃，还表现为无法理性地控制某种食物的食用量和食用时间。食物的致瘾成分是影响食物"上瘾"的关键因素，常见的致瘾成分有盐、糖、脂肪、咖啡因等物质，这是因为这些成分能赋予食物更佳的口感和风味，充分刺激人的食欲，从而使人感到愉悦。这就不难理解为什么巧克力、糖果、奶茶、炸鸡、蛋糕总是让我们割舍不下。

实质上，不仅仅是多巴胺，大脑的犒赏系统还涉及乙酰胆碱等多种神经递质。乙酰胆碱通常被认为同饱腹感有关，越吃越分泌，最终让人处于进食兴奋状态，甚至无法控制自己的食欲而导致过量进食。这就促使我们如果想要获得与之前同等的快乐，就要吃得更多。由此，出现了各种食物的上瘾行为。

当然，如果你认为摄入过多高糖或油炸食物会让人发胖，对身体不好，这样的认知就会形成抵御机制，使你对这类食品产生厌恶情绪而自觉抵制。

 ## 归纳与提高

近些年，网络消费迅速发展，成为消费者心理和行为研究的新领域。本章主要介绍网络消费的含义、优势以及对消费者心理及行为的影响。狭义的网络消费主要包括 B2C 和 C2C 两种模式。网络消费和传统的线下消费有很大的不同。网络消费者的类型主要有务实型、浏览型、经验型和冲动型等。网络消费者具有追求物美价廉、追求方便快捷等心理表现，其行为特征在个性化消费、追求购物效率和体验，购买手段、支付方式、购物场合及购物频率的变化等多方面都有所体现。影响网络消费的因素包括外在因素和内在因素两个部分。

网络消费心理策略及技巧包括合理规划和布局、打造热款或"爆款"、为消费者全方位省钱等。随着数字技术的不断发展，出现直播间购物、微信小程序购物、点外卖等消费新现象，这极大地促进了网络消费的发展。消费者在接受新型消费体验时，应该保持理性消费。

 ## 综合练习题

一、填空题

1. 广义的网络消费包括_____、网络教育、在线影视、网络游戏等在内的所有消费形式的总和。

2. 通常，网络消费包括 B2B、_____、C2C 等三种模式。

3. 网络消费者类型主要有_____、浏览型、经验型和冲动型。

4. 网店浏览的简易性、购买过程的_____、产品陈列的吸引性等对消费者网购产生很大的影响。

5. 网店页面设计中的首页导航条不仅可以引导购物、减少沟通，还可以_____。

二、单项选择题

1. （   ）的消费者比较容易受网络视觉营销和促销的影响。

   A. 浏览型　　　　B. 经验型　　　　　C. 务实型　　　　　D. 冲动型

2. 网络购物的消费心理主要体现为（   ）。

   A. 追求文化品位　B. 追求时尚　　　　C. 追求物美价廉　　D. 追求情感满足

3. 无论是传统消费还是网络消费，（   ）是影响消费者行为的一个基本因素。

   A. 经济因素　　　B. 文化因素　　　　C. 社会因素　　　　D. 情感因素

4. 网络销售中，成为热款或"爆款"商品首先应该要（   ）。

   A. 价格低廉　　　B. 设计独特　　　　C. 时尚新颖　　　　D. 有质量保证

5. 网店可以利用顾客的"延迟满足心理"来设置（   ）促销活动。

   A. 购满抽奖　　　B. 买一赠一　　　　C. 限时购买　　　　D. 免费试用

三、论述题

1. 简述网络消费的含义及其优势。

2. 网络消费者有哪些类型？

3. 简述网络消费的心理表现。

4. 简述网络消费行为的特征。

5. 论述网络消费行为的影响因素。

6. 举例分析网店营销心理策略及技巧。

7. 分析直播间购物的消费心理。

8. 论述影响者营销为什么受到重视。

9. 分析消费者点外卖的原因及其心理特征。

10. 分析点外卖上瘾的后果。

四、实践题

1. 设计问卷，调查 30 名有网购经验的同学，调查他们网购的原因、频率、产品类型、关注点等，根据调查结果，总结同学的网购特征，分析其原因。

2. 将学生分成两组，每组 4 人，组织一场辩论主题为"点外卖的利弊"的辩论赛。

五、案例分析题

在直播电商快速发展的阶段，各种套路玩法层出不穷。但在整个行业逐步走向规范化的今天，套路的失灵和消失是必然的结果。扫描二维码阅读案例，并回答问题：

（1）根据案例，为什么说"打鸡血式"的直播套路不再起作用？

（2）根据案例，查阅资料，分析当下直播电商的特点，思考总结消费者直播间购物的心理。

主要参考文献

[1] 艾瑞里，2017. 怪诞行为学. 赵德亮，夏蓓洁，译. 北京：中信出版集团.

[2] 巴宾，哈里斯，2011. 消费者行为学. 李晓，等译. 北京：机械工业出版社.

[3] 白玉苓，2024. 消费者行为学. 2 版. 北京：人民邮电出版社.

[4] 彼德，奥尔森，2000. 消费者行为与营销战略. 4 版. 韩德昌，译. 大连：东北财经大学出版社.

[5] 布莱克韦尔，米尼德，恩格尔，2009. 消费者行为学（原书第 10 版）. 吴振阳，倪建明，彭红英，等译. 北京：机械工业出版社.

[6] 程建强，黄恒学，2010. 时尚学. 北京：中国经济出版社.

[7] 程素萍，林慧莲，2011. 心理学基础. 北京：高等教育出版社.

[8] 崔丽娟，2015. 心理学是什么. 北京：北京大学出版社.

[9] 符国群，2015. 消费者行为学. 3 版. 北京：高等教育出版社.

[10] 格里格，津巴多，2016. 心理学与生活. 19 版. 王垒，等译. 北京：人民邮电出版社.

[11] 龚振，2011. 消费者行为学. 2 版. 广州：广东高等教育出版社.

[12] 华生，2016. 行为心理学 一个伟大心理学家的思想精华. 刘霞，译. 北京：现代出版社.

[13] 霍金斯，马瑟斯博，2014. 消费者行为学（原书第 12 版）. 符国群，等译. 北京：机械工业出版社.

[14] 江林，丁瑛，2018. 消费者心理与行为. 6 版. 北京：中国人民大学出版社.

[15] 卡尼曼，2012. 思考，快与慢. 胡晓姣，李爱民，何梦莹，译. 北京：中信出版社.

[16] 李改霞，2017. 电商销售心理学 把东西卖给任何人的网络营销方法. 北京：人民邮电出版社.

[17] 林建煌，2016. 消费者行为. 4 版. 北京：北京大学出版社.

[18] 迈尔斯，2014. 心理学. 9 版. 黄希庭，等译. 北京：人民邮电出版社.

[19] 聂志红，崔建华，2005. 消费者行为学教程. 北京：经济科学出版社.

[20] 所罗门，卢泰宏，2006. 消费者行为学（中国版）. 6 版. 北京：电子工业出版社.

[21] 王德胜，2016. 消费者行为学. 2 版. 北京：电子工业出版社.

[22] 王官诚，汤晖，万宏，2013. 消费心理学. 2 版. 北京：电子工业出版社.

[23] 杨治良，1998. 实验心理学. 杭州：浙江教育出版社.

[24] 叶奕乾，何存道，梁宁建，2016. 普通心理学. 5 版. 上海：华东师范大学出版社.

[25] 张烨，2014. 消费者行为学. 南京：南京大学出版社.

[26] 庄锦英，2009. 生活心理学. 杭州：浙江教育出版社.

更新勘误表和配套资料索取示意图

说明 1：本书配套教学资料制作完成后会上传至人邮教育社区（www.ryjiaoyu.com）本书页面内。下载本书配套教学资料受教师身份、下载权限限制，教师身份、下载权限需网站后台审批，参见以下示意图。

更新勘误及意见建议记录表

说明 2："用书教师"是指订购本书的授课教师。

说明 3：本书配套教学资料将不定期更新、完善，新资料会随时上传至人邮教育社区本书页面内。

说明 4：扫描二维码可查看本书现有"更新勘误记录表""意见建议记录表"。如发现本书或配套资料中有需要更新、完善之处，望及时反馈，我们将尽快处理。

说明 5：咨询 QQ 为 602983359。

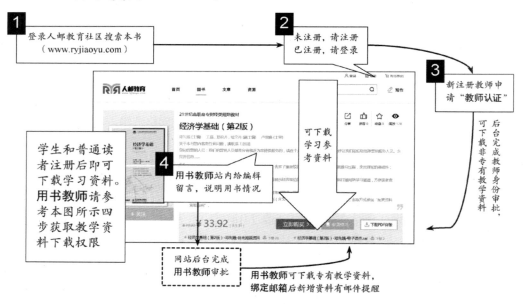